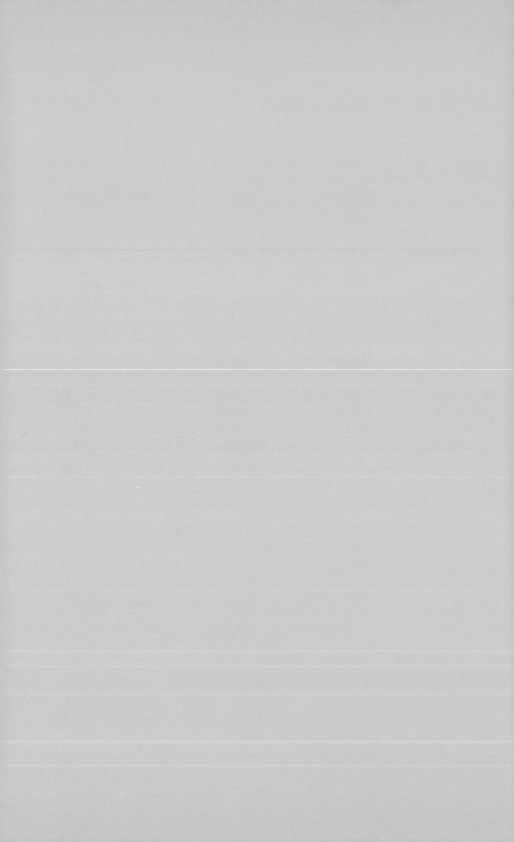

교차와
접합의
지知

냉전과
탈식민의
한일 지식인
교류사

필자 소개(수록순)

오타 오사무 太田修, Ota Osamu
도시샤대학 대학원 글로벌스터디즈연구과 교수.

박삼헌 朴三憲, Park Sam-hun
건국대학교 일어교육과 교수 겸 아시아콘텐츠연구소 소장.

김인수 金仁洙, Kim, In-soo
대구교육대학교 사회과교육과 조교수.

조수일 趙秀一, Cho Su-il
한림대학교 일본학연구소 HK교수.

홍종욱 洪宗郁, Hong Jong-wook
서울대학교 인문학연구원 부교수.

도베 히데아키 戸邉秀明, Tobe Hideaki
도쿄경제대학 전학공통교육센터 교수.

심정명 沈正明, Sim Jeong-myoung
조선대학교 인문학연구원 HK교수.

교차와 접합의 지(知) 냉전과 탈식민의 한일 지식인 교류사

초판인쇄 2023년 12월 15일 **초판발행** 2023년 12월 31일
지은이 오타 오사무 · 박삼헌 · 김인수 · 조수일 · 홍종욱 · 도베 히데아키 · 심정명
펴낸이 박성모 **펴낸곳** 소명출판 **출판등록** 제1998-000017호
주소 서울시 서초구 사임당로14길 15 서광빌딩 2층
전화 02-585-7840 **팩스** 02-585-7848
전자우편 somyungbooks@daum.net **홈페이지** www.somyong.co.kr

값 31,000원 ⓒ 박삼헌 외, 2023
ISBN 979-11-5905-857-8 93910

이 저서는 2021년 대한민국 교육부와 한국연구재단 일반공동연구지원사업의 지원을 받아 수행된 연구임.
(NRF-2021S1A5A2A03061999)

건국대학교 아시아콘텐츠연구소
동아시아 모더니티 08

The intersection and Engraftation of knowledge
: A History of intellectual exchange between Korea and Japan
during the Cold War and Postcolonial Era

교차와
접함의
지知

냉전과
탈식민의
한일 지식인
교류사

박삼헌 외 지음

이 책에 실린 글들은 「특집−반일·혐한시대에 되돌아 보는 한일 지식인 교류의 역사 1」, 『일본역사연구』 제59집(2022.12)과 「특집−반일·혐한시대에 되돌아 보는 한일 지식인 교류의 역사 2」, 『일본역사연구』 제60집(2023.4)에 게재된 논문들을 수정, 가필한 것이다.

이 책에 실린 7편의 글은 한국연구재단 2021년도 일반공동연구지원
사업 '반일·혐한시대에 돌아보는 한일 지식인 교류의 역사'의 결과물이
다. 일반공동연구지원사업 선정 당시의 문제의식은 다음과 같았다.

　　현재 한일관계는 1965년 국교정상화 이후 최악의 상태에 이르고 있다. 독도
영유권, 일본군위안부, 강제동원 문제를 둘러싼 한일 대립은 역사갈등, 경제제
재, 외교적 충돌 등 전방위적으로 전선이 확대되고 있다. 1980년대 이후 경제
성장과 민주주의를 동시에 성취한 한국의 자부심의 근저에 강력한 민족주의
가 자리하고 있고 이것이 '반일'의 자양분이 되고 있다. 1980년대의 절정기Peak
Japan 이후 소국화하는 일본에서는 경쟁자로 부상한 한국에 대한 불편함, 이른
바 '혐한'이 정치의 주요 의제가 되었고 대중 사회에 확산되고 있다. 탈냉전 이
후 신자유주의의 위기를 겪으면서 한국과 일본의 시민 사회는 대내외적 민족
주의에 포위되고 있고 진영논리로 환원된 적대성에 희생되고 있다.

　　본 연구는 반일·혐한의 극단화된 단절의 시대에 한일 교류의 역사를 발굴
하고 그것이 갖는 현재적 의미를 살핀다. 특히, 한일 지식인 교류에 초점을 맞
춰 그 안에서의 갈등과 협력, 대립과 타협, 이견과 조율의 면면을 드러냄으로
써, 한일관계의 임계점을 확인하고 향방을 가늠하며 대안을 모색하는 것을 목
적으로 한다.

　　하지만 2년 동안 공동 연구를 진행하고 그 성과물을 한 권의 책으로 묶
으려는 지금, 문제의식의 출발점이었던 '최악의 한일관계'를 상징하는
'반일'과 '혐한'이라는 단어를 책 제목에 넣자니 왠지 어색한 건 필자만의

'감각'이 아니었다. 다른 선생님들도 지금 시점에 이 단어가 책 제목으로 들어가는 건 왠지 '철 지난 듯한데요'라는 의견이었다.

그렇다면 그동안 도대체 무슨 일이 있었던 걸까?

아마도 모두가 생각하듯이, 2022년 5월 출범한 윤석열 정부가 강제동원 판결 문제로 인한 외교 갈등을 일본 측 주장대로 일단락짓고, 이에 대해 일본도 한국에 대한 반도체 핵심 소재 수출규제 강화 조치를 해제하면서 한일 정부 간의 갈등 요소가 해소되었기 때문일 것이다.

하지만 그렇기 때문에 오히려 한국에서는 윤석열 정부를 '토착 왜구'라 비판하는 '정치'적 입장이 강하게 결집하고 있고, 일본에서도 역사 문제와는 별개로 통일교가 아베 전 총리 테러사건과 관련되어 있다는 사실이 밝혀지면서 '혐한'이 보다 대중적으로 확산하고 있다. 여전히 한일 양국의 '현실'은 '대내외적 민족주의에 포위된, 진영논리로 환원된 적대성'을 유지하고 있는 것이다. 그럼에도 지금 현재 '반일'과 '혐한'의 색이 바랜 듯 보이는 착시 현상은, 그만큼 '반일'과 '혐한'이 상대방을 '실체'가 아니라 '정치'로 보는 렌즈에 불과하다는 '사실'을 적나라하게 보여준다.

여튼, 많은 논의의 끝에 이 책의 제목은 '교차와 접합의 지知 ─ 냉전과 탈식민의 한일 지식인 교류사'로 정해졌다. 이 책에 실린 글들이 결과적으로는 '반일'과 '혐한'이라는 '렌즈'를 잠시 빼고서, 1965년 한일국교정상화 이후 2000년대까지 '한일 지식인 교류'의 다양한 사례를 담담하게 분석했다고 판단했기 때문이다. 그런데 그 담담한 분석 내용을 찬찬히 읽다 보면, 역설적으로 분석 대상 시기의 '지식인 교류'가 얼마나 뜨겁게 '정치적'이었는지 알게 된다. 때문에 지금의 '반일'과 '혐한'은 그렇게 지나온 한일 양국 지식인의 '뜨거운 정치'의 결과물이 될 수도 있다는 생각을 하게 된다. 물론 이에 대한 판단은 독자들의 몫이긴 하다. 다만 그 판단에

도움이 되길 바라는 마음으로 이하 7편의 글을 간략히 소개하겠다.

오타 오사무의 「월경하는 재한 피폭자와 일본의 연대운동—손귀달의 '밀항'과 엄분련·임복순의 도일 치료 시도를 둘러싸고」는 1968년 재한 원폭피해자의 월경과 이로 인해 촉발된 일본 지식인의 연대운동의 양상을 검토한 것이다.

오타는 이들의 월경은 한일 간에 설정된 국경을 넘으려고 했을 뿐만 아니라, 한일청구권협정으로 "완전히 그리고 최종적으로 해결되었다"며 식민지 지배 책임을 불문에 부치는 법과 조약의 경계선을 넘으려는 행위이자, 일본 국내 피폭자와 재외 피폭자 사이에 그어진 경계선도 넘으려는 행위였다고 규정한다. 또한 이들의 월경 행위는 당시 일본의 원수금原水禁 운동에 종사한 일본 시민에게 큰 충격을 주었고, 그 결과 히로시마·나가사키의 원폭 피해를 '전후 일본인'의 희생으로만 생각하는 일국주의적 '평화'를 성찰하고 조선인 피폭자를 역사 속에서 자리매김함으로써, 식민지 책임을 불문에 부치는 한일조약 체제를 다시 묻는 재한 원폭 피해자와의 연대를 도모하게 되었다고 평가한다.

박삼헌의 「1970년대 '조선반도 연구자'의 한국론—다나카 아키라田中明를 중심으로」는 1970년대 일본에서 지한파로 평가받던 다나카 아키라를 사례로 현재 일본 사회의 혐한론의 원형을 살펴본 것이다. 박삼헌은 다나카를 일본(인)의 속죄의식을 전제로 한 반공주의와 자유주의적 보수주의자로 규정한 후, 1982년 일본 역사교과서 문제를 일본 국가에 대한 주권 침해로 인식하고 더 이상 속죄를 전제로 한 '좋은 일본인'을 그만두겠다고 선언하는 한, 그의 역사인식이야말로 현재 일본 사회의 혐한론의 원형을 이루는 기본 논리가 되었다고 평가한다.

김인수의 「아시아 냉전학술의 자장과 1970~1980년대 한일 지식인 교류」는 1977년 7월 13일부터 15일까지 3일에 걸쳐 일본에서 한국과 일본의 사회과학자들이 모였던 제1차 한일지식인교류회의Korea-Japan Intellectual Exchange, KJIE의 역사적 의미를 분석한 것이다. 김인수에 따르면, KJIE는 한일 양국의 진정한 화해를 도모한다는 취지를 내세웠고, 안보와 경제의 의제를 부각하여 한일 간의 협력을 강조했는데, 이것은 포드재단이 구축한 아시아 냉전 학술 네트워크를 통해서 아시아지역의 '반공' 동맹을 강화하려는 미국이 한일 '화해'를 유도하는 은폐된 배후로 작용했던 사실을 보여주는 사례이다. 그러나 KJIE는 한일관계에서 필연적으로 충돌을 불러올 수밖에 없는 '역사'와 '영토' 담론을 배제하고 이를 상쇄하는 '안보'와 '경제' 위주의 상호협력 담론을 생산하는 장이었음에도 불구하고, 일본에 대한 한국 사회학자들의 불신을 온전히 해소시키지는 못하는 한계점을 드러냈다고 평가한다.

조수일의 「재일在日 지식인이 구축한 연대의 공론장 『계간 삼천리』」는 1972년 7·4남북공동성명에 촉발된 재일 지식인들이 주체적으로 만들기 시작한 『계간 삼천리』야말로 동시대 한국의 현대사적 과제 및 한반도와 일본열도의 현안에 대한 다양한 목소리를 수렴하여 역사적 합의를 위한 '한일교류사'를 시도한 일본어 공론장이라 분석한다. 이런 의미에서 『계간 삼천리』는 극단화된 반일과 혐한이라는 단절의 길을 걷고 있는 현재, 실천을 동반하며 한일 지식인의 다층적 목소리를 모아 놓은 '사료'적 가치를 더한다고 평가한다.

홍종욱의 「탈식민지적 식민지 연구의 원점─1980년대 후반 한국 근대경제사 한일 공동 연구」는 1985년 안병직의 일본 유학을 계기로 한국 경제 발전의 역사적 조건을 탐구하려는 한일 공동 연구의 성격을 분석한 것이다. 한국의 발전에 주목해 중진 자본주의론에 바탕한 새로운 세계사상을 제시한 마르크스 역사학자 나카무라 사토로, 내재적 발전론에 입각하여 한국을 종속 발전하는 주변부 자본주의로 설명한 가지무라 히데키, 그리고 한국의 자본주의적 발전을 인정하지 않는 식민지 반봉건사회론을 고사하던 비판적 경제학자 안병직 등이 처음으로 식민지 경험을 역사화하기 위한 논의를 거듭한 결과, 안병직은 나카무라의 중진 자본주의론을 수용했다고 분석한다. 그렇다고 해서 이 공동 연구를 식민지근대화론의 발원지로 단순화할 수 없다는 단서를 다는 한편, 식민지에 대해 다양한 실증적, 이론적 분석을 시도했다는 점에서 1990년대 이후 본격화하는 식민지 연구의 원점으로 자리매김할 수 있다고 평가한다.

도베 히데아키의 「아라이 신이치의 '식민지 책임'에 이르는 길―1990년대 이후 동아시아 지적 교류 속에서」는 일본의 국제관계사 연구자 아라이 신이치를 통해서 전후 일본의 지식인이 일본의 식민지 지배 문제에 대한 인식을 어떻게 심화시켰는지 분석한 것이다. 도베는 1990년대 이후 아라이가 일본의 전쟁책임연구센터 설립에 참여하여 대표 중 한 명으로 활동하면서, 종군위안부 문제, 일본과 중국의 공습 피해문제에 대한 역사학적 관점을 제시했다고 평가한다. 또한 일본 역사교과서 문제에 대한 동아시아 지식인들의 공동 토론장 형성에도 기여했다고 평가한다.

심정명의 「내셔널리즘 비판의 맥락에서 본 한일 지식인의 교류」는 1990년대 후반에서 2000년대에 걸친 한일 지식인의 교류를 내셔널리즘 비판/탈민족주의라는 맥락에서 분석한 것이다. 심정명은, 우선 일본의 역사수정주의에 대응하는 가운데 한국에서도 자기비판으로서 '국사'에 대한 문제가 제기되는 한편, 일본의 전후사나 내셔널리즘을 비판하는 서적들이 다수 번역 출판되어 많이 읽혔다는 점을 지적한다. 그중 특히 『당대비평』과 같은 잡지는 일본의 논의를 한국에 소개하는 매개로서 기능하는 동시에, 한국과 일본의 지식인들이 지면을 통해 만나는 장을 마련했다고 평가한다. 그러나 이들의 교류에서 볼 수 있었던 것은, 그럼에도 불구하고 제국주의 국가와 식민지라는 역사적 경험의 차이가 이러한 대화에 계속해서 영향을 미치고 있었다는 사실을 한계점으로 지적한다.

이상 7편의 글을 요약해서 소개했다. 하지만 각 필자의 논지를 충분히 파악하려면 독자 여러분이 직접 본문을 읽어보는 것이 최상이라고 생각한다. 지난 2년 동안 그랬듯이 향후 또 어떻게 한일관계가 변화할지 그 누구도 예단할 수는 없다. 다만, 그 어떤 사안보다도 한일관계 및 상호 인식은 그 자체가 그 당시를 보여주는 가장 '정치'적 사안이라는 점에는 변화가 없을 듯싶다. 그런 의미에서 여기에 모은 7편의 글 또한 2023년이라는 시간에 '한일'이라는 '정치'가 어떠했는지 알 수 있는 하나의 자료일 것이다.

끝으로 코로나19라는 힘든 상황 속에서도 공동 연구를 마무리하고 좋은 글을 집필해 주신 선생님들과 이 책이 출간되도록 정성을 다해 준 소명출판에 진심으로 감사를 드린다.

2023년 12월
공동연구자를 대신하여 박삼헌 씀

차례

1

월경하는 재한 피폭자와 일본의 연대운동

손귀달의 '밀항'과 엄분련·임복순의
도일 치료 시도를 둘러싸고

오타 오사무

1. 들어가며

1968년 10월, 부산에 거주하는 피폭자 손귀달孫貴達, 1930~2009은 '원폭증原爆症' 치료를 위해 일본에 '밀항'했다가 체포되었다. 후에 석방되어 일본적십자사히로시마원폭병원이하, 히로시마원폭병원에 검사 입원했지만, 11월 초에 강제 송환되었다. 12월에는 또다시 재한在韓피폭자인 엄분련嚴粉連과 임복순林福順이 일본을 방문해 히로시마원폭병원에 검사 입원했다. 두 사람은 피폭자건강수첩 교부를 신청했지만 일본 정부에 의해 거부당했고, 충분한 치료를 받지 못한 채 이듬해인 1969년 3월에 귀국했다. 이 글에서는 전자를 손귀달 '밀항'사건, 후자를 엄분련·임복순 피폭자건강수첩 교부 거부사건이라고 칭한다.

1960년대 말에 일어난 이 두 가지 사건에 대해, 몇몇 선행연구에서 언급한 적은 있으나 대체로 개략적인 서술에 그치고 있다.[1] 또한 근년에 재한피폭자운동과 일본의 연대운동에 주목한 연구가 나왔는데, 주로 1970년의 손진두孫振斗, 1927~2014 '밀항'사건과 그 후의 손진두 재판 투쟁출입국관리령 위반에 관한 재판, 피폭자건강수첩 교부 소송 등을 분석 대상으로 하고 있다.[2] 앞의 두 가

---

[1] 市場淳子, 「第一部/第二章 立ちあがった在韓被爆者(1967~1978年)」, 『新装増補版 ヒロシマを持ちかえった人々ー「韓国の広島」はなぜ生まれたか』, 凱風社, 2005; 김승은, 「재한(在韓)원폭피해자 문제에 대한 한일양국의 인식과 교섭태도(1965~1980)」, 『아세아연구』 제55권 2호, 2012; 오은정, 「'제국의 신민'에서 '재한피폭자'로ー한국 원폭피해자 운동에서 한일 시민연대의 사회문화적 토대와 그 변화」, 『기억과전망』 39호, 2018; 김경애, 『원폭 피해 한국 여성들』, 푸른사상, 2019.

[2] 辛亨根, 「韓国原爆被害者問題の実態と意義についての研究ー特に韓日間草の根協力に注目して」, 広島大学大学院 国際協力研究科博士学位論文, 2014.9; *AGOTA DURO, THE HISTORICAL SIGNIFICANCE OF JAPANESE GRASSROOTS CO-OPERATION FOR THE SUPPORT OF KOREAN ATOMIC BOMB SURVIVOR*, Dissertation Submitted for the degree of Doctor of Peace Studies in International Studies

지 사건과 그에 따른 일본의 연대운동에 대해서는 여태껏 충분히 검토된 바가 없다. 재한피폭자운동의 역사를 밝히기 위해서도, 또 한일 연대운동의 역사를 고찰하기 위해서도 이에 대한 검토가 필요하다. 그로써 두 사건 이후에 전개된 연대운동을 한일 간 지적知的 교류의 역사로서 자리매김하는 것도 가능해진다.

먼저 두 사건에서 주목하고 싶은 것은 월경越境이라는 행위에 대해서이다. 대일본제국이 해체된 뒤의 냉전기에 1947년 외국인등록령, 1951년 출입국관리령, 그리고 1965년 한일조약 등의 법 제도에 의해 한반도와 일본열도 사이에는 경계선이 그어졌다. 그런데 손귀달은 '원폭증' 치료를 위해 그러한 법 제도를 '위반'하고 경계선을 넘은 것이다. 그녀의 '밀항'은 월경의 실천이었다.

엄분련과 임복순은 법 제도를 위반한 것은 아니었으나, '원폭증' 치료를 위해 도일해 「원자폭탄 피폭자의 의료 등에 관한 법률」이하, 원폭의료법 적용을 둘러싸고 일본 국내의 피폭자와 국외 피폭자 사이에 그어진 경계선을 넘으려 했다. 그것은 월경의 시도라고 할 수 있다. 그렇다면 1960년대 말 그녀들은 왜 월경하려고 한 것인가, 또 그 월경이란 무엇이었는가라는 질문이 떠오르게 된다.

또 하나 주목하고 싶은 것은 이 두 사건을 계기로 재한피폭자운동과 일본 시민에 의한 연대운동이 전개되었다는 점이다. 여기서는 "권력을 갖지 않는 시정의 사람들이 사회를 움직이기 위해서는 타자와 손을 잡고

---

in the Graduate School of Hiroshima City University, 2017; 高谷幸, 「第3章 呼び覚まされる帝国の記憶と〈戦後日本〉」, 『追放と抵抗のポリティクス―戦後日本の境界と非正規移民』, ナカニシヤ出版, 2017; 김원, 「밀항, 국경 그리고 국적―손진두 사건을 중심으로」, 『한국민족문화』 62, 2017.2.

교차와 접합의 지(知)―냉전과 탈식민의 한일 지식인 교류사

힘을 만들어낼 필요가 있다"는데, 이때 "지원을 원하는 자와 지원하는 자라는 알기 쉬운 관계가 만들어질 뿐만 아니라 사람들 사이에서 사고의 공명과 연쇄가 일어나 새로운 관계와 주체성이 생겨난다".[3] 그러한 양태를 연대라 부르고, 지속되는 행위를 연대운동이라 부르기로 하자. 후술하듯, 1968년의 두 가지 사건을 전후로 재한 피폭자는 자신의 피폭 체험과 그 후의 생활에서 겪은 고뇌와 분노를 언어나 행동으로 표현하기 시작했다. 일본의 원수폭금지운동에 관여한 활동가, 저널리스트, 시민들은 그러한 고뇌와 분노에 응답해 구호운동에 참여하거나 여러 재한 피폭자를 취재해 피폭 체험과 그 후의 생활에 대해 잡지, 단행본, 영상으로 전하기도 했다. 거기에서 어떤 공명과 연쇄가 일어나고 새로운 관계성과 주체성이 생겨났을까.

이 글에서는 1968년의 손귀달 '밀항'과 엄분련·임복순의 도일 치료 시도라는 재한 피폭자의 월경, 그리고 일본의 연대운동 양상을 검토한다. 구체적으로는 피폭자의 증언과 수기, 저널리스트의 르포르타주, 다큐멘터리 영화, 신문 기사, 외교 기록 등에 의거해 일본 시민에 의한 구호운동과 한일 정부 간 정치 공방이 어떠한 것이었는지를 살펴본다. 이 글은 전에 필사가 1965년부터 1968년까지 재한 피폭자들의 언동과 일본의 지원운동에 대해 고찰한 「이중의 피폭을 둘러싼 정치-한일국교수립과 재한 피폭자」[4]의 후속 연구로, 주로 1968년 전후에서 1971년까지의 기간을 연구 대상으로 한다.

---

3   大野光明·小杉亮子·松井隆志, 「越境と連帯の運動史-日本の「戦後」をとらえかえす」, 『越境と連帯 社会運動史研究』 4, 新曜社, 2022, 6쪽.

4   太田修, 「二重の被害をめぐる政治-日韓国交樹立と在韓被爆者」, 『歴史評論』 No. 788, 2015. 12.

제2절에서는 1968년의 재한 피폭자를 둘러싼 상황에 대해 검토한다. 1968년 이전의 재한 피폭자를 둘러싼 상황에 대해서는 앞의 졸고에서 논했는데, 여기서는 2022년에 공개된 일본 외무성 문서를 활용해 재한 피폭자의 호소와 일본 정부의 대응에 관한 새로운 사실을 소개하려 한다.

제3절에서는 손귀달 '밀항'사건 후 일본 시민에 의한 구호운동, 한국 정부외무부, 주일대사관, 주시모노세키영사관, 일본 정부외무성, 법무성, 후생성의 삼자에 의한 대응을 검토한다. 또한 엄분련·임복순의 피폭자건강수첩 교부가 일본 정부에 의해 거부당한 과정, 일본 국회에서의 논의, 두 사람의 호소에 반응한 사람들의 주장에 대해 검토한다.

제4절에서는 1969년부터 1971년에 걸쳐 재한 피폭자가 스스로 쓰고 말하는 주체로서 등장하고, 그러한 재한 피폭자와의 연대 움직임이 일본 내부에서 태동한 양상을 고찰한다.

2. 1968년 재한 피폭자를 둘러싼 상황

1) 도일 치료에 관한 호소

1967년 7월에 「사단법인 한국원폭피해자원호협회」이하, 원호협회가 정식으로 발족함으로써 재한 피폭자에 의한 조직적 활동이 개시되었다.[5] 2022년 5월에 새로 공개된 일본 외무성 문서에 의하면, 재한일본대사관은 재한 피폭자의 상황과 원호협회 설립에 대해 아래와 같이 인식하고 있었다.

---

5   위의 글, 37쪽.

1967년 11월 초 원호협회에 가입한 피폭자는 1,496명이고, 그중 80%는 "치료를 위해 가산을 탕진하여 그 생활이 매우 곤궁하고, 물질적·정신적 불안으로 인해 거의 절망적인 상태"였다. 일찍이 재한 피폭자는 이승만 정권과 장면 정권에 구제를 진정했으나 받아들여지지 않았고, "그 행동은 점점 사회 치안을 위협하는 경향을 보이기에 이르렀다". 그 때문에 한국 내무부 치안국이 지도해 원호협회를 조직하도록 했다.[6] 또한 원호협회 회장으로 반공연맹이사를 겸직하고 있던 홍순봉洪淳鳳, 1898~?이 취임했는데, 거기에는 피해자들이 생활고로 인해 "사상적으로 동요하기 쉽고 조총련을 비롯한 좌익세력에 이용당하기 쉽기 때문에 방공防共의 관점"에서 원호사업을 감독한다는 의미가 있었다. 즉, 원호협회는 '치안' 관리와 '방공'의 관점에서 박정희 정권에 의해 조직된 것이었다.

이 점에 대해 앞의 졸고에서 히라오카 다카시平岡敬, 1927~ 문서를 활용해 "재한피폭자운동에도 분단국가주의가 영향을 미쳤다"라고 논했는데,[7] 일본 외교문서에서도 마찬가지로 말할 수 있을 것 같다.

그러나 여기에서 놓치지 말아야 할 것은 '사회 치안을 위협하는 경향'을 보였던 피폭자들의 '행동'이 원동력이 되어 원호협회가 결성되었다는 점이다. 또한 어느 한 피폭자가 원호협회에서 자신과 같은 피폭자를 만나 "내 가족이라도 만난 듯한 기분이었다"라고 말했듯이,[8] 원호협회가 고립

---

6   文書番号2021-655-33(이하, 숫자만 표기) 「韓国原爆被害者実態について」(1967.11.24), 外務省アジア大洋州局北東アジア課, 『在韓韓国人被爆者問題』2, 2022. 5.31, 開示(이하, 外務省文書, 『在韓韓国人被爆者問題』2. 이 자료군은 山本直好 씨의 개시 청구에 따라 공개됨). 또한 이 보고에 의하면, 1965년 10월 한국 내무부 치안국은 "그 사회 치안에 미치는 영향을 우려해 한국적십자사에 지시해서 피폭자 실태를 조사시켰고" 1967년 대통령 및 국회위원 선거를 눈앞에 두고 "한국원폭피해자를 내면지도하며 일부 자금(약 30만 원)을 제공해" 한국원폭피해자협회를 조직하게 했다고 한다.

7   太田修, 앞의 글, 37~38쪽.

무원이었던 피폭자들의 만남의 장場이 되고 정신적인 의지처가 되었다는 점이다. 그것은 원호협회가 박정희 정권의 '분단국가주의' 관리하에 놓여 있지만, 그럼에도 불구하고 피폭자들의 자율적 힘에 의해 재창조될 수 있는 것이었음을 보여준다.

원호협회에 모인 피폭자 중에는 한일조약에 재한 피폭자 보상 문제가 빠져 있다고 생각해서 일본 정부에 식민지 지배와 피폭 책임을 묻고 원호협회의 '치안' 유지 기능에 도전하는 사람도 나타났다. 예컨대 1967년 11월에는 원호협회 회원인 김장환金章煥 등 피폭자가 일본대사관 앞에서 시위하면서 "한국원폭피해자에게 보상하라"고 호소했다.[9] 일본대사관 측 자료에 의하면, 한국인원폭피해자진정단韓国人原爆被害者陳情団 약 20명은 미타니 시즈오三谷静夫 참사관에게 ① 원폭피해자에 대한 일본 정부의 보상, ② 치료 원조, ③ 생활 보조의 세 가지를 요구했다. 이에 미타니 참사관은 "보상 문제는 법적으로 해결되었다"고 하면서도 "치료와 그 밖의 문제에 대해서는 인도적 견지에서 검토의 여지가 있다"고 설명했다고 한다.[10]

1968년 8월에는 원호협회가 주최하는 최초의 '한국인 원폭희생자 초혼제 및 위령제'가 서울 조계사에서 열렸다. 그 취지문에는 "학병学兵, 징용공徵用工, 혹或은 노동자労働者 등等으로 강제동원強制動員되어 인간 이하人間以下의 고역苦役에 시달리다가 이날의 불행不幸 속에 폭사爆死 또는 희생犠牲된 자者 무려無慮 오만 명五萬名에 달達했다"고 쓰여 있다. 이튿날 『경향신문』 사설에는 식민지 지배하에 "강제強制로 끌려가서 혹사酷使당하다가 피폭

---

8   위의 글, 38쪽.

9   「原爆被害보상요구/日大使館앞서 데모」, 『東亜日報』, 1967.11.4, 7면.

10   2021-655-33 「韓国人原爆被害者陳情について」(1967.11.7), 外務省文書, 『在韓韓国人被爆者問題』2.

被爆한 것이기 때문에 일본日本의 피폭자被爆者와는 동일同一하게 논할 성질性質의 것이 아니다"고 쓰여 있다.[11] 재한일본대사관도 이 위령제를 계기로 각 신문사가 원폭피해자에 대한 관심을 표명하고 사설 또는 특집기사를 통해 "징용에 의해 강제적으로 일본으로 끌고 간 일본 정부가 일본의 원폭 병자한테는 각종 구호 조치를 강구하면서도 한국인 피해자에 대해서는 아무런 원조도 하지 않는다며 일본 정부를 비난하고 있다"라고 보고했다.[12] 이러한 사실은 재한 피폭자의 피폭 배경에 식민지 지배하의 강제 동원이 있었다는 인식이 한국 사회에 퍼져 있고, 일본 정부도 그 점을 인식하고 있었다는 것을 보여준다.

다른 한편으로 재한 피폭자는 도일 치료를 요구하는 목소리를 내기 시작했다. 필자가 확인한 바로는, 도일 치료 요구가 자료상에 처음 나타나는 것은 한 피폭자가 1966년 11월 재한일본대사관에 제출한 진정서에서이다. 그는 일본군에 동원되었다가 히로시마에서 피폭했다. 해방 후 귀국해 대구의 중학교에서 영어 교사를 하고 있었는데 "신체에 이상"이 생겨 더 이상 일할 수 없게 되자 자택에서 요양했다. 통원 치료하던 의사가 "히로시마에 원자폭탄 피폭자를 위한 치료병원이 있으니 그곳으로 가서 치료받으면 좋겠다"고 권했기에, 자비로 도항할 테니 히로시마원폭병원에서 치료할 수 있게 편의를 봐달라고 호소했다.[13] 이 피폭자는 병원 의사의 권유로 도일 치료를 원하게 된 것이었다.

이러한 도일 치료 희망을 배경으로 원호협회 측은 1968년 2월 자비로

---

11 「忘却해서는 안될 原爆被害者対策」, 『京郷新聞』, 1968.8.7, 2면.
12 2021-655-22「韓国人原爆犠牲者慰霊際について」(1968.8.13 起案), 外務省文書, 『在韓韓国人被爆者問題』 2.
13 2021-655-34「原爆被害者の治療に関する便宜供与方依頼について」(1966.12.3), 外務省文書, 『在韓韓国人被爆者問題』 2.

도항하기를 원하는 "히로시마원폭병원 입원 치료 희망자" 3명의 명부를 재한일본대사관에 제출하고, 입원 치료 실현을 위한 협력을 요청했다.[14] 도일 치료 희망이 원호협회에 모인 사람들 사이에서 공유되면서, 재한 피폭자의 호소는 점차 도일 치료 실현을 원하는 방향으로 수렴되어갔다고 생각된다. 후술하는 손귀달이나 엄분련·임복순도 이러한 가운데 도일 치료를 희망하게 된 것이리라.

2) 일본 정부의 '인도적 견지'론

원호협회 측의 요청을 받은 재한일본대사관은 1968년 2월 도쿄의 외무성에 ① 피폭자의 무료 치료를 위해서는 히로시마시가 발급하는 원폭 수첩이 필요한데 한국인도 같은 수첩을 발급해줄 것인가, ② 히로시마원폭병원은 한국인의 입원과 치료에 응해줄 것인가 등의 문제에 대해 관계 부처의 문의와 답신을 요구했다.[15]

이에 후생성 공중위생국은 다음과 같이 회신했다. ①에 대해서는 「원폭의료법」 제14조 2항에 의해 피폭자는 의료 전액을 공비로 받을 수 있고 "외국인이라도 일본 국내에 거주할 경우는 이 법의 적용을 받을 수 있다". 그러나 이 법은 "속지법屬地法"이므로 "거주 조건을 충족하지 않는 경우는 공비에 의한 의료를 받을 수 없으며, 또한 이 법의 적용을 목적으로 하는 입국은 바람직하지 않다"라고 했다. 즉, 재한 피폭자는 "거주 조건을 충족하지 않"기 때문에 「원폭의료법」 적용 대상이 될 수 없다는 것이었다. 원폭의료법 적용 여부를 둘러싼 후생성 측의 이러한 주장에 대해서는

---

14   2021-655-29「韓国人被爆者の自費治療希望について」(1968.2.20), 外務省文書, 『在韓韓国人被爆者問題』2.

15   위의 글.

후술하겠다.

②에 대해서는 히로시마와 나가사키 두 곳의 원폭병원은 국적 등에 상관없이 외국인 피폭자의 경우도 입원 치료를 행하고 있다는 회신이었다.[16] 그러나 원폭병원에서 입원 치료가 가능하다 해도 ①의 「원폭의료법」이 적용되지 않으면 도일 치료는 실제로 불가능하다. 따라서 후생성 공중위생국의 방침은 재한 피폭자의 도일 치료를 사실상 거부하는 내용이었다.

한편, 재한일본대사관은 1967년 11월 재한 피폭자들의 일본대사관에 대한 진정과 시위 행동에 응해 외무성 본성에 다음과 같은 대안을 검토해달라고 요청했다. "한국인 원폭피해자에 대한 보상은 이를 법률적 문제로 취급할 여지는 전혀 없으나", 한국인 원폭피해자가 상당수에 달하고 "그 대부분이 생활곤궁자이기 때문에 치료도 거의 받을 수 없는 궁핍한 상태에 있음이 인정되므로 **인도적 견지에 서서**, 예컨대 치료단 파견이나 적십자사를 통한 구제금 송부 등의 형태로 원조의 손을 내밀" 필요가 있다.[17] 이처럼 대사관 측은 '인도적 견지'에서의 원조에 적극적이었다. 외무성 본성의 회신이 없었기 때문에 이듬해인 1968년 3월 "純인도적 입장에서 의료반 파견"을 본성에 다시 요청하고, 파견의료반 전문의 3명의 이름을 표기해 결단을 촉구했다.[18]

이에 외무성 측은 후생성 공중위생국과 협의한 결과를 그해 5월에 대

---

16 2021-655-24 「韓国人被爆者の自費治療希望について」(1968.4.4), 外務省文書, 『在韓韓国人被爆者問題』2.

17 2021-655-33 「韓国人原爆被害者陳情について」(1967.11.7), 外務省文書, 『在韓韓国人被爆者問題』2.

18 2021-655-28 「原爆医療班派遣方について」(1968.3.5), 外務省文書, 『在韓韓国人被爆者問題』2. 전문의 3명은 히로시마대학 원폭방사선의료연구소 시미즈 기요시(志水清), 원폭병원장 시게토 후미오(重藤文夫), 민간개업의(○○○○, 네 글자에 먹칠)였다.

사관 측에 회신했다. 요점은 이하 세 가지였다. 첫째, 현행 「원폭의료법」 및 1968년 시행 예정인 「원자폭탄 피폭자에 대한 특별 조치에 관한 법률」이하, 「원폭특별조치법」은 모두 피폭자에 대한 "특별한 조치"를 정한 것으로 "보상의 의미는 전혀 없다". 둘째, 재한 피폭자 문제는 "인도적"으로 검토해야 하지만, "한일국교정상화에 따라 청구권 문제는 해결이 끝난" 이상, 재한 피폭자에 어떤 의료를 제공하는 경우라도 "보상이라는 명분"은 취할 수 없고 "기술협력 형태"가 아니면 안 된다. 셋째, 일본의 대외 기술협력의 일환으로서 의료협력은 받아들이는 측의 "의사 양성"을 목적으로 한다.[19] 외무성의 방침은 한일청구권협정에 의한 '해결 완료'론을 강조하는 것이었다.

더하여 외무성은 그해 9월 재한일본대사관에 보낸 훈령訓令에서 대사관 측이 제안했던 "전문가 파견"을 "청구권 요구를 자극하는 결과를 초래할 우려가 있다"고 각하했다. 그러면서 "인도상, 외교상 고려"를 감안해 "의료협력 계획의 일환"으로 "한국에서 연수생을 받아들여 피폭환자 치료에 필요한 지식과 기술을 습득시키는 형태로 기여하는 것이 적당"하며, "히로시마 또는 나가사키의 일본적십자사 병원에 5명 정도 연수생을 받아들이는 것을 검토"하겠다고, 한국 측에 제안해 그 결과를 회신하라고 지시했다.[20]

이상과 같이 외무성과 후생성이 재한일본대사관과 주고받은 내용을 검토해보면 두 가지를 지적할 수 있다. 첫째, 일본 정부는 재한 피폭자에

---

19 2021-655-27 「原爆医療専門家派遣方について」(1968.5.10 起案), 外務省文書, 『在韓韓国人被爆者問題』2.

20 2021-655-20 「原爆被爆患者の問題について」(1968.9.26), 外務省文書, 『在韓韓国人被爆者問題』2.

대한 '보상'은 1965년 한일청구권협정으로 '해결 완료'되었고, '법률문제로 취급할 여지는 전혀 없다'고 주장한 점이다. 그것은 '완전히 또한 최종적으로 해결되었다'라는 법 조약에 의해 경계선을 그었음을 보여준다. 그러한 선 긋기는 재한 피폭자 입장에서는 청천벽력 같은 것이었고, 동시에 문답무용의 폭력적인 힘으로 작용했다. 다음 절에서 서술할 손귀달이나 엄분련·임복순은 이 경계선을 넘으려고 한 것이다.

둘째, 외무성 본성과 재한일본대사관 사이에 재한 피폭자 문제에 대한 대처방식과 적극성에 차이는 존재하지만, 일본 정부는 첫 번째에서 언급한 '해결 완료'론을 전제로 '인도적 견지에 서서' 대처하려고 했다는 점을 알 수 있다. '인도적 견지에 서서'라는 방법은 1950년대부터 외무성 내에 존재했던 사고방식으로, 1965년 한일조약 체결 이전에는 식민지 책임을 회피하기 위한 논리로서 기능했다. 그러나 한일청구권협정에서 '완전히 또한 최종적으로 해결되었다'라는 국제법 조약의 경계선이 그어진 1960년대 후반부터는 '해결 완료'론을 반전시키는 힘을 갖게 되었다. 1970년대 이후에도 재한 피폭자의 투쟁이나 그 지원운동에 대해 일본 정부는 '인도적 견지에 서서' 대응할 수밖에 없었는데, 그것은 한일청구권협정으로는 '해결 완료'가 아님을 역설하는 결과가 되었다. '인도적 견지에 서서'라는 방법은 식민지 지배 책임을 부정하는 논리임과 동시에, 그것을 반전시키는 계기 혹은 국제법 조약의 경계선을 무너뜨리는 방향성을 내포하고 있었다고도 할 수 있다.

3. 손귀달의 '밀항'과 엄분련·임복순의 도일 치료 시도

1) '밀항'을 둘러싼 정치

(1) 손귀달 '밀항'사건

1968년 9월 30일 밤, 한국원폭피해자협회 부산지부 회원인 여성 피폭자 손귀달을 비롯한 4명을 태운 작은 배가 부산항을 출발해, 10월 1일 밤에 야마구치현山口縣 아부군阿武郡 아부초阿武町 해안에 도착했다. 다음 날인 10월 2일에 4명은 '밀항' 용의로 경찰에 체포되었다.[21] 이 '밀항'사건은 10월 3일 자 『아사히신문朝日新聞』 도쿄 석간에 최초 보도되었는데, 손귀달이 "여학생 시절 히로시마에서 피폭한 원폭 치료를 위해 밀항을 기도했다"라고 진술했다고 전했다.[22]

1971년에 집필된 손귀달의 수기에 의하면, 그녀의 반생은 대강 다음과 같았다.[23] 그녀는 1930년에 오사카시大阪市 히가시요도가와쿠東淀川区 혼조카와사키초本庄川崎町에서 태어나 도요사키제5국민학교豊崎第五国民学校를 졸업했다. 오빠 손진두는 후세시布施市 조에이국민학교長栄国民学校를 졸업하고 제지회사에 근무했다. 1943년 손씨 일가는 히로시마시広島市 미나미칸논초南観音町로 소개疎開했다. 그녀는 '미쓰야마 시즈코密山静子'라는 이름으로 히로시마시립제2고등여학교에 재학하던 중, 1945년 8월 6일 학도로 동원된 미쓰비시三菱중공업에서 피폭했다. 양친이 일본에 거주하게 된 경위는 불분명하지만, 그녀와 그 가족의 피폭은 식민지 지배 역사와 불가분의 관계에 있었다.

---

21   「被爆の韓国女性が密航」, 『朝日新聞』, 1968.10.4, 14면.

22   「原爆症の治療で密航」, 『朝日新聞』 석간, 1968.10.3, 10면.

23   孫貴達, 「原爆症治療に密航した兄と私」, 『婦人公論』, 1971.9.

1945년 10월 중순에 손씨 일가는 오빠 손진두만 남기고 조선으로 귀환했다. 무직이었던 부친은 오사카로 '밀항'했다가 1948년경 사망했다. 남은 가족들의 생활은 불안정해, 손귀달은 아는 사람도 없고 말도 통하지 않는 것이 "비참하다"고 생각했다. '밀항' 당시 그녀는 부산시 외곽에서 78세 모친과 15세 장남, 13세 장녀와 함께 4명이 살았는데, 일가의 생계는 그녀의 장사로 유지하고 있었다. 한국에서는 1966년경부터 원폭 피해가 화제가 되기 시작해 자신의 몸이 "원폭에 피해를 입었다"는 사실을 알았지만, 일본이 아니면 치료가 곤란하다는 것을 듣고 불안에 사로잡힌 날들이 계속되었다. 가족을 위해서라도 원폭증 치료를 서둘러야 하는데 원폭 치료라는 이유로는 도일 허가가 나지 않자, "남은 방법은 불법이라는 걸 알면서도 밀항밖에 없다"고 생각하게 되었다.

이렇게 '밀항'을 결행한 손귀달은 10월 4일, 출입국관리령 위반 혐의로 야마구치지방검찰청山口地方検察庁 하기지부萩支部로 송치되었다. 후술하듯 그 후 그녀의 언동은 신문에 보도되어 야마구치에서는 시민들에 의한 구호운동이 전개되었다. 그런데 그녀는 10월 14일 한국시모노세키영사관이 신원보증인이 되어 가석방되었고, 10월 18일에는 검사를 받기 위해 히로시마원폭병원에 입원하게 되었다.

그 후 11월 4일, 손귀달 등 4명의 「출입국관리령 위반사건」 공판이 야마구치지방재판소에서 열렸다. 판결 결과는 징역 6개월, 집행유예 2년이었다. 이날 히로시마원폭병원 측에서 재판소에 "정밀검사가 필요함"이라는 진단서를 제출했으나, 손귀달은 11월 7일 원폭병원을 퇴원하고 11월 8일 시모노세키 입국관리국에 의해 한일정기선 아리랑호를 타고 강제송환되었다.[24] 그녀의 강제송환은 출입국관리령이라는 일본의 법 권력에 의해 집행된 것이었다.

손귀달은 훗날의 회상에서 "남과 북의 어려움이 있어 의사에 반해 한국으로 송환되었다",[25] 일본 사람들의 "도움"은 고맙게 생각하지만 "우리 한국인들이 놓인 입장은 정치적으로 매우 어렵다"[26]라고 말했다. '정치적으로 매우 어렵다'라는 것은 주시모노세키영사관 측에서 구호운동에 대한 견제나 손귀달에 대한 압력과 같은 정치가 작동했다는 점을, 즉 남북 분단이라는 냉전 상황이 한 사람의 재한 피폭자에게도 영향을 끼쳤다는 점을 말해준다.

(2) 구호운동, 일본 정부와 한국 정부의 대응

① 원폭병원의 치료 – 구호운동

손귀달 '밀항' 사건에 대해 야마구치현원폭피폭자복지회관이하, 야마구치복지회관[27]을 거점으로 활동한 야마구치원수폭피해자단체협의회이하, 야마구치피단협와 야마구치대학의 학자 그룹, 기독교인들이 재빨리 구호운동에 나섰다. 거기에 원수폭금지일본협의회이하, 원수협와 재일조선인총연합회이하, 조선총련, 사회당 중위원 위원, 야마구치대학 학생들이 가담했다. 운동을 이끈 것은 야마구치복지회관에 모였던 사람들로, 특히 야마구치대학의 경제학자 아베 가즈나리安部一成, 1927~2011가 중심적인 역할을 했다.[28]

---

24 「被爆の孫, 急に帰国」, 『中國新聞』, 1968.11.9, 14면.

25 孫貴達, 「被爆者密航一家」; 「在韓朝鮮人被爆者の証言 – 非日本化の道を歩まされた二十七年」; 「特別企画 隠れて生きる被爆者と人種差別 – 大量虐殺から生き残った朝鮮人と日本人100人の証言」, 『潮』, 1972.7, 191쪽.

26 孫貴達, 앞의 글, 1971.9, 170쪽.

27 1968년 5월 "피폭자 지원운동 유지와 핵병기 폐기를 향한 평화운동의 거점"으로 설립되었다. 1995년에 폐관되었지만, 사무국은 그 철거지에 건설된 자치회관으로 옮겨 2023년 2월 현재에도 「일반재단법인 야마구치현 원폭피폭자 지원센터 유다엔(ゆだ苑)」으로 활동하고 있다. 홈페이지는 https://www.yudaen.org/(검색일 : 2023.2.20).

28 아베 가즈나리는 제1회 원수폭금지세계대회에 참여한 것을 계기로 원수폭금지운동에

구호운동이 가장 먼저 한 일은 손귀달의 일시 입국허가 취득과 원폭병원의 치료 실현을 위해 행정당국에 요청하고, 손기달을 면회해 그 의사를 확인하는 것이었다. 10월 3일 야마구치복지회관에서 대책을 협의한 야마구치피단협 사무국장 나가마쓰 하쓰마永松初馬, 야마구치대학의 아베·지카자와 게이이치近沢敬一, 1910~? 교수들은 손귀달이 일시 입국허가를 받아 원폭병원에서 치료받을 수 있도록 법무성에 요청하기로 했다.[29] 다음 날인 10월 4일에는 아베와 하마다 미네오浜田峰夫 교수 2명, 피단협 사무국장 나가마쓰 등의 유지 6명이 야마구치지방검찰청을 방문해 손귀달이 히로시마원폭병원에서 진단을 받을 수 있도록 요청했다.[30] 또한 원수협의 대리이사 하타나카 마사하루畑中政春, 1907~1973와 사무국장 요시다 요시키요吉田嘉清, 1926~2018는 최고검찰청 공안부를 방문해 마찬가지 요청을 하고, 손귀달을 "단순한 밀입국자"로 조치하는 것은 잘못이며 "책임은 일본 정부에 있고", "인도적 입장"에서 고려해야 한다고 호소했다.[31]

10월 7일 하기구치소 지소를 방문해 손귀달을 면회한 야마구치복지회관 이사 하야시 겐지林健二 목사와 야마구치대학 조교수 우에노 고로上野五郎 등은 피폭 당시 근처에 살았던 동급생 중에 하야시 스미코林澄子, 旧姓은 藤井가 있다는 사실을 알았다. 히로시마현 원수협과 히로시마현 피단협의 협력으로 얻은 하야시의 증언에 의하면, 당시 손귀달은 '미쓰야마 시즈코'라는 일본이름으로 히로시마시립제2고등여학교에 다녔고 일가는 양친과 오

적극적으로 관여하고 야마구치복지회관 설립에도 진력했다(安部一成, 「あとがき」, 安部一成論文選集刊行委員会 編, 『安部一成論文選集5巻原水爆禁止運動』, 東洋図書出版, 1987, 216~218쪽).

29　「被爆密航婦人救おう」, 『中國新聞』, 1968.10.4, 14면.
30　「密航韓国人事件」, 『中國新聞』, 1968.10.5, 14면.
31　「被爆した密入国女性を治療せよ」, 『朝日新聞』 朝刊東京, 1968.10.5, 15면.

빠가 함께 네 식구가 살았는데 기쿠자키菊崎제지공장 내에 살다가 피폭했다. 원수협과 피단협, 조선총련 히로시마현 본부에서는 손귀달이 히로시마에서 피폭한 것은 틀림없는 사실이라며 조기 석방과 치료 실현을 위해 후생성과 법무성 등 관계부처에 요청해 그녀를 전면 지원하기로 했다.[32]

10월 8일 원수협 요시다 사무국장은 법무성을 방문해 사무차관과 입국관리국장을 만나 그녀가 원폭증 치료를 받을 수 있게 해달라고 요청했다. 10월 9일에는 사회당 국회위원 야마다 하지메山田耻目가 야마구치 지검의 담당 검사를 만나 '인도적 입장'에서 적정한 조치를 해달라고 요청했다.[33]

또한 구호운동은 손귀달의 히로시마원폭병원의 치료 실현만이 아니라 재한 피폭자 도일 치료의 길을 여는 것을 당면 과제로 삼았다.[34]

구호운동이 두 번째로 벌인 일은 전문의사의 진단을 받고 변호사를 위임하는 것이었다. 10월 11일 손귀달 등 4명을 출입국관리령 위반 혐의로 야마구치 지방재판소로 호송한 야마구치 지검은 손귀달이 피폭 당시 히로시마 시내에 있었다는 증거도 없고, 야마구치 구치소의 의사도 손귀달의 원폭증을 부정했다고 발표했다. 이에 야마구치복지회관 이사회의 아베 가즈나리 등은 그날 히로시마시 원폭지정병원인 후쿠시마병원福島病院의 다사카 마사토시田阪正利 원장에게 진찰을 의뢰해 진단 결과를 보고 히로시마원폭병원에 입원시킨다는 방침을 밝혔고, 히로시마원폭병원의 시게토 후미오重藤文夫 원장도 전면적인 협력을 약속했다.[35] 손귀달을 진찰한 다사카 의사는 피폭 다음 날부터 탈모와 발열 등이 지속되었다는 본인의

32 「学籍簿見つかる」,『中國新聞』, 1968.10.8, 14면.
33 「治療に力添えしたい」,『中國新聞』, 1968.10.10, 15면.
34 「密航韓国人事件」,『中國新聞』, 1968.10.5, 14면.

발언으로부터 급성원폭증이라고 추정했고 손발 저림, 두통, 식욕부진 등 상세 불명의 심신장애 호소는 방사능의 영향 가능성이 있으므로 전문의의 정밀검사를 받을 필요가 있다고 말했다.[36]

동시에 야마구치복지회관 이사회는 야마구치제일법률사무소 이누키 다케스케井貫武亮 변호사를 통해 야마구치지방재판소와 시모노세키 입국관리사무소에 보석 신청과 가석방 절차를 밟고, 야마구치복지회관 이사회가 신원보증인이 되기로 정하고,[37] 10월 12일에는 이누키 변호사를 통해 야마구치지방재판소에 손귀달 보석 신청을 했다. 보석 상태가 되면 신병은 시모노세키 입국관리사무소로 이전되고 그 즉시 입국관리사무소에 가석방 절차를 밟아 히로시마원폭병원에서 치료받을 수 있도록 히로시마 피단협과 협의하기로 했다.[38]

구호운동이 세 번째로 벌인 일은 가두시위 활동이었다. 야마구치복지회관 이사 아베와 지카자와 교수 2명, 야마구치대학생연락협의회 학생, 야마구치현 피단현 회원 등 약 20명은 야마구치 시내에서 가두시위를 하며 "피폭 여성이 치료받을 수 있는 조치를 법무대신에게 진정하자"라고 호소했다. 이들은 손귀달의 내력과 재한 피폭자 실태에 대해 말하면서 서명과 모금운동에 협력해줄 것을 호소했다. 그 결과 서명은 약 2천 명, 모금은 2만 엔을 넘는 등 시민들의 관심을 불러일으켰다. 야마구치복지회관 이사회는 모금액을 손귀달에게 전달함과 동시에 서명부를 법무대신에게 송부했다.[39]

---

35 「被爆韓国婦人ら起訴」, 『中國新聞』, 1968.10.12, 15면.
36 「精密検査が必要」, 『中國新聞』, 1968.10.12, 15면.
37 「被爆韓国婦人ら起訴」, 『中國新聞』, 1968.10.12, 15면.
38 「孫の保釈申請出す」, 『中國新聞』, 1968.10.13, 15면.
39 위의 글; 「市民, 千人が署名」, 『中國新聞』, 1968.10.11, 15면.

그러나 10월 14일 손귀달은 갑자기 한국시모노세키영사관의 김윤희金允熙 부영사를 신원보증인으로 해서 풀려났고,[40] 검사를 받기 위해 히로시마원폭병원에 입원하게 되었다. 이리하여 약 10일간 계속되었던 구호운동은 종식되었다.

이상에서 야마구치복지회관에 모였던 사람들에 의한 손귀달 구호운동은 법무성으로부터 그녀의 일시 입국허가를 받아 히로시마원폭병원의 입원 치료 실현을 목표로 하는 것이었다고 하겠다. 또한 아베 가즈나리가 "한국에 있는 약 2만 명의 피폭자도 똑같은 피폭자이다. 부정한 경로가 아니라 정규 절차를 통해 일본에 와서 자유로운 치료를 받도록 조치를 취해야 한다"라고 말했듯이,[41] 재한 피폭자 도일 치료 실시를 지향하는 운동이었다. 다만, "치료받고 싶어서 밀항했다"는 손귀달의 동기는 구호운동 멤버들에게는 충격이었고, 아베 자신도 "우리들 운동의 허점을 찔렸다"고 말한 것에서 알 수 있듯이, '밀항'을 단순히 '부정한 경로'로 이해할 뿐 그 이상의 논의는 찾아볼 수 없다. 그런 점에서 구호운동은 손귀달의 '밀항'의 의미와 그 배경에 있는 식민지 지배의 역사를 파고들어 생각한 것은 아니었다는 한계도 지적해야 할 것이다.

② '보이지 않는 힘' – 한국 정부外교부, 주일대사관, 주시모노세키영사관

다음으로 한국 정부의 대응을 살펴보자. 한국 측 외교 자료에 의하면, 가장 먼저 움직인 것은 주일대사관이었다. 주일대사관은 10월 4일 외무성 북동아시아과에 원폭피해자인 손귀달을 "호의적으로 취급해달라"고 요청함과 동시에, 주시모노세키영사관에 "공산 계열의 접촉을 거절하는"

---

40 「密航の孫を保釈/領事館が身元引き受け」, 『中國新聞』, 1968.10.15, 14면.
41 「孫の保釈申請出す」, 『中國新聞』, 1968.10.13, 15면.

조치를 야마구치 지검과 야마구치 입국관리국 당국에 요청하도록 권고했다.[42]

다음 날인 10월 5일 야마구치 지검 하기 지소를 방문한 주시모노세키 영사관 김윤희 부영사는 담당 검사에게 구호운동을 전개하는 야마구치 복지회관이 '좌익단체'라고 지적하며, 손귀달의 '일시적인 재류 허가' 신청 및 그녀의 신원보증 시에는 영사관과 사전에 협조해 "인도적 견지에서 호의적으로 취급해주길 바란다"고 요청했다.[43] 이날 손귀달을 면회한 김윤희 부영사는 오사카시 이쿠노쿠生野区에 거주하는 사촌오빠 손진춘孫振春의 도움을 받아 원폭증 치료를 받기 위해 밀항했다는 증언을 얻었고, 동시에 구호운동 측의 면회 요청에는 응하지 말라고 충고했다.[44] 주일대사관과 시모노세키영사관은 구호운동을 주도하는 원수협이나 야마구치 복지회관 측의 동향에 대해 야마구치 지검의 담당 검사와 공안조사국을 통해 정보를 수집하고 있었다.[45]

그리고 주일대사관은 10월 12일 외무성 북동아시아과에게 손귀달이 가석방되었을 때는 '좌경단체'의 관여를 차단하고 영사관이 보호할 수 있도록 조치해달라고 요청했다. 이에 대해 외무성 측은 법무성이 현지 관계 부처에 지시해 하루 이틀 사이에 가석방될 거라는 사실을 알려 주고, 손

---

42 駐日大使代理가 外務部長官에게 보낸 電文「原爆被害者密航」(1968.10.5) 分類番号 722.1JA『한국인 원폭피해자 구호, 1968~71』(외무부동북아과, 1971), 94~95쪽, 『韓国外交文書』.

43 駐下関領事가 外務部長官에게 보낸 電文(1968.10.7) 722.1JA『한국인 원폭피해자 구호, 1968~71』, 98쪽, 『韓国外交文書』.

44 駐日大使代理가 外務部長官에게 보낸 電文「孫貴達事件」(1968.10.7) 722.1JA『한국인 원폭피해자 구호, 1968~71』, 99쪽, 『韓国外交文書』.

45 駐下関領事가 外務部長官에게 보낸 電文(1968.10.18) 722.1JA『한국인 원폭피해자 구호, 1968~71』, 125쪽, 『韓国外交文書』.

귀달의 원폭증이 경미하다면 강제퇴거하고 중증이라면 치료를 위해 재류시킬 것을 고려해 오사카의 사촌오빠 및 시모노세키영사관이 신원보증인이 되어 보호할 수 있게 조치하라는 법무성 측의 방침도 전했다. 주일대사관은 시모노세키영사관에 외무성으로부터 받은 정보를 전달하고, 입국관리국과 접촉하면서 법무성 방침대로 진행하도록 지시했다.[46] 즉, 일본 정부와 정보를 공유하며 긴밀하게 연계하고 있었던 것이다.

도쿄의 주일대사관으로부터 보고받은 서울의 외무성 본부가 시종일관 강조한 것은 원수협 등 일본의 좌익세력이나 조선총련을 철저히 배제하고 "손귀달의 신변 확보에 관할 영사관에서 만전을 기할 것"이라는 점이었다.[47]

이러한 가운데 시모노세키영사관 김윤희 부영사는 10월 12일과 13일에 손귀달을 면회하고, 구호운동 측에서 선임한 '좌익계 변호사'를 해임하고 영사관 측에서 새로 의뢰한 변호사 선임서를 제출하도록 했다.[48] 10월 14일 김윤희 부영사를 신원보증인으로 해 재판소에 보석 신청한 결과, 손귀달은 다음 날인 15일에 풀려나 19일에는 히로시마원폭병원에 검사받기 위해 입원한다. 이리하여 손귀달 보석 신청과 병원 검사를 둘러싼 정치적 경쟁은 시모노세키영사관 측이 주도권을 잡게 되었다. 이 사이에 구호운동 측은 시모노세키영사관 측에게 가두 모금액을 전달하고 그들이 계획한 입원 치료 등에 동의해달라고 요청했으나, 영사관 측은 이를 거부했다.

46 駐日大使代理가 外務部長官에게 보낸 電文 「孫貴達」(1968.10.12) 722.1JA 『한국인 원폭피해자 구호, 1968~71』, 110쪽, 『韓国外交文書』.
47 外務部長官이 駐日大使에게 보낸 電文(1968.10.12) 722.1JA 『한국인 원폭피해자 구호, 1968~71』, 111쪽, 『韓国外交文書』.
48 駐下関領事가 外務部長官에게 보낸 電文(1968.10.14) 722.1JA 『한국인 원폭피해자 구호, 1968~71』, 114쪽, 『韓国外交文書』.

손귀달 '밀항'사건에 대해 한국 정부는 '인도적 견지'에서 '호의적 배려'를 일본 정부에 요청했지만, 구호운동을 주도하는 일본의 '좌경단체'와 '좌경인사' 및 조선총련을 손귀달의 보석이나 원폭병원에서의 치료 과정에서 배제하는 것을 최우선 과제라고 보았다. 손귀달의 식민지 지배하 피폭 체험이나 해방 후의 차별과 빈곤, 그녀가 희망하는 원폭증 치료는 등한시한 것이다. 그런 점에서 냉전과 남북분단주의 입장에서 대처했다고 할 수 있다. 당시 『주고쿠신문中國新聞』 기자였던 히라오카 다카시의 말을 빌리면, 한국 당국에 의한 "보이지 않는 힘"이 "피폭자 한 사람의 소원을 압살"했고 "그녀의 목소리는 일본인 귀에는 닿지 않았다."[49]

③ 견강부회식 주장, 새로운 선 긋기 — 일본 정부외무성, 법무성, 후생성

일본 정부 내에서 손귀달 '밀항'사건에 관여했던 것은 외무성 아시아국 북동아시아과, 법무성 입국관리국 경비과, 후생성 공중위생국 기획과였다. 먼저 '사건' 발생 직후, 아시아국 북동아시아과의 문의에 대해 입국관리국 경비과는 "피폭자라고 해서 특별 절차를 행하기는 어렵고", 출입국관리령 규정에 따라 "강제퇴거 절차를 행하지 않을 수 없다"고 회신했다.[50]

그런데 10월 9일에 열린 3성三省합동협의에서는 입국관리국 경비과 방침에 변화가 보였다. 경비과는 신문보도나 구호운동이 보여주듯 "원폭 문제는 국민감정을 자극하기" 때문에, 손귀달이 원폭 환자라면 "재류에 관해 편의를 봐줄 수밖에 없고", "반년 또는 일 년간의 체재를 인정하거나

49   平岡敬, 「被爆朝鮮人の怒りと悲しみ」, 『ドキュメント日本人 8 アンチヒューマン』, 学藝書林, 1969, 81쪽.

50   2021-654-21 「韓国人被爆者密入国者の入管の態度」(北東アジア課, 1968.10.3), 外務省文書, 『在韓韓国人被爆者問題』 1.

강제퇴거를 유보하거나" 할 수 있다고 했다. 이에 아시아국 북동아시아과도 "특별 케이스로서" 고려해달라고 찬성의 뜻을 보였고, 공중위생국 기획과도 히로시마원폭병원에서의 검사 입원을 용인하겠다고 했다.[51] 일본 정부는 신문보도나 구호운동을 상당히 의식하면서 "특별한 케이스로서" 대응하려고 했다는 점이 엿보인다.

논의는 이에 그치지 않고, 일찍부터 재한 피폭자가 희망했던 도일 치료 문제, 즉 일본의 전문병원에서 치료를 희망하는 재한 피폭자에 대한 원폭의료법 적용 여부를 둘러싼 문제로 확장된다. 원폭의료법이란 히로시마와 나가사키의 원폭 피해자라는 사실이 인정되면 피폭자건강수첩을 교부받고 건강 진단이나 의료 급부가 행해지는 것을 규정한 법률이다. '속지법'인 이 법률에는 국적 조항이나 호적 조항이 없고, 피폭자건강수첩 교부를 받으려는 자는 그 '거주지'인 도도부현都道府県 지사에게 신청해야 한다고만 규정되어 있다.[52] 그 때문에 삼성합동협의에서는 도일 치료를 위해 일본에 체재하는 재한 피폭자의 '거주'를 인정할 것인가가 논점이 되었다.

이에 대해 공중위생국 기획과는 내각법제국内閣法制局에도 문의해 검토한 결과, "한국인이 우리나라에 적법하게 입국해서 외국인등록을 취득하면 원폭의료법이 적용되는 거주자가 된다"고 하면서도, 한편으로 "생활의 본거지가 우리나라에 있다고 간주할 수 없는 자를 거주자로 포함하지 않아도 되기"강조는 필자 때문에 "우리나라 밖의 한국인 피폭자에게 원폭의료법을 적용하지 않는다"라고 견강부회한 주장을 했다. 이에 따라 입국관

51 2021-654-18「韓国人被爆者(密入国者)の取り扱いについて」(北東アジア課, 1968.10.9), 外務省文書,『在韓韓国人被爆者問題』1.
52 「原子爆弾被爆者の医療等に関する法律」,『官報(号外)』,大蔵省印刷局, 1957.3.31.

리국 입국심사과는 "만약 원폭의료법 적용을 받지 않는 자비 치료자라고 하여 입국을 허가한 경우"에는 "외국인등록과 동시에 거주자 자격이 생겨 원폭의료법 적용 해당자가 되기 때문에 후생성 견해와 상반된다", "후생성 견해가 바뀌지 않는 한, 자비 치료 입국 희망자에 대해 입국 적부를 검토할 수 없다"고 사실상 입국을 인정하지 않는 태세였다.[53]

게다가 공중위생국 기획과는 손귀달이 가석방된 경우에도 "생활의 본거지를 옮긴다면 거주성을 인정할 수 있지만, 일시 체류는 거주가 아니다"라며 원폭의료법 적용을 인정하지 않았고, 자비로 도일 치료를 희망하는 재한 피폭자에 대해서도 "의료법에 끝이 없다"며 모든 재한 피폭자에 대한 원폭의료법 적용에 부정적인 태도를 보였다.[54] 이리하여 12월 말에 공중위생국 기획과는 내각법제국과 검토한 결과, 재한 피폭자에게 원폭의료법의 "적용은 무리이다"라는 결론에 이르렀다는 것을 외무성 북동아시아과에 통보했다.[55]

요컨대, 일본 정부는 재한 피폭자 문제는 한일조약에서 '해결 완료'라는 원칙을 견지하면서 손귀달에 대해서는 강제퇴거 처분을 내릴 방침이었으나, 신문보도나 구호운동에서 주목받았기 때문에 강제퇴거를 일시 보류하지 않을 수 없게 된 것이다. 또한 다른 한편으로 재한 피폭자에 대한 원폭의료법 적용 여부에 대해, "외국인등록을 취득하면 원폭의료법이 적용된다"고 하면서도 "생활의 본거지가 우리나라에 있다고 간주할 수

---

53 2021-654-20「韓国人被爆者の自費治療のための入国について」(北東アジア課, 1968.10.7), 外務省文書,『在韓韓国人被爆者問題』1.

54 2021-654-18「韓国人被爆者(密入国者)の取り扱いについて」(北東アジア課, 1968.10.9), 外務省文書,『在韓韓国人被爆者問題』1.

55 2021-654-11「韓国人被爆者問題」(北東アジア課, 1968.12.26), 外務省文書,『在韓韓国人被爆者問題』1.

없기" 때문에 "거주자"로서는 인정할 수 없고, 따라서 원폭의료법은 적용되지 않는다는 방침을 취했다. 그것은 "일본 국내에 거주 관계를 갖는 피폭자"와 "일본국 영역을 넘어 거주지를 옮긴 피폭자" 사이에 경계선을 긋고, 후자에 해당하는 재한 피폭자를 원폭의료법과 원폭특별조치법 적용에서 배제하는 것이었다고 할 수 있다.

그렇지만 이러한 일본 정부에 의한 견강부회한 주장과 배제는 그리 오래 지속되지 않았다. 1974년 손귀달의 오빠 손진두에 의한 피폭자건강수첩 교부 신청 각하 처분 취소 소송의 1심 판결에서 "원폭의료법은 (…중략…) 이번 세계대전에서 전쟁희생자 구제를 위한 법제의 일환으로 그 적용을 일본 사회 구성원인 자에 국한하지 않고 외국인 여행자나 불법입국자라도 피폭자라면 적용할 수 있어야 한다"고 판시했다. 더구나 이 판단은 2심 판결과 최고재판소 판결에서도 유지되었다.[56] 이리하여 일본에 입국한 재한 피폭자를 원폭의료법 적용에서 배제하는 방침은 1974년에는 파탄에 이르렀다.

(3) '밀항'을 둘러싼 논의

전술했듯이 손귀달은 1968년 12월 8일 출입국관리령이라는 법 권력에 의해 일본에서 강제퇴거 되었는데, 그녀의 '밀항' 문제는 그것으로 끝나지 않았다. 이듬해인 1969년 1월 8일 자 『경향신문』은 부산시경이 일본으로 밀항한 자를 알선한 대규모 조직을 적발해 주범인 최동식崔同植 등 일당 12명을 밀항단속법 위반 혐의로 구속하고 46명을 같은 혐의로 지명수배했다고 보도했다.[57] 구속자 중에는 손귀달도 포함되어 있었다. 경

---

56 市場淳子, 앞의 책, 51~53쪽.
57 「대규모 密航 알선단 적발」, 『경향신문』, 1969.1.8, 7면.

찰 조사를 받은 손귀달은 회상하기를, 경찰은 "누구의 배냐, 선주는?"이라고 심문할 뿐 "어째서 밀항자가 되었나?" 같은 것은 문제시하지 않았고 "피폭당한 공포나 병든 몸 따위 누구도 알려고" 하지 않았다.[58]

한국에서 일어난 '밀항 알선단' 적발은 일본에서도 신문과 잡지로 보도되었다. 특히 『슈칸분슌週刊文春』 2월 3일호에는 「원폭 치료, 실은 밀항 브로커─체포된 한국 부인과 공중에 뜬 선의」라는 표제하에, 손귀달의 목적이 '원폭 치료'가 아니라 '밀항'에 있었으며 피폭 체험이 허위라는 듯한 내용의 기사가 실렸다.[59]

다른 한편으로 재한 피폭자 문제와 마주하려 했던 사람들 사이에서는 '밀항'한 손귀달을 법 권력에 의해 강제 퇴거시킨 일본 국가의 논리, 그녀의 피폭 체험의 허위성에 주목하는 보도, 또는 전술한 구호운동의 논리와는 또 다른 논의들이 일어났다. 그 첫 번째는 손귀달의 '밀항'이 식민지 지배와 원폭 피해 책임을 일본에 묻는 행위라는 논리였다. 앞서 소개한 히라오카 다카시는 "설령 손 씨가 밀항조직의 일원이라 해도 그녀가 히로시마에서 피폭한 사실은 틀림없다. (…중략…) 두 명의 자식을 데리고 원폭후유증에 시달리고 있는 손 씨에게 달리 어떤 생활수단이 보장되어 있다고 할 것인가"라며 그녀의 피폭 체험이 허위인 듯 보도하는 미디어의 논조를 비판했다.[60]

그 자신도 두 번의 '밀항' 경험이 있는 재일조선인 임석균任錫均은 기타다 미노루北田みのる라는 필명의 글에서 손귀달이 "두 명의 자식을 맡긴" 채로 "홀로 밀입국하려면 상당한 결심을 한" 것이며 "돈을 벌러 일본에 왔다

---

58 孫貴達, 앞의 글, 1971.9, 170쪽.
59 「"原爆治療"実は密航ブローカー」, 『週刊文春』, 1969.2.3.
60 平岡敬, 앞의 글, 83쪽.

고 하는 것이 원폭증 치료와 무관한 이유라고 부정되어서는 안 된다", 그녀는 "한일회담 자체가 무효하다는 것을 몸소 증명"한 증인이라면서 밀항의 배경에 피폭자를 버린 한일회담이 있다고 주장했다.[61] 또한 그는 박정공朴正功이라는 필명의 글에서 손귀달이 '밀항'업자 조직의 일원으로 체포되었다고 일본 신문에 번역 게재되었는데, 그것은 "그녀에 이어 원폭증 환자가 일본 밀입국을 노리는 것에 대한 본보기성 징계"라고 비판하고, 애당초 "한국 밀항자는 일본제국주의가 만들어낸 것"인데 "만들어낸 자가 그것을 단속한다"면서 '밀항'을 단속하는 일본 국가의 모순을 폭로했다.[62]

르포르타주를 쓰면서 손귀달 '밀항'사건을 계기로 재한 피폭자 구호운동에 가담하게 된 나카지마 다쓰미中島竜美, 1928~2008도 손귀달 '밀항'사건은 "한일조약에서 조선인 피폭자의 원폭 피해를 모른 체했던 일본 정부에 대해 '밀입국'이라는 불법 수단을 사용한 어느 피폭자의 항의 행동"이었다고 하며, 문제는 "단순한 휴머니즘 차원에서 마무리할 수 있는 사건이 아니다. 조선인 피폭자의 존재 자체가 우리들의 '히로시마ヒロシマ'가 결코 1945년 8월 6일 이후만의 문제가 아니라 그 이전의 일본의 부負의 역사를 계승하고 있음을 증명하는 것"이라고 했다.[63] 나카지마에게 손귀달 '밀항'사건은 "한일조약 후 처음으로 우리들의 '히로시마'에 또 하나의 '히로시마'가 물음을 던진 상징적인 사건"이었던 것이다.[64]

두 번째는 첫 번째 논리와도 관련되는데, 손귀달의 '밀항'이 식민지 지배 역사에 기원을 둔 것이라는 논리였다. 이 논리의 배경에는 1965년 베

61　北田みのる,「密入国者・孫貴達の孤独」,『思想の科学』, 1969.3, 60~62쪽.

62　朴正功,「朝鮮人密航者の歴史と現実」,『現代の眼』, 1969.5, 203·205쪽.

63　中島竜美,「孫さんの密入国」,『朝日ジャーナル』, 1968.11.3, 118~119쪽.

64　中島竜美,「もう一つの"ヒロシマ"は訴える－朝鮮人被爆者二四年の怨嗟」,『現代の眼』, 1969.9, 232쪽.

트남전쟁에 반대해 한국군에서 탈주한 김동희金東希의 '밀항'사건, 그리고 같은 해 '불법입국' 혐의로 검거되어 오무라 수용소大村收容所에 수용, 강제 송환되었다가 1966년에 다시 일본으로 '밀항'한 임석균사건에 대해, 교토 베평련베트남에 평화를! 시민연합의 이이누마 지로飯沼二郎, 1918~2005와 쓰루미 슌스케鶴見俊輔, 1922~2015 등이 구호운동을 전개한 일이 있었다.[65] 그 과정에서 '밀항'이 식민지기 한반도와 일본열도 사이의 왕래에 기인하는 것이라는 인식이 생겼다.

손귀달의 '밀항'에 대해서도 잡지 『세카이世界』 편집부는 다음과 같이 지적했다. '밀항자'의 동기나 목적은 제각각이나 그 대부분이 어떤 형태로든 일본과 결부되어 있다. 손귀달과 함께 체포된 한 여성은 일본에 있는 친척을 찾아 양재洋裁 기술을 배우려고 '밀항'했다. 전장에서 귀를 다쳐 괴로워하던 남성은 일본에서 생활비를 벌며 귀 치료를 받고 싶다고 '밀항'했다. 일본에 의해 희생된 것이니 일본이 특별한 배려를 해주는 게 당연하지 않냐고 법정에서 주장했다. 이러한 '밀항자'들의 언동은 "일본과 한국 간의 깊고, 어둡고, 비틀린 인연"을 상기시키며, 한국으로부터의 밀항은 "법률에 의해서는 도저히 재단할 수 없는 또 하나의 측면을 갖는다"고 논했다.[66] 조선역사가 가지무라 히데키梶村秀樹, 1935~1989는 식민지기 한반도와 일본열도 사이에 형성된 왕래를 "국경을 넘나드는 생활권"이라고 1985년에 개념화했는데,[67] 여기서는 그것을 선취한 '일본과 한국 간의 깊

---

65 飯沼二郎, 『わたしの歩んだ現代』, 日本基督教団出版局, 1983, 129~136쪽; 高谷幸, 『追放と抵抗のポリティクス—戦後日本の境界と非正規移民』, 71~77쪽.

66 「韓国人被爆者密航事件」, 『世界』, 1969.1, 210쪽.

67 梶村秀樹, 「定住外国人としての在日朝鮮人」, 『思想』, 1985.8, 25~27쪽. 가지무라 히데키는 재일조선인에게 "국경을 넘나드는 생활권", 나아가 고국과의 유대는 "관념이나 의식구조 이전에 먼저 생활 실태로서 존재하는 것"이고, 그것은 "역사가 형성한 것이며 본인의 책임 여하와 관련된 일이 아니다"라고 논했다.

고, 어둡고, 비틀린 인연'이라는 말을 썼다. 손귀달 등의 '밀항'도 '국경을 넘나드는 생활권'의 왕래 내지는 유대의 일환이었다고도 이해할 수 있다.

손귀달 '밀항'사건은 일본 국가가 떠안은 모순을 노정하는 계기가 되었다. 그 모순이란 즉, 식민지 경험을 신체화해 '국경을 넘나드는 생활권'에 살았던 사람들을 출입국관리령이라는 법 권력에 의해 추방하고, 식민지 지배하에서 전쟁에 동원되었다가 피폭한 사람들의 경험을 한일청구권협정이라는 법 조약에 의해 봉쇄한 것이다. 손귀달의 '밀항'을 식민지 지배 역사와 관련지어 논한 사람들은 그러한 모순을 척결하려고 했다.

2) 엄분련과 임복순에 대한 원폭의료법 적용을 둘러싸고

(1) 히로시마시, 일본 정부의 대응 — 피폭자건강수첩 교부 거부

손귀달의 강제퇴거로부터 한 달 후인 12월 8일, 교토에서 개최된 제2차 세계대전 한국인희생자 위령제에 참석하기 위해 일본에 건너온 엄분련과 임복순이 히로시마원폭병원에서 진찰 치료를 받기 위해 히로시마로 들어갔다.[68] 이 재한 피폭자 두 명은 '밀항'이 아니라 합법적으로 일본을 방문해 원폭병원에서 치료받을 기회를 얻은 것이었다.

부산에 거주하는 엄분련은 히로시마시 야스다고등여학교安田高等女学校 출신으로, 여자정신대 부원으로 일했던 주물공장에서 피폭해 전신에 화상을 입었다. 해방 후 가족과 함께 귀환해서 결혼했는데 한국전쟁으로 남편을 잃었다. 그 후 부산시 전화국에서 교환수로 일하는 한편, 한국원폭피해자협회 부산지부장으로서 분주히 일했다. 쉽게 피로해지고 전신에 홍역 같은 반점이 종종 올라오는 것은 "원폭 탓"이라고 생각했다.

---

68 「二人の被爆韓国女性/「原爆病院で治療を」」, 『中國新聞』, 1968.12.11, 15면. 이하 두 사람의 약력은 이 기사를 바탕으로 정리했다.

서울에 거주하는 임복순은 히로시마시 제3국민학교고등과에 재학 중 노동 동원으로 가옥 소개 작업에 나갔다가 피폭해 양팔 등에 화상을 입었다. 여름이 되면 심하게 앓아 눕곤 했던 그는 "한번 몸 전체를 진찰받아서 진실을 알고 싶다"고 생각했다. 이렇듯 히로시마에서 나고 자라 해방 후에 귀환해서 원폭 후유증을 안고 살던 두 사람은 일본의 원폭병원에서 치료받기를 원했다.

엄분련과 임복순은 12월 12일, 피폭자구원한일협회 회장 무라카미 다다요시村上忠敬, 1907~1985 등과 함께 히로시마시청을 방문해 "일시도항자에게도 피폭자수첩이 교부되도록 노력해달라"고 호소했으나, 히로시마시 위생국장의 답변은 "일시적인 입국의 경우는 국가의 방침이 명확하지 않아" 후생성에 문의 중이라고 했다.[69] 그 이튿날 두 사람은 히로시마원폭병원에 검사를 받기 위해 입원했다.

다음 달인 1월 26일에는 히로시마시장 야마다 세쓰오山田節男, 1898~1975가 후생성 공중위생국 기획과를 방문해 엄분련과 임복순의 구호를 요청했으나, 원폭의료법 적용은 "무리"라는 답변이었다.[70] 야다마 시장은 외무성에 대해서도 "당시에는 일본인으로서 징용되었던 원폭피해자에 대해 구호하지 못하는 것은 매우 유감"이라고 전하고, 원폭의료법 적용을 요청했다. 그러나 외무성 측은 "한국인 피폭자에 대한 보상 문제로 본건을 상정하는 것은 청구권협정 제2조에 의해 이미 한국인의 청구권은 소멸되었다는 점으로 인해 불가하다"면서 "보상이라는 관점"이 아니라 "인도적 관점"에서 "특별히 조치한다"는 데에는 찬성의 뜻을 보였다.[71] 그러한 후

69 「一時渡航者にも被爆手帳を」, 『中國新聞』, 1968.12.13, 15면.
70 2021-654-10 「韓国人被爆者林福順等について」(アジア局北東アジア課, 1969. 2.13), 外務省文書, 『在韓韓国人被爆者問題』 1.

생성과 외무성의 대응은 손귀달 '밀항'사건 때 일본 정부의 방침과 거의 그대로였다.

그로부터 수개월 후 재한 피폭자 문제가 일본 국회에서 최초로 논의되었다. 엄분련과 임복순의 원폭의료법 적용 문제를 두고, 1969년 5월 8일 제61회 국회 중위원 사회노동위원회에서 민주사회당 모토지마 유리코本島百合子 위원이 재한 피폭자의 도일 치료, 원폭의료법과 원폭특별조치법 적용 여부에 대해 일본 정부에 질문했다. 이에 대해 후생성 공중위생국 무라나카 도시아키村中俊明 국장은 해당법은 "법의 적용을 일본인 이외는 받을 수 없다는 배제는 없다"면서도 "지역사회의 복지 유지와 증진을 목적으로 하는 사회보장법"으로서 "거주의 본거지가 일본에 있다"는 것이 "전제조건"이므로 "일시적으로 일본을 방문한 외국인에 대해서는 적용할 수 없다"고 답변했다.[72] 즉, 후생성 공중위생국은 원폭의료법과 원폭특별조치법을 재한 피폭자에게는 적용하지 않는다고 국회에서 답변한 것이었다. 이러한 주장이 1970년대 일본 사법부에 의해 부인되었다는 것은 전술한 바와 같다.

한편, 재한 피폭자 두 사람의 원폭의료법 적용 문제에 관한 한국 정부의 대응에 대해서는 한국외교문서 부책「한국인 원폭피해자 구호, 1968~71」에 관련 기술이 보이지 않아 확인할 수 없다.

71　2021-654-9「韓国人被爆者援護に関する広島市長の照会について」(アジア局北東アジア課, 1969.2.26), 外務省文書,『在韓韓国人被爆者問題』1.

72　『第六十一回国会衆議院社会労働委員会議録』第16号, 1969.5.8, 6쪽.

(2) 엄분련과 임복순의 인식 – 식민지 지배에 대한 무책임

엄분련과 임복순은 원폭의료법을 적용받지 못하고 피폭자수첩도 교부 받지 못한 채 원폭병원을 퇴원해 3월 7일 귀국했다.[73] 하지만 이 두 사람에 게 공감하는 시민도 있었다. 시모노세키시의 한 회사원은 『주고쿠신문中國新聞』 투고란 「파란 우체통青ポスト」에 일본 정부가 '원폭수첩'을 교부하지 않은 것은 "냉정한 처사"이며 "피폭한 사실이 증명된다면 설령 한국인이라 도 일본인처럼 취급해야 한다"고 썼다.[74] 그 후 두 사람의 편지도 이 투고란 에 게재되었는데, '원폭수첩' 교부는 거부당했지만 가두에서 한국재주피 폭자의 실정을 호소한 히로시마 시민들, '종이학 모임折鶴の会'의 소녀들, 히 로시마여학원고교 학생들의 호의는 잊을 수 없다는 감사의 뜻을 전했다.[75]

다른 한편으로 두 사람은 그와는 다른 감정을 토로하기도 했다. 귀국 후인 1969년 4월에 열린 좌담회에서 두 사람은 재한 피폭자의 원폭 피해 가 식민지 지배에 의한 것이며 일본 정부와 일본 사회가 그 점을 자각하 지 못한다고 말했다. 특히 엄분련은 일본 체재 중의 에피소드를 소개하면 서 일본 사회의 무책임함에 대해 다음과 같이 말했다.

> 과거에 일본 정부가 한국을 침략해서 한국을 이토록 비참하게 만들었다는 책임감을, 일본 국민은 가지지 않습니다. (…중략…) 나이 드신 어르신이 내가 일본에 체재했을 때 이런 이야기를 했습니다. "어라 선인鮮人 아니야?" 그것은 이른바 과거 그 사람들이 우리들 한국인을 비참하게 만든 원인이 거기에 나타 나 있는 게 아닌가요.[76]

---

73 「広島市民に感謝」,『中國新聞』, 1969.3.8, 14면.
74 沢重紀, 「韓国被爆者にも暖かい手を」, 『中國新聞』, 1969.3.12, 5면.
75 嚴粉連・林福順, 「広島の皆様に感謝」, 『中國新聞』, 1969.3.18, 3면.

그녀는 일본 정부가 피폭자수첩을 교부하지 않은 부조리함을 "냉정했다"고 표현하면서, 체재 중에 어느 노인이 발언한 '선인鮮人'이라는 말에 '일본 국민'의 식민지 지배에 대한 무책임함과 일본 사회에 자리 잡은 인종주의를 읽어낸 것이다.

이러한 그녀들의 호소를 정면에서 받아들이려고 한 사람들이 있었다. 우선 사진가 요시오카 오사무吉岡攻, 1944~는 두 사람이 귀국한 직후에 한국을 방문해 위의 좌담회를 기록하고, 나카지마 다쓰미가 발행하던 팸플릿 『데이텐底点』I에 그 일부를 게재했다. 그리고 나카지마도 그녀들은 히로시마원폭병원에 입원할 수 있었으나 피폭자건강수첩 교부는 어떤 이유나 설명도 없이 거부당했다고 말하며, 좌담회에서의 호소를 잡지 『겐다이노메現代の眼』에 소개했다.[77]

조선문제연구가 다키카와 히로시滝川洋, 1940~는 피폭자건강수첩 교부 거부는 일본 정부가 "전전戦前의 한일관계는 되도록 끝난 것으로 하고 싶어 하기 때문"이라면서 민중 차원에서의 구호와 교류야말로 "비인간적인 정부 권력에 대한 고발"이라고 썼다.[78] 1968년 2월 방한했을 때 두 사람을 취재한 히라오카 다카시는 피폭조선인이 던지는 문제는 "단순한 법률 해석에 의해서는 처리할 수 없는 문제를 안고 있다"라며 법 조약에 의한 '해결 완료'론을 비판함과 동시에, "법률을 방패로 온갖 민중의 고뇌를 버리

---

76 「被爆者座談会記録」, 『底点』I, 1969.10, 30~31쪽. 『데이텐(底点)』은 나카지마 다쓰미가 발행한 팸플릿으로 편집후기에는 "'히로시마'를 되물으려는 움직임은 근년 갑자기 활발해졌다. 이 팸플릿도 그 한 알의 밀이 되고 싶은 마음으로 기획되었다", "일본인의 민족 체험으로서의 '히로시마'와 또 하나의 '히로시마' — 조선인 피폭 — 의 관계를 밝히는 과정에서 진정한 인간 해방의 길을 생각하고 싶다"고 쓰여 있다.
77 中島竜美, 앞의 글, 1969.9, 232~234쪽.
78 滝川洋, 「在韓被爆者をめぐって」, 『コリア評論』, 1970.8, 16쪽.

고 가는 정부를 허락하고 있는" 것은 자신을 포함하는 일본 사회라고 논했다.[79]

이상과 같이 이들은 출판물을 통해 엄분련과 임복순의 내력이나 히로시마원폭병원에서의 검사 치료 경위를 소개하고 일본 정부에 의한 피폭자건강수첩 교부 거부를 비판함으로써 두 사람의 목소리를 일본 사회에 전하려고 한 것이다.[80]

4. 1969~1971년의 재한 피폭자와 일본의 연대운동

1) 주체화하는 재한 피폭자 체험기 집필, 좌담회, 영화 〈왜놈에게〉

1960년대 중반의 재한 피폭자는 생활고와 차별 속에서 침묵하거나 대한적십자사의 조사나 저널리스트의 취재 혹은 원폭피해자원호협회의 회원등록에 응하는 등, 이른바 객체로서의 '피해자'였다. 그러나 1960년대 후반에는 그러한 '피해자'와는 다른 피폭자도 나타나기 시작했다. 앞장에서는 재한일본대사관에 보상이나 도일 치료를 호소한 피폭자에 대해 언급했는데, 여기에서는 스스로 피폭 체험기를 집필하고 좌담회나 다큐

---

79 平岡敬, 앞의 글, 82쪽.
80 1968년에 도일 치료를 목적으로 일본으로 월경한 3명의 재한 피폭자가 여성이었다는 점이 일본의 연대운동이나 사회에서 어떤 의미를 가졌는가라는 문제 설정을 할 수 있다. 1970년 12월에도 손귀달의 오빠 손진두가 도일 치료를 목적으로 일본으로 '밀항'해 구속된 사건이 일어났는데, 그것을 계기로 〈손씨에게 치료를!〉 전국시민연합'이 조직되고 손진두 재판 투쟁이 전개되었다. 반면 3명의 재한 피폭자 여성의 월경 직후에는 그러한 대규모 운동은 일어나지 않았다. 그 이유의 하나로 젠더 문제가 있었다는 가능성을 부정할 수 없다. 일본의 재한 피폭자와의 연대운동을 젠더 관점에서 생각하는 것은 금후의 과제로 남아 있다.

멘터리 영화에서 피폭 체험과 희망사항을 말하는 피폭자들의 행위를 그들·그녀들의 주체화 계기로 생각하려 한다.

먼저 피폭 체험기 집필에 대해 살펴보자. 필자가 알고 있는 한, 처음으로 공개된 것은 1959년 8월 『한국일보』에 연재된 곽귀훈郭貴勳의 「히로시마 회상기広島回想記」였다. 그것은 피폭 전후의 "비참한 광경"과 처참한 체험을 담담하게 적은 것이었다.[81] 그 후 1967년 원호협회 발족과 함께 「히로시마 회상기」와는 다소 다른 피폭 체험기가 발표되었다.

그 시작은 당시 원호협회 이사였던 김재근金再根의 「한국원폭피해자의 현실韓国原爆被害者の現実」이었다. 히로시마 미쓰비시조선소에서 피폭하고 귀환 후 한국해군 군인이 된 김재근은 류춘성柳春成, 김복철金福喆, 박신언朴信彦, 오덕준吳德俊, 백창기白昌基 등 재한 피폭자의 피폭 당시 상황을 소개하고 다음과 같이 호소했다. "일본은 대동아공영권을 꿈꾸며 징용, 학병으로 한민족을 강제 동원"했으니 "가해자로서 책임을 지지 않으면 안 된다". 또한 "원폭 피해에 대한 보상"을 묵과한 한일회담은 "인도상 도저히 용납할 수 없는" 것이며, 일본 정부는 "자국민이든 타국민이든 상관없이 동등하게 원폭 피해자에 대한 책임을 지는" 것으로써 "인권침해를 보상할" 필요가 있다.[82] 앞의 곽귀훈의 체험기와 다른 것은 김재근이 재한 피폭자 실태를 소개하고 원폭 피해에 대한 일본의 책임을 물었다는 점이다. 이 글은 1969년에 일본 잡지 『코리아효론コリア評論』에 번역 소개되어,[83] 김재근

---

81   太田修, 『[新装新版] 日韓交渉—請求権問題の研究』, クレイン, 306쪽.

82   金再根, 「韓国原爆被害者の現実」, 『新東亜』, 1968.3, 186~187쪽. 김재근은 같은 해 『신동아』 8월호에도 수기를 실었다(金再根, 「一九四五年八月 廣島의 韓國人」, 『新東亞』, 1968.8).

83   朴再根, 「韓国原爆被害者の現実」, 『コリア評論』, 1968.5('朴再根'은 '金再根'의 오기); 金再根, 「一九四五年八月 広島の朝鮮人」, 『朝鮮研究』, 1969.1.

의 호소는 일본에도 전해졌다.

1967년 10월에 집필된 이순옥李順玉의 수기는 1969년에 나카지마 다쓰미가 출판한 『데이텐』 I에서 처음으로 공개되었다.[84] 1931년 오사카에서 태어난 이순옥은 1945년 봄 전쟁으로 부친을 잃고, 7월 말 모친과 여동생과 함께 히로시마로 소개疏開했다. 8월 6일 구청에 전입신고를 하러 가던 도중에 피폭해 모친과 여동생은 피폭사하고, 자신은 하반신 부상으로 목발을 짚는 신세가 되었다. 1950년 3월에 낯선 경상남도 거창군으로 이주해 22세 때 옆 동네 이발사와 결혼했는데 '불구자'라고 욕을 먹고 가출했다. 그 후 서울로 이주해 식모 생활을 하던 중 원호협회를 방문해, 한국에도 많은 피폭자가 있다는 사실을 처음 알고 "고독으로부터 해방되었다"고 했다. 수기 끝부분에는 "부디 나를 원폭의 고향인 히로시마로 돌아가게 해주십시오! (…중략…) 히로시마원폭병원에서 내 몸의 병이 완쾌될 때까지 투병해서 인간의 기쁨을 꼭 되돌리고 싶다"고 썼다. 이 수기는 그녀의 반생, 즉 식민지 지배와 피폭 체험, 한국에서의 차별과 빈곤, 그리고 도일 치료의 희망을 적은 것이었다.

다음으로, 전술한 1969년 4월에 열린 좌담회[85]에서 엄분련, 임복순 등 4명의 재한 피폭자가 피폭 문제에 대해 논의한 내용을 살펴보자. 4명의 주장은 다음 세 가지로 요약할 수 있다. 첫째는 재한 피폭자의 피폭은 일본의 식민지 지배하 전쟁에 기인한 것이므로 일본 정부가 책임을 져야 한다고 한 점이다. 어느 피폭자는 "우리들의 원폭 피해"는 일본이 한국을

---

84 李順玉, 「韓国被爆者の手記〈I〉"私を原爆の故郷なる広島にかえらせて下さい"」, 『底点』 I, 1969.10. 마찬가지로 히로시마에서 피폭한 이남수의 수기도 실려 있다.

85 「被爆者座談会記録」, 『底点』 I, 1969.10. 참가자는 A, B, C, D로 기재되어 있는데 발표 내용을 보면 A는 엄분련, B는 임복순, C는 신영수(辛泳洙)라고 추정된다.

식민지 지배하고 "대동아전쟁을 일으킨" 데서 발생한 것이라고 말했다. 또 다른 피폭자는 "일본 국민"으로서 일본에서 피폭한 것이니 "일본 정부가 책임져야만 한다"고 호소했다. 둘째는 피폭자는 국적과 상관없이 "'원폭ゲンバク'을 당한 한 사람" 또는 "히로시마 시민 나가사키 시민의 한 사람"이었다는 사실을 직시해야 한다고 한 점이다. 그것은 원폭의료법 적용에서 차별받아서는 안 되며, 일본의 피폭자와 평등한 대우를 받아야 한다는 주장으로 이어진다. 셋째는 재한 피폭자에 대한 보상이 법 조약에 의해 부정되는 사태를 비판한 점이다. 어느 피폭자는 한일청구권협정으로 "해결 완료"라고 하는 일본 정부의 주장을 비판하며 법 조약 개정의 가능성을 말했다.

르포라이터 다케나카 쓰토무竹中労, 1928~1991와 NDU^{Nihhon Documentarist Union}[86]에 의해 제작된 다큐멘터리 영화 〈왜놈에게-재한 피폭자·무고의 26년倭奴(イェノム)へ-在韓被爆者·無告の二十六年〉이하, 〈왜놈에게〉[87]가 1971년 일본에서 공개되었다. 이 작품은 재한 피폭자를 주인공으로 그린 최초의 다큐멘터리 영화로,[88] 박정희 대통령 취임식 참석을 위해 방한한 사토 에이사쿠佐

---

86 NDU는 1968년부터 1973년까지 약 5년간 16mm 다큐멘터리 영화와 슬라이드, 도서 출판 등의 표현물을 제작·상영·배부하는 집단이었다(井上修,「NDU日本ドキュメンタリストユニオンとはいったいなんなのだ?」, 小野沢稔彦 ほか編,『燃ゆる海峡-NDUと布川徹郎の映画/運動に向けて』, インパクト出版会, 2013, 10쪽). 첫 다큐멘터리 작품 〈귀신아이-투쟁하는 청년노동자의 기록(鬼ッ子-鬪う青年労働者の記録)〉(1969), 오키나와 코자지역의 매춘 여성을 촬영한 두 번째 작품 〈모토신카카란누(モトシンカカランヌー)〉(1971)에 이어, 〈왜놈에게〉는 세 번째 작품이었다.

87 〈倭奴(イェノム)へ 在韓被爆者 無告の二十六年〉(1971년/16mm/컬러/53분). 이데조지(井出情児)·이노우에 오사무(井上修)·사이토 렌(斉藤憐)·누노카와 데쓰로(布川徹郎), 기획 : 다케나카 쓰토무(竹中労), 제작 : 〈왜놈에게〉제작추진위원회. 이 영상을 제공해준 고베영화자료관(神戸映画資料館) 관장 야스이 요시오(安井喜雄) 씨에게 감사를 표한다.

88 中村葉子,「第4章 軍歌にみられる差異『倭奴へ 在韓被爆者無告の二十六年』」,「日本

藤栄作 수상에게 부산에 거주하는 재한 피폭자 여성 8명이 직소한 일, 히로시마에서 피폭한 김인조金仁祚, 나가사키에서 피폭한 강주호姜桂浩, 그리고 전술한 손귀달 등 재한 피폭자들의 이야기로 구성되어 있다.

재한 피폭자의 주체화라는 관점에서 보면, 아래 두 가지 장면에 주목할 수 있다. 하나는 사토 수상에 대한 직소를 도모한 엄분련, 강화순姜花順, 장필생張弼生, 이일수李一守, 박차점朴且点, 이일선李日善 등 재한 피폭자 여성 8명이 수상에게 직접 진정서를 건네려고 한 행위와 진정서의 내용이다. 그날 그녀들은 경찰에 연행되어 직소는 실현하지 못했으나, 그녀들의 직접적인 행동은 신문에 보도되었을 뿐 아니라 영화로도 기록되었다. 영화에서 엄분련이 낭독한 진정서는 사토 수상에게 다음의 두 가지 사항에 대해 한국 정부와 교섭해주길 요청하는 것이었다.

1. 재한원폭피해자의 무조건 일본 입국, 전문병원에서의 진찰, 일본 정부의 치료비 전액 부담, 완쾌될 때까지 무기한 재일 비자 발행.
2. 원폭피해자 및 그 가족의 건강에 대해 문화적인 최저한도의 생활 보장.

첫째는 노일 치료를 위한 비자 발급과 체재 중의 '전문병원에서의 진찰'이나 '일본 정부의 치료비 전액 부담' 등 원폭의료법 적용을 호소한 내용이다. 전술한 바와 같이 1960년대 후반부터 재한 피폭자 사이에서 도일 치료와 원폭의료법 적용을 호소하는 목소리가 서서히 높아졌는데,

---

ドキュメンタリストユニオンの映画論ー非同期による差異の表出について」,大阪府立大学博士論文, 2017. 나카무라 요코는 이 다큐멘터리 영화에 대해 영상과 음성의 비동기(非同期) 편집방식에 착안해 논한다. 논문을 제공해준 나카무라 요코 씨에게 감사를 표한다.

1971년의 이 진정서에서도 가장 핵심적인 요구사항이었다. 둘째는 재한 피폭자와 그 가족의 '최저한도의 생활 보장'을 요구한 것이다. 그것은 '원 폭증'으로 충분한 노동을 할 수 없어 극도로 빈곤한 생활을 해온 재한 피폭자에게는 불가결한 요구사항이었다. 이러한 요구를 일본의 수상에게 직소하려 한 그녀들의 시위는 재한 피폭자가 주체로서 모습을 드러냈음을 보여주는 것이다.

영화에서 또 하나 주목해야 할 것은 부산의 재한 피폭자들이 마련한 연회 장면이다. 이 자리에서 피폭한 것에 대한 원망, 일본인한테서 받은 차별, 해방 후 한국에서의 차별, 일본에 대한 '분한' 마음과 그에 상반되는 '그리움' 등, 재한 피폭자들은 이중 삼중으로 중첩된 감정을 토로한다. 일본에서 나고 자란 어느 여성 피폭자는 피폭의 영향으로 몸이 불편하고 한국어를 제대로 할 수 없는 '불구자'로 '일본에서 온 거지'라고 주위에서 놀림 받은 것에 대해, "우리는 바보예요. 조선인이면서 한국말도 잘 못 하고 일본어도 잊어버렸고요"라고 자책한다. 누군가가 동요 〈고향ふるさと〉을 부르기 시작하고, 군가 〈젊은 독수리의 노래若鷲の歌〉를 전원이 제창한다. 그리고 어느 여성 피폭자는 카메라를 향해서 다음과 같이 말한다.

욕을 할까요? 섬나라인데다 왜놈, 왜놈이라고 하는데 뭔지 아시겠어요? 왜 놈이라고 하지요. 일본인을요. 우리는 왜놈이라고 불러요. (…중략…) 화가 나면요, 조선인을 바보 취급 말라고 말해요.

거기에 다른 피폭 여성들이 가세한다. 그녀들의 입에서 나온, 일본인을 저주하고 멸시하는 '왜놈倭奴'이라는 말은 식민지 지배에 의한 차별과 동화 사이에서 분열된 자들이 식민지주의를 고발하는 말이다.

이상의 재한 피폭자의 수기 및 좌담회에서의 발언은 1969년에는 일본어로 번역되어 잡지나 팸플릿에 게재되었고, 영화 〈왜놈에게〉는 일본에서 상영되었다. 그러한 수기나 좌담회, 영화에서 발언하는 재한 피폭자는 피해자로 일원화된 존재가 아니라 한 사람 한 사람 다른 이력을 가지고 다른 생각을 지닌 복수複数의 존재였다. 그리고 그러한 복수의 재한 피폭자가 수기나 좌담회, 영화 속에서 자신의 체험과 생각과 희망을 쓰거나 말함으로써, 객체로서의 '피해자'에서 스스로 쓰고 말하는 주체로 변용해 갔다. 그렇게 주체로서 모습을 드러낸 재한 피폭자는 일본 국가와 일본 사회에 식민지 지배와 피폭의 역사와 그 책임을 되묻기 시작했다.

2) 재한 피폭자와의 연대

마침 1968년 2월에는 일본 사회에 잠재된 민족차별 문제를 드러낸 '김희로金嬉老, 1928~2010사건'이 일어났다. 그다음 달에는 재일외국인의 정치활동 제한이 포함된 출입국관리법안이 국회에 상정되어 재일한국·조선인과 재일화교들의 반대운동이 일어났다. 그리고 1970년 7월 재일화교들이 조직한 화교청년투쟁위원회華靑鬪가 일본 신좌익당파의 배외주의를 비판했다7·7고발. 오구마 에이지小熊英二에 의하면, 특히 7·7고발을 계기로 '전후민주주의'와 '근대' 비판이 강화되었고 마이너리티 차별, 전쟁 책임 문제, 천황제, 여성해방, 장애인 문제, 환경 문제 등이 사회운동의 새로운 아젠다로 부상하는 '패러다임 전환'이 일어났다고 한다.[89]

손귀달 '밀항'사건과 엄분련·임복순의 피폭자건강수첩 교부 거부사건도 이러한 일련의 사건이나 운동 속에서 일어난 것으로 볼 수 있다. 이 두 사건은 지금까지 일본의 피폭자운동에 관여했던 사람들에게 충격을 주었고, 그것을 계기로 재한 피폭자와의 연대운동이 시작되었다. 마지막으로 손귀달 '밀항'사건 후인 1969년부터 손진두 구호운동이 본격화한 1971년까지, 일본의 재한 피폭자 연대운동에 대해 살펴보기로 한다.

손귀달 '밀항'사건 이후 최초의 연대 움직임은 재한 피폭자 구호를 목적으로 한 조직 결성과 그 활동으로 나타났다. 1968년 10월 26일, 히로시마에서 핵금회의핵병기금지평화건설국민회의 히로시마현민회의와 민단이 중심이 되어 '피폭자구원일한협의회被爆者救援日韓協議会'가 결성되었다. 이 협의회가 결성된 경위와 활동, 그 의의에 대해서는 졸고에서 논했으므로 여기서는 간단히 소개만 하겠다. 이 협의회가 목표로 한 것은 재한 피폭자의 도일 치료 추진으로, 그것을 위해 도항비와 체재비를 전액 부담한다는 계획이었다. 하지만 한국과 일본 정부가 도일 치료에 소극적이었기 때문에 한국 관계기관으로 일본의 원폭증 전문의사의 파견과 진료 치료로 방침을 변경했다. 1971년 9월 최초의 재한 피폭자 진료의사단을 파견했고, 피폭자의 진료 치료와 의사 교류를 단행했다.[90] 그 후로도 매년 진료의사단을 파견했을 뿐 아니라, 1973년에는 한국원폭피폭자 진료센터를 건설하고 그 운영을 위해 기술 연수, 의약품 제공, 피폭자 조사·인정에 필요한 비용 제공 등을 지원했다.[91]

두 번째 연대 시도는 일본의 저널리스트가 한국을 방문해서 재한 피폭자를 취재해 식민지 지배하 피폭 체험이나 귀국 후 생활에 관한 이야기를 잡지나 단행본, 영상을 통해 일본 사회에 소개한 것이었다. 손귀달 '밀항'사건 이후 가장 열정적으로 재한 피폭자를 취재한 것은 사진가 요시오카 오사무였다. 이미 『아사히그래프アサヒグラフ』 1968년 8월호에 재한

---

89   小熊英二,『1968〈下〉-叛乱の終焉とその遺産』, 新曜社, 2009, 262쪽.
90   太田修, 앞의 글, 43쪽.
91   核兵器禁止平和建設国民会議,『在韓被爆者』, 1978, 42~49쪽.

피폭자 사진을 게재했던 요시오카는『세카이』1969년 2월호에「한국의 피폭자는 호소한다」라는 기사를 써서 한국원폭피해자원호협회 및 이남수李南洙, 김재근, 김장환, 이종욱李鍾郁, 박진규朴進奎, 이순옥, 손귀달 등 재한 피폭자를 취재해 피폭 체험과 그 후의 생활 실상, 그리고 도일 치료에 대한 소원을 전했다.[92] 1969년 6월호의 그라비어「한국의 피폭자」에서는 "거의 누워만 있는" 상태로 "판잣집 단칸방에 다섯 식구가 살면서 부업으로 번 약간의 돈과 원조물자"를 가지고 생활하는 임윤종林允鍾의 고뇌로 일그러진 얼굴 사진을 게재하고, "아무런 치료도 받지 못한 채 하루하루를 보내는" 피폭자의 생활 실태를 보도했다.[93] 전술한 이순옥의 수기와 4명의 피폭자에 의한 좌담회 녹음을 일본으로 가지고 들어와『데이텐』I에 실은 것도 요시오카였다. 르포라이터 후지사키 야스오藤崎康夫, 1936~ 도 잡지『겐다이노메』1970년 9월호에「한국피폭자 25년의 원념」이라는 기사를 써서 박진규, 김장환, 이남수, 이종욱, 엄분련, 손귀달 등 재한 피폭자의 증언과 도일 치료 희망에 대해 보도했다.[94] 요시오카도 후지사키도 피폭자 한 사람 한 사람의 피폭 체험을 상세히 전할 정도로 피폭자 체험의 복수성複數性에 의식적이었다.

이러한 저널리스트의 노력을 배경으로 1970년에는 재한 피폭자를 주제로 하는 최초의 단행본, 다케나카 쓰토무 편저『버려진 재한 피폭자―일·한 정부는 그들을 죽게 내버려둘 셈인가見捨てられた在韓被爆者―日·韓両政府は彼らを見殺しにするのか』가 출판되었다. 다케나카는 아나키즘을 사상적 근거로 하는 이색적인 르포라이터로,[95] "국가 = 민족의 수준이 아니라 인

---

92 吉岡攻,「韓国の被爆者は訴える」,『世界』, 1969. 2.
93 吉岡攻,「韓国の被爆者」,『世界』, 1969. 6.
94 藤崎康夫,「韓国被爆者25年の怨念」,『現代の眼』, 1970. 9.

간 = 민중의 차원"에서 밑바닥부터 연대하는 것 외에 '조선인'과 '일본인'의 진정한 우호는 있을 수 없다는 신조를 기반으로 해서, "선구적으로 한국의 피폭자 실태를 파악해 발표해온 저널리스트의 작업을 총괄하는" 책으로 편집했다고 한다.[96] 이 책은 그 말 그대로 서장의 「인간·조선인」, 다키카와 히로시의 「재한 피폭자를 둘러싼 히로시마의 5년간」, 히라오카 다카시의 「피폭조선인의 분노와 슬픔」, 후지사키 야스오의 「손귀달 일가와 그 주변」, 증언의 「징용공 이남수의 체험」[인터뷰 기록], 한국원폭피해자원호협회 설립 취지 등의 자료로 구성해 "재한 피폭자 문제에 다각적인 조명"을 시도했다.

더욱이 다케나카는 다큐멘터리 영화 제작을 기획하고, 전술한 NDU에 제작을 제안했다. 이 제안에 응한 NDU 멤버 누노카와 데쓰로布川徹郎, 1942~2012와 이노우에 오사무井上修, 1947~2022, 거기에 극작가 사이토 렌斎藤憐, 1940~2011, 사진가 이데 조지井出情児, 1948~를 더한 〈왜놈에게〉 제작추진위원회에 의해 재한 피폭자를 주제로 한 최초의 다큐멘터리 영화 〈왜놈에게〉[97]이 1971년에 제작, 공개되었다. 공개 직후의 영화평에서는 "주제는 선명하고 강렬해 작품은 총체적으로 '너희들은 뭐 하러 여기 온 거냐, 늘 사진만 찍어대고 짐승 아니냐'라는 초반부 원폭증 한국인 노파의 고발에 왜놈일본인에 대한 멸칭으로서 어떻게 응답할 것인가라는 기백이 넘치는 가작"이라고 평가받았다.[98]

---

95 木村聖哉, 『竹中労・無頼の哀しみ』, 現代書館, 1999, 143·146쪽. 다케나카 쓰토무(1930~1991)의 주요 저서로는 『美空ひばり』(1965), 『山谷−都市反乱の原点』(1969), 『琉球共和国』(1972) 등이 있다.

96 竹中労 編著, 『見捨てられた在韓被爆者−日・韓両政府は彼らを見殺しにするのか』, 日新報道, 1970, 13·17쪽.

97 〈倭奴(イェノム)へ−在韓被爆者・無告の二十六年〉.

98 松田政男, 「在韓被爆者−無告の二十六年−倭奴へ」, 『キネマ旬報』, 1972.1, 150쪽.

제작추진위원회는 식민지 지배와 피폭에 대한 분노가 담긴 '왜놈'이라는 말을 내뱉는 재한 피폭자를 피해자라기보다는, 식민지 지배하에서의 피폭 책임을 추궁하고 동화와 차별에 병든 신체를 드러내놓고 매일 생활하는 주체로서 그린 것이었다.

세 번째 연대 움직임으로는 식민지 지배 역사 속에서 재한 피폭자를 자리매김하려는 논리에 대해 사람들 사이에서 공명과 연쇄가 일어난 점을 들 수 있다. 상기와 같이 저널리스트나 르포라이터에 의해 재한 피폭자의 증언이나 수기, 영상이 소개됨으로써 재한 피폭자의 복수성과 주체성이 의식되었는데, 피폭 배경에 일본의 식민지 지배가 있고 그 책임을 묻고자 하는 사고가 서서히 공유되기 시작한 것이다. 이 점에 대해 손귀달 '밀항'을 둘러싼 논의에서도 언급했지만, 여기서는 재한 피폭자 전반에 관한 문제로서 생각해두고 싶다.

『시소노카가쿠思想の科学』 1969년 8월호에 「조선의 피폭자」 기사를 쓴 재일조선인 양후梁厚는 일본이 "피식민자를 강제 연행해 (…중략…) 광산이나 군수공장, 기지와 요새 공사에서 혹사시키고 끝내는 피폭시켰다"라고 했다.[99] 조선문제연구가 다키카와 히로시 또한 재한 피폭자는 "제국 일본의 식민지적 수탈과 징용, 징병"과 "원폭 피해"의 "이중의 고통"을 받은 "잊혀진" 존재이며 "일본인의 조선에 대한 자세를 고발한다"라고 썼다.[100]

그리고 재한 피폭자 문제에서 식민지 지배 역사에 대해 가장 날카롭게 문제 제기한 것은 나카지마 다쓰미와 히라오카 다카시였다. 나카지마는 1969년 10월에 발행한 『데이텐』 I의 서문에서 일본의 "실감주의적 피폭 체험"이 "유일 피폭국"과 "개인 체험"의 결합에서 생겨난 것임을 확인한

99　梁厚, 「朝鮮の被爆者」, 『思想の科学』, 1969.8.
100　滝川洋, 앞의 글, 12쪽.

뒤, "우리들의 공동 체험^{피폭}의 의미를 다시 묻지 않으면 안 된다"면서 다음과 같이 서술한다.

'조선인 피폭'이 오늘날 우리에게 던지는 것은 '유일 피폭국'과 그 인민에 대한 근본적인 질문이다. 내면화된 부라쿠^{部落} 피폭자 차별, 오키나와 피폭자 차별을 숨김없이 밝힘과 동시에, 지금이야말로 또 하나의 '히로시마'-'조선인 피폭'에 정면으로 대응하지 않으면 안 된다.¹⁰¹

이것은 나카지마 자신이 '조선인 피폭'자와 연대운동을 해나갈 것을 선언한 문장이라고 해도 좋다. 실제로 이 책자는 히로시마의 조선인 피폭자에 일찍이 주목한 박수남^{朴寿南}의 「우리들의 '히로시마'와 나」, 앞에서 소개한 이순옥과 이남수의 수기, 요시오카 오사무가 가져온 4명의 재한피폭자좌담회 기록, 재단법인 한국피폭자원호협회 설립취지문 등으로 구성되어 있으며, 연대운동은 이 책자로부터 개시된 것이다.

또한 나카지마는 『겐다이노메』 1969년 9월호에 쓴 기사 「또 하나의 '히로시마'는 호소한다-조선인 피폭자 24년의 원차^{もう一つの"ヒロシマ"は訴える-朝鮮人被爆者二四年の怨嗟}」에서 일본 정부가 1965년에 실시한 생존피폭자 실태조사에서 조선인 피폭자가 누락되었고 일본의 원수폭금지운동도 조선인 피폭이 빠진 채로 진행된 점, 그리고 자신도 조선인 피폭의 의미조차 생각하려 하지 않았던 점을 자성하며, 이남수의 수기와 재한피폭자좌담회 기록의 발췌를 게재함으로써 주체로서의 피폭자를 부각시키려고 했다. 그에 더하여 나카지마는 "또 하나의 '히로시마'"가 던지는 물음에 대해 다음과 같이 서술한다.

또 하나의 '히로시마' — 민족 체험으로서의 조선인 피폭자 — 를 우리들이 빼앗아 온 책임은 중대하다.

'히로시마'의 사상이 인권 문제에서 시작해 피폭자 한 사람 한 사람의 인간 회복을 쟁취해나가는 가운데 전후 일본인의 진정한 해방을 목표로 하는 것이었다고 하면, 유일 피폭국 국민의 이름에서 1945년 8월 6일 이전 일본의 負의 역사를 잘라내 버린 점에 이미 그 잘못이 있었던 것이 아닐까. (…중략…) 또 하나의 '히로시마'가 우리들에게 날카롭게 제기한 문제는 지금까지의 '히로시마'의 총체라는 것을 잊어서는 안 된다.[102]

나카지마는 '전후 일본인'이 '유일 피폭국 국민'이라는 경계를 설정함으로써 '또 하나의 히로시마'인 '민족 체험으로서의 조선인 피폭자'를 배제하고 '1945년 8월 6일 이전 일본의 負의 역사', 즉 일본의 식민지 지배 역사를 잘라내 버린 점에 '잘못이 있었던 것이 아닐까'라고 묻는다. '또 하나의 히로시마'가 던지는 물음에는 식민지 지배와 조선인 피폭자 역사를 연결 지어 생각할 필요가 있다는 나카지마의 결의가 드러난다.

히라오카 다카시는 1969년에 쓴 글 「피폭조선인의 분노와 슬픔」에서 1945년 8월 6일 함경남도 흥남의 일본질소흥남공장에서 일했던 '조선 체험'부터 이야기를 시작한다. 당시 "조선인은 '내선일체' 이념에 기초한 '동포'"였으며 "구제할 길이 없는 우월감에 기댄 관용함을 가지고 조선인을 A'로 인식"할 뿐, "'조선인'으로서 인식하지 않았다"고 자기비판한다. 그 '조선 체험'과 재한 피폭자를 관련지어 이야기하지 않는다면 "나에

---

101 中島竜美, 「序文」, 『底点』 I, 1969.10, 4쪽.
102 中島竜美, 앞의 글, 1969.9, 234쪽.

게 조선은 무의미하다"고 서술한다.[103] 그리고 나서 1965년과 1968년에 취재한 류춘성, 임복순, 김복철, 오덕준, 박순자朴順子, 박신언, 박성녀朴性女, 곽귀훈, 이종욱, 오남련吳男連, 김재근, 김성태金成泰, 임채화林彩花, 이남수, 박진규, 엄분련, 김인조, 강화순姜花順, 이장석李場錫 등 재한 피폭자, 히로시마에 거주하는 백창기白昌基, 신갑순辛甲順 등 재일조선인피폭자의 이야기를 자세히 소개하고 다음과 같이 끝맺는다.

> 우리들이 일본인으로서 피폭조선인 문제를 생각하는 출발점은 "왜 그들이 '그날' 히로시마, 나가사키에 있었는가?"라는 물음이다. (…중략…) 그들의 땅을 빼앗고 이름을 빼앗고 말을 빼앗고 인간다움까지 빼앗아버린 것은 우리들 일본인이었다. 그리고 나 자신은 "왜 내가 '그날' 조선에 있었는가?"라는 물음을 대치시켜야만 한다. 이러한 반성 위에서 우리들은 원폭에 쓰러진 조선인, 계속 차별받고 멸시받아 온 피폭조선인의 신음과 원한을 "'히로시마'의 역사"에 깊이 새기지 않으면 안 되는 것이다.[104]

히라오카는 이미 1966년 시점에 "피폭조선인은 일본의 식민지 지배와 원폭 피해라는 이중의 피해를 체현하는 자"이며 "일본인이 그들의 비참함을 인식하는 것은 일본인의 역사적 책임을 자각하는 것"이라고 지적했는데,[105] 상기 인용문에서는 식민지지배책임론을 자신의 경험으로부터 심화시키고 있다. 즉, '일본인'으로서 피폭조선인 문제를 생각하는 출발점은 일본의 식민지 지배에 있다고 하면서 "왜 내가 '그날' 조선에 있었

---

103 平岡敬, 앞의 글, 49쪽.
104 위의 글, 82쪽.
105 平岡敬, 「韓国の原爆被災者を訪ねて」, 『世界』, 1966.4, 235쪽.

는가"라는 물음을 대치시키고 조선인 피폭자의 '신음과 원한'을 "'히로시마'의 역사"에 새겨야 한다고 말한다. 나카지마와 마찬가지로 히라오카가 1960년대 후반에 계속 물었던 것은 조선인 피폭자 문제를 식민지 지배 역사로서 생각해야 한다는 점이었다.

이처럼 손귀달 '밀항'사건과 엄분련·임복순의 피폭자건강수첩 교부 거부사건 이후, 한일조약 체결 후부터 재한 피폭자와 히라오카 다카시 등에 의해 시작된, 즉 식민지 지배 책임을 불문에 부치는 '한일조약 체제'에 대한 되물음이 진행되었다. 그리고 재한 피폭자 문제에 관심을 기울였던 시민들 사이에서 조선인 피폭자 문제를 식민지 지배 역사 속에서 인식하며 식민지 지배 책임을 묻는 논리에 대한 공명과 연쇄가 일어나, 그것이 하나의 사상적 조류가 되어갔다.

5. 나가며

한일조약 체결 후에 일어난 재한피폭자운동과 일본의 연대운동 역사에서 손귀달 '밀항'사건과 엄분련·임복순 피폭자건강수첩 교부 거부사건은 선행연구에서 언급했던 것 이상으로 중요한 위치를 차지한다.

3명의 재한 피폭자가 시도한 월경에 대해 일본 정부는 한일청구권협정에서 "완전히 또한 최종적으로 해결되었다"는 법 조약에 의한 경계선을 그음으로써, 재한 피폭자의 식민지 지배하 전쟁 동원과 원폭 피해 경험, 그리고 도일 치료 및 보상 요구를 배제했다. 게다가 재한 피폭자에 대한 원폭의료법과 원폭특별조치법 적용을 둘러싸고 일본 국내에 거주하는 피폭자에게는 그 적용을 인정하지만, 재외 피폭자는 원폭의료법의 '거주'자에 해당하지 않는다고 주장하며, 일본 국내의 피폭자와 재외 피폭자 사이에 새로운 경계선을 그어 재한 피폭자를 배제했다.

한국 정부는 기본적으로는 냉전과 남북분단주의 입장에서 재한 피폭자 문제를 파악해 재한 피폭자의 식민지하 전쟁 동원이나 피폭 체험, 해방 후의 곤궁한 생활에는 관심을 보이지 않고, 일본 정부의 재한 피폭자 대책을 사실상 용인했다.

손귀달의 '밀항'이라는 월경은 한일 간에 설정되었던 국경선을 넘으려 한 것일 뿐만 아니라, 한일청구권협정에서 "완전히 또한 최종적으로 해결되었다"며 식민지 지배 책임을 불문에 부치는 법 조약에 의해 그어진 경계선도 넘으려는 행위였다. 엄분련과 임복순이 시도한 도일 치료라는 월경은 식민지 지배 책임을 불문에 부치는 경계선을 넘으려 한 것에 더하여, 일본 국내의 피폭자와 재외 피폭자 사이에 그어진 경계선도 넘으려는 행위이기도 했다.

1960년대 후반 재한 피폭자 중에는 그때까지의 객체로서의 '피해자'와는 달리, 재한일본대사관에 보상을 요구하거나 스스로 피폭 체험을 집필하거나 좌담회나 다큐멘터리 영화에서 재한 피폭자가 놓인 실정과 희망사항을 이야기하는 사람들이 나타났다. 손귀달과 엄분련·임복순의 월경은 재한 피폭자가 주체로서 모습을 드러냈음을 보여주는 상징적인 실천이었다고 할 수 있다.

한편으로 그녀들의 월경은 일본의 원수폭금지운동에 관여했던 사람들이나 시민들에게 큰 충격을 주었다. 그 직후 전개된 구호운동은 그녀들에 대해 원폭병원에서의 치료와 원폭의료법 적용을 요구한 것이었다. 그리고 그 후, 재한 피폭자 문제에 관심을 기울였던 사람들은 그녀들이 시도한 월경의 역사적 의미를 생각하면서 재한 피폭자의 수기나 좌담회를 소개하고 서적을 출판하고 영화를 제작 상영하는 것을 통해 재한 피폭자를 주체로서 인식하게 되었다. 게다가 그러한 사람들은 히로시마·나가사키의 원폭 피해를 '전후 일본인'의 희생으로만 생각하는 일국주의적 '평화'를 성찰하고, 조선인 피폭자를 식민지 지배 역사 속에 자리매김하며, 식민지 지배 책임을 불문에 부치는 한일조약 체제를 되물으려고 하는 재한 피폭자와 연대를 바라게 되었다.

이리하여 1960년대 말에 일어난 재한피폭자연대운동은 1970년대에 '〈손씨에게 치료를!〉 전국시민연합'이 주도하는 손진두 재판 투쟁으로 계승된다.^{번역 : 배관문}

2

1970년대
'조선반도 연구자'의 한국론

다나카 아키라^{田中明}를 중심으로

박삼헌

1. 들어가며 다나카 아키라에 대한 서로 다른 기억들

다나카 아키라田中明, 1926~2010[1]라는, 전후 일본의 저널리스트 출신 '조선 반도 연구자'[2]가 있다. 식민지 조선 경성에서 소학교와 중학교를 졸업한 그는 자신을 '식민자의 아들'[3]이자 '전중파戰中派'[4]라 소개하고, 한국어를 배우기 위해 서울에서 1년 동안 유학한, 당시로서는 한국어에 능통한 몇 안 되는 '일본인'으로 평가받지만,[5] "쉽고 편하게 조선에 대한 속죄의 언사를 풀어놓는" '좋은 일본인'[6]이 되고 싶지는 않다고 했다.

그렇다면 타인들은 다나카를 어떻게 평가했을까.

한국문학 연구와 비평에 독보적 성과를 이룬 김윤식金允植, 1936~2018.[7] 그

---

1 나고야(名古屋) 출생. 1933년 경성에서 건축업을 하는 숙부 야마다(山田)의 양자로 입적. 이후 경성의 공립 미사카(三坂)심상소학교, 공립 용산중학교를 졸업하고 1944년 일본으로 귀국하여 해군경리학교 재학 중 패전을 맞이했다. 나고야의 구제(舊制) 제8고등학교를 거쳐 1948년 도쿄대학 문학부 신제(新制) 국문과에 1기로 입학했다. 1952년 도쿄대학을 졸업하고 주니치신문사를 거쳐 아사히신문사에 입사했다. 1965년, 1968년 두 차례 한국 취재차 단기 방문했고, 1972년 4월부터 1년간 휴직하고 한국에 유학했다. 1979년 아사히신문사를 퇴사한 후, 1981년 다쿠쇼쿠대학(拓殖大學) 해외사정연구소 강사, 1985년 동 연구소 교수에 임용되었다.

2 「現代人名録」(ヨミダス歷中館) https://database-yomiuri.co.jp.ssl.libproxy.history-foundation.or.kr:8000/rekishikan(검색일 : 2022.10.4).

3 田中明, 『朝鮮斷想』, 草風館, 1984, 5쪽(초출 : 「'いい日本人'に化けたくない」, 『朝日ジャーナル』25-1, 1983.1.7). 이것은 이후 문고판으로 2회 출판되었다(『韓国の「民族」と「反日」』, 朝日文庫, 1988; 『韓国の民族意識と伝統』, 岩波現代文庫, 2003). 총3회 출판되는 과정에서 내용의 변화가 전혀 없음에도 서명이 모두 다르게 출판된 것이 특징이다. 이 글의 인용은 단행본을 이용했다.

4 田中明, 『常識的朝鮮論のすすめ』, 朝日新聞社, 1981, 80쪽. 전중파는 1920년대에 태어나 청소년기에 아시아・태평양전쟁을 겪은 세대의 일본인을 말한다.

5 金聲翰 外, 『日韓ソウルの友情-理解への道.part2, 日韓座談会』, 読売新聞社, 1985, 14쪽(문고판 : 『日韓ソウルの友情-座談会』, 中央公論新社, 1988).

6 田中明, 앞의 책, 1984, 6쪽.

7 김해 출생. 서울대학교 국어교육과를 졸업하고, 동 대학원 국어국문학과에서 석・박사

〈그림 1〉

는 서울대학교 국문학과 교수를 정년 퇴임한 지 10년이 지난 2012년, 자신의 학문 여정을 정리한 『내가 읽고 만난 일본』을 출판했다. 여기에서는 1970~1971년에 도쿄대학 동양문화연구소 외국인 연구원 자격으로 처음 일본에 체류하면서 알게 된 '조선문학의 회'를 언급하고 있는데, 그 가운데 수록된 사진에는 "'조선문학의 회' 동인과의 교류왼쪽 다나카 아키라, 오른쪽 오무라 마스오"[8]라는 설명이 있다.〈그림 1〉 오무라 마스오大村益夫, 1933~2023[9]의 기

를 취득했다. 1968년 서울대학교 교양과정부 전임강사, 조교수, 부교수를 거쳐 1975년부터 같은 대학교 국어국문학과 교수를 역임했다. 2001년 8월 정년 퇴임하고 명예교수가 되었다. 그는 금기시됐던 KAPF 문학 연구를 비롯해 한국 근현대문학사의 기틀을 마련했다고 평가받는다.

8 김윤식, 『내가 읽고 만난 일본－원로 국문학자 김윤식의 지적 여정』, 그린비, 2012, 675쪽. 김윤식은 "朝鮮文学の会"를 '조선문학연구회'라 번역하고 있지만, 본고에서는 본래 의미를 살리기 위해 '조선문학의 회'로 번역한다.

9 도쿄(東京) 출생. 1957년 와세다대학 정치경제학부를 졸업하고 고등학교 교사를 재직하면서 1962년 도쿄도립대학 대학원 중국문학전공 박사과정을 수료했다. 이때 다케우치 요시미(竹内好)에게 사사했다. 1964~1965년 와세다대학 어학교육연구소 교수(유학생 일본어 담당), 1966~1978년 동 대학 법문학부 교수(중국어 및 어학교육연구소 조선어 담당), 1978~2002년 동 대학 어학교육연구소 교수(조선어 담당). 1965~1966년 일본조선연구소(日本朝鮮研究所) 활동 이후 1970년에 다나카 등과 '조선문학의 회'를 발족하고 동인지 『조선문학－소개와 연구』 제5호까지 발행인을 역임했다. 1972년에 안식년으로 6개월간 동국대학교를 방문했을 때 서울대학교 어학연구소에서 한국어(중급반)를 수학했다. 1985년 윤동주의 묘를 처음 찾아낸 것으로 유명하다. 1975년에는 김윤식의 『한일문학의 관련양상』을 일본어로 번역출판했다(『傷痕と克服－韓国の文学者と日本』, 朝日新聞社). 오무라 마스오의 저작집은 일본이 아니라 한국에서 출판되었다(오무라 마스오, 심원섭 외역, 『오무라 마스오 저작집』 전6권, 소명출판, 2016~2018).

억에 따르면, 이 사진은 자신의 정년 강의 "조선근대문학과 일본"을 듣기 위해 일본을 방문한 김윤식 부부와 부부 동반으로 하코네箱根 온천으로 가는 중, 그 소식을 듣고 다나카 아키라가 오다큐小田急 전철 신주쿠新宿 역으로 만나러 왔던 2004년 1월에 찍은 것이다.[10]

김윤식은 '조선문학의 회'와의 만남을 "아마도 서울에서 잠시 만난 적이 있던 야마다 아키라山田明, 오늘의 다나카 아키라 씨의 소개였지 않았을까"[11]라고 회상하면서, 당시 "아사히신문사 연구원인 다나카 씨는 일본 지식인의 동향, 교포사회의 구조 및 일본인의 삶의 방식에 관해 많은 것을 가르쳐 주었소"[12]라고 회고한다.

그가 1년간의 일본 체류를 마치고 1974년에 『한일문학의 관련양상』을 출판할 때, 서간문으로 정리한 '머리말'의 주인공도 다나카이다. '머리말'은 다음과 같이 시작한다.

한 일본인日本人 벗에게

안녕하십니까. 「반일反日의 풍화風化」를 배독拜讀하고 느낀 점이 많았읍니다. 당신의 조심스럽고도 정확한 역사의 통찰력과 한일韓日 간間에 놓인 깊은 상처에 대한 안목眼目이 단순히 당신이나 나 개인個人의 문제를 초월超越하는 것이기 때문에 우리의 슬픔은 아득합니다. 더구나, 그것이 논리論理가 아니라 모럴이기 때문에 보다 섬세한 통찰이 필요할 것입니다. (…중략…) 실상은 당신이 지적한 『지배자支配者가 피지배자被支配者를 이해理解한다는 것이 절대로 불가능하다』

---

10   장문석, 「1960~1970년대 일본의 한국문학 연구와 '조선문학의 회(朝鮮文學の會)' - 오무라 마스오(大村益夫) 교수에게 질문하다」, 『한국학연구』 제40집, 2016, 200쪽.
11   김윤식, 『비도 눈도 내리지 않는 시나가와역』, 솔출판사, 2005, 217쪽.
12   위의 책, 218쪽.

는 명제命題에 내 자신이 공감했기 때문입니다. 이 명제命題를 나는 오래도록 가슴에 지니고 왔고 또 현재도 그러합니다. 강조는 필자, 이하 동일[13]

김윤식이 '배독拜讀'한 「반일反日의 풍화風化」는 다나카가 1년간의 한국 유학을 마치고 귀국한 1973년 가을에 발표한 '서울 체류기'이다. 김윤식이 '공감'한 다나카의 "지배자가 피지배자를 이해한다는 것이 절대로 불가능하다"는 문장은 다음과 같은 맥락에서 등장한다.

나는 지배한 자가 지배당한 자의 심정을 절대 이해할 수 없다고 생각한다. 하물며 민족 단위로 저지른 수탈의 역사를 한 사람의 개인이 사죄하는 행동양식에는 일종의 의구심조차 느끼는 사람 중 하나이다. 거기에는 이해할 수 없는 것을 이해했다고 생각하는 나르시즘이 엿보이기 때문이다. 거기에는 '반일'이라 일컬어지는 한국인의 모든 언동에 대해 오로지 송구스런 자세를 취할 뿐, 그 '반일'의 실질實質을 똑바로 보지 않는 나태함 밖에 없다. (…중략…) 조금이라도 깊이 한국인과 사귀면 자신의 오장육부에 박힌 반일 감정을 어떻게 처리할지 그 극복 방법 때문에 괴로워하고 있음을 엿볼 수 있다. 물론 그것은 극복이지 망각이나 부정否定이 아니다. "안이한 반일 감정을 노출하는 것은 과거의 굴욕을 엉덩이에 단 채 걷는 것"이라고 생각하면서 이를 악물고 반일을 창조

13　김윤식, 『한일문학의 관련양상』, 一志社, 1974, 1쪽. [부록]에는 '일본' 지식인 논문 5편 (이시다 에이치로(石田英一郎), 「日本的 人間關係의 構造」, 『展望』, 1965.9; 이즈미 세이이치(泉靖一), 「舊植民地 帝國大學考」, 『中央公論』, 1970.9; 이토 세이(伊藤整), 「나의 文學觀」, 1950; 오에 겐자부로(大江健三郎), 「文學的 想像力과 政治的 想像力」, 『群像』, 1968.4; 다나카 아키라, 「反日의 風化」, 季刊 『朝日アジアレビュー』 15, 1973)의 한국어 번역이 수록되어 있다. 참고로 이 책의 일본어 번역본은 다나카의 주선과 오무라의 번역으로 아사히신문사에서 출판되었다(大村益夫 訳, 『傷痕と克服-韓国の文学者と日本』, 朝日新聞社, 1975).

적 플러스의 정신활동으로 전화轉化하려는 마음가짐이다. 이러한 사람들 앞에서 일본인이 "당신들의 '반일'에는 머리가 숙여집니다"라고 말을 한다든지 하는 것은 놀라운 무신경일 따름이다.[14]

다나카의 '지배한 자가 지배당한 자의 심정을 절대 이해할 수 없다'는 명제는 '안이한 반일 감정을 노출'하지 않고 그 '극복'을 위해 '이를 악물고 반일을 창조적 플러스의 정신으로 전화'하려는 김윤식과, 한국의 "반일 감정의 유무, 강약이 아니라 반일 감정의 질質을 발견하고 판별"[15]하기 위해 노력하는 다나카가 서로 '공감'하는 자기성찰적 역사인식이다.

김윤식은 "제1차 체일1970~1971에서 이루지 못한 『이광수와 그의 시대』를 이번엔 기필코 이루겠다"는 마음으로 1980년에 다시 "우신사판 이광수전집10권을 들고 현해탄"을 건넜다. 이때에도 "나보다 선배 격인 일본인 학자 다나카 아키라, 오무라 마스오 두 교수에게 많은 것을 물어 배웠다"[16]고 회고한다.

다나카의 이광수론은 뒤에 살펴보기로 하고, 다만 여기에서는 이광수를 '안이한 반일 감정'으로 친일 문학자로 규정하지 않고 그의 자기성찰적 '내면'에 수복하고 '이광수와 그의 시대'를 마무리하겠다는 한국 지식인 김윤식에게 일본 지식인 다나카는 깊은 공감을 표하는 '벗'이었음을 확인해 두자.

그러나 다나카를 전혀 다르게 기억하는 한국 지식인도 있다. 일본으로

---

14 田中明, 『ソウル実感録』, 北洋社, 1975, 77~78・89쪽(초출 : 「〈反日〉の風化」(ソウル実感録), 『朝日アジアレビュー』 4-3, 1973.9); 김윤식, 『한일문학의 관련양상』, 379・387~388쪽.
15 위의 책, 76쪽.
16 김윤식, 앞의 책, 2012, 714・747쪽.

망명한 정경모[1924~2021][17]가 그렇다.

다나카는 1975년에 첫 단행본 『서울실감록ソウル実感録』을 출판했다. 그로서는 자신의 한국론을 처음 세상에 내놓은 것이었다. 이에 대한 일본인의 평가는 다음과 같이 대체로 우호적이었다.

남북 어느 쪽인가 편에 서는 소위 조선통朝鮮通과는 가장 먼 곳에 자신의 위치를 설정하고, 자신의 눈과 귀로 확인하고 나아가 이성理性으로 가려낸 '실감實感'만 기술하는, 그 절제된 자세를 통해서 **독자는 처음으로 조선 그 자체를 알 수 있는 실마리를 찾을 수 있을 것이다.**[18]

하지만 정경모의 서평 제목이 "한국인의 갈망과 비탄에 무이해無理解"인 것에서도 알 수 있듯이, 정경모는 "이 저자의 멘탈리티mentality는 당연히 느낄 수 있는 것에 대한 감수성이 전혀 없는 것은 아닌지, '실감록'이라는 표제가 적당하지 않다고 생각하지 않을 수 없다"고 정반대로 평가하고 있다.[19]

---

17 서울 출생. 식민지시기에 경기공립중학교를 졸업하고 게이오대학 의학부 재학 중 해방을 맞이한 후 서울대학교 의학부에 편입했다. 1947년 의학 공부를 중단하고 이승만 장학금을 받아 미국으로 유학하여 1950년 에모리대학 문리학부를 졸업하고 대학원에서 화학을 전공했다. 미국 유학 중 한국전쟁이 발발하자 당시 주미대사 장면의 요청으로 도쿄에 있던 맥아더사령부(GHQ)에 소환되어 문익환, 박형규 등과 함께 근무했다. 휴전회담 당시 통역업무, 울산 석유화학단지 기술고문으로 상공부에서 근무하다가 1970년 일본으로 망명한 이후, 한국민주회복통일촉진국민회의 일본본부 기관지 『민족시보(民族時報)』 주필, 『씨알의 힘(シアレヒム)』 편집·발행인 등 문필활동을 통해 한국의 민주화운동과 통일운동을 지원했다. 1989년에 문익환 목사와 함께 평양을 방문했다. 주요 저서로는 『ある韓国人のこころ-朝鮮統一の夜明けに』, 朝日新聞社, 1972; 『日本人と韓国』, 東京-新人物往来社, 1974; 『韓国民衆と日本』, 新人物往来社, 1976; 『日本を問う』, 径書房, 1985(한국어판 : 이호철 역, 『일본의 본질을 묻는다』, 창작과비평사, 1989); 『찢겨진 산하』, 거름, 1992; 『이제 미국이 대답할 차례다』, 한겨레신문사, 2001 등이 있다.

18 「[読書] 朝鮮そのものをえぐる/田中明 ソウル実感録」, 『朝日新聞』 조간, 1976.1.2, 10면.

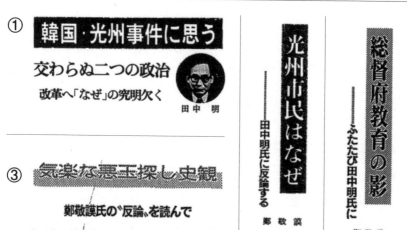

〈그림 2〉 다나카의 ① 「한국 광주사건에 생각한다」(석간 1980.6.5, 5면). 정경모의 반론
　　　　　② 「광주시민은 왜」(석간 6.24, 9면).
　　　　　③ 「쉽게 나쁜 놈[悪玉] 찾기 사관(史觀)」(석간 7.7, 5면). 정경모의 재반론
　　　　　④ 「총독부 교육의 그림자」(석간 7.21, 3면).

　1980년 5월 광주민주화항쟁 직후에도 정경모는 다나카와 『아사히신문』에서 지면 논쟁을 벌였다. 논쟁은 다나카가 6월 5일 자 석간 문화면에 「한국 광주사건을 생각한다」를 게재한 것에서 시작되었다.〈그림 2〉 다나카는 "(광주사건이 일본에서) 일반적으로는 민주화를 요구하는 학생·시민과, 이를 탄압하는 유신체제 유지파 군부의 싸움으로 보도되고 있는 점"에 대해 "현상적으로는 그렇다고 할 수 있지만, 이러한 두 가지의 원색原色만으로 사태를 설명하는 것이 과연 한국 정치의 실상實相을 드러내는 것일까"라는 질문을 던진 후 "왜 한국에서는 민주주의가 뿌리내리지 못했

19　鄭敬謨, 「韓国人の渇望と悲嘆に無理解/田中明『ソウル実感録』」, 『朝日ジャーナル』 18-13, 1975.10.13, 64~66쪽.

을까. (…중략…) 나아가 시야를 조선반도 전체로 넓혀 김일성주의를 내걸고 신권정치적 인민관리체제를 유지하는 북조선의 현실도 같이 생각한다면, '왜 조선 땅에 민주주의가 성립하지 않는가'라는 문제는 정치·사회·문화 각 분야에 걸쳐 한층 절박한 주제가 되어야 한다. 이 '왜'를 규명하는 작업이 있어야 비로소 한국 정치의, 또는 넓게 말해서 한국문화 속의 비민주적 요소가 철저히 밝혀지고, 이를 정성껏 바꿔나가는 개혁의 길도 열린다고 생각하는데, 이러한 접근은 전혀 보이지 않는다"[20]라는, 요컨대 '한국 광주사건'을 계기로 '한국 정치의 실상'이 무엇인지 본질적으로 접근해야 한다는 취지의 글이었다. 때문에 제목도 「한국 광주사건'을' 생각한다」가 아니라 「한국 광주사건'에' 생각한다」였다.

다나카의 글에 대한 정경모의 반론과 다나카의 재반론은 총 4회에 걸친 논쟁이 있었는데, 정경모가 다나카와의 논쟁을 어떻게 회고하고 있는지 살펴보자.

'한국 폄훼' 일본 논객과 지면 통해 전면전

(다나카 아키라라는 논객의 에세이는) 왜 남북을 막론하고 한국 땅에는 민주주의가 뿌리를 내리지 못하는가. 그 '왜'를 이해하기 위해서는 한국의 역사와 문화 속에 축적되어있는 비민주적인 요소를 캐물을 필요가 있는데, 가령 이조 500년 동안의 당쟁을 보아도 거기에는 권력에 이르는 자유를 요구하는 동질자 간의 투쟁이 있을 뿐, 역사에 전개되는 공격과 복수의 연쇄반응 속 어디에도 민주주의가 성장할 요소를 발견할 수 없다. 그러니 가령 민주화운동의 중심인물을 자처하는 윤보선 같은 사람이 정권을 쥔다 해도 '광주'와 같은 사건이

---

20   田中明, 앞의 책, 1981, 103~106쪽(초출:「韓国·光州事件に思う」,『朝日新聞』석간, 1980.6.5, 5면).

재발하지 않으리라는 보장은 없다 운운하였소이다.

소년시대를 식민지 조선에서 지낸 탓이겠으나경성중학 졸업[21] 다나카는 조선인에 대한 민족적 우월감은 거의 체질적인 것이고, 또 그때 받은 총독부 교육 때문일까. 조선의 역사는 당쟁으로 일관된 역사이며, 따라서 조선인은 독립할 능력이 결여되어 있느니만치 일본의 지배를 받는 것은 피할 수 없는 운명이라는 편견이 몸에 베어, 그것이 그의 문장 속에서 야릇한 체취를 발산한다는 것을 나는 직감할 수 있었소이다. (⋯중략⋯) 다나카와 나 사이의 논쟁은 말하자면 살육을 자행한 자들의 편과 살육을 당한 자들 편의 싸움이었고, 또 말을 바꾼다면 민족적 우월감에 젖은 일본의 우익 세력과 여기에 대항하는 우리 민족주의 사이의 결투였다고 말할 수 있겠는데, 이 싸움에서 내가 무슨 응원 같은 것을 기대했을 리도 없었거니와 또 실상 누구 하나 내 편에 서서 거들어준 사람도 없었소이다. 문자 그대로 고군분투였소이다.[22]

정경모는 '광주사건'을 계기로 다나카가 던진 '한국 정치의 실상'에 대한 근본적인 문제의식, 즉 '왜 남북을 막론하고 한국 땅에는 민주주의가 뿌리를 내리지 못했을까'라는 질문을 설정하는 것 자체가 '식민지 조선에서 중학교를 나서서 소선인에 대한 민족적 우월감을 체질화'하는, 다시 말해서 '조선인은 독립할 능력이 결여되어 일본의 식민지 지배를 받을 수밖에 없다'는 '총독부 교육'을 내면화한 '한국을 폄훼하는 일본 우익세력'의 역사인식이라 비판한다. '광주사건'을 계기로 '한국문화의 비민주적 요소'와 정치의 실상을 보다 근본적으로 봐야 한다는 다나카와, 이

---

21 실제로는 공립 용산중학교를 졸업했다.
22 정경모, 『정경모 자서전 시대의 불침번』, 한겨레출판, 2010, 296~299쪽(일본어판 : 鄭剛憲 訳, 『歴史の不寝番 亡命 韓国人の回想録』, 藤原書店, 2011).

러한 '문제의식'을 제기하는 다나카를 한국에 대한 '민족적 우월감과 편견'이 '몸에 밴' '일본 우익'으로 규정하는 정경모 사이에는 '살육을 자행한 자들의 편과 살육을 당한 자들 편의 싸움'이라는, 김윤식과는 질적으로 다르게 서로 '공감'할 수 없는 역사인식의 간극이 있었던 것이다. 뒤에 살펴보겠지만, 그것은 한국 지식인 사이에 병존하는 반일을 포함한 저항 민족주의와 자기성찰적 내면에 주목하는 민족주의의 간극이었다.

한편, 일본 지식인은 다나카를 어떻게 기억하고 있을까. 다나카와 함께 '조선문학의 회' 창간 동인으로 활동한 오무라 마스오는 2015년에 다음과 같이 회고한다.

다나카 아키라는 서울 용산에 있던 중학을 나왔습니다. 중간에 야마다山田 집안으로 양자로 들어가서 어떤 글에는 야마다 아키라山田明라고 되어 있고요, 이후 복귀하여 다시 다나카 아키라田中明가 되었습니다. ① 저널리스트여서 현실의 전면모를 입체적으로 볼 수 있었지만, 그래서 위기를 느끼기도 했던 것 같습니다. 사실 다나카 아키라는 창간호 이후 바로 탈회를 하려고 했습니다만, 나머지 동인들이 만류하여 제5호[1971.12]까지 한 뒤에 그만두었습니다.[23] 그리고 한국으로 유학 갔지요. ② 일본조선연구소는 처음에 『조선연구朝鮮研究』를 발간하다가 그 후신으로 우익적 성향의 『현대코리아現代コリア』를 발간하였습니다. 그때 다나카 아키라는 사토 가쓰미佐藤勝巳, 1929~2013[24] 등과 함께 이 잡지에도 참

<hr>

23 '창간호'와 '제5호(1971.12)'는 1970년에 발족한 '조선문학의 회'의 동인지 『조선문학－소개와 연구(朝鮮文学－紹介と研究)』(총12호, 1970.11~1974.8)이다. 오무라와 다나카는 동인지 창간에 참여했다.

24 니가타현(新潟県) 출생. 1958년부터 '재일조선인의 조국귀국실현운동'에 참가하여 북한으로부터 두 차례(1962년 11월 10일, 1964년 9월 23일) 훈장을 받을 정도로 대표적인 '친북(親北)' 일본인 활동가이다. 한일회담 반대운동을 주도한 일본조선연구소에서 활동했으며, 1964년부터는 사무국장을 맡았다. 1968년 2월 '김희로사건' 이후 '김

여하였습니다. ③ 사토 가쓰미는 니가타현^{新潟県} 일한협회^{日朝協會}의 협회장이었는데, 이후 북한과 납치 문제를 계기로 혐한^{嫌韓} 인사가 되어 버립니다. 일본인의 조선 연구는 복잡합니다. 그리고 ④ 다나카 아키라 씨도 저널리스트였다가 다쿠쇼쿠대학^{拓殖大学} 교수가 되었습니다. 이 학교는 옛날에는 식민지와 관계된 보수적인 학교였지요. 다나카 아키라에게 있어서는 재조일본인으로서 경험이 복잡하다고 생각합니다.^{원숫자는 필자25}

①의 경우, 그 문맥상 다나카가 동인으로 함께 참가한 『조선문학—소개와 연구』 창간호 발행 직후 '조선문학의 회'를 탈퇴하려던 이유로 제시되고 있지만, 오무라로서는 다나카가 『아사히저널^{朝日ジャーナル}』 특파원으로 한국을 2회 방문^{1965.11~12(40일), 1968.2~3(40일)26}한 후 '저널리스트로서 현실의 전면모를 입체적'으로 보기 위해 한국 유학^{1972.4~1973.3}을 떠난 이유라 생각하고 있음을 보여준다.

②, ③, ④는 한국을 바라보는 다나카의 '시선'에 관한 오무라의 판단이다. 첫째, 다나카가 사토 가쓰미와 함께 발간에 참여한 『현대코리아』

희로공판대책위원회' 활동을 통해 일본 사회의 재일조선인 차별 규탄 활동을 펼쳤다. 1976년 1월 일본조선연구소 대표에 취임했다. 1984년에는 일본조선연구소를 현대코리아연구소로 개칭하고 기관지 『조선연구』의 후신으로 『현대코리아』를 발행했다. 『현대코리아』는 2007년 11월호로 끝으로 인터넷 웹 저널로 전환하여 현재에 이르고 있다. 주요 저서로는 寺尾五郎・佐藤勝巳,『日本の漁業と日韓条約』, 日本朝鮮研究所, 1965; 佐藤勝巳 編,『在日朝鮮人の諸問題』, 同成社, 1971; 佐藤勝巳 編,『朝鮮統一への胎動』, 三省堂, 1971; 佐藤勝巳 編,『在日朝鮮人—その差別と処遇の実態』, 同成社, 1974;『わが体験的朝鮮問題』, 東洋経済新報社, 1978;『社会党と北朝鮮との癒着』, 自由民主党調査局政治資料研究会議, 1989;『崩壊する北朝鮮—日朝交渉急ぐべからず』, ネスコ, 1991;『北朝鮮「恨(ハン)」の核戦略—世界一貧しい強国の論理』, 光文社, 1993;『拉致家族「金正日との戦い」全軌跡』, 小学館, 2002 등이 있다.

25 장문석, 앞의 글, 2016, 196~197쪽.
26 田中明, 앞의 책, 1975, 145쪽 참조.

를 '우익적 성향'이라고 평가하고 있다. "사토가 점점 북조선 비판을 강화하자 많은 사람이 『현대코리아』와 관계를 끊게 되었다"[27]고 평가받고 있는 것에서도 알 수 있듯이, 오무라가 『현대코리아』를 '우익적 경향'이라 평가하는 이유는 '북조선 비판 강화'라 추측된다. 『조선문학-소개와 연구』 창간호 편집후기에서 "우리의 마음속에 38선은 없다"[28]고 선언한 이래 "남북한 문학 등거리 연구"[29]를 했다고 평가받는 오무라야말로 '북조선 비판을 강화'하는 『현대코리아』와 '관계를 끊은 많은 사람' 중 한 명이 아닐까 싶다. 따라서 적어도 『조선연구』 후신으로 『현대코리아』가 간행되는 1984년 4월 시점의 다나카에 대해서는 '우익적 성향'이라 평가하고 있다고 불 수 있다.

둘째, 재일코리안 북송사업과 한일회담반대운동을 주도한 '니가타현 일한협회장' 사토가 이후 '북한의 (일본인) 납치 문제를 계기로 혐한 인사'가 되고,[30] 『조선문학-소개와 연구』 창간 동인이었던 다나카도 '식민지와 관계된 보수적인 다쿠쇼쿠대학의 교수'가 되었다고 말한다. 다나카의 다쿠쇼쿠대학 교수 임용은 1985년 10월이고, 요코다 메구미橫田めぐみ 납치

---

27   和田春樹・高崎宗司 編, 『北朝鮮本をどう読むか』, 明石書店, 2003. 35쪽.

28   오무라 마스오, 「진군 나팔소리는 들리지 않는다―동인의 변(辨)」, 『윤동주와 한국 근대문학』, 소명출판, 2016, 696~697쪽(원문 : 大村益夫, 「進軍のラッパは聞こえない」, 『朝鮮文学―紹介と研究』 1, 1970.12.1).

29   임헌영, 「간행사 『윤동주와 한국 근대문학』 발간의 의미」, 위의 책, 6쪽.

30   사토는 1997년 10월 '북조선에 납치된 일본인을 구하기 위한 전국협의회(北朝鮮に拉致された日本人を救出するための全国協議会)'를 조직하여 회장에 취임한 후 2008년까지 역임했다. 현대코리아연구소 소장 사토 가쓰미, 연구소 연구부장 아라키 가즈히로(荒木和博, 1956~), 『현대코리아』 편집장 니시오카 지카라(西岡力, 1956~)는 북한의 일본인 납치문제를 비롯하여 북한 체제 비판과 붕괴를 전망하며 북한 원조와 교섭을 강하게 반대하는 『현대코리아』 그룹이라 칭한다(和田春樹・高崎宗司 編, 앞의 책, 2003, 32~50쪽). 참고로 다카사키 소지(高崎宗司)가 명명한 『현대코리아』 그룹에 다나카는 포함되어 있지 않다.

76   교차와 접합의 지(知) ― 냉전과 탈식민의 한일 지식인 교류사

의혹이 제기되면서 '북한의 (일본인) 납치 문제'가 공론화된 것은 1997년 이다. 그런데 흥미로운 것은 북한의 일본인 납치 문제가 제기되는 1997년부터 '혐한 인사'로 규정하는 사토에 대해서도 '일본인의 조선 연구는 복잡하다'고, '식민지와 관계된 보수적인 대학의 교수'가 된 다나카에 대해서도 '재조일본인으로서 경험이 복잡하다'고, 양쪽 모두에게 '복잡하다'는 단서를 달고 있다는 점이다. 그렇다면 오무라가 다나카와 사토를 회고하면서 '조선 연구는 복잡하다'는 단서를 단 이유는 무엇일까. 이것은 일본 지식인 다나카, 사토와 마찬가지로 자신에게도 '조선 연구'가 복잡했다는, 일종의 자기 고백과 같은 회고가 아니었을까.

이 글에서는 오무라가 회고하는, 일본 지식인의 '조선 연구는 복잡하다'는 단서가 무엇을 의미하는지 다나카를 사례로 살펴보고자 한다. 이는 다나카에 대한 한국 지식인 김윤식과 정경모의 평가가 왜 그토록 달랐는지에 대한 검토이기도 하다. 구체적으로는 오무라가 다나카에 대해 '우익적 성향'이라 평가하는 1984년 4월 시점까지 발표한 다나카의 논저를 중심으로 분석하고자 한다. 이를 통해서 다나카가 저널리스트로서 느낀 '위기'와 재조일본인으로서 조선연구가 '복잡'한 이유가 무엇이었는지 확인하는 한편, 그 '위기'와 조선연구의 복잡함'이 현해탄을 오가며 한국 지식인의 일본 인식과 어떤 관계를 맺으며 서로 연관되었는지 확인해 보고자 한다. 이것은 현재 일본이 한국을 바라보는 혐한 그리고 한국이 일본을 바라보는 반일의 원형이 무엇인지 찾아보는 작업이기도 하다.

2. '조선반도 연구'의 출발점,
   두 번의 한국 방문과 '조선문학의 회'

1) 1965년 11~12월, '한국의 복잡한 표정'을 보다

다나카 아키라가 경성의 공립 용산중학교를 졸업하고 고향 나고야로 돌아온 지 약 1년 반이 지난 1945년 8월 15일, '제국 일본'은 패전을 맞았다. 그로부터 20년이 지난 1965년 11월, 『아사히저널』 특파원 자격으로 한일기본조약 관련 취재차 처음 한국을 40일간 방문했다.[31] 이때 그의 나이는 39세.

다나카가 한국을 방문한 11월은, 지난 8월 14일 한국 국회에서 한일기본조약 비준이 강행 처리된 이후 일본 중의원의 비준도 예상되던 시기였다. 실제로 다나카는 서울에서 11월 12일 새벽에 기습적으로 처리된 일본 중의원의 비준 채결採決 소식을 접했다.

그는 당시 한국의 반응을 '공백 속의 불안－일한日韓 강행 채결採決을 바라보는 서울의 시선'이라는 제목으로 기사를 작성했다.[32] 이 기사는 "일본 국회의 일한조약안 강행 채결採決을 한국민은 어떻게 받아들였을까. 겉으로 나타난 것은 이미 자국의 강행 채결에 모든 정력을 소모한 후의 공백空白이다. 하지만 그 근저에는 '강대한 이웃 나라'에 대한 불안이 여전히 없어지지 않은 듯하다. 한국에서 취재중인 본지 야마다 기자는 한국의 복잡한 표정을 다음과 같이 전해 왔다"라는 편집부의 설명과 함께 시작한다.

---

31   田中明, 앞의 책, 1975, 145쪽.
32   山田明, 「空白のなかの不安－「日韓」強行採決をみるソウルの目」, 『朝日ジャーナル』 7-49, 1965.11.28, 10~13쪽.

11월 12일 서울의 표정은, 이것이 말 그대로 겉으로 드러난 모습이라면, 전혀 다르지 않았다. (…중략…) 일본 국회의 강행 채결은 관심을 불러일으킬 만한 뉴스거리가 아닌 듯싶다. 한국에서는 일본의 비준批准 정도로 시끄러워지지 않는다는 의미에서 일한조약은 과거가 되어 버렸다. 왜냐하면 "일본제국주의의 피해국"이 계엄령까지 발동해서 단독 채결採決을 강행할 정도의 긴박감이 사라진 지금, 번영하고 평화로운 "가해국"의 국회 심의 강행 따위는 아무런 위기감도 느낄 수 없는 작은 소동이다. (…중략…) 일본에서 일한조약이 비준되면 또 서울에서 학생 시위가 일어나지 않을까. 일본을 출발할 때 그런 이야기를 적지 않게 들었다. 하지만 대학은 평온했다. (…중략…) 군대까지 출동할 정도로 격렬했던 일한조약반대, 반정부 시위의 보도가 생생하게 뇌리에 남아 있던 나로서는 이 평화로움어느 누구에게는 침체겠지만은 놀라운 광경이다.

한국에 오기 전, 국회의 한일기본조약 비준 처리 이후에도 계속되는 한국 대학생들의 '반정부 시위 보도가 생생하게 뇌리'에 남아 있어서 '일본 의회에서 일한조약이 비준되면 또 서울에서 학생 시위가 일어나지 않을까' 예측했던 다나카로서는 '평온한 대학'이 '놀라운 광경'이라고 전한다. 그렇다면 그 이유는 무엇일까.

일한조약은 한국 정부가 자국을 어떻게든 해보고자 취한 하나의 방법이라 할 것이다. (…중략…) 하지만 그 상대가 일찍이 자신들을 지배했던 나라 일본이고, 전쟁에 지고도 이상異常한 부흥을, 그것도 자신들의 동포가 서로 전쟁을 치를 때의 특수 붐을 계기로 이뤄냈다는 점은 복잡한 굴절을 한국인 마음에 남겼다. (…중략…) 탄압과 수탈 외에 민족의 내면까지 잠식해버린 '36년간 일본제국주의시대'의 기억은 전해져 20대 청년에게도 사무치고 있는데, 일본은 과거를 반성하는 그 어떤 말도 하지 않았다. (…중략…) 일한조약 교섭에서도 일본은 시종일관 구태의연한 자세를 보였다고 한국인은 이해하고 있다. (…중략…) 강경한 의견이 박수받는 이유도 일본통치시대의 굴욕감이 국민에게 공통의 뿌리로 자리 잡아 이성을 넘는 심리적 보상 작용을 요구하고 있기 때문이다. (…중략…) 다만, 미국의 달러 삭감, 중국의 핵실험, 이것이 한국인에게 준 충격은 일본인의 상상 이상이다. 서둘러야 하는 경제재건계획 등 이런저런 생각 끝에 일본과의 국교회복이 빠를수록 좋다는 판단을 하게 된 듯하다. (…중략…) 주체적인 민족 재건의 의사와 자주성을 관철시키지 못한 현실, 그곳에 문제의 일본이 나타났다. 현 정권의 연명책인지, 미국의 극동정책 추진 항목 중 하나인지, 일본의 불황을 벗어나려는 판로인지. 여러 판단이 있지만, 그럼에도 정리되지 않는 것이 일한조약을 생각하는 한국인의 심정이다. '모두 좌절감에 빠져 있다'고, 한 중견 저널리스트는 말했다.

다나카는, '일본제국주의 피해국'이 '민족 재건'을 위해 선택한 '가해국'과의 수호修好이지만, 정작 그 가해국이 과거를 반성하지 않음에도 한일기본조약을 맺을 수밖에 없던 '굴욕감'과 '좌절감'을 남긴 '현실'의 공허함空백이 이유라고 설명한다.

여기에서 '굴욕감'과 '좌절감'의 주체는 '개인'이 아니라 '민족'이다. 그는 첫 번째 방문에서 돌아와 연재 기사[4회]를 발표하면서 한국 민족주의의 특징을 다음과 같이 정리한다.

가장 격렬한 반反정부 감정을 지니는 대학생들도 군사정권이 혁명 후 내건 '민족 민주주의'라는 슬로건에 '처음에는 졌다'라고 고백했다. "우리는 필사적으로 한국적인 것을 찾아내려고 합니다"라고 말하는 그들은 그 민족 민주주의에 기대를 걸어서 "한때, 희생이 발생해도 민족 전체를 위해서라고 생각했다. 선의의 독재라도 좋다고까지 생각했습니다"고 말한다. 대학생들은 마침내 일한회담 재개를 계기로 박 정권과 대립한다. 재작년 5월 '민족 민주주의 장례식'이라는 시위가 서울대학에서 있었는데, 그때 학생들이 채택한 선언문은 '군사혁명은 민족주의 이념에 대한 정면 도전'이라 규정했다. 민족의 이름으로 등장한 정권과 민족의 이름으로 싸우려는 것이다. 한국인에게 '민족'이라는 단어가 지닌 무게감은 일본인의 상상을 초월한다. 반일 감정은 이러한 민족 정서 중 하나이지만, 매우 깊고 예리한 표출이다.[33]

다나카는 '민족 재건'이라는 명분으로 한일기본조약을 체결한 '정부', 그리고 그것을 민족의 이름으로 거부하는 대학생들이라는 대립 구도가 발생할 정도로, 한국에서 민족이라는 단어가 지닌 무게감은 일본인의 상상을 초월할 정도로 강하다고 진단한다. 하지만 한국의 강한 민족주의는, 굳이 한국에 오지 않더라도 일본에서 이미 알 수 있는 사안이다. 물론 서로 민족이라는 이름으로 정치적 대립을 하고 있다는 점도 현지 취재이기에 가능했다고 할 수 있겠지만, 이를 두고 '한국의 복잡한 표정'이라 평가하기엔 다소 설득력이 떨어진다. 그렇다면 다나카는 무엇을 말하고 싶은 것일까.

어느 날 밤, 함께 식사하던 한국인 작가는 나를 깜짝 놀라게 만들었다. "베트남 군대 파견에 대해 분명히 비판의 목소리도 거세지고 있습니다. 하지만 일반 대중 중에는 그것을 긍정적으로 보는 사람들도 상당히 늘고 있어요. 왜 그럴까

---

33   山田明, 「主体性へのあこがれ―曲りかどの韓国〈2〉」, 『朝日ジャーナル』 8-4, 1966. 1. 23, 100쪽.

요. 한민족韓民族이 다른 나라를 "도와주러 가는 것"은 역사상 이번이 처음이기 때문입니다. 그것은 군대 파견을 진정한 자주적 원조援助라 볼 수 있는지 여부와 같은 정치적 분석으로는 설득할 수 없는 미묘한 심리입니다." 민족의 주체성 확립 의사가 강렬하지만, 그것이 "출구 없는" 상황에 도달했을 때, 이러한 심리가 발생하는 것일까.[34]

같은 해 2월 7일 미국이 북베트남을 폭격하며 베트남전쟁에 본격적으로 개입하자, 유럽과 미국에서 대규모 반전 시위가 펼쳐졌다. 일본에서도 4월 24일 '베트남에 평화를!'을 구호로 반전 시위가 시작된 이후, 당시 일본 인구의 다수를 차지하는 전쟁체험자들은 물론이고, 민주교육을 받은 전후 태생 젊은이대학생 포함들의 공감을 얻으며 점차 베트남전쟁 반대운동이 확대되고 있었다.[35]

하지만 한국에서는 베트남 파병을 반대하는 반전 시위가 일어나지도 않았고, 오히려 다른 '민족'과 전쟁을 치르기 위해 파견하는 군대를 '진정한 자주적 원조'로서 '긍정적으로 보는 사람들이 상당히 늘고 있다'는 말을 한국인 작가지식인로부터 들었을 때, 다나카는 '깜짝 놀랐다'고 말한다.

그가 깜짝 놀란 이유는 무엇일까. 베트남전쟁은 냉전 대립을 배경으로 발생한 내전이었지만, 외국 = 외세의 개입으로 국제전쟁으로 확산된, 불과 15년 전 한반도에서 발생한 전쟁과 동일한 성격이라 할 수 있다. 그런데 1965년 11월 현재, 한국인의 상당수가 '반전'까지는 아니더라도 베트남전쟁의 한국군 파견을 동족상잔의 비극을 공감하는 민족의 차원이 아니라 '자주적 원조'라는 '민족의 주체성 확립'의 차원에서 긍정적으로 인

---

34   위의 글, 100~101쪽.
35   小熊英二, 『1968(下)─叛乱の終焉とその遺産』, 新曜社, 2009, 306~310쪽.

〈그림3〉

식한다는 것에 놀란 것이다. '한국의 표정이 복잡'한 이유는 한일기본조
약이 남긴 '굴욕감'과 '좌절감' 못지않게 '반공 우방국' 남베트남 지원에
찬성하는 한국군 파병도 있음을 본 것이다. 여기에서 전자가 반일이라면
후자는 반공이고, 이 두 가지의 연결고리는 '민족'이다.

　그러나 이에 대해 다니가와 '민속적 주체성 확립 의사는 강렬하지만
그것이 출구 없는 상황에 도달했을 때 발생하는 심리일까'라고 질문을
던지고 있는 것으로 보아, 당시로서는 이 두 가지의 연결고리를 구체적으
로 인식하지 못했던 듯싶다. 때문에 자신의 '시선'에 잡힌 "구엔 카오 키
남베트남 수상을 보려고 조선호텔 앞에 모인 시민"의 사진을 현지 르포
기사의 표지로 제시하고,〈그림 3〉 다소 뜬금없이 추상적으로 "키 수상은 애
초 하루라도 빨리 한국을 떠나 일본을 들러 귀국할 예정이었지만, 정일권
한국 수상이 지금 일본을 방문하는 것은 일본 국민을 자극하므로 방일

訪日을 포기하라고 권고했다고 한다. 체한滯韓을 연장한 날에 일본에서는 '전격 가결'신문 표제이 실렸다"라고, 글을 마무리 짓고 있는 것이다. 이렇듯 그는 첫 번째 방문에서 '한국의 복잡한 표정'을 발견은 했지만 아직 추상적이었다면, 두 번째 한국 방문에서 그의 '시선'은 보다 선명해진다.

2) 1968년 2~3월, 한국인의 표정에서 '6·25'를 읽다

한일기본조약 체결 이후, 미국의 베트남전쟁 참전으로 주한 미군 병력이 감소하고 한국군도 파병하기 시작하면서 남북간 군사력 차이가 발생하자, 대외강경노선으로 선회한 북한발 군사충돌사건이 연이어 발생했다.[36] 그중 1968년 1월에 3일 간격으로 발생한 청와대 습격 미수사건1.21[37]과 푸에블로호USS Pueblo 피랍사건[38]은 한반도의 군사적 긴장감을 고조시켰다. 특히 사세보佐世保를 떠나 통킹만으로 향하던 미국의 원자력 항공모함 엔터프라이즈호가 푸에블로호 피랍사건 때문에 항로를 되돌려 원산 앞 공해에 정박하면서 북미 군사 충돌의 가능성이 제기되자 일본의 관심

---

36 1967년 1월 북한 해안포 공격으로 한국 해군 56함이 침몰한 것을 시작으로 포천의 경원선 폭파(1967.9), 경의선 미군수물자 수송화차 폭파(1967.9), 청와대 습격 미수사건(김신조사건, 1968.1), 푸에블로호 포획사건(1968.1), 무장군인 울진·삼척 침투(1968.11), 미 해군 정찰기 격추(1969.4), 흑산도 간첩선 침투(1969.12) 등 북한발 군사 충돌 사건이 이어졌다.
37 1968년 1월 21일 북한 민족보위성(民族保衛省) 정찰국 소속 124군부대 무장 게릴라 31명이 청와대를 기습하여 박정희 대통령을 암살하기 위해 서울에 침투한 사건. 유일한 생존자인 김신조의 이름을 따서 일명 '김신조사건'이라고도 한다. 이 사건을 계기로 4월 27일 호국정신을 강조하기 위해 광화문 광장 앞에 이순신 동상이 세워졌고, 11월 21일 북한의 간첩이나 공작원을 식별하기 위해 주민등록번호 제도를 시행했으며, 1969년부터는 4·19로 폐지되었던 교련 실습도 고등학교 필수 과목으로 부활했다.
38 1968년 1월 23일 미 해군 정보수집함 푸에블로호가 북한 원산항 앞 공해상에서 납치된 사건.

은 더욱 한반도 정세에 집중되었다.[39] 이런 가운데 다나카는 다시 한국을 40일간 방문했다.[40]

그가 도착한 2월 초 『조선일보』 1면은 "북괴 도발 참는 데도 한계 있다/반격 태세로 사태 주시"[2.2], "서부전선에 북괴군 20여 명 잠입/서울 경기 비상 계엄령"[2.4], "한국 단독 조처 불사"[2.7], "향군 250만 무장"[2.8] 등 남북의 긴박한 군사적 대치 상황을 전하는 기사들로 채워지고 있었다. 또한 푸에블로호 피납 문제로 북한과 미국 사이에 비밀교섭이 진행되자, 이에 대한 한국 국민의 불만도 절정에 달한 상황이었다. 마침내 "푸에블로호 선원의 송환을 둘러싸고 판문점에서 열리고 있는 미국과 북괴 간의 협상회담이 처음으로 공개된 2월 7일, 판문점 입구 자유의 다리에서 다리를 지키는 미헌병들과 '미국의 유화정책을 반대한다'고 판문점을 향해 몰려온 데모대가 충돌, 미군들이 공포를 쏘는 사태"[41]마저 발생했다. 다나카는 "이러한 시위는 한국을 무시한 비밀교섭에 대한 항의이지, '양키 고 홈'을 말하는 것이 아니다"라는, 즉 '반미反米'가 아니라는 단서를 달면서 그 의미를 설명한다.

실은 한국인에게 보다 중대한 사건은 푸에블로호 문제보다 먼저 발생한 무장 게릴라 습격 사건 쪽이다. 미국에 대한 분노도 비밀교섭보다는 게릴라 사건을 푸에블로호사건보다 경시하는 미국 측 태도에 대한 것이다. 그 감정은 다음과 같이 요약할 수 있다. "미국에게는 국부적 문제일지라도 우리에게는 전면적 문제이다." (…중략…) "미국에게는 핵병기까지 사용할 정도는 아닌 국지전일

---

39 「朝鮮情勢, 一挙に緊迫/北朝鮮の米艦捕獲」, 『朝日新聞』 석간, 1968.1.24, 1면.
40 　田中明, 앞의 책, 1975, 145쪽.
41 　「'자유의 다리'서 신학생들 데모」, 『조선일보』, 1968.2.8, 7면 4판.

제2장 | 1970년대 '조선반도 연구자'의 한국론　85

지 모르지만, 우리에게는 이 좁은 국토를 전쟁터로 만들 위험에 빠뜨리는 그 모든 것이 전면전이다." (…중략…) 이러한 것이야말로 많은 사람이 무장 게릴 라에 대한 민중의 분노에 대해 "그것은 반공이 아니라 '또 무력으로 우리의 생 활을 위협하려는가'라는 생리적 반발"이라고 해설해 준 이유일 것이다. "미국 은 한국민韓國民의 반공에 너무 의존하고 있지만, 이곳의 반공은 그렇지 않으면 당하기 때문에 하는 반공"이라고 말하는 사람도 있다.[42]

다나카는 '무장 게릴라 습격사건, 푸에블로호 포획사건이 한국에 끼친 충격과 파동', 그리고 '그것을 받아들이는 한국인의 표정 안에 숨어 있는 것'은 "제2의 6·25를 두려워하는 마음", 즉 '생활 위협에 대한 생리적 반 발'에 가까운 '반공'이라고 말한다. 그리고 그 '반공'의 성격에 대해서는 다음과 같이 그가 만난 '젊은 한국군 병사'와 '젊은 한국인 기자'의 말을 전한다.

젊은 한국군 병사는 1월 21일 무장 게릴라 사건을 '남조선 인민의 영웅적 봉 기'라 칭하는 북조선 정부에 대해 사실事實을 왜곡하는 반反 민족적 태도라고 통 렬히 비난했다. (…중략…) 어느 날 나는 대학을 졸업한 지 3년 정도 지난 젊은 한국인 기자와 한국어·영어를 섞어가며 대화를 나누고 있었다. 즉 그는 일본 어와 관계없이 자란 세대이다. 그는 이렇게 말했다. "제가 다닌 대학교의 교수 님이 이렇게 말했어요. '우리의 적은 첫 번째가 북조선, 두 번째가 일본, 세 번 째가 미국'이라고. 저는 강한 인상을 받아서 지금도 기억하고 있습니다."

42　山田明, 「緊張のなかの韓国-複雑な怒りと反発」, 『朝日ジャーナル』10-13, 1968. 3.31, 74쪽.

이에 대해 다나카는 "첫 번째 적은 동포, 두 번째 적은 이전에 식민지 수탈자였지만 정치·경제상 좋든 싫든 교섭해야 하는 이웃 나라, 세 번째 적은 현재 이 나라의 모든 부분에 걸쳐 우방友邦·동맹국이다. 이 모두를 '적'이라 말할 수밖에 없는 나라로서는, 어차피 첫 번째부터 세 번째까지 '적'으로 인식하는 척도로 '반공'이나 '반제反帝'를 적용해봐야 쓸모없을 뿐"이라 평가하는 한편, "혹시나 해서 말해 두면, 북조선의 무장 게릴라대 남파를 의심하는 사람은 재在 서울 일본인을 포함해서 한 사람도 없었다"는 단서도 잊지 않는다. 그리고서 "이러한 그(들)을 반동·보수·혁신·급진이라는 일본적 카테고리 중 어디에 위치 지을 수 있을까"라는 질문을 던진다.[43]

당시 일본에서는 '북조선'에 우호적인 잡지 『세카이世界』가 미국의 도발로 사건이 발생했다고 추측을 제시하고, 다른 한편으로는 일본이 '미조전쟁米朝戰爭'에 휩쓸릴 수 있다는 이유로 '일미안보조약' 폐기를 주장했다. 청와대 습격 미수사건에 대해서도 상식적으로 '북조선'이 했으리라 생각하기 어렵다며 유보적 입장을 취했다.[44] 반면 일본공산당은 청와대 습격 미수사건에 대한 비판적 의견을 조선노동당에게 전달했다.[45] 1968년 1~2월 당시 일본에서는 북한과 관련된 사건이 정치적 입장에 따라 다르게 주장되고 있었던 것이다.

하지만 다나카가 다시 방문한 한국의 '현실'은, 정치적 입장에 따라 입

---

43 위의 글, 72~75쪽.

44 和田春樹·高崎宗司, 『検証 日朝関係60年史』, 明石書店, 2005, 86쪽.

45 위의 책, 64~65쪽. 와다 하루키는 일본공산당이 조선노동당에게 비판적 의견을 전달한 것을, 1983년 12월 일본공산당이 북한의 주체사상을 비판하고 조선공산당과의 관계 단절을 선언하기에 이르는 분열의 시작이라 평가한다. 훗날 사토 가쓰미도 이 사건으로 '북조선'을 비판적으로 보게 되었다고 말한(佐藤勝巳, 『わが体験的朝鮮問題』, 東洋経済新報社, 1978, 80쪽). 단, 와다 하루키는 사토의 발언을 소개하면서도 "이러한 의견은 (1968년 당시의) 지면에서 찾아볼 수는 없다"는 단서를 달고 있다.

장이 엇갈리는 현해탄 저편의 일본과 달리 남북으로 분단된 냉전의 최전
선이었다. 첫 번째 방문 때 이미 "일한비준 국회에서 일본의 사회당이 남
북분단의 불합리, 통일에 대한 전망을 국회 논의에서 전개하지 않은 것"
에 대한 "한국 언론인들의 실망"[46]을 전했던 다나카는, 이번에도 '민족주
의와 통일'의 관계에 대한 일본의 지한파, 즉 '혁신·급진'『세카이』, 사회당의
'자신만만'한 '전망'에 대해 한국인의 '반감'마저 존재한다고 전한다.[47]

당시 일본의 지한파혁신·급진에 대한 다나카의 비판적 자세는 현지르포
의 제목을 '긴장 속의 한국―복잡한 분노와 반발'이라 정하고, 그가 촬영
한 3장의 사진 ① "미제2사단 수비지역의 최전선", ② "잡목으로 짠 휴전
선 근처 방책", ③ "시내 중심에는 칼빈총을 찬 경관이 지키고 있다"를, 즉
평화로운 일본에서는 생각할 수도 없는 군사적 대결의 현장을 자료로 제
시하고 있다.〈그림4〉 첫 번째 방문에서 '한국의 복잡한 표정'을 만드는 이유
중 하나로 발견한 반공을 두 번째 방문에서는 선명하게 보게 된 것이다.

3) 한국의 또 다른 '복잡하고 착잡한' 심정, 김희로사건

2월 20일, 일본에서 김희로사건[48]이 발생했다. 마침 한국에서 체류중
이던 다나카는 김희로사건에 대한 '현지의 반향'을 일본에 전했다.[49]

---

46 山田明,「新時代を迎える韓国人の心情―「限られた政治条件」下に交錯するもの」,
    『朝日ジャーナル』7-52, 1965.12.19, 15쪽.
47 山田明, 앞의 글, 1968.3.31, 73쪽.
48 김희로사건은 1968년 2월 20일 재일코리언 2세 김희로(본명 권희로), 당시 39세)가
    금전 문제로 시즈오카시(靜岡市)의 카바레에서 폭력 단원 2명을 총으로 사살한 사건
    을 말한다. 사건 직후 스마타쿄(寸又峽) 온천으로 도주한 김희로는 온천 여관에 숙박
    하고 있던 13명의 손님과 종업원을 인질로 잡고 경찰과 대치하다가 88시간 후 보도진
    틈에 섞여 들어온 경찰에게 체포되었다. 김희로가 대치하고 있을 때 취재하러 온 매스
    컴에 자신이 받아온 조선인 차별을 제기하여 세간의 주목을 받았다.
49 山田明,「ソウルで聞いた金嬉老事件―ライフル男が提起した朝鮮人差別」,『朝日ジャ

緊張のなかの韓国

複雑な怒りと反発

〈現地報告〉

本誌特派

山　田　　明

武装ゲリラ襲撃事件、プエブロ号捕獲事件が韓国に及ぼした衝撃と反動は、どのような性質のものか。それを受止める韓国人の表情の底にあるものは何であろうか？

〈全員1本誌「板垣守鄭邑域の危急図・筆者撮影〉

〈그림4〉

그는, 일본을 떠날 때 김희로사건과 같은 사건에 대해 기사를 쓰리라고
는 생각지도 못했다면서 우선 "일본에서는 흉악사건이라도 일으키지 않
는 한, 사람들이 (조선인) 차별 문제를 의식하지 못한다. 살인이나 불법감
금이라는 바람직하지 못한 사건이 발생해야 차별 문제가 화제에 오른다
는 것은, 사회의 저변에서는 '역시 조선인은……'이라 속삭이면서 차별
을 의식하고 있음을 보여준다"고 평가한다.

하지만 "김희로가 일으킨 범죄에 대해 한국인이 매우 엄격하게 보고
있음을 전해 둘 필요가 있다"는 단서를 단 후, "우리는 동족의 일원으로
서, 김金의 흉악한 범죄 행위를 부끄럽게 생각한다. 사회의 일원으로서 짓
눌리는 듯한 착잡한 심정을 금할 수 없다"『한국일보』, 2.25 사설, "사건의 동기
가 진정 그가 말버릇처럼 주장하는 '약육강식'과 '한국계 소수민족에 대
한 차별대우' 때문이라고 한다면, 그를 단순히 흉악범으로만 볼 수 없기
에 우리의 착잡한 심정은 한층 복잡해진다"『중앙일보』, 2.24 사설, "이번 일은 냉
철하게 생각해 볼 때 사원私怨에서 출발한 살인 범죄 사건이다. 그러나 벌
어지고 난 뒤, 시간의 흐름과 함께 전일본全日本이 떠들썩해지자 김희로
의 마음속엔 잠재적이었던 민족 감정이 발효하기 시작한 것 같고, 그로
부터 비롯된 자기 범행의 합리화 내지는 타당화, 나아가서는 소영웅주의
의 포로가 된 느낌마저 주고 있는 형편이다. (…중략…) 일본 속의 한국
인 문제가 정상적 계기가 아닌 이번 김희로와 같은 흉악 범죄와 결부되
어 우리 앞에 클로즈업되었다는 것은 가슴 아픈 착잡한 비극이 아닐 수
없다"「일본 속의 한국인」, 『동아일보』, 2.25 등, 김희로사건을 보는 한국인의 '복잡하
고 착잡한 심정'을 소개하면서, 이는 "가슴 속에서 끓어오르는 일본인의

ーナル』10-10, 1968. 3. 10, 19~22쪽. 이하 같은 논문의 인용은 별도로 표기하지 않음.

차별에 대한 분노를 김 사건이 직접 대변하는 것을 억제하려는 (한국인의) 각오가 나타난 것"이라고 평가한다.

다나카는, 당시 "민족차별 문제를 살인사건의 '면피'로 삼는다며 부정적으로 보도"하는 반동·보수적 일본 미디어는 물론이고, 이러한 보도를 '가해자의 독선'으로 규정하고 김희로사건을 일본 사회의 문제로 받아들여 "김희로의 '행위'를 지지"하는 일본의 지식인혁신·급진에게도,[50] 김희로 사건을 바라보는 한국 지식인의 '복잡하고 착잡한 심정'을 전하고 있다. 왜냐하면 '일본 문화인'이 놓치고 있는, 혹은 알 수 없는 한국 지식인의 '미묘한 반응'을 현지에서 봤기 때문이다.

이번 사건으로 일본 지식인 유지有志가 김숲이 지적한 차별철폐를 실천에 옮기기 위해서 김숲이 법정에 섰을 경우 지원한다고 설명할 때도 한국인의 중에서는 미묘한 반응을 보이는 사람이 있었다. "재일교포재일한국인가 김숲을 설득하는 것은 자수를 권하던 것이지 '법정투쟁'을 하라고 했던 것은 아니다. 그것을 일본의 문화인이 살인자에게 투쟁을 권하는 것은 무책임하지 않은가. 차별이라는 사실事實은 지금까지 줄곧 이어져 왔는데 왜 가만히 있었나. 36년에 대한 모든 검토를 거치고 말을 하는 거인가. 엔지 일본의 문화인은 김숲의 사건을 반정부 캠페인으로만 이용하려는 것은 아닌가. 라는 의심도 하게 된다."

그러나 이번에는 한국 지식인, 즉 '본국인'에게도 '의문'을 제기한다.

'지금 60만 명이 돌아와도 일자리 하나 줄 수 없다'고 말하는 것은 이해한다.

---

50   和田春樹·高崎宗司 編, 앞의 책, 2005, 65~66쪽.

하지만 문제는 교포에게 일본으로 동화하길 바라는 것인가. 아니면 어차피 한국인이니, 마침내 나라가 융성해지면 편안하게 모국에서 살 수 있을 수 있다고 호소하고 싶은 것인가. 그 어느 쪽인지 불분명하다. "어떤 의미로는 재일한국인은 이중의 소외를 받고 있다"고, 한 지식인은 말하지만, 문제는 중대한 채 남겨져 있다는 느낌이 든다.

"재일교포 문제를 당장 짧은 시간 안에 한꺼번에 후련히 해결을 보도록 하기에는 한일간의 지난 날의 역사가 너무나 큰 무게를 가진다"는 『동아일보』 2월 26일 자 사설은 "교포문제, 그것은 한국과 일본이 함께 지고 있는 일본의 역사적 원죄와도 같은 것으로, 이 문제를 온전히 풀어나가기 위해서는 지난 날보다 오늘과 내일을 더 똑바로 꿰뚫어 보는 현명賢明이 피차간에 요청된다고 말하고 싶다"라고 적고 있지만……

'재일조선인'에 대한 일본의 차별 문제를 '일본제국주의의 식민지 통치'라는 일방적 결과가 초래한 문제로만 분석하는 '일본 문화인혁신·급진'에게 당시 일본의 그 어느 지식인도 말하지 않던 새로운 시선, 즉 '재일교포'를 '한국과 일본이 함께 지고 있는 역사적 원죄'로 보는 한국 지식인의 시선을 전하는 한편, 다른 한편으로는 그럼에도 '재일조선인/재일교포'는 일본만이 아니라 한국으로부터도 '이중으로 소외' 받는 존재가 아닐까 하는 '의문'을 품게 된 것이다.

물론 다나카가 전하는 한국 지식인의 시선은 적어도 '안이한 반일 감정을 노출'하지 않고 그 '극복'을 위해 '이를 악물고 반일을 창조적 플러스의 정신으로 전화'하려는 사람들일 가능성이 높다. 이런 의미에서 다나카가 두 번의 한국 취재를 통해 관계를 맺게 된 한국 지식인은 '안이한 반일 감정을 노출'하지 않지만, 적어도 반공 = 반북이라는 이데올로기를 부정하지는 않는 사람들이었을 것이다. 그러나 반공 = 반북 이데올로기를 부정하지 않는다고 해서, 이것이 곧 한국 정부의 입장을 대변하는 사람들을 의미하지 않는다는 점에 유의할 필요가 있다. 예를 들어 선우휘 1921~1986[51] 와 같은 경우가 그러한데, 이에 대해서는 뒤에 살펴보겠다. 다만 여기에서는 다나카가 한국 정부의 입장을 대변하는 사람과 거리를 두는 것 자체가 일본의 정부 입장과도 거리를 두고 있음을 의미한다는 점만 확인해 둔다.

이상과 같이 두 번의 한국 취재를 통해서 반일과 반공의 연결고리로서의 민족주의, 그리고 그 민족주의의 연장선상에 존재하는 '재일교포'를 둘러싼 한국의 복잡하고 착잡한 '표정'과 그 '표정' 안에 숨어 있는 '심정'을 본 다나카는, 이후 한국어 학습을 시작하며 '조선반도 연구자'로서의 길을 걷게 된다.

4) '남북 조선'과 거리를 둔 일본인만의 '조선문학의 회'

다나카는 경성에서 11년간 생활한 '식민자의 아들'이었음에도 '조선어'를 전혀 할 수 없었다. 지방과 달리 경성과 같은 도시에서 자란 일본인은 조선인이 일본어를 할 줄 알았기 때문에 일상에서 조선어를 거의 사용하지 않

---

51 평안북도 정주 출생. 1943년 경성사범학교 본과를 졸업했다. 1946년 월남하여 조선일보사 사회부 기자와 인천중학교 교사를 지낸 후 정훈장교로 입대하여 1958년 대령으로 예편했다. 1959년 한국일보 논설위원으로 다시 언론계에 돌아와 1986년 조선일보사를 정년 퇴임하기까지 편집국장·주필·논설고문 등을 두루 역임했다. 군복무 중이던 1955년 『신세계(新世界)』에 단편 「귀신」을 발표하면서 문단에 등단했다. 1957년 『문학예술(文學藝術)』 신인특집에 「불꽃」이 당선되고 이 작품으로 제2회 동인문학상을 받으면서 작가로서의 기반을 다졌다. 「불꽃」은 일본 군국주의 파시즘과 광복 직후 좌익 이데올로기를 비이성적이고 비인간적인 광기의 역사를 만들어낸 가장 큰 원인으로 파악한다.

았기 때문이라고 한다.[52] 그래서 취재하기 위해서는 일본어가 가능한 한국인 취재원을 만날 수밖에 없었다.

하지만 아무리 일본어가 능통해도 한국인 취재원에게 일본어는 '외국어'이기 때문에 한국의 민주화나 남북문제와 같은 복잡하고 뉘앙스가 풍부한 주제의 의미가 충분히 전달되지 않았기에 "일본으로 돌아와 조선어를 해야겠다고 통감"[53]했다고 한다. '조선어'가 필요 없던 '식민자의 아들' 다나카가 한국어 학습을 시작한 이유는, '복잡하고 뉘앙스가 풍부'한 '한국의 민주화'와 '남북문제' 등 '조선반도'의 현실을 파악하기 위해서였다.

다나카는 첫 번째 한국 방문1965.11~12(40일)에서 돌아와 1966년 봄부터 가지이 노보루梶井陟, 1927~1988[54]에게 한국어를 배우기 시작했다.[55] 두 번째 한국 방문1968.2~3(40일)에서 돌아온 후에는 오무라, 가지이, 윤학준尹學準, 1932~2002[56] 등과 "3년 가깝게 월 1회 근대문학사연구회와 주 1회 작품 강

52　田中明, 앞의 책, 1981, 241~243쪽(초출 : 「私と朝鮮とのあいだ」, 『カチソリ』第10号, 1979.12).

53　위의 책, 245~246쪽.

54　도쿄 출생. 1949년 도쿄부립 제일사범학교 본과(생물과) 졸업. 1950년 4월부터 1955년 3월까지 잠정적으로 도립(都立)이 되었던 조선중학교의 일본인 교사로 근무했다. 이때 출석부를 읽을 수 없는 것에 충격을 받아 독학으로 조선어 학습을 시작했다. 1962년부터 오무라와 함께 일본조선연구소의 어학문학연구회 일원으로서 조선어 강습회에서 활동했다. 1970년 12월 '조선문학의 회' 발족 및 동인지 『조선문학─소개와 연구』 창간에 참여했다. 1978년부터 도야마대학(富山大学) 인문학부 조선어·조선문학 코스 주임교수를 역임했다. 주요 저서로 『朝鮮人学校の日本人教師』, 日本朝鮮研究所, 1966(改訂版, 亜紀書房, 1974; 文庫版, 岩波書店, 2014; 정미영·박소영 역, 『조선인학교의 일본인 교사─1950~1955』, 몽당연필, 2023); 『わかる朝鮮語〈基礎·実力 編〉』, 三省堂, 1971; 『朝鮮語を考える』, 龍渓書舎, 1980 등이 있다.

55　田中明, 앞의 책, 1981, 203쪽(초출 : 「〈朝鮮自体〉を知ること」, 『季刊 人間として』5, 1971.3).

56　경상북도 출생. 1953년 4월 28일 당시 대구대학(현 영남대학교) 법문학부 2학년을 중퇴하고 일본으로 밀항했다. 밀항을 결심한 이유는 한국전쟁 당시 북한 인민군 점령지구에서 협조한 적이 있고, 이때의 행동이 '적'에게 협력한 '반역죄'로 처벌될 위험이 있

독회"를 지속하다가 1970년 초가을에 '조선문학의 회' 발족, 같은 해 12월 1일 동인지『조선문학-소개와 연구』창간에 동참했다.[57]

그렇다면 '조선문학의 회'는 어떤 단체였을까. 오무라는『조선문학-소개와 연구』창간호 편집후기에서 다음과 같이 그 성격을 적고 있다.

> 우리 동인들의 개인적 사상·신조·정치적 입장·세계관·문학관은 너무나도 다르다. 인생담으로 밤을 지새우기에는 우리는 너무 나이를 먹었다. 단지 조선문학에 대한 정열과 상호간의 인간적 신뢰만이, 우리들 사이에 엿보이는 심연을, 그 깊은 크레파스를 뛰어넘을 수 있게하는 힘이다. (…중략…) 우리 회에는 회칙은 없다. 그러나 최소한, 이 모임이 ① 일본인에 의한, 적어도 일본인

기 때문이라고 한다. 밀항 이후 1955년에 메이지대학(明治大学) 제2부 법학부에 입학했지만, 프롤레타리아문학 연구에 뜻을 두고 1956년에 호세이대학(法政大学) 제2부 문학부 3학년으로 편입하여 오다기리 히데오(小田切秀雄)에게 사사했다. 졸업 후 잡지『계림(鷄林)』,『조선상공신문(朝鮮商工新聞)』(조선총련산하기관지) 편집부 기자로 활동하던 중 1964년에 '재일본 조선문학예술가동맹(문예동)' 상임직에 대한 '총련' 중앙의 비준을 얻지 못하고 결국 조직에서 내쫓겼다. 1965년부터 일본조선연구소 어학문제연구회에 참가하기 시작했다. 아마도 다나카와의 인연은 이때부터라고 생각된다. 오무라의 추천으로 1968년부터 와세다대학 어학연구소에서 교직원 대상 조선어강좌 강사로 있으면서 1974년에『계간 삼천리』창간 동인으로 참여했다.『조선문학-소개와 연구』,『조선연구』(후에『현대코리아』)에도 글을 발표했다. 1976년 도쿄 입국관리국에 자수하고 수감했다가 보석금을 내고 석방되었다. 이후 벌금 3만 엔을 지불하고 특별재류자격을 허가받았다. 2000년 호세이대학 국제문화학부 교수에 임용되었다. 윤학준의 첫 단행본『시조(時調)-조선의 시심(朝鮮の詩心)』(創樹社, 1978)에서 인용한 시조를 다나카가 번역했고, 윤학준은 다나카의『韓国政治を透視する』(亜紀書房, 1992)를 한국어로 출판했다(윤학준 역,『韓國政治를 透視한다-한 日本 知識人이 본 韓國』, 吉安社, 1995). 이외에도『オンドル夜話-現代両班考』, 中央公論社, 1983(한국어 번역본『나의 양반문화 탐방기-온돌야화』I, 길안사, 1994);『歴史まみれの韓国』, 亜紀書房, 1993(한국어 번역본『나의 양반문화 탐방기-역사에 얼룩진 한국』II, 길안사, 1994) 등이 있다.

57 田中明, 앞의 책, 1975, 113쪽(초출:「한 日本知識人이 본 韓國文學-朝日新聞記者가 韓國文學을 본 솔직한 感想」,『월간중앙』통권52호, 1972.7).

을 주체로 한 모임이라는 점, ② 백두산 이남에서 현해탄에 이르는 지역에서 살았던, 또한 살아가고 있는 민족이 낳은 문학을 대상으로 한다는 것이 원칙이라는 점을 확인하자. 우리의 마음속에 38선은 없다.^{번호는 원문}58

다나카도 한국 유학 중 『월간중앙』으로부터 '일본에서 본 한국문학'이라는 주제로 글을 의뢰받았을 때, 『조선문학―소개와 연구』를 소개하면서 '조선문학의 회'의 성격을 설명한다.

동인同人은 '백두산 이남에서 현해탄에 타역他域'의 문학을 일본인에게 소개하고 싶다는 유일한 공통점을 기반으로 모였을 뿐이다. (…중략…) 일본에서는 남북南北의 세력이 난맥상亂脈相을 이루고 등을 맞대고 있다. 그 일본에서 한국에 관한 동인지 간행이란 사회적 행위를 함에는 배려하지 않으면 안 될 것이 적잖았다. 특히 정치적 입장이 도입됨으로써 이 모임에 틈이 생기게 한다는 것은 어떤 일이 있더라도 피하지 않으면 안되는 일이었다. (그래서) 우리 회會는 회원의 행동일절行動一切를 구속하지 않지만, 그와 동시에 회會의 이름으로 대사회적對社會的인 통일행동을 취하거나 聲明을 낼 수는 없다고 약속이 되어 있었다.[59]

훗날 한국 지식인 김윤식도 '조선문학의 회'를 다음과 같이 회고한다.

1974년 여름, 내가 실려간 곳은 남산 아래 있는 H호텔이었다. 이번엔 보안사 쪽이었다. 1970~1971년의 제1차 일본 체류가 화근이었다. 조총련과의 접촉 여부에 대한 넘겨짚기 식 수사였다. (…중략…) 일본인이라곤 오무라 마스

---

58   오무라 마스오, 『윤동주와 한국 근대문학』, 696~697쪽.
59   田中明, 앞의 책, 1975, 114쪽.

오, 다나카 아키라 등 '조선문학연구회' 연구자들뿐이었기에 실로 어이없는 일이 아닐 수 없었다. (…중략…) 혹시 그들 중에 조총련 관련자가 있었을까. 이런 의문은, 관련성만으로 남긴 해도 정황으로 보아 좀처럼 인식하기 어려운 것이었다. 순수한 일본인으로 조선문학 연구모임을 결성한 점에 미루어 볼 때 더욱 그러한 느낌이 강하게 왔다. 그동안 조선문학연구 및 소식을 맡은 쪽은, 당연히도 재일교포 논객들이었다. 그들만이 제일 잘 안다고 믿었던 풍토 속에서 솟아오른 조선문학연구모임은 남북 어느 쪽에 편들 이치가 없었다.[60]

이상을 종합하면, '조선문학의 회'는 일본인이 남^{대한민국}과 북^{조선민주주의인민}^{공화국}으로 대표되는 정치적 입장과 거리를 두고 '백두산 이남에서 현해탄에 이르는 지역에서 살아왔고 살아가는 민족이 낳은 조선문학'을 '일본인에게 소개'하고 공부하는 문학연구모임이다. 그런데 중요한 것은 오무라가 회고하고 있듯 '조선문학의 회'가 여러모로 고마운 재일조선인 윤학준의 가입마저 거절할 정도로 순수한 일본인 모임을 고수했다는 점이다.[61]

1963년의 오무라는, 5년 전 재일본조선인총련합회^{조총련} 청년학교에서 조선어 공부를 시작하며 만난 '조선과 자신'을 다음과 같이 적고 있다.

개강식 자리에서의 긴박감은 지금도 잊을 수 없다. (…중략…) 전부 조선인뿐이다. 아는 얼굴이 있을 리 없다. 나는 사람들의 벽 뒤에 숨어 조그맣게 앉아 있었다. 이어 연설이 시작되었다. 일본에 대한 격렬한 언어가 거대한 파도들처럼 부풀어 오른다. 그것은 진짜 조선인의 소리였다. "일본인, 일본인"이라고 나는 입 속에서 염불처럼 외고 있었다. 일본인이라는 사실이 묵직한 무게로 다

---

60   김윤식, 앞의 책, 2012, 687~688쪽.
61   장문석, 앞의 글, 2016, 188쪽.

가왔다. 나는 3·1운동을 생각하고 창씨개명을 생각하고 관동대지진을 생각했다. 조선은 나를 민족주의자로 만들었다. (···중략···) 이제부터는 1920년대와 1930년대의 문학을 조금씩 공부해가고 싶다. 일조日朝 양 문화의 상호관련성과 같은 비교문화적 연구보다도 곤란하긴 할 것이나, 조선 민족의 발상·사고 방법 그것부터 탐구해 가고 싶다. 그것은 이중의 의미에서 현대에 살고 있는 일본인의 지침이 되는 것이다. '이중의 의미'에서라는 것은, 하나는 당시 일본의 수법을 조선이라는 거울에 낱낱이 비춰내서, 꿈이여 다시 한 번하고 비는 이들에게 타격을 가하기 위해서이며, 또 하나는 자유가 속박된 인간의, 광명을 얻기 위한 투쟁, 그 에너지의 근원이 무엇이었는가를 탐구하기 위해서이다. (···중략···) 일조日朝 양국이 서로를 완전히 이해하는 날이 오리라고는 결코 생각하지 않는다. 아마도 그날은 영원히 오지 않을 것이다. 민족적인 관점에 서는 한 그것은 당연한 일이다. (···중략···) 나는 말했다. "어쩔 수 없어요. 그것은 아무리 사이좋은 친구라 해도, 혹 부부라 해도 민족이라는 벽은 넘어설 수 없는 거예요."[62]

'조선/조선어'를 통해서 '민족주의자', 즉 일본인임을 자각한 오무라는 '민족적인 관점에 서는 한, 일조 양국이 서로를 완전히 이해할 수 있는 날은 결코 없다'고 단언한다. 앞에서 김윤식이 공감했듯이 다나카도 "지배한 자가 지배받은 자의 심정을 절대 이해할 수 없다"[63]고 단언한다. 이런 의미에서 오무라와 다나카가 민족이라는 선을 긋고 '지배한 자'에 해당하는 순수한 일본인으로만 '조선문학의 회'를 구성한 것은 조선/조선어를

---

62   오무라 마스오, 「나와 조선」, 『윤동주와 한국 근대문학』, 690~694쪽(원문 : 「私と朝鮮」, 『朝陽』第2号, 1963.3.1).
63   田中明, 앞의 책, 1975, 77쪽(초출 : 「〈反日の風化〉(ソウル実感録)」).

통해서 자각된 일본인의 '조선 연구'를 선언한 것이다. 그렇다면 일본인 오무라와 다나카는 왜 이런 선언을 해야만 했을까. 우선 다나카의 이야기를 들어보자.

지금 일조日朝 연대와 협력을 외치고 있지만, 그러한 관심의 대상인 조선이 이러한 운동과 이론의^{또는 비즈니스의} 크기에 맞춰 다뤄지고 있는 것은 아닌가 하는 의문을 떨칠 수 없다. 조선을 문화의 총체로, 그 가치를 객체로 보는 눈이 누락되어 있는 것은 아닐까. 주관적 정세론과 운동에 도움이 되는 도구로만 다루고 있는 것은 아닐까. 연대, 협력, 차별 절멸… 구호는 소란스럽고, 과거의 반성은 비장한 색조를 더해가지만, 조선어를 배우려는 사람이나 조선문학을 공부하려는 사람이 전혀 늘어나지 않는 것은 이 우려를 증명해 준다고 생각된다. 논하는 것은 쉽지만, 배우는 것은 어렵다.

일찍이 '대륙으로의 대동맥·반도'에 대한 관심은 침략의 크기에 맞춘 도구에 대한 관심이었다. 그곳으로부터 '선의善意의 조선 이해자'가 떼 지어 나와 한때 조선문학 붐이 일었지만, 그것은 황국 일본의 패배와 함께 연기처럼 사라질 운명이었다. 만약 조선 도구관道具觀의 구조가 여전히 우리 안에 남아 있다면, 연대와 협력의 운동·이론이 좌절했을 때 또다시 황량한 무관심의 동토가 나타날 것이다. 공상을 맘껏 펼쳐서 우리의 바람과 달리 조선반도에 싫어하는 파쇼정권이 출현했다고 가정해 보자. 그때 사람들은 어떻게 할 것인가. 만약 파쇼정권이 자기의 이상과 맞지 않으니 또다시 조선을 관심 밖으로 내몬다면, 그것은 정의인 듯하지만 그렇지 않은 것이자 조선 도구관을 폭로하는 모양새가 된다. 어떤 통치 기구가 군림하든 그 국토에 사는 것은 다름 아니라 조선인이고, 그 사회에는 평범한 조선인이라 해도 그 뜻을 빼앗을 수 없는 곰의 민족의 마음이 당연히 흘러넘치고 있다. 그 마음을 알고서 가려는 것이 조선을 문화의 총체로, 독립한 역사의 소유자로 보는 것이다. 조선문학은 그러한 작업의 유일한 장場이다.밑줄은 원문[64]

1961년에 설립된 일본조선연구소는 "조선민주주의인민공화국 지지, 남조선은 미국의 식민지, 조선전쟁은 미한米韓의 침략으로 시작되었다는 일본공산당의 인식을 전제로 활동"[65]하는 정치단체였다. 실제로 일본조선연구소 '윗사람'들은 "북한 논문을 (일본어로) 번역하라고 지시하였고, 그 번역으로 자신들의 주장을 전달하겠다"고, "어학을 수단으로 사고하는 방식"을 공공연하게 밝히기도 했다.[66]

'조선문학의 회' 발족 당시, 일본조선연구소는 '일한조약 반대투쟁' 후 '조선 문제'에 대한 일본인의 관심이 급속히 사라져 가던 끝에 발생한 김희로사건을 계기로 재일조선인 민족차별 문제에 집중하고 있었다.[67] 그러나 다나카에 따르면, 일본조선연구소 관계자는 '조선을 문화의 총체로, 그 가치를 객체로 보는 시선을 누락'하고, '주관적인 정세론이나 운동에 도움 되는 도구'로만 '조선'을 다루는 '조선 도구관'을 지닌, '아류 대국주의자' 또는 '대국주의적 발상'을 지닌 운동단체에 불과하다.[68] 더군다나 "문제는, 그 지도자·규문자糾問者들에 대해 조선인 측에서는 (의례적으

---

64 위의 책, 188~189쪽(초출 : 「朝鮮文学への日本人のかかわり方」, 『文学』 38-11, 1970.11).
65 和田春樹·高崎宗司 編, 앞의 책, 2005, 56쪽.
66 장문석, 앞의 글, 2016, 182쪽.
67 和田春樹·高崎宗司 編, 앞의 책, 2005, 65~66쪽 참조.
68 다나카가 일본조선연구소 관계자를 '아류대국주의자'라 비판한 것을 두고 최태원은 "지금이라면 패전 후에도 지속되는 식민주의라고 했을 것"과 같은 비판이라 높이 평가한다(최태원, 「전후 일본에서의 조선근대문학연구의 성립과 전개-〈조선문학의 회〉를 중심으로」, 『한국학연구』 제61집, 2021, 308쪽).

로 응원을 교환하지만) 전혀 믿지 않고 있는 듯"한데, "그것은 일본인 일반에 대한 조선인 일반의 불신이라고 치부하며 해소할 수 없는 성질의 것"이며, "그곳에는 '조선인 편에 섰다'는 규문자에게 입장상 불신의 의사 표명을 할 수도 없이 괴로운 마음으로 우월자의 자위를 보고 있는 조선인의 얼굴이 엿보인다"[69]고 통렬히 비판한다. 그리고 '조선을 문화의 총체로서 독립한 역사의 소유자로 보는 것'을 그 대안으로 제시하면서, '조선문학이 그러한 작업의 유일한 장場'이라 규정한다.

그런데 이러한 다나카의 비판이 한국에서 김희로사건을 취재하면서 인식하게 된, '일본의 문화인은 김金의 사건을 반정부 캠페인으로만 이용하려는 것은 아닌가라는 의심'하는 한국 지식인의 비판과 동일한 시선이라는 점이 흥미롭다.

당시 일본의 사회당이나 공산당 등 혁신·급진은 한국이 아닌 북한 쪽에 조금 더 친근감을 표했고, 정부 자민당 등의 반동·보수는 반대로 한국쪽에 정통성이 있다고 보았다. 그 중간의 정치 세력은 거의 존재하지 않았다. 게다가 일본의 식민지 지배에 대한 반성 등 과거의 역사 인식에 관한 문제의식을 충분히 가지지 못했다는 점은 좌우 모두의 공통점이었다.[70]

반면 다나카에 따르면 '조선문학의 회'는 반동·보수의 '대국주의'와도, '일조연대운동'을 주도하는 혁신·급진의 '아류 대국주의'와도 선을 긋는 정치성을 토대로, "일본인으로서 이웃 나라 조선의 땅에서 살아 온 사람들의 마음을 모르는 게 싫다는 것에서 시작"[71]된, 그리고 "누구나 '국가

69　田中明, 앞의 책, 1975, 208쪽(초출 : 「〈朝鮮自体〉を知ること」).

70　기미야 다다시, 이원덕 역, 『한일관계사』, AK, 2022, 96~97쪽(원문 : 木宮正史, 『日韓関係史』, 岩波新書, 2021).

71　田中明, 앞의 책, 1975, 200쪽(초출 : 「朝鮮文学への日本人のかかわり方」)

를 빼앗긴 조선인의 고난과 통분은 우리 일본인이 헤아릴 수 없다'고 말하지만, 그렇다면 그 헤아릴 수 없는 것에 걸맞은 속죄의 언사가 존재할 수 있을까"[72]라는 아주 소박한 의문을 품고 "조선 자체를 알고 싶다는 욕구"[73]를 지닌 일본인이었다.

물론 이런 의미에서 '조선문학의 회' 동인들은 반동·보수·혁신·급진이라는 일본적 카테고리 중 그 어디에 위치 지을 수 없을지 모른다. 하지만 적어도 이들이 당시 일본에서 '조선' 관련 정치·사회운동을 주도하던 혁신·급진의 '조선민주주의인민공화국지지親北, 남조선은 미국의 식민지 反韓'라는 입장과는 거리를 두고 있음을 알 수 있다. 또한 그들이 조선/조선어를 통해서 민족주의자, 즉 조선인에 대한 타자로서 일본인임을 자각하고, 재일조선인 윤학준의 가입마저 거부했다는 점에서 그들의 '조선연구'는, 지배한 자와 지배당한 자라는 도덕과 책임에 기초한 '조선연구'가 아니라, 근대에 탄생한 민족이라는 정치성을 내면화한 일본인이 조선인을 철저히 타자화된 민족으로 볼 가능성을 내포하고 있었다. 그 가능성이야말로 향후, 조선문학 연구자로서 '북간도, 경성, 도쿄'를 거친 식민지 조선인 윤동주를 통해서 "문학이 감당할 보편적인 인간애의 영역"[74]을 탐구해 나간 오무라도,[75] 저널리스트로서 시시각각 변화하는 객관적 정치나

---

72   위의 책, 206~207쪽(초출:「〈朝鮮自体〉を知ること」).

73   위의 책, 209쪽.

74   오무라 마스오, 곽형덕 역,「저자 인터뷰/조선문학 연구자 오무라 마스오의 삶과 문학」,『한국문학의 동아시아적 지평』, 소명출판, 2017, 502쪽.

75   조선에 대한 오무라의 관심은 남북한 통합의 조선문학을 넘어서, 언어, 국가, 민족성의 계기가 교차하는 탈줌심화된 조선문학을 향했고, 그가 수행한 식민지 조선 작가의 일본 유학 경험에 대한 검토와 '친일문학' 및 이중어문학에 대한 연구는 한국문학의 동아시아적 계기를 탐색하는 주요한 논제로, 이후 한국과 일본 여러 연구자의 연구를 촉발했다고 평가받는다(장문석,「연대의 이념에서 주체성의 세계로―냉전기 일본의 조선문학 연구와 조선어」,『일본비평』 제27호, 2022, 113쪽).

정세에 따라 "일본인이 이국異國으로서의 한국 또는 북조선을 어떻게 볼 것인가를 생각해야만"[76] 했던 다나카도 채택한 '조선연구' 방법론이었던 만큼, 앞에서 살펴봤듯이 훗날 오무라가 일본인의 조선 연구는 복잡하다고 회고할 수밖에 없는 이유이기도 하다.

한편, 다나카는 『조선문학—소개와 연구』 5호[1971.12]까지 편집을 담당하면서 한국 유학을 준비했고, 1972년 4월 10일, 1년간의 한국 유학을 시작하기 위해 서울에 도착했다. 그의 나이 45세.

3. '조선반도 연구'의 심화, 한국 유학의 실감實感

1) 한국인의 전쟁관, 부끄러운 전쟁 6·25

다나카의 첫 단행본 『서울실감록』에는 1년간 유학한 경험을 토대로 발표한 한국 '실감록'이 수록되어 있는데, 그가 '실감'한 한국이 무엇인지 확인하도록 하자.[77]

한국 유학을 떠나기 전, 다나카는 도쿄한국연구원東京韓国研究院의 월간지 『한韓』에 「유학문답 왜 한국으로 유학 가는가」를 게재하고 있다.[78] 도쿄한국연구원은 일본 망명자 최서면[1928~2020][79]이 "북한의 많은 서적이 건너와

---

76   田中明, 앞의 책, 1984, 11쪽(초출 : 「朝鮮情勢を見る視角」, 『海外事情』 37-7, 1982. 7). 밑줄은 원문.

77   『서울실감록』에는 유학하기 전 '조선문학의 회' 활동 당시 발표한 글도 두 편(「朝鮮文学への日本人のかかわり方」; 「〈朝鮮自体〉を知ること」) 수록되어 있는데, 이에 대해서는 앞 장에서 이미 분석했기 때문에 여기에서는 다루지 않도록 한다.

78   田中明, 앞의 책, 1975, 90~94쪽(초출 : 「なぜ韓国へ留学するか」, 『韓』, 東京韓国研究院, 1972.5). 5월호에 수록된 것으로 보아, 한국으로 유학을 떠나기 직전에 쓴 것으로 생각된다.

서 일본의 좌경학자도 아닌 학자들까지도 많은 영향을 받아 '한국학은 평양에서 하는 것'이라는 그릇된 인식"[80]을 바로잡겠다는 취지로 1969년에 설립한 사설 연구소이다. 실제로 1966년 일본조선연구소가 북한의 연구성과를 저본으로 하는 『조선문화사』상·하를 번역 출판하여 일본학계에서 높게 평가받은 것을 고려한다면,[81] 최서면의 도쿄한국연구원 설립은 북한과의 체제 대립적 성격을 지닌다. 최서면의 경우, 이승만 체제에 반대하며 일본으로 망명했지만, 5·16쿠데타로 성립한 박정희 정부로부터 "한국 관계 고서적 구입" 명목으로 자금원조를 받았고, 이 때문에 "안기부 KCI의 아지트가 아닌가" 의혹도 받았다는 점에서,[82] 정치적으로는 '반북'이었다고 볼 수 있다. 1972년 1월에 창간된 월간지 『한』도 "본국 한국학 학자들이 쓴 논문들을 (일본어로 번역) 게재, 소개"하는 학술연구지라는 점에서도 이러한 추측은 설득력을 지닌다.[83] 따라서 다나카가 유학을 떠나는 이유를 『한』에 게재한 것은, 의뢰를 받은 것이든 아니든 상관없이 적어도

---

79 강원 원주 출생. 최규하 전 대통령의 사촌 동생. 1947년 '장덕수 암살사건'에 연루돼 무기형을 선고받았지만, 1949년 형집행정지로 석방되었다. 1949년 연희전문학교 정치과를 수료했다. 이승만 대통령의 '정적' 장면 부통령을 돕다가 체포될 위기에 처하자 1957년에 일본으로 망명했다. 일본의 아세아대학 교수를 그만두고 1969년 도쿄·한국연구원을 설립하여 식민 지배 관련 문서 발굴에 전념했다. 안중근 의사의 옥중 자서전 『안응칠자전(安応七自伝)』 필사본을 처음 발견하여 공개한 것으로 유명하다. 전 주한 대사 가나야마 마사히데(金山正英)가 설립한 국제관계공동연구소와 함께 일본에서 한국학 학술활동을 지원했다(東京·韓国研究院, 国際関係共同研究所 編, 『総合シンポジウム 韓国にとって日本とはなにか』全3卷, 国書刊行会, 1979). 1988년 망명 생활을 마치고 한국으로 귀국했다.
80 「동아인터뷰 최서면 東京 한국연구원장」, 『동아일보』, 1983.3.25, 9면.
81 장문석, 앞의 글, 2016, 183쪽.
82 「日本の研究所へ韓国援助」, 『朝日新聞』 석간, 1977.11.18, 10면; 「韓国政府補助金 国税局が追徴」, 『朝日新聞』 조간, 1979.2.20, 3면.
83 「일본서 한국 연구 바람 일으켰지요」, 『동아일보』, 1986.6.7, 9면.

그가 평양의 '조선학'이 아니라 서울의 '한국학'을 선택했음을 의미한다.

그렇다면 다나카는 한국 유학을 통해 무엇을 얻으려 했을까. 유학 동기를 묻는 질문에 그는 다음과 같이 답한다.

> 그 많은 '왜'라는 질문에 곤혹스럽다. 하지만 그럼에도 뭔가 말해야만 할 때, 나는 별수 없이 이렇게 답한다. "조선을 좀 더 잘 알고 싶어서" (…중략…) 한번 일어난 것은 되돌릴 수 없다는 사실의 확고부동성이 더할 나위 없이 풍부한 지혜를 품고 있다고 생각하기 때문이다. 역사가 중에는 '새로운 시점' 등을 만능열쇠로 삼아, 역사는 얼마든지 다시 쓸 수 있다며 거만한 글을 쓰는 사람도 있지만, 그것은 '사관史觀만 있고 역사는 없는' 무시무시함을 남길 뿐이다. (…중략…) 일본과 조선남북 포함의 역사는 엄연히 되돌릴 수 없는 사실事實로 존재했고 존재하고 있다. 그것을 이런저런 해석으로 뜯어고치는 것은, 이미 일어난 사실을 대체할 수 있는 것으로 취급함으로써 역사를 깎아내리고, 역사를 자기 입맛에 맞게 만들어서 자신의 책임을 면제하는 것이 아닐까.[84]

여기에서는 "역사는 가해자와 피해자 쌍방의 추억을 합친 것을 피해자의 눈으로 다시 봤을 때 비로소 올바른 것이 된다"[85]는, 즉 '사관만 있고 역사는 없는' 일본조선연구소의 역사인식을 비판하는 한편, 그 대안으로서 '해석'이 아니라 '사실의 확고부동성'을 전제로 하는 역사인식을 제시하고 있다. 이러한 역사인식이, "우리들이 좋든 싫든 민족적 또는 계급적 발상의 한계를 지니고 있다"는 점을 인정했을 때 비로소 현재 "일본에서 횡행하고 있는 '세계 으뜸인 조선' 아니면 '그 무엇보다 못난 조선'이라는

---

84   田中明, 앞의 책, 1975, 92~94쪽(초출 : 「なぜ韓国へ留学するか」).
85   安藤彦太郎 他, 『日・韓・中三国人民連帯の歴史と理論』, 日本朝鮮研究所, 1964, 183쪽.

양극단의 조선상"을 극복하고 "우리가 그리는 조선상朝鮮像이 서서히 리얼한 것에 가까워지고 올바른 조선관朝鮮觀도 나타날 수 있다'[86]는, '조선 그 자체'를 바라보는 시선 확립을 목표로 하는 유학으로 이어진 것이다.

그렇다면 다나카가 본 '리얼'한 한국의 실감은 어떠했을까.

그의 유학 기간[1972.4~1973.3]은 7·4남북공동성명으로 남북관계가 급변하는 한편, 비상계엄령 선포[10.17], 헌법개정공고[10.27], 박정희 대통령 선출[12.27]로 이어지는 유신체제 확립 시기이다. 한국에서 통일을 어떻게 이룰 것인지, 그리고 유신이라는 독재정치를 어떻게 할 것인지가 중요한 과제로 등장한 시기이다.

우선 다나카가 체험하고 본 것을 살펴보도록 하자. 하나는 1973년 1월, 다나카는 온천 여행 중 묵은 여관에서 안마 서비스를 해주던 청년의 말에 받은 충격에 관한 것이다.

청년은 한국에 대해 일본인은 전혀 모른다고 생각하고 있는 한국인 일반의 말투로 설명하기 시작했다. "20여 년 전, 한국은 한국인끼리 전쟁을 치렀어요. 너무도 부끄러운 일이지만, 같은 민족끼리 전쟁한 거지요. 그때 아버지는 돌아 가셨어요." "아. 6·25를 말하는 거군요." "네, 정말 **부끄러운** 이야기이지만, 나 라 안에서 전쟁했기 때문에." 청년의 목소리에는 전쟁이 **부끄러**웠던 만큼 아 버지의 죽음이 한층 분하다는 여운이 있었다. 나는 벌떡 일어나 청년과 마주 앉아 왠지 큰소리로 외치고 싶을 정도의 충동을 느꼈다. 부끄러운 전쟁, **이것은 당신의 육성**肉聲**이지요**, 라고 확인하고 싶은 마음이 솟구쳤다.[87]

---

86   田中明, 앞의 책, 1975, 100~101쪽(초출:「留学問答 ソウル帰りの対話」,『コリア評論』, 1973.6).

87   위의 책, 27쪽(초출:「ソウル実感録-中-恥ずかしい戦い」,『朝日ジャーナル』

또 하나는 1971년 8월 15일 자 『조선일보』에 실린 작가의 대담 기사이다.

서기원徐基源 : 한국전쟁을 어떻게 봐야 하느냐가 문제의 급선무인 것 같아요. 8·15, 4·19, 5·16하는 식으로 '6·25'라고 기호를 평준화해서 부르는데, 난 의식적으로 '6·25'라고 안 합니다. 전쟁이었어요. **민족사의 입장에서 부끄러운 동족同族 전쟁이었죠.**
　　당시 나는 몇 번이나 같은 부분을 다시 읽어봤다. 조선전쟁에 대해서는 많은 책이 있지만, 저 전쟁의 비참을 이야기하는 글은 있어도, 공부 부족일지 모르지만 **조선민족의 입장에서 저 사태를 '부끄러운 것'으로 다룬 글이나 목소리를** 지금까지 보거나 들은 적이 없었기 때문이다.[88]

두 가지 에피소드를 통해 다나카는, 6·25 이후 남북 정부가 "동서 이데올로기의 전위국"으로서 "이데올로기의 외피를 강화"한 결과, "남북은 '피의 동일'이라는 원생적原生的 감정 이외에 공통점을 급속히 상실하고, 양자의 골은 한층 깊어졌다"고, "유혈의 대가로서는 무시무시한 것"이라고 분석한다.[89] 때문에 "현재의 '통일논의'는 남북 위정자의 통일논의이지 일반 민중의 논의까지는 되지 않고 있다"고 나름과 같이 평가한다.

일반 민중이 신경을 집중하고 있는 것은 그 이전의 일, 즉 **이제 전쟁은 정말 일어나지 않을 것인가. 우리들은 이제 전쟁의 참화를 겪지 않는 건가, 이것 하나뿐이다.** 분명히 통일은 가슴을 조일 정도로 목마른 대상이다. 하지만 **조선동**

　　15~22, 1973.6.8).
88　위의 책, 27~28쪽(기사는 「민족문학의 반성」, 『동아일보』, 1971.8.15, 5면).
89　위의 책, 28~29쪽.

란이 '어느 날 갑자기' 발발했듯이 남북대화도 너무도 갑작스러운 것이었다. 국민은 그것에 어떤 참여도 할 수 없는 것이다. 따라서 이후 또 무슨 일이 생길지 알 수 없다는 기분을 떨쳐버릴 수 없다. 따라서 대비하기 위해 제각기 생활의 자위수단을 강구하여 '지금'을 살아가지 않으면 안 된다.[90]

물론 "그 전쟁은 외국 세력의 개입 때문에 대규모 참화가 발생한 것이다. 만약 외세가 개입하지 않았다면, 민족의 해방과 통일을 위한 내전으로서, 3~4개월 안에 종식하고 조선은 통일의 기쁨을 누렸을 터이다"라는 '해석또는 사관'이 있을지도 모른다는 단서를 달고 있다. 하지만 "정치는 결과 논리로 말하는 것이지 '만약'은 무의미"하다고 전제하면서 "하물며 전쟁이라는 정치의 극단적 수단을 민족 내부에 사용했을 경우의 오산은 민족에 대한 죄악이 아닌가"라고 반문한다. 즉 "이 전쟁의 결과, 남북 조선은 100% 올바른 자신과 100% 악惡인 상대라는 대립을 고정시켰고, 쌍방의 지배층은 상대를 불구대천의 원수처럼 비방과 중상을 반복하며 국민에게 동조를 명하고 있다"고 분석한다.[91] 이것은 '남북한 위정자지배층의 통일론'만이 "미제국주의를 일조중日朝中 3국 인민의 공동의 적"이라 규정하는 일본조선연구와 같은 일본의 혁신·진보의 통일론도 비판한 것이다.[92] 하지만 다나카의 비판은 여기에서 멈추지 않는다.

지배자와 인민은 다르다. 우리는, 지배자는 적이라고 하지만, 인민과는 손을 잡는다는 말이 있다. 그것이 정말 가능하려면 (…중략…) 상부의 적대 원칙

---

90   위의 책, 104쪽(초출:「ソウル帰りの対話」).
91   위의 책, 29~30쪽(초출:「ソウル実感録－中ー恥ずかしい戦い」).
92   安藤彦太郎 他, 앞의 책, 1964, 186쪽.

을 유지하면서 하부의 연대를 성취하기 위해서는 **고매하고 강인한 덕성**德性이 **필요하다**고 덧붙이고 싶다. 가령 쌍방의 인민이 연대를 지향해도 지배자끼리 대립하고 단교하는 사태라도 발생하면, 지배자와 인민의 구별 없이 교류는 끊긴다. 인민도 국가에 편입되어 있기 때문이다. 또한 지배자가 전쟁을 결정하면 서로 협력해야 할 인민은 서로 살육에 동원된다. 그때 상대의 지배자와 인민이 한 묶음으로 보일 위험이 소리 없이 다가온다. 지배자와 인민을 구별해서 생각하는 것은 말처럼 쉽지 않다는 것을 조선반도의 사태가 보여준다고 생각한다. **통일에 대한 불타는 갈망이 있음에도 불구하고 남북의 위화감은 잠깐의 접촉이었기에 오히려 증폭했다고도 말할 수 있을 듯싶다.** 지난 가을1972 9월, 북의 적십자회담 대표단이 처음 서울에 왔을 때, 그들이 연설 중 반복적으로 언급한 김일성 수상 찬양은 시민의 격한 거부반응을 불러일으켰다. (…중략…) **한국인이 보인 격한 거부반응은 결코 이데올로기적인 것이 아니었다. 오히려 공포에 휩싸인 육체적 위화**違和라는 편이 어울리는 것이었다. 조선전쟁 후 20년, 그럭저럭 이어 온 평화로운 생활 속으로 거리낌 없이 침입해 온 불협화음의 불안하고 섬뜩한 소리를 거부하는 모습으로, 나에게는 비쳤다.[93]

'격한 거부반응을 보이는 한국인', 즉 '일반 민중'에게 다나카는 "밤늦게 잠 못 이루며 분단된 민족의 현 사태를 생각하고 전전반측할 때, 서로 '욕설'을 퍼붓는 자신들을 지켜보는 외부의 시선을 (왜) 떠올리지 않는지", "그러한 시선을 느낄 경우, 인간의 가슴에 자연스럽게 발생하는 것은 '부끄럽다'는 감정이 아닐까", 그리고 "그 상태를 치명적으로 고정화시킨 것이 저 민족상잔의 조선전쟁이었다고 한다면, 저 전쟁이야말로 '부끄러운'

---

93   田中明, 앞의 책, 1975, 31~32쪽(초출:「ソウル実感録−中−恥ずかしい戦い」).

것이 아닐까"라고 지적하면서 "'부끄럽다'는 말을 특정인만 하지 않게 되었을 때야말로 통일문제가 권력자의 문제만이 아니라 민중적 기반을 획득하는 날"이라고 규정한다. 즉 "(남북 모든) 조선인이 자연스럽게 '부끄럽다'고 말하게 될 때 중상·비방의 멍에로부터 해방되고 민족일체감의 감정적 기초를 형성"할 수 있고, 그날이야말로 "민중은 통일에 참가하는 실감을 느끼게 될 것"이라고 말한다.[94]

다나카의 '조선반도' 통일론은 제3자로서 철저히 타국의 '일'로 인식하려는 자세를 취하는 한편, 다른 한편으로는 분단과 관련된 외국일본도 포함의 역할이라는 외적 조건보다 '부끄러움'이라는 '조선인 자신의 내면적 윤리'를 우선시하는 관점이다.

하지만 그렇기 때문에 정경모는 "『실감록』에 등장하는 한국인은 기묘할 정도로 한국 사회의 현상에 무관심하고 통일에 냉담한 사람들 뿐"이라고 지적하며 다나카의 통일론을 비판한다.

도대체 분단과 관련된 외국세外國勢의 역할을 말하지 않고, 외국세의 주요 멤버로 등장하며 조선민족의 분열 조장에 열을 올리고 있는 일본을 말하지 않고, 다나카 씨든 그 누구든 어떻게 조선 민족의 현상을 이야기하고 그들의 마음속에 끓어오르는 것을 말할 수 있을까. (…중략…) (다나카의 통일론은) 필시 부끄러움은 자신의 것이 아니라 상대의 것이라는, '부끄러움의 책임전가'로 끝나고 건설적인 민족 화해의 논리가 되지 못할 것이다.[95]

---

94 위의 책, 35~37쪽.
95 앞의 글, 鄭敬謨,「韓国人の渇望と悲嘆に無理解/田中明『ソウル実感録』」, 64쪽.

민족적 '주체성'을 전제로 통일이라는 '조선반도의 현재적 문제'를 접근하는 정경모로서는, '민족의 분열을 조장'하는 '외국세' 제거라는 외적 차원의 문제가 선결되어야 한다. 따라서 당사자가 아니라 제3자라는 입장에서, '자기성찰'을 통한 '조선 민족'의 주체성 회복이라는 내적 차원을 우선시하는 다나카의 통일론은 '부끄러움의 책임전가'에 불과한 것으로 인식될 수밖에 없는 것이다.

한편, '리얼'한 한국을 전제로 '조선반도'의 통일론을 내적 차원에서 전개했던 다나카는 또 다른 '조선반도'의 반일이라는 문제도 내적 차원으로 접근한다. 그리고 이러한 다나카의 접근 방식은, 앞에서 언급했듯이 정경모와 달리 김윤식의 공감을 불러일으킨다.

2) 한국인의 일본관, 반일의 풍화

〈표 1〉「특집 日本觀─아픈 데를 푼다」, 『여성동아』 통권58호, 1972.8.

최정호 (성균관대 부교수)	우월감 – 옛것에 매달려
	對日우월감이란 결국 우리의 열등감의 또 다른 측면일 수 있다. 한 민족의 문화적 창조에는 저마다의 특징이 있는 법이다.
김성두 (조선일보 논설위원)	「엽전」–스스로 비웃는
	민족적 자부심을 누이지 않고 ~~그러나는 강력한~~ 세력과 그것을 배경으로 하는 일본의 교만 앞에 열등감에 빠지기 쉽다.
선우휘 (조선일보 이사)	「鄕愁」–정서의 상처
	일본적인 입장에서 한국 및 한국인을 우숩게 본다는 것은 더 없는 넌센스에 속한다.
송건호 (동아일보 논설위원)	「못 믿을 이웃」에의 不安
	그들이 상냥한 미소로 한국의 근대화를 걱정하면 할수록 否定的인 일본인관은 더욱 그들을 경계하는 눈초리로 빛난다.
다나카 아키라 (前「아사히저널」 부편집장)	韓國人의 日本觀을 이렇게 본다
	일본인과 한국인 사이엔 아직 더 긴장 관계가 지탱되지 않으면 안 된다. 정치적 경제적인 의미에서가 아니라 정신적 문화적 측면에서.

'해방 27년'을 맞이한 1972년 8월, 『여성동아』는 「특집 日本觀—아픈 데를 푼다」를 기획했다. 한일기본조약 체결 이후 "또다시 일본이 물밀듯 밀려오면서 일본 경계론이 파다한 가운데, 우리는 일본을 정말 아는가? 우리 자신을 먼저 점검"하기 위해 한국(인)의 일본관을 살펴보는 기획이다. 집필진은 다나카를 포함해서 총 5명이다(표 1).

특집의 필진은 다나카가 한국 유학 중 친분을 맺은 한국 지식인들이다. 특히 선우휘는 "1년 체재 기간 중 3~4회, 약속 시간도 잡지 않고 갑자기 방문해도 언제나 반갑게 맞아 줄 정도"로 친분이 깊었다.[96] 다나카는 선우휘에 대해 "사상적으로는 반공·자유주의로 일관한 사람"[97]이라고 평가한다. 선우휘도 "북을 경계하는 데 있어서 나는 그 누구에게도 뒤지지 않는다. 최근에 한 종류의 젊은이들은 이러한 나를 가리켜 냉전시대의 의식 구조를 지속하는 낡은 사고의 반동이라고도 한다. 그렇다고 해서 나는 자신의 경계심을 바꿀 생각이 조금도 없다"[98]고 말할 정도로 자신이 반공주의자임을 부정하지 않았다. 오무라는 선우휘와 다나카가 "아마 체질상 공통점이 있어서 친했을 것"[99]이라 회고하지만, 여기에 반공과 자유주의의 공유가 더해져 둘의 친분이 두터웠을 것으로 생각된다.

한국인의 "열등의식·열등감정과 더불어 공존하는 대일 우월감"을 분

---

96   田中明, 앞의 책, 1975, 167쪽(초출: 「鮮于輝氏のことなど」, 『季刊 龍鷄』, 1973.12). 선우휘는 시바 료타로(司馬遼太郎), 김달수 등과 함께 『요미우리신문(読売新聞)』 주최로 「일한좌담회」를 1982년·1984년에 기획 출판했는데, 다나카는 2차 죄담회에 패널로 참가한다(박삼헌, 「1980년대 한일 지식인 교류와 역사인식—요미우리신문사 주최 '일한좌담회'를 중심으로」, 『한일민족문제연구』 제40집, 2021 참조).

97   田中明, 앞의 책, 1981, 29쪽(초출: 「韓国人のこころ」, 『民族文化』 12-3, 1976.12).

98   鮮宇輝·高柄翊·金達寿·森浩一·司馬遼太郎, 『日韓 理解への道』, 読売新聞社, 1983, 182쪽.

99   장문석, 앞의 글, 2016, 197쪽.

석한 최정호[100]와는 인적 교류가 어떠했는지 분명하지 않다. 하지만 다나카가 유학을 오기 전에 『분가쿠文學』에 발표한 글에서 "일본풍의 한국 침략에 대한 우리들의 패배는 우리가 스스로의 패배조차 의식하지 못할 때 완전한 것이 될 것"[101]이라는 최정호의 글을 인용했다는 점에서, 즉 내면적 성찰을 강조한다는 점에서 둘 사이의 지적 공통점을 엿볼 수 있다.

그렇다면 1972년 8월, 다나카는 일본 경계론이 제기되던 서울에서 한국인의 일본관을 어떻게 보았을까. 글은 다음과 같이 시작한다.

불과 三十년에 못미치는 전까지 일본이 한국을 식민지로서 수탈을 거듭해왔다는 사실이다. 정치가들은 그 시대의 일을 '불행한 관계'라는 교활한 수사법으로 표현하고 있으나 그것으로써 지배-피지배, 수탈-피수탈의 사실을 바꿀 수는 없다. 언어에 의해 일찍이 엄존했던 사실을 심리적으로 엄버무릴 수 있는 것은 지배자이자 수탈자의 쪽일 것이다. 피지배자, 피수탈자에게는 그 사실은 잊을래도 잊을 수 없는 일이라고 생각한다. '양심적인 지배자'라는 것은, 언어자체가 무의미한 것이겠지만 가령 그러한 지배자가 있었다 할지라도 피지배자라는 것은 근본적으로 발붙이고 서는 기반이 다른 것이다. 지배자는 절대로 상대를 이해할 수 없다. 있다고 생각하는 사람이 있다면 그는 위선자다.[102]

---

100 1933~. 전라북도 전주 출생. 서울대 철학과를 졸업하고 독일 하이델베르크대학을 거쳐 베를린 자유대학에서 철학박사학위를 받았다. 1955년부터 신문사 기자, 특파원, 논설위원, 칼럼 필자로 일했으며, 1968년부터는 성균관대학교 교수, 연세대학교 교수, 미국 하와이 이스트웨스트센터 연구원, 독일 뮌헨대학 방문교수 등을 역임했다. 현재 울산대학교 석좌교수로 있다.

101 田中明, 앞의 책, 1975, 196쪽(앞의 글, 「朝鮮文学への日本人のかかわり方」). 다나카가 인용한 최정호의 글은 「일본과 독일과 우리」, 『세대』 통권 제85호, 1970년 8월호, 76~88쪽.

'해석이 아니라 사실의 확보부동성'을 전제로 하는 다나카의 역사인식이 '지배-피지배, 수탈-피수탈'이라는 제국-식민의 관계에 적용되었을 때, '지배자는 절대로 피지배자를 이해할 수 없다'는 명제가 도출되고 있음을 알 수 있다. 그리고 이 명제를 전제로 한국인의 일본 이미지를 다음과 같이 정리한다.

① 이씨조선 말기까지 한국으로부터 문화를 섭취해온 문화적 후배국. 명치유신 이후엔 서구문명의 흡수에 광분, 동양 속에서의 서양이 된 나라.

② 일제 三十六년간 우리민족을 탄압하고 착취해온 간악한 나라.

③ 제二차대전 후엔 六·二五동란에 편승, 경제부흥을 이루고도, 다시 무슨 일에든 타산 위주로 재빠르게 경제성장을 성취한 에코노믹 애니멀의 나라.(공산권과는 양다리 걸치기를 꾀하는 암체적인 외교도 그러한 성격에서 비롯된다.)

④ 경제발전과 함께 군사력이 더 세어져 다시 아세아 제패의 길로 나설지도 모르는 경계해야 할 나라.

이상 네 가지가 서로 뒤얽혀 '일본국'이라는 이미지가 이루어져 있는 것 같다. 어느 것이든 마이너스의 이미지이므로 짜서 맞춰도 플러스는 되지 않는다. 이러한 이미지가 형성되는 밑바닥을 흐르고 있는 것은 일제시대의 진절머리나는 기억일 것이다. 이것이 생생하게 머리 속에 늘어붙어 있는 동안은 일본의 이미지가 플러스로 바뀔 수는 없을 것으로 생각된다.[103]

---

102 위의 책, 128~129쪽(초출:「한국인의 日本觀을 이렇게 본다」,『여성동아』 통권 58호, 1972년 8월호).

103 위의 책, 130쪽.

한국인의 일본 이미지가 마이너스인 이유는 "일본은 사람들 같잖은[非道] 짓을 한 나라라는 움직일 수 없는 사실"에 기초한 '일제시대의 진절머리나는 기억' 때문이라고 판단한다. 그러나 "그러한 조건 아래에서는 진정한 자기 육성肉聲이 아닌 슬로건화한 구호나 상투구常套句로 메워진 문장이 나올 위험은 없을는지, 그러한 분위기가 소리없이 둘러싸기 시작한 듯한 느낌"이 든다고 말한다.[104]

한국 경제력이 동등하여 한국에 대하여 일본이 중성中性의 나라라면, 일본상품 애호가 취미에 따른 자연스런 취사선택이라고도 할 수있을 것이다. 그러나 경계해야 할 나라, 에코노믹 애니멀의 나라 일본이라는 소론所論이 수없이 퍼져 있는 한국에서 이러한 일제에의 맹목적 애호가 조금도 가라앉지 않는다는 것은 마음에 걸릴 수밖에 없다. 이러한 풍조를 허용하는 사회는 일찍이 피맺힌 것이었던 일본관을 공허한 명분으로 변하게 해 버리는 게 아닐는지.[105]

다나카는 그 이유를 "한일이라는 동질세계同質世界"에서 찾는다. 즉 "한국인이 일본인을 볼 경우 이질異質한 것에의 놀람이 있을 수 없는지도 모르고, 이러한 사실은 거꾸로 일본이 한국을 보는 경우에도 같다"고 판단한다.[106] 따라서 "일본과 한국 사이엔, 아직 더 긴장관계가 지탱되지 않으면 안된다"고 주장한다. 그것은 "정치적인 의미나 경제적인 의미에서의 긴장관계를 뜻하는 것"이 아니라 "정신적·문화적 의미에서의 긴장관계"이다.[107] 그런데 이것은 일제시대 태어나서 일본 교육을 받고 '아일본인[亞

---

104 위의 책, 133쪽.
105 위의 책, 135쪽.
106 위의 책, 137쪽.

日本人'으로 형성되다가 해방을 맞은 '황국신민세대' 최정호가 "참된 패배는 싸움에서 졌다는 사실에서 오는 것이 아니라 도의적道義的인 패배자가 패배했다는 사실조차 의식하지 못하게 될 때 비로소 오는 것"이라는 경고를, "한낮에 입으로는 일제의 과거를 핏대를 올려 열렬히 규탄했다가도 밤이 되어 노곤한 몸에 술이나 한잔 들어가고 나면 일본 대중가요의 '흘러간 멜로디'에 속절없이 감사하고 마는, 유난히 축축한 대일 감정"[108]을 극복하고자 자기성찰을 수행하는 당시 한국 지식인의 문제의식과 일맥상통하는 주장이다. 이것은 김윤식에 따르면, 한국인의 '현해탄 콤플렉스'[109]이다.

심정心情의 문제라면 가해자의 의식을 피해자는 〈절대로〉 이해할 수 없다는 명제를 일단 설정할 수 있다. 물론 그 역逆도 참[眞]이다. (…중략…) 이 명제에서 일본을 바라보는 한국인은 일단 절망한다. 이 절망에서 우리 자신은 인격 분열증을 명백히 목도할 수 있다. 즉, 일본이 객관적인 사물로서의 관찰 대상으로 놓이는 측면과 역사의식으로 놓인 일본의 측면이라는 이중성으로서 일본이 우리 앞에 놓여 있는 것이다. 이 사정은 일본인에게도 역시 마찬가지리라. 전자前者의 차원이라면 한국인은 일본을 분석 이해할 수 있다. 관찰이 기본 도구로 놓이기 때문이다. 그러나 후자의 차원이라면 일본은 결코 이해될 수 없는 것이다. 따라서, 이 이중성의 아포리아를 극복하는 길은 거의 불가능한 것으로 보인다.[110]

---

107 위의 책, 131~132쪽.
108 위의 책, 194~196쪽(초출 : 「朝鮮文学への日本人のかかわり方」).
109 김윤식, 앞의 책, 1974, 49쪽
110 위의 책, 29쪽.

그것은 일본을 비판하면서 식민지시대에 대한 노스텔지어를 품는 한국인의 '인격분열증'이다. 그리고 이렇듯 '자기의 오장육부에 박힌 반일 감정을 어떻게 처리할지 그 극복 방법 때문에 괴로워'하는 김윤식, 최정호와 같은 한국 지식인을 다나카는 '안이한 반일 감정을 노출'하지 않은 채 '이를 악물고 반일을 창조적 플러스의 정신활동으로 전화轉化하려는 마음가짐'을 지닌 '존경하는 한국인'으로 평가한다. 당시 『세카이』의 대표적 필자 중 한 사람인 작가 오에 겐자부로가 "자기의 운명을 자기의 자유 의사에 의하여 결정할 수 없는 상황"이 한국 사회의 참모습이라고 강조하던 혁신·진보의 '조선인식'과 달리,[111] 다나카는 주체적으로 자신의 운명을 결정하기 위해 고뇌하는, 즉 일본에서 볼 수 없었던 한국 지식인을 '발견'한 것이다.

한편 다나카가 한국 유학을 마치고 귀국해서 아사히신문 조사연구실 주임연구원으로 복직한 지 5개월 정도 지난 1973년 8월, 김대중 납치사건이 도쿄 한복판에서 발생했다. 이를 계기로 일본 사회에서는 "일본의 혁신적 조직과 단체가 한국 문제를 소홀히 한 탓이다. 김대중사건이 발생할 때까지 한국의 실태는 전혀 몰랐다. 이 태만이 결과적으로는 납치사건을 발생시켰다고도 말할 수 있다. 그 책임을 우리는 깊이 반성해야 한다"[112]는, 혁신·진보의 자성과 함께 '한일연대운동'이 시작되었다.

그가 『아사히 아시아리뷰朝日アジアレビュー』 9월호에 발표한 「〈반일〉의 풍화」는 "일본의 제국주의적 팽창을 규탄해야 한다고 생각하는 사람들"[113] 의 혁신·진보의 "한국의 반일 감정은 강하죠?"라는 질문에 대한 답이다.

---

111 한상일, 『지식인의 오만과 편견-〈세카이世界〉와 한반도』, 기파랑, 2008, 101쪽.
112 青地晨·和田春樹 編, 『日韓連帯の思想と行動』, 現代評論社, 1977, 22쪽.
113 田中明, 앞의 책, 1975, 74쪽(초출: 「〈反日〉の風化」(ソウル実感録)).

우선 다나카는, "도대체 일본인이 생각하는 한국인의 반일 감정이란 무엇인가" 질문을 던진 후, "내가 보기에 장삿군이나 관광객으로서는 그것이 없기를 바라지만, 진보파로서는 있기를 바라는 것, 아니 있어야 하는 것이겠지만, 어느 쪽이든 자기 본위의 이야기"라고 잘라 말한다. 따라서 "반일 감정의 유무나 강약과 상관없이 일본이 처해가야 할 길, 일본인이 취할 태도를 생각하지 않는다면 상황추수에 함몰될 따름"이고, 더군다나 "한반도가 원칙을 달리한 두 개의 나라로 분단되어 있을 때"이므로 "필요한 것은 반일 감정의 유무나 강약이 아니라 반일 감정의 질을 발견하고 판별하는 노력"이 필요하다고 말한다.[114]

본래 "문자 그대로 생각한다면 반反 XX란, XX가 없으면 성립되지 않는 사고방식", 즉 "타他에 의해 생겨나는 요소를 가진 사고"이므로 "반XX의 사고가 그것을 가진 주체에 의해 참으로 창조적인 것으로 되기 위해서는 '타他'를 필요 요소로 하지 않는 자기원인적인 발상, 요즘 말로 하면 주체적 정신의 활동이 가해지지 않으면 안 된다". 그런데 일제시대의 반일운동과 달리 해방 후 반일은 긴장감이 사라지고 정치가나 운동가의 도구로 전락되어 '반일 감정에 편승한 안이하고 풍화된 반일론'만 범람하고 있다고 현실을 진단한다.[115]

하지만 "독립국이 된 지금 근대화는 지상 명제이고 (…중략…) 근대화라는 '신新'을 수립하기 위해 일본의 협력을 요청해야 하는 시대", 즉 "도도히 밀려오는 '일본'과 친선관계를 유지하면서 견제해야 하는, 지금까지 경험하지 못한 곤란한 과업"을 맞닥트리고 있는 것도 한국의 현실이라 말한다.[116]

---

114 위의 책, 76~77쪽.
115 위의 책, 78~85쪽.

118   교차와 접합의 지(知) – 냉전과 탈식민의 한일 지식인 교류사

한편 다나카는 「〈반일〉의 풍화」에서는 이전에 「한국인의 일본관을 이렇게 본다」에서 제시했던 '한국인의 일본 이미지①~④'에 "⑤ 미국, 중국 등 강자에 약하고, 약소국에는 강한 나라"[117]를 추가하고 있다. 그 이유는 무엇일까. 그것은 그가 한국 유학을 통해 얻는 "현해탄을 사이에 둔 원근법으로 보면, 일본 안에서나 우익이다 좌익이다 하는 것이지, 한국에서는 모두 일본인이고, 일본에서 온 인간은 '대국 일본'을 짊어지고 쳐들어오는 일본인"[118]이라는 실감을, "자신들이 한국에 대해 아무것도 모른다는 사실 자체에 충격"[119]을 받아 이제 막 '한일연대운동'을 시작한 일본 지식인들에게 전하고 싶었기 때문이다.

요즘 한국의 반정부운동에 대한 일본인의 동정同情, 연대의 호소가 팽배해지면서 분출하고 있다. 나는 그 선의善意를 의심하지는 않는다. 하지만 한국에는 포악무도한 권력자와 목숨을 건 정의의 투사라는 두 가지 인종밖에 없다는 이미지가 강해지고 있는 듯 보이는 것에는 약간의 의구심을 품지 않을 수 없다. 그것은 조방粗放한 권선징악주의를 도식적으로 적용하거나 다나카田中 내각 타도를 외치는 어조로 박朴 정권 타도를 논하는 태평무사함과 표리부동한 것이 아닐까.[120]

---

116 위의 책, 88~89쪽.
117 田中明, 앞의 책, 1975, 79쪽.
118 위의 책, 98~99쪽(앞의 글, 「留学問答 ソウル帰りの対話」).
119 와다 하루키, 「지식인 및 시민들의 한일연대운동(1974~1978)」, 류상영·와다 하루키·이토 나리히코 편저, 『김대중과 한일관계─민주주의와 평화의 한일현대사』, 연세대 대학출판문화원, 2012, 209쪽.
120 田中明, 앞의 책, 1975, 157쪽(초출 : 「〈民族のこころ〉とは何か」, 『コリア評論』, 1974.6).

여기에는 당시의 '한일연대운동'에 대한 다나카의 비판의식이 명확히 나타난다. 그것은 '한일연대운동'이 지닌 '이념형 연대'의 문제점이었다. 실제로 1972년 7월 1일 및 2일 쓰루미 슌스케鶴見俊輔, 1922~2015가 김지하에 '선의'를 지닌 일본인들의 서명을 들고 마산국립병원에 연금된 김지하를 만났을 때, 일본어를 못하는 김지하가 쓰루미에게 영어로 "Your movement can not help me, But I will add my name to it to help your movement당신의 운동은 나를 도울 수 없다. 그러나 나는 당신들의 운동을 돕기 위해 서명에 참가한다"고 말했다고 한다.[121] 쓰루미가 자신과 김지하를 각각 도움 주는 자와 받는 자의 관계로 이해했다면, 김지하는 그 구조를 벗어난 위치에서 발화했던 것이다. 이것은 당시 '한일연대운동'의 '이념형 연대'라는 형식이 가져온 곤혹이었다.[122] 이런 의미에서 「〈반일〉의 풍화」는, 근대적 민족국가 건설이라는 지상명령으로 인해 '반일의 풍화'를 고뇌하고, '일본에서 온 인간은 좌우를 막론하고 대국 일본을 짊어지고 쳐들어 오는 일본인'으로 인식하는 '현대 한국인'을 '실감'한 다나카가 '한일연대운동'의 '이념형 연대'에 던지는 비판이었다.

그런데 그는 일본인의 '한일연대운동' 못지않게 "'재침략'을 노리는 일본에 '굽실굽실'하는 박 정권"[123]이라 비판하며 대립하는 한국 지식인도 비판했다. 때문에 "조선 문제를 적과 아군이라는 척도만으로 보는 사람들로부터 한국의 체제를 옹호하는 자라는 비난"[124]을 받았다. 그 대표적 사례가 한국 지식인 정경모의 '비난'이었다. 그렇다면 정경모와 다나카가 상호 비판, 비난하게 된 이유는 무엇이었을까.

---

121 鶴見俊輔 外, 『戰爭が遺したもの-鶴見俊輔に戰後世代が聞く』, 新躍社, 2004, 336쪽.
122 장문석, 앞의 글, 2022, 99쪽.
123 정경모, 앞의 책, 2010, 210쪽.
124 田中明, 앞의 책, 1981, 11쪽.

4. '조선반도 연구'의 과제, 민족주의를 어떻게 볼 것인가

1977년 8월 15일, 도쿄의 이케노하타池之端 문화센터에서 민주화운동에 관여하는 전세계의 해외 한국인 대표자 회의가 개최되고, 한국 현정권의 유신체제 타파와 조국의 민주화 및 통일을 지향하는 '민주민족통일해외한국인연합약칭 한민련'이 결성되었다.[125]

한민련 결성에 대해 정경모는 "한국에 해방이 있었다고 생각하는 것은 환상이고 민족의 진정한 독립은 새로운 조국 건설 속에서 실현될 수 있음"을 선언한 것이라 평가하는 한편, 다른 한편으로는 "박 정권이 이뤄냈다는 눈부신 경제발전, 그리고 그것이 상징하는 '근대화'는 진정 한국민韓國民의 삶과 마음을 풍요롭게 만들고, 나아가 민족의 독립과 해방을 약속하는 것일까. 그렇지 않다는 것이 나의 확신"이라고 밝힌다.[126]

그렇다면 정경모에게 '조선민족의 근대화'는 무엇일까. 우선 정경모는 "근대화에 대한 이광수의 그릇된 생각과 이에 대응하는 메이지유신에 대한 환상"을 지적하고, "조선인에 있어서 메이지유신적 근대화에 대한 동경과 민족을 배반하는 매국노로의 전락은 언제나 종이 한 장 차이밖에 없다"고 비판한다. 그 대신 과거 100년에 걸친 일련의 투쟁이야말로 "'나라만들기' 즉 조선민족의 네이션 스테이트國民國家 창건"을 위한 일관된 운동이었고, 이런 의미에서 "조선민족의 '국가'는 북에도 남에도 현재 존재하지 않음"을 확인한다. 따라서 "조선민족인 한 우리는 민족의 자긍심과 인간으로서의 긍지를 잃지 않기 위해서라도 메이지유신의 역겨운 모방을 거부"해야 하고, "박정희가 말하는 '근대화'의 노선은 우리의 내셔널리

---

125 「広がるか「韓民連」の輪/朴政権孤立化ねらう」, 『朝日新聞』 조간, 1977.8.16, 9면.
126 鄭敬謨, 「解放路線か近代化路線か」, 『世界』 386号, 1978.1, 246쪽.

즘과 양립할 수 없다"고 선언한다.[127]

그런데 정경모는 "조선의 문학과 근대사를 공부한 일본인 연구자 중에는 이광수에 심취하고, 특히 그의 '민족개조론'을 극찬하는 경향의 사람도 있다"고 다나카라는 실명을 언급하며 "결국 이러한 사람들이 박 유신 체제의 긍정으로 기울어져 가는 것은 논리적 필연"이라 비판한다.[128] 정경모가 격하게 비판한 다나카의 이광수론은 다음과 같다.

며칠 전 소생은 조선문학을 연구하고 있는 일본인 두 사람으로부터 잇달아 "역시 이광수로부터 시작하지 않으면 안되겠어요"라는 실감어린 이야기를 들었습니다. 요즘에 와서 '도대체 춘원이란 무엇이었나'라는 상념이 회한의 념念과 함께 떠오르고 있는 소생에게는 아픈 데를 건드린 듯한 이야기였습니다. (…중략…) 김병익 씨는 계속해서 다음과 같이 말하고 있습니다. "춘원이 처한 상황은 정말 어떠했을까. 춘원의 진정한 의도는 무엇이었을까. 한 시대의 수난을 웅변적으로 짊어져야 했던 한 지식인의 내면 과정을 우리는 얼마나 이해할 수 있는 것일까. 자기를 핍박하는 지배자에게 저항할 수 있는 행위 양식은 반드시 옥사나 유혈과 같은 격렬한 행동밖에 없었을까." 이런 자문自問을 되풀이 하는 과정에서 김 씨 자신이 지쳐버립니다. 다만, 그렇다고 해서 춘원의 행장行狀에 '긍정적인 평가를 내리고 싶다는 생각은 추호도 없었다'고 단언합니다. 복잡한 심정이에요. 거기엔 춘원 이광수가 내포하고 있는 문제에 대해서 검찰관의 입장이 아니라 자기 자신의 문제로서 접근하려는 한글세대 지식인의 자기 성찰의 심도가 보이는 듯합니다. (…중략…) 그리고 제 자신이 이광수에 대해서 덮어놓고 혐오했던 시기가 오래되었다는 점을 후회하고 있는 것입니다.[129]

---

127 위의 글, 255~261쪽.
128 위의 글, 256쪽.

다나카는 이광수의 '친일행위' 자체를 부정하지는 않지만, '이광수가 내포하고 있는 문제', 즉 '타他를 필요 요소로 하지 않는 자기원인적인 발상'이자 '주체적 정신의 활동'에 천착하는 '한글세대' 지식인의 '자기성찰의 심도'에 주목하고, 이 같은 '현대 한국인의 고뇌'야말로 "지금까지 소박하게 한국의 자랑이라고 일컬어지고 있던 '저항의 민족주의'의 극복"으로 이어지고 있다고 평가한다. 그 사례로 1966년 서울에서 한국국제정치학회 주최로 개최된 '한국민족주의' 심포지엄에서 회장 이용희[130]가 발표한 「한국민족주의의 제문제」[131]를 제시한다.

이 논문에 대해 다나카는 "저항의 민족주의를 찬미만 하고 있을 수 없다는 오늘의 상황, 즉 근대국가의 건설이라는 명제에 어떻게 대처해야 하는지가 과제"로 제시하고 있다는 점에서 높이 평가한다. 물론 "이러한 인식이 지식인 전체에 정착되어 있다고 할 수 없고, 여전히 주류는 역시 너무나도 정들고 친숙한 '저항의 민족주의' 찬미이며, 이것만 외치고 있으면 민족정기가 저절로 건설 가능해진다는 논조가 여전히 눈에 띄는" 현실을 인정하면서도, "근대국가 건설이라는 대사업에 나서려 할 때, 거기

---

129 田中明, 앞의 책, 1984, 166~170쪽(초출 : 「韓国の知識人に思う」, 『朝鮮研究』 100号, 1970年·10·11号). 이 글은 田中明, 『韓国政治を透視する』(亜紀書房, 1992)의 한국어 판(윤학준 역, 『韓國政治를 透視한다-한 日本 知識人이 본 韓國』, 吉安社, 1995)에 추가된 보론 중 「한국의 지식인에 대하여-젊은 벗에게 보내는 편지」라는 제목으로 수록되어 있다(236~264쪽).

130 1917~1997. 경성 출생. 기미독립선언 33인의 한 사람인 이갑성(李甲成)의 장남. 중앙고보와 연희전문학교를 졸업하였다. 연희전문학교 졸업 후에는 만철도서관에 근무하면서 동아시아 역사와 사회과학에 관심을 갖게 되었다. 1948년 이래 서울대학교 정치학과에서 국제정치학을 담당하였고 1956년 서울대학교 외교학과를 설립하였으며 한국국제정치학회를 창립하여 학회장을 역임했다(『동주 이용희 전집』 전10권, 연암서가, 2017~2018).

131 이용희, 『정치사상과 한국민족주의』, 연암서가, 2017, 246~270쪽(초출 : 『국제정치논총』 6집, 1967) 참조.

에 엄존하고 있는 커다란 핸디캡을 냉정히 인식하고 그것을 어떻게 극복하는가라는 자못 버겁고 고뇌마저 품고 있는 (이) 과제를 피해서 지나갈 수는 없다 생각하고 정면으로 도전하는 사람들이 늘고 있는 것도 사실"이라고 진단한다. 또한 "주권 회복과 외세에 대한 저항에 모든 것을 집중하던 해방 전의 '저항의 민족주의'가 바야흐로 극복·지양되어야 하는 대상으로 되고 있다는 사실에 도도히 흘러가는 역사의 무게를 느낀다"고 덧붙인다.[132] 그러면서 정경모 및 '한일연대운동'을 펼치는 일본인들에 대한 비판도 잊지 않는다.

소생의 교유交遊가 좁은 탓인지는 모르겠으나, 일본과 한국 또는 일본인과 한국인 사이의 착잡한 역사적 관계가 아직 심리적으로도 정리가 되지 않은 현 단계에서는, 돈이나 기술의 대차관계라면 몰라도 민주화와 같은 나라의 위상에 관한 문제에는 일본인의 개입을 꺼리는 것이 정통적正統的인 감각이 아닐까요. (…중략…) 이와나미 신서의 T·K생 저서 『속 한국으로부터의 통신』에는 "해외에 있는 벗들에게 호소한다. 국내의 투쟁은 이제는 거의 압살당하고 있다. 해외에 있는 벗들의 대담한 투쟁에 기대한다. 그것이 박 정권을 약체화시키고, 국내의 투쟁을 또다시 앙양시키는 유일한 길이다"느니, "많은 사람이 미국의 압력으로서 박정희의 포악에 종언이 왔으면 하고 희망을 걸고 있는 상태다. 그것만이 박 정권을 누르는 거의 유일한 길이라고까지 생각하고 있다"라는 구절이 있습니다. 소생은 놀랐습니다. (…중략…) 그래서 소생은 해방 전의 독립운동가였으며, 현재도 통일문제에 노력을 기울이고 계시는 K옹에게 물어보았습니다. "외국에 있는 동포나, 외국의 힘이 목표 달성의 유일한 길이라는

---

132 田中明, 앞의 책, 1984, 155~158쪽(초출: 「韓国の知識人に思う」).

말은 자주 하는 겁니까?" 그랬더니 K옹은 "한국인이면 그런 말은 안합니다"라고 대답하고 나서 잠시 있다가 "한국인이면 마음에 있어도 그런 말은 입 밖에 내진 않아요"라고 했습니다. 이것은 오기라는 것일까요. 만약 그렇다고 하더라도 긍지 높은 선비 후예의 오기를 소생은 소중히 여깁니다. 저 연면한 고귀성을 잃지 않기 위해서라도.밑줄은 원문[133]

다나카의 비판은 '김대중사건'에 대한 선우휘의 비판의식과 동일하다.

김대중 씨는 야당의 정치지도자로서 정부, 정권에 대해 상당한 공격을 해외에서 가했습니다. 이것은 물론 어떤 의미에서 자유라고 생각합니다. 하지만 한국과 같은, 솔직히 말해서 후진국이고 아직 토대가 불안정한 분단국가에서는 이러한 야당의 정치가가 해외에서 반정부적 언동을 하는 것은 반정부적 행동에 그치지 않고 반국가적 행동으로까지 확대될 가능성이 다분히 있습니다. 이 점이, 김대중 씨의 행동에 대해 정부 측만이 아니라 상당수의 국민층, 상당수의 지식인도 납치 이전에 김대중 씨가 해외에서 했던 정치적 행동에 대해서는 비판하는 이유입니다. (…중략…) 제가 김대중 씨에게 불만인 것은 김대중 씨가 매번 미국에 있는 지식인이니 일본의 매스컴에 "제가 산 것은 당신들 덕택입니다. 하루속히 저는 일본과 미국을 방문해서 여러분에게 감사의 말을 전하고 싶습니다"라고 말하면서 자신이 사랑한다는 한국의 국민에 대해서는 사죄하지 않는 것입니다. 어떤 사죄일지, 직접적으로 김대중 씨 자신에게 책임이 없을지라도 본인 때문에 발생한 그 사건으로 정권은 별도로 치더라도 국민경제 등 일반 국민이 간접적으로 얼마나 피해를 받고 있는지에 대해 김대중 씨

---

133 위의 책, 174~175쪽.

가 정치적 책임을 지고 사죄하지 않는 한, 저는 김대중 씨를 정치적으로 인정할 수 없습니다. 저는 미국의 한 기자에게 말했던 것을 이 자리에서 말씀드립니다. 김대중사건 때입니다만, 한국을 매우 나쁘게 말하는 반면, 북에 대해서는 대단히 관대했습니다. 이것은 일본의 어느 매스컴도 동일합니다만, 이에 대해 저는 "한국에서는 적어도 김대중이라는 정치가의 존재를 허용하고 있습니다. 하지만 북은 김대중과 같은 정치가의 존재도 허용하지 않는 국가가 아닌가요" 라고 말했습니다.[134]

첫째 선우휘는 김대중에게, 다나카는 T·K에게 '타(他)를 필요 요소로 하지 않는 자기원인적인 발상'과 '주체적 정신의 활동'을 요구하고 있다. 이것은 타자를 필요로 하는 의존성에 대한 경계이지만, 다른 한편으로는 그 경계야말로 양쪽 모두에게 주체성 = 내셔널리즘이 강하게 내면화되어 있음을 보여준다.

둘째 다나카는 '한일연대운동'을 펼치는 일본의 혁신·진보에게 "한국의 민주화 문제에 대해서는 여러 가지 말하는데, (왜) 북조선의 민주화 문제는 동일한 시야에 놓고 이야기하지 않는가"[135]라는 질문을 던지고 있다는 점에서, 북한에 비판적인 선우휘와 반북/반공을 기초로 하는 자유주의를 공유한다. 이것은 한국인과 일본인이 상호 독립적 존재임을 전제하면서도, "아시아에서 민주주의가 기능하는 유일한"[136] 선진국 = 일본과

---

134 鮮于輝, 「〈基調講演〉日本人の思考と韓国の現実」, 『自由』 19-4, 1977, 117~122쪽(초출 : 「1975.10.23. 東京での講演記録の抄」, 『アジア公論』, 1976.4).

135 田中明, 앞의 책, 1981, 85쪽(초출 : 「『日本的韓国論』の病理」, 『中央公論』, 1980.10).

136 田中明·鈴木満男已, 「アジア「民主主義」への懐疑」, 『諸君!』 23-8, 文芸春秋社, 1991, 168쪽. 여기에서 다나카는 "아시아에서 민주주의가 기능하고 있는 유일한 나라 일본이 동시에 아시아에서 식민지를 지녔던 유일한 나라이기도 하다는 것"은 이 제도의 성격이 "엄청난 돈이 드는 제도"라는 점을 보여준다고 말한다.

'후진국이고 아직 토대가 불안정한 분단국가' = 한국이라는 동아시아 국
제질서의 서열과 역할을 상호 인정한다는 것을 의미한다.

　셋째, 남북체제를 벗어나 '민족국가' 건설을 지향하며 '메이지유신적
박정희식의 근대화' 자체를 거부하는 정경모와 달리, "자유민주주의에 기
반한 근대국가 건설"[137]을 지향하는 선우휘는 '박정희 식의 근대화' 자체
를 부정하지는 않지만, 그 과정의 민주주의를 요구한 '민주인사'였다. 저
널리스트라는 공통점 이외에도 선우휘의 캐리어가 이러했기 때문에, 다
나카는 40세 넘어서 시작한 '한국·조선에 관한 공부'를 지속할 수 있도
록 만들어준,[138] 그래서 "친한파로 만든 여러 명의 존경하는 한국인"[139] 중
한 명으로 선우휘를 받아들였던 것이다.

　이상과 같이 한국 지식인 정경모와는 대립각을 세울지언정, 김윤식,
선우휘 등과는 상호 이해와 공감을 통한 교류를 하던 '친한파' 다나카는,
"요 십 년간은 한국·조선에 대해선 거의 외골스럽게 비판하는 글만을 써
왔다. 동아시아 세계에서는 상대방의 귀에 듣기 좋은 말을 하는 것이 우
호友好라고 여기고 있기 때문에, 나 같은 사람은 아무래도 '나쁜 일본인'으
로 분류된다"[140]고, 1995년 한국에서 번역 출판된 저서의 '한국어판 머리
말'에 적고 있다. 연도를 계산해 보면 '요 십 년간'은, 앞에서 오무라가 다
나카에 대해 '우익적 성향'이라 평가하는 1984년을 전후로 하는 시점과

137　이상록, 『한국의 자유민주주의와 『사상계』』, 고려대 민족문화연구원, 2020, 63쪽.
138　田中明, 「鮮于煇氏さんを失って」, 『現代コリア』 264, 1986, 55쪽. 오무라가 "두 사람
　　사이에는 체질상 공통점이 있어서 친했을 것"이라 회고하듯이, 선우휘와 다나카 사이
　　에는 인간적 교류가 깊었다고 생각된다(장문석, 앞의 글, 2016, 197쪽). 인간적 교류가
　　깊어진 이유로는 둘 다 저널리스트였다는 점도 컸다고 생각된다.
139　다나카 아키라, 윤학준 역, 『韓國政治를 透視한다 - 한 日本 知識人이 본 韓國』, 吉安
　　社, 1995, 6쪽(원저 田中明, 『韓国政治を透視する』, 亜紀書房, 1992).
140　위의 책, 5쪽.

겹친다. 그렇다면 도대체 1984년을 전후로 다나카가 '한국·조선을 외골수스럽게 비판하는 글'을 쓴 이유는 무엇일까.

5. 나가며 '나쁜 일본인'으로의 전향?

다나카는 1984년 2월, 세 번째 단행본 『조선단상』을 출판하면서 다음과 같은 후기를 쓰고 있다.

이 책은 1980년 후반 이후 쓴 졸문을 모은 것이다. (···중략···) 지금까지 나는 주로 일본(인) 측의 결여를 지적해 왔다. 조선반도 안의 사상事象을 일본인이 똑바로 보지 않고 일본(인)의 운동 상황에 맞춰서 조선을 논하는 경우가 너무도 많았다. 나는 그러한 편향에서 정신의 퇴락을 봤기 때문이다. 그것이 얼마나 심했는지는 한 젊은 일본인이 처음 한국을 방문했을 때 남자는 모두 안기부 요원으로, 여자는 모두 기생으로 보였다고 고백했던 것에서도 알 수 있다. 하지만 그러한 어리석은상대방에 대해서는 모욕적인 단계는 확실히 그 끝을 보이고 있다.

그렇다고 해서 '이번에는 조선 비판이다'라고 태도를 바꾼 것은 아니다. 일본인의 조선관은 여전히 낡은 껍데기를 버리지 않았고, 근거없는 우월감을 혼합하고 있음을 부정할 수 없다. 그것은 충분히 알고 있다. 그럼에도 그동안의 자신을 내려놓듯 내가 이웃을 비판하기 시작한 것은 지금 새로운 조선멸시관이 일본에서 재생산되고 있지는 않은지, 그 재료를 조선 측이 스스로 제공하고 있는 것은 아닌지 절박한 우려를 하기 때문이다.[141]

141　田中明, 앞의 책, 1984, 242~245쪽.

다나카는 1980년 후반부터 1983년까지 '그동안의 자신을 내려놓듯 이웃을 비판하기 시작했다'고, 그 이유는 '조선 측이 새로운 멸시관의 재료를 스스로 제공하고 있지는 않은지 우려를 하고 있다'고 '고백'한다. 후기의 마지막 문장도 "조선을 공부하는 나로서는 연구의 대상이 외국의 고소苦笑나 냉소를 받는 것을 보는 것은 참기 어렵다"고 끝맺고 있다. 그 진정성이 어떤지는 판단이 잘 서지는 않으나, 적어도 이 책이 1988년에 『한국의 「민족」과 「반일」』朝日文庫, 2003년에 『한국의 민족의식과 전통』岩波現代文庫로 서명을 두 번씩이나 바꿔가며 출판된 점, 그것도 아사히신문사와 이와나미서점이라는 상대적으로 진보적 경향의 출판사에서 출판되었다는 점을 고려한다면, 다나카가 '남북조선을 비판하기 시작했다'는 이 책의 내용이 적어도 '일본인의 근거없는 우월감'을 주장하는 일본의 우익적 관점으로 평가되지는 않았음을 알 수 있다.

그렇다면, 다나카가 이 시기에 들어서 '조선 측이 스스로 새로운 조선 멸시관의 재료를 제공하고 있다'고 보는 이유는 무엇일까.

1983년 1월에 발표된 「한국의 '반일'에 있어서 문화적 우월의식」[142]을 보도록 하자. 이 논문은 앞에서 살펴 본 「〈반일〉의 풍화」에서 제시한 한국의 일본 이미지 5항목 중에서 ②~⑤는 "현재 생존하고 있는 한국인의 직접적인혹은 육친으로부터 듣는 등 준직접적인 경험으로 형성된 이미지인데, ①만은 지식으로 얻은 것이다."[143] 그런데 "한국의 반일 캠페인에는 언제나 ①의

---

142 田中明, 위의 책, 1984, 117~146쪽(초출:「韓国の『反日』における文化的優越意識」, 『拓殖大学海外事情研究所報告』17号, 1983.3). 이 글은 田中明, 『韓國政治を透視する』의 한국어판(윤학준 역, 『韓國政治를 透視한다-한 日本 知識人이 본 韓國』)에 추가된 보론 중 「반일과 문화적 우월의식」라는 제목으로 수록되어 있다(207~235쪽).

143 ① 이씨조선 말기까지 한국으로부터 문화를 섭취해온 문화적 후배국. 메이지유신 이후엔 서구문명의 흡수에 광분, 동양 속에서의 서양이 된 나라. 각주 103, 117 참조.

문화적 선진의식이 강조된다. 여기에는 우리에게는 문화적으로 월등하고 우월한 역사가 있었음에도 불구하고 오늘날, 후진 일본으로부터 멸시를 받고 모욕을 당하고 있다는 이중의 심리적 굴절을 엿볼 수 있다". 이것은 "같은 반일이라도 중국이나 다른 아시아 국가에서는 찾아 볼 수 없는 특징"이라 규정한다. 그런데 다나카는 "한국의 반일 캠페인에 종종 모습을 드러내고 있는 문화적 우월의식"이 "일본인에게 유효한 타격력이 되지 못하고 있다는 것이 사실"이므로, 그것은 "한국인들이 자기네끼리 굴욕감을 치유하기 위한 심리적 보상작용으로서만의 기능밖에 없는 것이 아닌가"라는 의문을 제기한다. 왜냐하면 "지난 날의 영광을 사상으로서 현재에 살리기 위해서는, 과거와 현대 사이에 가로 놓인 근대 100년의 치욕을 안티테제로서 어떻게 끼워넣는가 라는 작업이 필요하다고 생각되는데, 그런 작업이 보이지 않기 때문"이다.

하지만 다나카는 한국이 "적어도 당분간은 전면적인 자기 긍정이라는 길을 걸어갈 것"으로 예측한다. "그것이 민족의 긍지를 키워나가는 데 있어서 첩경이라고 생각"하고 있기 때문이라는 현실진단을 내리는 한편, 다음과 같이 한국에 대한 '우려'도 제시한다.

과거의 문화적 선진론이 반일과 결부해서 표출하는 것과 같이, 민족의 긍지가 항상 타자에 대한 대항론으로서 표출하는 것은 이런 류의 논의의 최대 약점이다. 이런 것은 청淸이라는 오랑캐, 서양이라는 금수, 일본이라는 지배자에 대한 저항의 심리적인 거점이라는 틀을 벗어나지 못하고 있기 때문이다. 언제나 강력한 타자의 존재가 전제로 되는, 이를테면 타자가 있어야만 사고를 한다는 성격이 농후하다. 극히 가까운 곳에서 예를 든다면, 지난 여름82년, 일본과 한국간에 교과서문제가 일어났을 때 한국의 정부 당국은 즉시 국가교육의 강화라는 방침을 내세워 교과서를 수정해야 한다며 연말에는 그 세목細目을 발표했다. 한일관계를 '주체적인 입장에서' 올바르게 파악한다는 것이 주안점이라고 하지만, 국사 교육의 수정이라는 청소년 교육의 기본과 관계되는 변경, 즉 가장 주체적이어야 할 시책이, 일본 교과서의 '왜곡'이라는 타자의 행위를 동인動因으로 해서 시행된다는 것은 기괴한 현상이라 아니할 수 없다. 그러나 타자에 대항논리로 움직이는 풍조하에서는 이것이 그리 괴이하게 느껴지지 않는 모양이다. 그렇지만 그것이 과연 오늘날 요청되는 새나라 건설의 원동력이 될 수 있을까.

이어서 "한국과는 정면 대결하고 있으나 같은 민족의 나라인 북조선"에 대해서도 언급한다. "오늘의 북조선은 극도의 쇄국정책을 취하고 있는데다가 김일성 주성을 신격화하고 그의 주체사상을 '혁명과 인간해방을 위한 「유일사상」'이라고 말한다"고 지적한 후, 한국과 달리 "자기의 선진 우위성을 과거가 아닌 현재에 구하고 있다"고 평가한다. 그러나 "그 대가는 너무나 비싸서, 60년대 초까지는 약진을 구가하고 있었음에도 불구하고 오늘의 북조선은 컨트리 리스크가 가장 높은 나라로 전락했다"고 비판한다.

이처럼 "주변을 대국으로 둘러싸인 한반도의 (두) 나라가 대항의 거점을 조급히 마련하지 않으면 안 될 사정은 충분히 이해가 되나, 그것이 '대항을 위한 자기 긍정'이라는 단계에만 머물러 있어서 과감한 자기부정을 두려워하지 않는 건설적 사상을 창출해 내지 못하는 한, 우월감과 열등감이 뒤범벅이 되는 막대한 감정의 낭비로만 끝나버릴 것이 아닐까" 우려하며 글을 맺는다.

이상에서 다나카가 '조선 측이 새로운 조선멸시관의 재료를 스스로 제공하고 있다'고 우려를 표한 사건은 '북조선의 김일성 주의'도 포함하지만, 직접적으로는 1982년 6월 일본 역사교과서 문제가 발생하자마자, 곧바로 한국이 2학기부터 중고등학교 학생들에게 "뼈저린 비극 피부로 느끼게" "일제침략사에 관한 교육을 강화"하기 위한 계획 수립에 돌입한 것을 말한다.[144]

다나카에 따르면, 이와 같은 한국 정부의 움직임은 '타他를 필요 요소로 하지 않는 자기원인적 발상' 또는 '주체적 정신의 활동'이 아니라, 그저 '대항을 위한 자기 긍정'이다. 이는 이미 「〈반일〉의 풍화」를 발표했을 때부터 그가 비판하던 '안이한 반일 감정 노출'에 불과한 것이다.

그런데 그는 역사 교과서 문제를 계기로 "그동안 표면화되지 않았던 기묘한 구도가 나타나기 시작했다"고 지적한다. 그것은 "일본의 친한파 정치가는 검정지지, 반한파 진보진영이 한국과 동일하게 검정을 비판하는 조합의 등장"이다.[145] 이에 대해 다카나는 다음과 같이 평가한다.

그때 한국의 매스컴은 1년 전까지 반한反韓 인사라고 공격하던 사람을 이번에는 문부성 검정에 반대하는 양심적 일본인이라고 상양賞揚했기 때문이다. 어떤 논의를 세울 때 그것은 필자의 사상·방법과 분리될 수 없는 것이다. 따라서 그 논의를 받아들지 여부는 그 사상과 방법에 동의할지의 문제이기도 하다. 일본의 마르크스 사학자가 일본제국주의의 침략과 수탈상을 파고드는 것은 그들의 입장상 당연하다. 그들은 논리의 심화와 정치함을 지향하며 그들 나름의 노력을 하고 있는 것이다. 하지만 그것은 자본주의의 모순을 폭로하고 사회주

---

144 「일제침략사 교육 강화」, 『동아일보』, 1982.7.30, 11면.
145 田中明, 앞의 책, 1984, 181쪽(초출:「ソウルに触発された斷想」, 『コリア評論』, 1983.10).

의의 우위성을 증명하기 위한 노력이다. 만약 마르크스주의에는 반대이지만, 일본의 악惡을 지적하는 것이 상황에 맞아서 좋으니까 받는다는 것은 기회주의라는 말을 들어도 어쩔 수 없다.[146]

여기에서 다나카가 지목한 '양심적 일본인'은 이에나가 사부로이다. 실제로 한국의 미디어에서는 '교과서 왜곡 계기로 보는 현지의 눈'이라는 특집 등을 구성하여 일본의 교과서 검정제도를 비판하는 주요 근거로 이에나가 사부로의 교과서 재판을 소개했다.[147]

하지만 재일한국인 역사학자 김달수, 강재언, 이진희, 강덕상은 1976년부터 사용되다가 1978년에 일부 개정된 일본의 역사 교과서 9종을 검토한 결과, '대등하지 않은 일조관계사'에 기초한 '왜곡된 조선상'이 기술되고 있다고 비판했다.[148] 그런데 검토 대상 9종에는 이에나가 사부로 편 『신일본사新日本史』三省堂도 포함되어 있다. 이에나가 사부로의 교과서가 문부성 검정제도의 문제점을 비판하고는 있지만, 재일조선인 입장에서는 일본의 '혁신·진보'에게도 내면화되어 있는 '왜곡된 조선상'이 기술된 일본의 역사 교과서 중 하나였던 것이다. 물론 다나카가 재일조선인 역사학자들의 이러한 비판을 어떻게 받아들였는지는 불명확하다. 다만, 1982년에 발생한 일본의 역사교과서 문제로 한일 양국의 시민사회가 서로의 역사인식에 문제의식을 지니기 시작한 시기에 개최된 요미우리신문사 주최 2차 '일한좌담회'에 김달수, 선우휘와 함께 다나카도 참가하고 있다.[149]

---

146 위의 책, 184쪽.
147 「家永三郎〈中央大学 교수〉檢定 자체가 違憲」, 『동아일보』, 1982.8.25, 9면; 「거꾸로 도는 日本歷史의 시계〈10〉敎科書 왜곡 계기로 보는 現地의 눈/17年째 계속되는 '敎科書 재판'」, 『동아일보』, 1982.8.30, 3면 등이 있다.
148 金達寿·姜在彦·李進熙·姜德相, 『敎科書に書かれた朝鮮』, 講談社, 1979 참조.

따라서 '혁신·진보' 일본인 이에나가 사부로의 교과서도 포함한 역사 교과서의 '왜곡된 조선상'에 대한 재일조선인 김달수의 문제의식을 적어도 다나카가 부정하지는 않았다고 봐도 무방할 것이다. 이런 의미에서 다나카로서는 일본의 역사교과서 문제를 계기로 한국에서 이에나가 사부로를 주목하는 상황이 '그동안 표면화되지 않았던 기묘한 구도'가 나타났다고 인식된 것이다.

또한 다나카는 "교과서 문제 자체가 만약 일본에서 진보진영에 의한 오랜 캠페인이 없었다면 과연 발생했을까"하는 의문을 제기하면서 "한국은 일본이 깔아 놓은 레일에 올라탔다는 인상을 부정할 수 없다"고 비판한다. 그리고 "일본을 비판하는 것은 좋다. 하지만 규탄의 수단이 일본제日本製라고 한다면, 그것은 너무도 슬프지 않은가"라고 반문한다. 즉 "지금처럼 일본 원산原産의 무기대체로 좌익의를 가지고 일본을 공격하는 한, 일본의 좌익은 자신들이 한국의 민주화→체제변혁을 지도하는 자격이 있다고 생각하기 시작할 것"이라는 전망마저 내놓는다.[150] 이와 같은 다나카의 비판, 반문, 전망에는 역사교과서 문제를 계기로 '반한 인사를 양심적 일본인'으로 둔갑시키는 주된 원인은 '강한 자기부정을 두려워하지 않는 건설적 사상을 창출해 내지 못하고, 우월감과 열등감이 뒤범벅이 된 막대한 감정의 낭비'에 불과한 한국의 '반일'이라 지적하고 있는 것이다. 그리고 만 10년 후 다나카는 다음과 같이 그 의미를 회고한다.

한국의 일본 비판이 곧장 일본사의 기술을 한국의 요구대로 하는 것으로는 연결되지 않는다. 한국인에게 이토 히로부미가 한국 침략을 상징하는 대악

---

149 박삼헌, 앞의 글, 2021 참조.
150 田中明, 앞의 책, 1984, 185~186쪽.

인大惡人임은 일본인도 이해할 수 있다. 그러나 일본인의 입장에서 보면, 이토는 근대 일본건설의 공로자라는 다른 중요한 측면이 있으며 그러한 평가를 역사에서 말살할 수는 없는 것이다. 나폴레옹의 말발굽에 짓밟힌 나라의 국민들은 그를 혐오하겠지만, 그렇다고 하여 프랑스인의 나폴레옹 숭배를 가로막을 수 없는 것과 같은 이치다. 이 교과서 문제는 한일관계라는 것은 아무리 시간이 지나도 심리적 차원을 넘을 수 없는 것임을 다시 한번 일깨워 주었다. (…중략…) 한국의 어느 교수는 일본 신문에 "식민지 통치의 결과 한국의 자주적 발전이 저해되었던 것에 대한 정책적 보상"[151]이 필요하다고 말하였다. 그렇지 않으면 한일 양국의 진실한 우호친선은 불가능하다는 것이다. 그러나 '있었을지도 모를' 자주적 발전이란 누가 어떻게 측정할 것인가. 어떤 민족이라도 무한의 발전 가능성을 갖고 있음을 생각할 때 그것은 무한의 보상을 하라는 것과 마찬가지이다. 이러한 자의적인 발언에 대하여 일본 측은 일종의 '전과자' 의식 때문에 공공연하게 반론할 수 없었다. 이것은 당연히 욕구불만을 증폭시켜 반한反韓이 아닌 염한厭韓 무드를 만연시키고 있다.[152]

이것은 한국의 시사평론지가 특집 '전후 한일관계의 회고와 전망' 중 틴 고니토 나나가에게 의뢰한 글이다. 그런데 1년 후 이 글이 일본어로 번역되어 수록된 『현대코리아』의 특집 제목이 '염한·반일의 원흉은?'이라는 점은 매우 시사적이다. '조선/조선어'를 통해서 '민족주의자', 즉 일본인임을 자각한 다나카로서는 '나는 지배한 자가 지배당한 자의 심정을

---

151 愼鏞廈,「ざっくばらんに 日本外交を考える」,『朝日新聞』 조간, 1990.8.22, 2면.
152 다나카 아키라,「한 일본인이 본 전후 한일관계」,『일본평론』 제4호, 사회과학연구소, 1991년 가을·겨울호, 115~117쪽(일본어 : 田中明,「一日本人の見た戰後日韓關係」, 『現代コリア』327, 1992.12).

절대 이해할 수 없다고 생각한다'는 명제 아래 '한국인의 반일의 실태를 똑바로 보겠다'고 했지만, 그 '조선연구'가 어디까지나 일본인을 전제로 했던 이상, '전과자 의식'에 눌린 욕구불만이 증폭되고, 마침내 반한과 염한으로 향해버렸던 것은 아닐까. 한일병합 100년을 맞이한 2010년. 다나카는 회한이 섞인 듯한 제목의 『멀어져 가는 한국』[153]을 마지막으로 남기고 그해 12월 세상을 떠났다. 마지막까지 일본 지식인 다나카에게 '조선연구'는 복잡했었던 것 같다. 그의 나이 85세.

---

153   田中明, 『遠ざかる韓国―冬扇房独語』, 晩聲社, 2010(초출: 「冬扇房閑話」(36回連載), 『現代コリア』440~476호, 2004.4~2007.11[종간]).

3

아시아 냉전학술의 자장과
1970~1980년대
한일 지식인 교류

김인수

1. 지식교류의 정치적·물질적 토대에 대한 질문

1977년 7월 13일부터 15일까지 3일에 걸쳐, 일본의 유명한 휴양지 하코네箱根에서 한국과 일본의 사회과학자들이 모여 학술회의를 가졌다. 한국 학자들의 일본방문 일정은 7월 10일부터 시작해서 17일에 종료된 것으로 보인다.[1] 이 회의는 훗날 제1차 한일지식인교류회의Korea-Japan Intellectual Exchange(KJIE), 日韓知的交流会議로 불리게 되는데, 1945년 이후 한일 양국의 사회과학자들 사이에서 이루어진 최초의 학술교류였다. 이 회의를 주관한 기구는 한국의 고려대학교 아세아문제연구소The Asiatic Research Center, ARC[2]와 일본의 일본국제교류센터The Japan Center for International Exchange, JCIE였다. 이 회의의 결과물은 이듬해인 1978년에 한배호韓培浩 교수1931~, 고려대, 정치학와 야마모토 다다시山本正, 1936~2012 JCIE 이사장의 공동편집으로 책으로 출간되었다. *Korea and Japan : A New Dialogue Across the Channel* Asiatic Research Center, Korea University가 그것이다.

KJIE는 이후 두 기관의 공동 연구의 형태로 자리를 잡아 연속성을 갖고 한일 양국을 오가며 1992년 제10차 회의까지 꾸준히 개최되었다. 1993년부터는 참가 주체의 조정을 거쳐 한일포럼日韓フォーラム으로 이름을 바꾸어 현재까지 계속되고 있다.[3] 그런데 고려대 아세아문제연구소

---

1   해당 회의의 발표문 초고(draft)를 통해 세부 일정을 확인할 수 있다. 해당 초고는 Folder 469, Box 90, Series No.1.12, FA 021, RG 1, SSRC records, The Rockefeller Archive Center(RAC)에 소장되어 있다.

2   아세아문제연구소의 현재의 영문 명칭은 Asiatic Research Institute(ARI)이다.

3   한일지식인교류회의(日韓知的交流会議, Korea-Japan Intellectual Exchange)는 1977~1985년에 개최되었고, 이후 1988~1991년의 한일21세기위원회(日韓21世紀委員会, Korea-Japan 21st Century Committee)를 거쳐, 1994년~현재의 한일포럼(日韓フォーラム, Korea-Japan Forum)으로 이어지고 있다(https://www.jcie.or.jp/japan/

의 60년 역사를 정리한 연구서에는, 앞에서 언급한 제1차 KJIE의 역사
는 누락되거나, 역산으로 기원을 찾는 식으로 소략하게 취급되고 있다.
"1978년 5월에 산학재단[4]과 포드재단Ford Foundation의 자금지원을 받아 일
본국제교류센터The Japan Center of International Exchange와 공동으로 국내학자 6
명, 일본학자 5명이 참가하는 공동 연구 사업에 착수했다"는 것이 KJIE
에 대한 최초의 언급으로 등장한다. 3개년 계획으로서 한일 학자들 공동
으로 '새로운 아세아 질서 모델 계획'이라는 연구를 발족했고 '한일지식
인교류회의'를 갖기로 했다는 것이다.[5] 해당 사업에 한국의 산학협력재단
이 28,500달러, 포드재단The Ford Foundation. FF이 10,000달러를 각각 출연했
는데, 여기서 '새로운 아세아 질서 모델 계획'은 한일 양국이 아시아 지역
에서 새로운 국제질서를 형성하는 데에 어떤 역할을 하고 어떤 긍정적인
기여를 할 수 있는지 공동으로 모색하는 것을 목표로 삼았다. 한일 양국
학자의 상호이해를 돕고 그로부터 시작해서 아세안 국가 지식인들과의
교류로 나아가는 기반을 구축한다는 것이 목표로 설정되었다. "이 사업은
한일 학자 간의 긴밀한 지적 관계를 갖는 핵심 그룹이 탄생하는 산실이
었다."[6]

　1970년대 중후반은 브레턴우즈 체제Bretton Woods System의 붕괴, 오일쇼
크, 미중 데탕트와 베트남전쟁의 종식, 중일국교정상화 등의 정치변동으
로 인해 기존의 국제정치의 문법이 변화해가는 시대였다. 헨리 키신저

---

history/(검색일 : 2022.11.1)).
4　"산학협동재단"으로서 1974년에 설립되었다. 1976년 11월 15일에 하버드대학 한국학
　　관련 강좌 개설기금으로 100만 달러를 기부한 일로 유명하다(http://www.sanhakfund.
　　or.kr/ '연혁').
5　고려대 아세아문제연구소, 『亞硏60年史-1. 역사편』, 아연출판부, 2017c, 20~21쪽.
6　위의 책, 81쪽.

Henry Alfred Kissinger, 1923~의 '신세계질서론', 즈그비뉴 브레진스키Zbigniew Brze-zinski, 1928~2017의 삼극위원회Trilateral Commission 중심의 신질서 구상,[7] 유엔 내의 개발도상국을 중심으로 하는 '新 국제경제질서' 형태의 정치적 움직임이 일었고, 미국의 일부 학자를 중심으로 하여 '세계질서 모델 계획'이 추진되기도 했다.[8] 이 공동 연구의 의제와 문제의식은 그러한 세계적 흐름에 공명한 것이었다.

한편, 아연ARC은 1979년 10월 1일부터 산학협동재단과 미국 루스재단 The Luce Foundation의 재정지원을 받아 '한미관계연구' 2개년 연구사업을 개시했다. 미국 컬럼비아대학 동아연구소와 공동으로 착수한 사업이었다. "(ARC가) 미국 학계와 공동으로 한미관계 연구에 착수한 것은 동아시아에서 한미관계의 중요성을 학술적으로 깊이 있게 논의할 필요가 있다는 당시의 시대적 요구를 반영한 것"으로, 이 분야에서의 아연의 선구적 역할을 보여준다고 아연은 자평했다.[9]

KJIE에 대한 서사는 ARC의 일본 측 파트너인 일본국제교류센터JCIE의 서사 안에서도 마찬가지로 강조되어 있다. 다만, JCIE의 경우에는, KJIE 이전부터 미국과 유럽을 상대로 한 지식인 교류의 역사가 축적되어 있었다. JCIE는 1970년에 설립되었지만, 이미 야마모토 다다시의 주도로 1967년부터 미일 간의 시모다회의下田会議[10]가 시작되었다. 이 회의는 1994년까지 지속되었다. 야마모토는 1968년에는 미일의원교류프로그

---

7 삼극위원회(Trilateral Commission)에 대한 개괄적 설명으로는 다음의 사이트를 참고할 것(https://www.britannica.com/topic/Trilateral-Commission(검색일 : 2023.4.5)).

8 고려대 아세아문제연구소, 앞의 책, 2017c, 70~71쪽.

9 위의 책, 78쪽.

10 The Japanese-American Assembly('The Shimoda Conference'). 1967년에 시작되어 1994년까지 총 9회가 개최되었다.

램U.S.-Japan Parliamentary Exchange Program을 설치했고, 1973년에는 북미-일본-서유럽 간의 삼극위원회를 개시했다. KJIE 이후로 아세안·일본 대화체를 만들어 운영하기도 하였다.

멘주 도시히로毛受敏浩에 따르면, JCIE의 전신은 JCIU The Japan Council for International Understanding와 AIE The Association of International Education였다. 1962년 케네디Robert F. Kennedy, 1925~1968의 일본 방문을 계기로 JCIU가 설립되는데, 이처럼 JCIU는 저명한 미국 인사들의 일본 방문을 준비하기 위해 설립된 기구였다. JCIU는 1967년에 포드재단 등으로부터 지원금을 받아 시모다회의를 개최했다. 미일의원교류프로그램 역시 JCIU가 1968년에 설치한 기구였다. 이외에, AIE The Association of International Education는 일본인 교사의 단기 미국연수 사업1964 · 1966~1968을 진행했는데, AIE 역시 JCIE의 모태가 된 조직이었다.[11]

그렇다면, KJIE는 ARC나 JCIE가 표방하는 공식적인 서사대로 두 기관의 능동적이고 자발적인 의지로 조직된 회의였을까? 1965년에 한일협정이 체결된 이후 10여 년 남짓 시기가 흘렀다고는 하지만, 제국주의와 식민지의 경험이 생생하게 살아 있는 두 사회에서, 비록 이들이 지식인이고 또 오피니언 리더들이었다고 하더라도 대화의 문을 여는 일은 그리 쉽지 않은 선택이었을 것이다. 게다가, KJIE를 ARC와 JCIE가 자신들이 각자 주도했다는 서사'연혁'는 과연 그대로 신뢰해도 무방한 것일까? KJIE의 만남 이후에 야마모토 다다시와 공동 편집으로 여러 차례 회의의 결

---

11   Menju Toshihiro, "The Development of Grassroots International Exchange in Japan and the Impact of American Philanthropy", in Yamamoto Tadashi, Irie Akira, and Iokibe Makoto ed., *Philanthropy and Reconciliation : Rebuilding Postwar U.S.-Japan Relations*, Tokyo and New York : Japan Center for International Exchange(JCIE), 2006, 272쪽.

과물을 수합하여 단행본으로 내놓은 한배호 교수는 자신의 자서전에서 KJIE의 설치와 관련해서 조금 색다른 이야기를 펴놓기도 했다.

1976년 여름에 나는 독일 정부의 초청을 받아 여러 독일대학을 방문했다. 보쿰^{Bochum}대학과 본^{Bonn}대학 등 여러 독일대학에서 하는 일본 연구의 동향을 알아볼 수 있었다. 본에 들렀을 때 아데나워재단 사무실을 찾아갔다. 제네바에 있던 나의 처남 박상증 목사로부터 한 독일 여자 직원을 소개받았는데 아시아 문제를 다룬 박사학위를 소지한 분이었다. 내가 일본 연구와 아울러 한일관계에 중점을 둔 연구를 하고 싶다고 했더니 관심을 보이더니 어떤 도움이 필요하냐고 물었다. 나는 한국과 일본의 학자나 지식인들이 정규적으로 한국과 일본을 왕래하면서 양국의 관계 개선을 위한 논의를 할 필요가 있다고 했다. 그 비용을 지원해줄 것을 부탁했다.

그분은 나의 제의에 관심을 보이면서 그 대신 한국에 아데나워재단 지부를 설치할 필요가 있다고 했고 나는 고대 아연에 그 사무소를 둘 수 있다고 했다. 그렇게 해서 나는 고대 아연의 일본연구실장으로서 'Korea-Japan Intellectual Exchange Program^{KJIEP}'을 시작하게 되었는데, 일본의 지식인으로 하여금 한국의 실정을 알게 하고 특히 한국의 민주화를 위해 일본에서 간접적으로 지원해줄 수 있는 지식인들을 규합하자는 것이 나의 숨은 의도였다. 그 프로그램을 위해 독일의 아데나워재단이 일본에서 개최하는 회의 경비를 대주고 한국에서 개최하는 회의에 올 일본 참가자의 비용을 대는 내용으로 합의했다. 당시 아연 소장은 내심 그 재원이 모두 연구소 운영에 쓰이는 것을 바랐던 것 같다.[12]

---

12   한배호, 『민주정치라야 정치학이 산다』, 오름, 2013, 216쪽.

이 구절은 KJIE에 대해 독일 아데나워재단^{Adenauer Foundation}이 지원하게 된 계기에 대해 한배호 교수 자신의 입장에서 회고한 기억이라고 평가할 수 있다. 자신이 이 회의의 초기 제도화과정에 기여했음을 드러내는 서사 이기는 하지만, 이면을 생각해보면 KJIE의 시작이 상당히 우발적인 계기 에 의한 것이었다는 점을 간취할 수 있다. 실제로 아데나워재단은 이후의 KJIE에는 재정지원을 중단했는데, 그렇다면 과연 한배호 교수 자신이 말한 것처럼, "당시 아연 소장이 내심 그 재원이 모두 연구소 운영에 쓰이는 것을 바랐"기 때문에 그랬던 것일까?

1980년대의 KJIE에서 한국 측의 주도적인 역할을 담당한 한승주^{韓昇洲} 교수^{1940~}도 KJIE에 대해 다음과 같은 회고담을 남기고 있다.

> 아연의 활동 중에서도 두드러진 것은 통일 문제, 한일, 한미, 한중, 한소 관 계의 연구와 교류활동이었다. (…중략…) 일본과는 정치적으로 학술교류가 쉽 지 않은 상황에서 JCIE^{일본국제교류센터}와 한일 지적교류 사업을 진행하고 있었다. 독립운동가 김준엽 선생의 카리스마와 리더십 덕분이라고 할 수 있을 것이다. (…중략…) 당시는 한일관계가 매끄럽지 못한 시절이어서 일본과 협력적 사업 을 시도하는 것이 정치적으로 쉽지 않은 상황이었으나, 대일관계에 흠집 없는 전력을 가진 김준엽 선생이 추진했기에 가능한 사업이었다. 한일 지적교류 프 로젝트는 경제, 무역, 청소년 교류 등의 문제뿐만 아니라 역사, 영토 문제 등 다 루기 어려운 정치적 문제까지 논의의 의제로 삼았다.¹³

여기에서 한승주 교수는 KJIE 설치와 운영의 직접적인 토대로서 아연

---

13 한승주, 『외교의 길』, 올림, 2017, 56·60~61쪽.

소장과 고려대학교 총장을 지낸 김준엽金俊燁, 1920~2011이라는 인물 개인의 역량을 크게 평가하고 있다. 일본과 교류를 한다는 사실 그 자체만으로도 친일 혐의에 시달리기 쉬운 당시의 사회적 상황 속에서 광복군 출신 김준엽의 상징가치가 이를 상쇄하는 힘으로 작용하고 있었다는 것이다. KJIE가 역사, 영토 문제를 포함하여 제법 껄끄러운 양국 간의 정치적 이슈도 가감 없이 다룰 수 있는 공간이었다고 보고 있는데, 그렇다면 이 일련의 과정을 과연 한 명의 위대한 개인의 역량에 기대 설명하는 것은 가능한 일일까? 이것은 일본 측 리더인 야마모토 다다시 JCIE 이사장에 대한 평가를 하는 데에서도 마찬가지로 제기될 수 있는 질문이다.[14]

앞서 언급한 바와 같이, 시모다회의로 불리는 미일지적교류회의는 KJIE의 원형이 된 것으로 알려져 있다. JCIE의 전체적인 사업진행에 비춰볼 때, 이는 무리 없이 수용할 수 있는 사실로 판단된다. 그런데, 시모다회의는 냉전기 일본에 반공주의를 확산하기 위해 취해진 지식인 ─ 심리작전의 대상으로서의 교사, 언론인, 연구자, 작가, 비평가, 노조지도자 등 ─ 에 대한 미국의 공략전략으로서 미국 포드재단The Ford Foundation과 일본 재계의 협력에 의해 시작되었고,[15] 미일관계를 '적대에서 화해로' '반미에서 친미로' 전환시키는 데에 중요한 의의를 가졌던 것으로 평가받는다.[16]

---

14   야마모토 다다시의 생애와 활약에 대한 공식적인 기록으로서는 다음의 사이트에 제시된 정보를 참고할 것(https://www.jcie.org/history/yamamoto-life-legacy/(검색일 : 2022.11.1)).

15   楠綾子, 「冷戦と日米知的交流─下田会議(1967)の一考察」, 関西学院大学国際学部研究会, 『国際学研究』 3(1), 2014, 34쪽, 41쪽.

16   Yamamoto Tadashi, "Changing Patterns of International Exchange", *Japan Quarterly* 41(4), 1994, p.384. 이러한 1945년 이후 미일 관계의 재구축 과정에 관해서는 다음의 책이 상세하다. Yamamoto Tadashi, Irie Akira, and Iokibe Makoto ed., *Philanthropy and Reconciliation : Rebuilding Postwar U.S.-Japan Relations*, Tokyo and New York : Japan Center for International Exchange(JCIE), 2006.

2011년 야마모토 다다시의 훈장수여식에서, 주일한국대사와 외무장관을 지낸 공로명孔魯明, 1932~ 은 "야마모토 이사장은 일본과 미국 간의 상호이해를 고조시키고자 미국의 벗들과 함께 시모다회의下田會議를 1960년대에 시작했다"[17]고 축사하면서, KJIE도 같은 취지로 기획되었다는 점을 언급했다. 제2차 세계대전에서 적으로 만났던 두 국가미국과 일본가 지식인 교류를 통해 앙금을 털고 화해한다는 기획은, 제국주의와 식민지로 대립하고 길항했던 역사를 가진 두 국가한국과 일본가 적대를 길들인다는 기획으로 변주되었던 것으로 보여지는데, 그렇다면 거기에는 모종의 힘이 작용하고 있었던 것은 아닐까?

이 글은 록펠러아카이브센터The Rockefeller Archive Center, RAC에 소장된 포드재단 자료[18]를 통해 당시 동아시아 지역에 존재했던 지식인 네트워크의 역사적 연원, 정치적 토대, 물질적 기초를 드러내고 그 의미를 음미해보는 것을 목적으로 한다. 이는 KJIE에 작용했던 아시아 냉전의 자장磁場을 가시화하는 작업이기도 하다.

---

17 『山本正 旭日中綬章受章記念-活動の軌跡』(2011,10), p.19.
    https://www.jcie.org/japan/j/pdf/intro/Celebrating_Tadashi_Yamamoto.pdf(검색일 : 2022.11.1).

18 코로나사태로 인해 RAC(미국 뉴욕주 소재)를 직접 방문하여 자료를 조사할 수는 없었고, RAC에서 운영하는 복사서비스를 이용하여 자료를 수집할 수 있었다. 재단의 연구비, 펠로십 자료가 대부분을 차지하는 RAC 소장자료는 보고서나 단행본의 형태로 마무리된 연구의 결과물에서는 찾아볼 수 없는 연구과정 그 자체를 가늠하고 재현해낼 수 있다는 점에서 대단히 의미 있는 자료이다. 연구의 내용이 논문이나 단행본으로 구현되기는 하지만, 여러 이유로 연구결과물에 담기지 못하고 누락된 채 유실된 부분들도 있을 수 있다. RAC 자료는 이를 입체화하여 이해할 수 있는 유용한 도구, 근거, 자료이다. 또, 한국과 관련해서는, 열람되지 않은 자료가 종종 확인되곤 하는 RAC 아카이브의 속성상, 추후 방문조사를 통해 추가적으로 자료를 파악, 수집하는 것이 필요하다고 생각한다. 추후의 과제로 남긴다.

2. 냉전 시기 아시아 지식네트워크의 형성과 작용

1) 냉전 시기 지식교류 연구의 동향

그동안 냉전 시기 지식교류에 관한 연구는 주로 문화냉전cultural Cold War 의 관점에서 미국의 문화외교cultural diplomacy에 주목하는 경향을 보여왔다. 문화외교는 다른 국가와 사회에 자국의 가치관과 관념, 학문과 지식, 문화와 생활양식을 전파하여 사회문화적 헤게모니를 획득하고 해당 사회를 자국의 세계와 동질화시키기 위한 시도로서, 해당 사회의 문화와 성격에 대한 정밀한 조사를 수반한다. 문화외교는 전시戰時의 용어인 '심리전', '심리작전', '심리전략', '프로파간다'와 밀접히 연관되어 있고,[19] 다른 한편으로 상대 국가와 사회에 대한 지식의 생산, 유통, 소비를 파생한다. 특히, 후자는 지역학의 출현과도 깊이 맞닿아 있다.[20]

미국과 한국의 지식교류, 미국과 일본의 지식교류, 미국과 타이완의 지식교류에 관해서는 다수의 연구들이 축적되어 있다. 아시아재단, 록펠러재단, 포드재단 등 미국의 민간재단의 후원이 이들 지식교류의 직접적인 매개가 되었기 때문에, 각 재단의 후원으로 지식네트워크가 어떻게 구축되었는지에 관한 분석이 연구의 초점이 되고 있다.[21] 그런데 이들 연

---

19 藤田文子, 『アメリカ文化外交と日本』, 東京大学出版会, 2015, xi쪽.
20 '문화외교'에서의 미국 민간재단의 역할, 특히 지식교류를 매개로 제3세계의 지역학 및 사회과학 지식영역의 문제군 창출, 방법론 확산, 발전이론의 구성에 미친 영향에 대해서는, Berman, Edward H., *The Influence of the Carnegie, Ford, and Rockefeller Foundations on American Foreign Policy*, Albany : State University of New York Press, 1983이 상세하다.
21 한미 지식교류에 대한 연구로는, 이봉범, 「냉전과 원조, 원조시대 냉전문화 구축의 역동성-1950~60년대 미국 민간재단의 원조와 한국문화」, 인하대 한국학연구소, 『한국학연구』 39, 2015; 허은, 「냉전시대 동아시아지역의 미국학(American Studies) 확산과 '知的네트워크' 구축-한국의 사례를 중심으로」, 고려대 아세아문제연구소, 『아세아연구』

구는 미국과 한국, 미국과 일본, 미국과 타이완 등 양자구도의 지식교류 bilateral intellectual exchange에 한정되어 있고, 그 주장 역시 지식체계의 미국화라는 일방적, 비대칭적 전파론asymmetric diffusion에 머물고 있다. 냉전기 아시아 역내 지식교류에 대해서는 사례발굴을 포함하여 연구가 거의 진행된 바 없다. 이를테면 한국과 일본, 한국과 타이완, 일본과 타이완, 나아가 한국-일본-타이완 간의 지식교류는 미국의 문화외교가 낳은 결과물인 동시에, 역내 지식체계의 공생산과 동조화 여부를 판별해볼 수 있는 흥미로운 사례에 해당하는데, 이에 대한 주목은 아직까지 이루어진 바 없다.

본 연구는 한일 지식교류 안에서 한국과 일본의 독자적인 역량 이전에 이를 가동하게 한 숨은 존재, 행위자들을 정향orientation했던 숨은 힘을 포착하는 동시에, 이러한 실천이 가져온 수행적 효과practical effects와 그 양가성에 주목한다.

60(1), 2017; 차재영, 「1950년대 미국무성의 미국 언론 전문가 파견 사업 연구—한국 언론에 미친 영향을 중심으로」, 한국언론정보학회, 『한국언론정보학보』 87(1), 2018; 김인수, 「1960~70년대 한국학의 토대와 네트워크—아시아학술기관교류위원회(CEAI), 아세아문제연구소(ARC), 한국학공동위원회(JCKS)의 활동을 중심으로」, 서울대 인문학연구원, 『인문논총』 제77권 제3호, 2020 등이 있다. 미일 지식교류에 대한 연구로는, Yamamoto Tadashi, Iriye Akira, and Iokibe Makoto ed., *Philanthropy and Reconciliation : Rebuilding Postwar U.S.-Japan Relations*, Tokyo and New York : Japan Center for International Exchange(JCIE), 2006; 楠綾子, 「冷戦と日米知的交流—下田会議(1967)の一考察」, 関西学院大学国際学部研究会, 『国際学研究』 3(1), 2014; 藤田文子, 『アメリカ文化外交と日本』, 東京大学出版会, 2015; 土屋由香, 『文化冷戦と科学技術—アメリカの対外情報プログラムとアジア』, 京都大学学術出版会, 2021 등이 있다.

2) ARC-FF-JCIE의 네트워크

제1차 KJIE의 성과물인 *Korea and Japan : A New Dialogue Across the Channel* [1978]의 서문Forward에는 회의의 성격에 관한 실마리를 얻을 수 있는 대목이 있다.

(한일) 두 나라 국민을 적대적인 상태에서 형식적으로는 재결합reassociation시킨 1965년 한일관계 정상화 이후로, 서로에게 중요한 이슈와 문제에 대해 한국과 일본의 독립적인 학자와 지식인들이 객관적이고 덜 비판적인 방식으로 개입하는 데에는, 그리고 좀 더 지속적이고 진정한 의미에서의 화해에 유용하게 기여하는 데에는 장기적인 노력과 시간이 필요하였다. 이 점이 아세아문제연구소The Asiatic Research Center, ARC와 일본국제교류센터The Japan Center for International Exchange, JCIE가 함께, 1977년 7월에 한국과 일본의 뛰어난 학자그룹이 모여 일본 하코네에서 개최한 학술회의를 후원했던 까닭이다. 이 회의의 주제는 "한국과 일본 사회의 공통점과 차이점Commonalities and Contrasts in Korean and Japanese Societies"이었다. 이 두 기관은 회의의 성공에 용기를 얻었고 서울과 도쿄에서 회의를 계속 이어가는 데에 합의했다.

한일협정 이후 두 나라 국민의 형식적 결합만이 아니라, 지식인들이 교류하면서 한일 간의 민감한 이슈를 객관화하여 검토하고 이를 통해 두 나라가 진정한 화해로 나아가는 길을 연다는 것이 이 회의의 취지였던 것이다. 두 나라의 대중사회의 압력으로 인해 한일 양국의 지식인들은 1945년 이후로 계속 '회피증후군avoidance syndrome'[22]에 빠져 있었고 서

---

22 "Introduction", in Hahn Bae-ho and Yamamoto Tadashi ed., *Korea and Japan : A New Dialogue Across the Channel*, Asiatic Research Center, 1978.

로 교류도 별달리 진행해본 적이 없었다. 또, 한일 양국의 학자와 지식인들이 상대 나라의 속성에 대한 객관적인 검토를 수행해본 적이 별로 없었다. 이런 상태에서 한일 학자들의 만남은 다소 모험적인 것이었고 어렵사리 연 대화의 물꼬가 큰 소란과 오해로 급속히 닫혀버릴 가능성도 다분했다. 이렇듯, 제1차 KJIE는 모임의 주기성과 항구성을 담보하지 못한 상태에서, 말하자면 상호신뢰가 전제되지 못한 상황에서 우선 일회적으로 만나는 형태를 띠었지만, 결과적으로는 회의가 원활하게 잘 진행되었고 이제 서울과 도쿄를 오가며 연례회의를 할 수 있을 것이라는 '자신감'을 얻었음을 확인할 수 있다. 이를테면, 회의 이후에 ARC와 JCIE의 공동연구 프로젝트의 성사로 제2차 회의를 기약할 수 있게 되면서 1977년 회의는 비로소 '제1차 KJIE'가 될 수 있었던 셈이다.

그런데 제1차 KJIE의 성과를 담은 단행본의 서문에는 한 가지 주목해야 할 구절이 있다. 김준엽 ARC 소장이 작성한 내용이다.

학술회의에 대한 서독의 콘래드 아데나워 재단의 지원에 감사한다. 한국과 일본의 학자들 간의 교류를 촉진하는 데에 확고한 도움을 주고 이 학술회의를 위해 기금을 제공해준 포드재단 도쿄사무소 대표 칼 그린^{Mr. Carl J. Green} 씨에게도 감사한다. JCIE의 의장^{야마모토 다다시}에게도 감사한다.[23]

이 구절에서 포드재단의 도쿄지부장인 Carl J. Green^{1939~}이라는 인물이 눈에 들어온다. Green은 1970년대에 포드재단의 일본 및 동아시아 대표로 활동했다. 그는 하버드대학에서 동아시아 언어 전공으로 학사학위

---

23   "Forward", Ibid..

를 받았고, 예일대학 로스쿨에서 법학박사 학위를 취득했다. 워싱턴에 소재한 미일협회The Japan-America Society의 의장과 아시아협회The Asia Society의 워싱턴 자문위원회 의장을 역임했고, 미국 외교위원회The Council on Foreign Relations, CFR의 종신회원이었다. 2007년에는 미일관계의 발전에 기여한 공로로 일본 외무장관 표창을 받기도 했다. 그는 히타치Hitachi, Ltd.가 운영하는 펠로십프로그램에 관여했고, 은퇴 이후에 히타치 워싱턴D.C. 사무실의 고문으로 활동하였다.[24] Green은 일본 및 동아시아에서 포드재단의 지원을 결정하는 위치에 있었던 인물로, 당시 그의 한국 방문에 관한 기사도 확인이 된다.

> 박충훈 무역협회 회장은 14일 미국의 포드재단 일본지부장 칼 J. 그린 씨와 일본국제교류센터 야마모토 다다시山本正 씨와 전미인문과학연합회 국제담당 이사 리처드 W. 다우나 씨의 예방을 받고 산학협동재단과의 협력문제 등에 관해 의견을 나눴다.[25]

여기서 산학협동재단은 앞에서도 잠시 언급한 바 있지만 1974년 초에 한국무역협회가 설립한 단체로서, 기업과 연구기관의 산학협동을 목표로 하였다. 30억 원 규모의 초기 자본금을 가지고 있었고, 이활전 무역협회장, 1899~1982이 재단의 초대 이사장을 맡았다.[26] 제1차 KJIE1977.7에 앞선 1976년 10월의 시점에 Carl J. Green의 한국 방문이 확인이 되고, 마침 이때 동행한 인물이 야마모토 다다시 JCIE 의장이라는 점, 그리고 산학협동재단

---

24 https://www.waseda.jp/usji/en/profile/carl-green/(검색일 : 2022.11.1).
25 「경제단신-한일산학협동재단 협력회의」, 『매일경제』, 1976.10.15.
26 「'産學協同財團' 설립」, 『매일경제』, 1974.1.30.

과의 협력을 논의하였다는 점 역시 확인이 된다. 산학협동재단은 제2차, 제3차 KJIE와 관련하여 기금을 제공한 것으로 알려진 단체이다.

> 회의의 진행에 산학협동재단^{Korean Traders' Scholarship Foundation}과 Ford Foundation이 도움을 주었다. 지난 몇 년간 한일지식인교류회의의 협력자로 수고해온 한배호, 야마모토 다다시에게도 감사인사를 전하고 싶다.[27]

1960년대 이래 포드재단이 ARC와 JCIE에 막대한 규모의 기금을 투여했다는 점은 이미 널리 잘 알려진 사실이거니와,[28] 여기서는 김준엽과 한배호, Carl J. Green, 야마모토 다다시山本正의 직접적인 연결이 새삼 확인이 되는 것이다.

포드재단의 이사장을 지낸 Susan Berresford[1943~]에 따르면, 미국의 민간재단들은 전통적인 자선^{charity}을 넘어서 전략적인 기부의 필요성을 강조했다. 1945년 이후 미국의 자선기금들이 치중한 사업은 ① 상호이해의 증진, ② 지식인 교류의 증진, ③ 연구소 설립의 지원 등 전략적인 목적을 가진 것이었다.[29] 미국의 민간재단들 가운데 포드재단은 특히 ② 지식인 교류를 주요사업으로 설정하고 있었다. 일본에서의 새로운 프로그램을 위한 제안의 얼개^{outline}를 만드는 과정에서 작성된 포드재단의 1962년 메모 — 패신^{Herbert Passin}이 작성한 것으로 추정된다 — 에 따르면, 거기에

---

27 제2/3차 KJIE의 성과를 담아 출간한 *Korea-Japan Relations : Issues and Future Prospects*(Asiatic Research Center, 1980)의 김준엽 소장의 서문(Preface)에 나오는 언급이다.

28 고려대 아세아문제연구소, 『아연 60년사-역사편』, 2017a; 김인수, 「한국의 초기 사회학과 '아연회의'(1965)」, 『사이/間/SAI』 제22호, 2017; 김인수, 앞의 글, 2020 등을 참고할 것.

29 Yamamoto Tadashi, "The Role of Philanthropy in Postwar Relations, 1945~1975 : An Overview", op. cit., p. 21.

서는 일본의 지식인공동체와의 협업에 사업의 초점을 두고 있다. 이 메모에는 일본의 대중들 대부분이 미국과는 거리를 두고 오히려 소비에트에 친근함을 갖고 있다거나 '반미중립'의 지향이 강화되고 있는 것은 매우 심각한 문제이고, 이를 지식인 교류를 통해 해소해야 한다는 인식이 나타나 있다.[30] 여기서 지칭된 '지식인'은 정책지향의 대화에 동참할 수 있는 이들로서, 학문의 장만이 아니라 정치, 기업, 언론에서 활동하는 지식인들까지 모두 포괄하는 범주'public intellectuals'였다.

구체적으로, 포드재단은 미일 간의 대화창구를 지원했다. 가장 대표적인 것이 1967년에 포드재단의 후원으로 시작된 미일회의The Shimoda Conference, 下田会議이다. 미국의 민간재단들은 미일 지식교류를 활성화한 데에 그치지 않고, 일본특히 JCIE이 1960년대 말부터 시작한 다자간 지식인 교류정책대화에도 기금을 제공하고 노하우를 전수하는 등 큰 도움을 주었다. 대표적으로, 1972년에 창설된 삼극위원회The Trilateral Commission, 북미-서유럽-일본는 미국의 포드재단과 록펠러형제재단The Rockefeller Brothers Fund에서 기금을 받았고, 유럽과 일본이 그에 상응하는 매칭펀드를 조성하여 진행되었다.[31] 그런데 이 국면은 한편으로는 냉전Cold War의 변화를 반영하고 있다. 이를테면, 1940~1950년대 미일 간 교류와 네트워크 형성에서 '냉전'이 중요한 동력이 되었지만, 1960년대 접어들어 일본이 경제강국으로 성장하면서 일본에 대해 아시아에서의 책무를 요구하는 목소리가 높아졌고, 이와 관련된 의제 구성의 책무를 JCIE가 맡게 되었던 것이다.

요컨대, 포드재단과 일본/JCIE의 관계가 종전의 미일 지식교류 사업 중

---

30 Ibid., p.24.
31 Ibid., p.26. 삼극위원회(The Trilateral Commission)를 주창한 Zbigniew Brzezinski는 국제관계전문가로서 록펠러재단 자문위원(a Rockefeller advisor)이었다.

심에서 벗어나 일본 주도의 아시아 역내 다자 간 지식교류 사업의 강화로 재편되는 가운데 KJIE가 설계되고 개시된 것으로 이해할 수 있다. ARC의 KJIE 참여가 갖는 의미는 이러한 전체적인 맥락 안에서 재고될 필요가 있다.

3) 한국 측의 한일지식인교류회의의 준비과정 제2차 회의^{KJIE}를 중심으로

그렇다면 KJIE는 어떤 계기와 과정을 거쳐 설치된 것일까? 지금부터는 RAC의 자료를 통해 그 과정을 살펴보고자 한다. Carl J. Green의 서신 안에 여러 정황이 포함되어 있으므로, 조금 길지만 인용한다.

1976년에 (포드재단) 기금 스텝은 아세아문제연구소^{The Asiatic Research Center}와 일본국제교류센터^{The Japan Center for International Exchange}의 대표를 함께 접견했다. 이 두 기관은 한일의 상호이해와 학술적 교류를 보다 강화하는 데에 관심을 보이고 있었다. 그들이 얻어낸 결과물은 대단히 흥미롭고 지적으로 자극적이며 감성적으로도 울림이 있는 학술회의였다. 이 학술회의는 1977년 7월에 하코네에서 열린 것으로서, 한일의 젊은 학자들은 이 자리에서 처음으로 만났다. 복잡한 감정적, 정치적 요인으로 인해 이 학술회의를 조직하는 일은 결코 쉽지 않았다. 특히, 평판이 훌륭한 일본의 학자를 참가하게 하는 일은 어려웠는데, 그것은 그들이 '정치적인 돈^{political money}'으로 인해 자신의 경력에 오점을 남길 수도 있다는 우려를 가졌기 때문이다. 학술회의가 성공적으로 열린 데에는 이 학술회의의 펀딩이 독일의 아데나워재단^{Adenauer Foundation}에서 왔다는 점이 큰 효과를 발휘했다. 1979년 2월에 서울에서 2차 학술회의가 개최될 예정이다. 아데나워재단의 프로그램 우선순위에 변경이 발생해서 기금의 주된 공여는 한국의 산학협동재단^{The Korean Traders Scholarship Foundation, KTSF}이 맡을 예정이다. 우리 재단^{포드재단-필자}은 한일의 학술회의 조직자들로부터 그들이 자율성을 가진 것처럼 보이게끔 보증할 수 있도록 기금 일부를 재단이 부담해달라는 강력한 요청을 받았다. 나는 미일 간의 상호이해를 증진하는 것이 태평양지역에서의 미국의 역할의 미래를 만들어가는 데에 대단히 중요하다고 생각한다. 이 프로그램이 그러한 목적에 크게 기여할 수 있을 것으로 믿는다. 이러한 이유로 나는 ARC에 10,000^{KTSF로부터 받는 28,000달러 이외의 지원}달러를 개최경비로 제공하는 데에 동의한다.[32]

앞에서 기사를 통해 확인한 1976년의 접견의 풍경이 여기서 보다 상세히 묘사되고 있다. 제1차 KJIE에 앞서 포드재단 관계자와 ARC, JCIE 관계자의 회합이 있었고 이 자리에서 KJIE의 구상이 처음 논의되었던 것이다. 학술회의의 조직은 쉽지만은 않은 일이었는데, 평판을 우려하여 학자들이 참여를 주저했기 때문이다. 이를 해소한 것이 독일 아데나워재단의 연구비 지원이었다. 서울에서 열릴 예정인 제2차 KJIE는 산학협동재단에서 지원을 받게 되는데 그 기금의 '정치적 순수성 시비'가 있을 것으로 예상되고, 따라서 포드재단이 나서서 매칭펀드를 마련해주면 그 시비가 사그라들 수 있을 것이라는 논의가 진행되었다. 그리고 한일 간의 상호 대화와 교류, 이해는 미국의 태평양정책에도 기여하는 바가 커서 10,000달러를 지원할 것을 결정했다는 것이다.

이 편지는 그에 앞서 김준엽 소장이 제출한 ARC의 프로포잘"Korea-Japan Intellectual Exchange Project", 1978.10.10에 대한 응답을 염두에 두고 작성한 것이었다. 한 달 전 쯤, 김준엽 소장은 연구소의 한일 지식인 교류 계획을 작성하여 Green에게 편지를 발송했다. 주요 내용을 추려 소개하면 다음과 같다.

---

32   Letter(Carl J. Green(FF. Tokyo)→Mr. John Bresnan, 1978.11.13), Grant 07950224, Reel 3618, FA 732D, Ford Foundation records, RAC.

1977년 7월, ARC와 JCIE는 일본 하코네에서 "Commonalities and Contrasting Factors in Korea and Japan"에 관한 학술회의를 열어서 한일 학자와 지식인 간의 국제교류를 시작했다. 이 학술회의의 성공적인 개최를 지켜보면서 우리는 무역, 안보, 외교정책에 두루 걸쳐 미국과 일본이 진행하고 있는 여러 양자 회의와 비슷한 포맷으로 한국과 일본의 지식인에게 기회를 제공해야할 필요성을 느꼈다. 여기서 제안하는 프로젝트는 이러한 수요를 충족시키기 위해 설계되었다. 그러나 그 이상으로 우리의 목적은 한국과 일본의 프로젝트를 일본과 동남아시아 간의 지식인 교류에 연결시키는 것이다. 일본과 동남아시아 간의 지식인 교류 프로젝트는 일본이 이미 지난 11월에 일본의 오다와라에서 시작했다. 결과적으로 이러한 배치로 인해 회의는 아시아 학자들과 지식인들 안에서 국제적인 정치경제의 급속한 변화의 시대에 서로 관심이 일치하는 이슈에 대해 대화를 가능하게 하는 것으로 진화하고 있다. 동남아시아, 특히 아세안국가들에서 한국에 대한 관심이 점증하고 있다는 점에서 우리로서는 아세안 국가들의 학자와 지식인들과 긴밀히 협력함으로써 이 방면에서의 작업을 해가는 것이 바람직할 것으로 보인다. (…중략…) 앞으로 3개년간 진행할 연구주제를 우리는 "Approaches and Problems in New International Order : Korean and Japanese Perspectives"로 결정했다. (…중략…) 일본 측의 참가자들은 JCIE에서 선별해서 추후에 결정될 것이고 한국 측 참가자들만 일단 확인하였다. 추후 변경될 수도 있다. 안청시외무부 외교안보연구원, 박영철고려대, 경제학, 홍원탁서울대, 경제학, 이상우서강대, 정치학, 오기평서강대, 정치학, 이홍구서울대, 정치학, 구영록서울대, 정치학, 서상철고려대, 경제학, 한배호고려대, 정치학, 이학영고려대, 경제학 (…중략…) 한국과 일본 양측에서 매칭으로 경비를 마련한다. 양측은 연구활동에 필요한 경비와 출장경비를 부담한다. 행사개최에 필요한 비용은 주관하는 측학술대회 개최지에서 담당한다. ARC는 그 이외에 서구와 아시아 지역에서 오는 이들의 여비와 숙박 경비를 부담한다. JCIE도 마찬가지로 1980년 회의의 경비를 부담한다. (…중략…) 1979년 학술회의^{서울, 한국}를 위한 기금요청으로서, 총액 19,000,000원^{38,000달러} 가운데 산학협동재단에서 14,000,000원^{28,000달러}을 부담한다. 포드재단에 10,000달러를 요청한다.³³

위의 인용문은 한일지식인교류회의의 3개년도 계획서에서 그 일부를 추출한 것이다. 구체적인 연구주제, 참가인원, 경비조달방식 등을 확인할 수 있다. 김준엽 소장은 미일 양자회의^{대표적인 것이 시모다회의}와 같은 형태로 한일 회의를 조직하고자 한다는 점, JCIE가 동남아시아 국가들과 연계된 지식인 채널을 가동하는 것처럼 ARC 역시 그러한 역할을 하고자 한다는 점 등을 피력하였다. 이러한 경과를 거쳐 포드재단은 10,000달러의 지원을 승인했던 것이다.³⁴

이보다 이전에 ARC가 포드재단에 제출한 3개년도 한일 공동 연구 연구계획서 '초안'에는 한일 간 지식교류의 원칙과 목적이 보다 상세하게 적혀 있다. 그것은 ① 상호 이익의 문제를 연구하는 데에 학자들 간의 협력적 관계를 만들어갈 것, ② 한일 양국의 복지, 복리에 영향을 미치는 미래의 이슈들에 대해 보나 시성적이고 인간적으로 다룰 수 있는 방법을 강구할 것, ③ 서로 다른 선택, 가치, 관점의 문제에 관해 상호 이익과 평화적인 갈등 해결이 될 수 있도록 서로의 비전을 검증할 것, ④ 아시아의

---

33 "Korea-Japan Intellectual Exchange Project" in Letter from Kim Jun-yop to Carl J. Green, 1978.10.10, Grant 07950224, Reel 3618, FA 732D, Ford Foundation records, RAC.

34 Letter(Carl J. Green → Kim Jun-yop, 1978.11.13), Grant 07950224, Reel 3618, FA 732D, Ford Foundation records, RAC. 연구비 명칭은 "The Tokyo F.O. Small Grants DAP for FY1979"이다.

'보다 나은' 국제질서를 만들기 위해 필요한 가치체계system of values를 제안할 것, ⑤ 아시아의 새로운 국제질서의 창출을 촉진하거나 저해하는 요인을 분석할 것, ⑥ '새로운' 국제질서를 구축하는 데에 필수적인 이슈, 문제, 가치, 행동프로그램에 대해 양국의 정책결정자들에게 과학적인 정보를 제공할 것 등이었다.[35] 이 글은 한일 갈등 이슈를 파악하고 해결해가는 방법과 지향에 관한 지침을 담은 글로 이해할 수 있다. 상호 이익을 위한 이해와 협력, 미래지향적이고 지성적인 해결, 새로운 국제질서의 도래라는 문제의식과 이에 대한 적응 등이 표명되어 있다.

이러한 경과를 거쳐 제2차 KJIE가 1979년 2월 9일부터 12일까지 서울에서 개최되었다. 주제는 "새로운 아시아 국제질서와 한일 양국의 역할"The Role of Japan and Korea in Emerging New International Order in Asia이었다. 이 회의는 프로포잘에 명시한 바와 같이, 그 목적으로 ① 아시아 각국 간 상호작용의 주요 경향, ② '새로운' 국제질서 속에서 아시아 인민이 제기하는 새로운 목적과 가치, ③ 아시아를 위한 '새로운' 질서의 설계가 제시되었다. 아시아 지역의 국제질서 확립과 관련된 여러 이슈를 다루었고 한국과 일본의 역할에 대해서도 논의했다. 주제와 대강의 흐름, 그리고 참여한 인물들을 파악하기 위해 발표내용을 소개하면 아래와 같다.[36] 참고로, 제2차 회의와 제3차 회의는 각각 단행본의 형태로 출간되지 않고, 함께 묶어 일부 논고만 선택, 편집되어 출간Asiatic Research Center, *Korea-Japan Relations : Issues*

---

35 "Toward a New International Order in Asia : Korea–Japan Perspective(A Tentative Outline for the First Year Project : Purpose, Approaches, and Framework)", The Asiatic Research Center, Korea University(1978.8), Grant 07950224, Reel 5341, FA 732D, Ford Foundation records, RAC.

36 "The Role of Japan and Korea in Emerging New International Order in Asia", Grant 07950224, Reel 3618, FA 732D, Ford Foundation records, RAC.

and Future Prospects, Asiatic Research Center, Korea University, 1980이 되었기 때문에, 아래
의 자료를 통해 단행본에는 실리지 않은 내용들도 확인할 수 있다.

개회사	김준엽, 야마모토 다다시
발표	안청시외교안보연구원, Modeling a new international order in Asia : perspective, concepts, method and design
토론	Asano Tasuku浅野輔, 1936~2000, International College of Commerce
발표	Inoguchi Takashi猪口孝, 도쿄대학, Politics should help economics take comman : political dimensions of the emerging prosperity in East and Southeast Asia
토론	구영록서울대
발표	한배호고려대, The present conditions and opportunities for a new Asian order
토론	Nishihara Masashi西原正, National Defence Academy
발표	Tanaka Yasumasa田中靖政, 학습원대학, Toward a new nuclear world order
토론	요기평서강대
발표	한승주고려대, Japanese role in the security of the Korean Peninsula
토론	Ori Kan織完, Sophia University
발표	Nukazawa Kazuo糠沢和夫, 일본 経団連, Japanese emerging service economy and the international economic implications
토론	박영철고려대
발표	박진근연세대, Korea–Japan trade patterns and their implications

for Asia

토론	Sekiguchi Sueo^{関口末夫}, The Japanese Economic Research Center

토론   Sekiguchi Sueo^{関口末夫}, The Japanese Economic Research Center

발표   Okumura Ariyoshi^{奥村有敬}, Industrial Bank of Japan, Japanese economy in maturity : its implication on a new Korea-Japan cooperation

토론   김완순^{고려대}

발표   김완순^{고려대}, An assessment of Japan's Tariff policy on manufactured imports from Korea

토론   Sakakibara Eisuke^{榊原英資}, 사이타마대학

발표   Kunihiro Masao^{國弘正雄}, International College of Commerce and Economics, Cultural interaction between Korea and Japan

토론   홍승직^{고려대}

발표   김경동^{서울대}, Cultural dimensions in creating a new international order in Asia : a focus on 'tilted' accumulation between Korea and Japan

토론   Kato Tsuyoshi^{Sophia University}

폐회사   김준엽, 야마모토 다다시

일본 측 참가자

야마모토 다다시^{JCIE, 의장}, 시부자와 마사히데^{渋沢雅英, 1925~, East-West Seminar 의장}, 쿠니히로 마사오^{1930~2014, International College of Commerce and Economics, 인류학}, 이노구치 다카시^{1944~, 도쿄대학, 정치학}, 세키구치 스에오^{1936~2017, The Japan Economic Research Center}, 사키카바라 에이스케^{1941~, 사이타마대학, 경제학}, 다나카 야스마사^{1931~2006, 학습원대학, 정치학}, 아사노 다스쿠^{International College of Commerce, 정치학}, 오리 칸^{소피아대학, 정치학}, 가토 츠요시

1943~, 소피아대학, 사회학, 니시하라 마사시1937~, National Defence Academy, 국제정치학, 오쿠무라

아리요시1931~, 日本興業銀行, 누카자와 가즈오1936~2020, 록펠러재단 방문연구원, 経団連 국제경제과

한국 측 참가자

김준엽고려대 아연, 소장, 한배호고려대, 정치학, 김완순1935~, 고려대, 경제학, 안청시1944~, 외교안

보연구원, 정치학, 구영록1934~2001, 서울대, 국제정치학, 한승주1940~, 고려대, 국제정치학, 박진근1940~,

연세대, 경제학, 김경동1936~, 서울대, 사회학, 홍승직1929~2014, 고려대, 사회학, 박영철1939~, 고려대, 경

제학, 오기평1934~2009, 서강대, 국제정치학

미국과 싱가포르에서 온 참가자

Lee Soo Ann1939~, 싱가포르대학, 경제학, Michael Blaker1940~, 컬럼비아대학, 정치학,[37] Carl J.

Green포드재단 도쿄사무소 대표

4) 일본 측의 한일지식인교류회의의 준비과정
국제정책연구프로그램의 설치와 연계하여

그렇다면 일본의 JCIE의 상황은 어떠했을까? JCIE 역시 포드재단과

교섭에 나섰다.[38] 그런데 JCIE의 경우 ARC보다 교류사업의 범위와 폭이

---

37 Michael Blaker는 컬럼비아대학 교수(정치학)로서, 미일 공동 연구 사업에서 미국 쪽
    (미국 연구그룹) 코디네이터를 맡았다. 그의 존재는 미일 지식인 교류(시모다회의)와
    한일 지식인 교류(KJIE) 간의 직접적인 연계성을 보여준다. 이른바, 포드재단-미국(컬
    럼비아대학)-일본(JCIE)-KJIE의 직간접적 연결을 보여주는 것이다.
38 포드재단이 JCIE 지원에 나선 것은 다음과 같은 배경이 있었다. ① 에드윈 라이샤워
    (Edwin O. Reischauer)가 주일미국대사가 되면서 일본에서 기존에 민간재단이 하던 일
    들이 이젠 대사관의 업무로 변경되었다. ② 1950년대 주된 기금공여자였던 록펠러재
    단이 업무의 우선순위를 조정했고, 일본에서의 활동 방식을 전환했다. 이것은 1962년

훨씬 넓고 다양했다. JCIE는 국제정책연구프로그램International Policy Research Program의 설치를 위한 기획서를 포드재단에 제출했는데, KJIE는 그 가운데 하나의 사업에 해당했다. 당시 1970년대의 변화하는 동아시아 정세미 중 데탕트, 중소갈등, 베트남전쟁의 종전, 오일쇼크, 한반도 미군철수 계획 등에 따라 세계질서가 다극체제로 전환되었고, 미국은 일본이 경제력에 걸맞은 지역의 '책임 있는 행위자'로 자기 역할을 재설정할 것을 요청했는데, 포드재단과 JCIE의 교섭에서도 이런 점이 의식되고 부각되었다. 국제사회 행위자로서의 자기의식이 일본 시민사회에 확산되어야 일본이 과거의 국가주의와 쇼비니즘의 굴레에서 벗어날 수 있다는 인식, 냉전의 이데올로기적 경직성으로부터 탈피해야 한다는 인식도 저간에 존재했다. 이러한 움직임이 JCIE의 국제정책연구프로그램 계획으로 귀결된다. 야마모토 다다시 JCIE 의장은 프로포잘에 이 기획에 참여할 인물들의 명단을 다음과 같이 제시했다.

오키타 사부로大来佐武郎, 1914~1993 박사, The Japan Economic Research Center 소장

우시바 노부히코牛場信彦, 1909~1984, 대외경제상Minister of the External Economic Affairs

호소미 다카시細見卓1920~2009, 日本興業銀行 자문역, 전 재무성Ministry of Finance 국제담당 차관보

사에키 기이치佐伯喜一, 1913~1998, 노무라연구소 소장

무샤코지 킨히데武者小路公秀, 1929~2022 박사, 유엔대학 부총장

의 Charles Fahs(록펠러재단 인문분과담당)의 은퇴와 시기적으로 겹친다. ③ 그 공백을 포드재단이 메웠다(Iokibe Makoto, "U.S.-Japan Intellectual Exchange : The Relationship between Government and Private Foundation" in Yamamoto Tadashi, Irie Akira, and Iokibe Makoto ed., op.cit., 2006, p.83).

오시마 게이치大島惠一, 1921~1988 박사, 도쿄대학 원자핵과 교수, 전 OECD 과학기술분과장

헨미 겐조逸見謙三, 1923~ 박사, 도쿄대학 농학과 학과장

야마모토 다다시, JCIE 의장[39]

이 프로그램이 수행할 여러 역할과 프로젝트 가운데 JCIE가 주도할 프로젝트가 '공동 연구와 대화 프로그램Joint Research and Dialogue Program'이었다. 구체적인 내용은 아래와 같다.

① 미일 농업정책에 관한 공동 연구, 의회교류 프로그램

협력기관은 Resources of the Future. 핵심인물은, 헨미 겐조 교수, 하야미 유지로 교수速水佑次郎, 1931~2012, 도쿄도립대학, 와타나베 미치오渡辺美智雄, 1923~1995, 자민당, 전 농상무성 차관, 가토 고이치加藤紘一, 1939~2016, 자민당. 소고기가격위원회 의장, Thomas Foley[1929~2013, 미 의회 농업위원회 의장], Vernon Ruttan[1924~2008, 미네소타대학] 교수, Cale Johnson시카고대학, Phil Trezise[1912~2001, 브루킹스 연구소]

② 아시아안보에 관한 미일 공동 연구, 의회교류 프로그램

협력기관은 Council on Foreign Relations. 핵심인물은, 무샤코지 킨히데 교수, 아사노 다스쿠浅野輔 교수, 니시하라 마사시西原正, 방위대학, Winston Lord, Samuel Stratton[1916~1990, 의원, 군사위원회, Armed Services Committee], Steven Solarz[1940~2010, 군사위원회].

---

39 "Proposal to the Ford Foundation for an International Policy Research Program"(1978.6), Proposed by Tadashi Yamamoto(Director, JCIE), Grant 07950224, Reel 5341, FA 732D, Ford Foundation records, RAC.

③ The Asian Dialogue "아세안과 일본의 경제적 이해관계의 일치와 길항"

핵심인물은, 오키타 사부로, 야노 도루 교수^{교토대학}, 히로노 료키치^{広野良吉,}

^{1931~, 세이케이대학}, Somsakdi Xuto 박사, Billie Joedono 박사, Steven Chee 박사, Gabriel Iglesias 박사, Lee Soo Ann 박사.

④ 한일지식인교류회의 "새로운 국제질서에서의 방법과 문제^{Approaches and}

^{Problems in New International Order} ─ 한국과 일본의 관점"

협력기관은 고려대 아세아문제연구소. 핵심인물은, 김준엽 교수, 한배호 교수, 사토 세이자부로^{佐藤誠三郞, 1932~1999, 도쿄대학} 교수, 오키타 사부로 박사, 사카키바라 에이스케^{榊原英資} 교수.⁴⁰

이처럼, 제2차 KJIE는 JCIE가 주관하는 전체 4개의 교류프로그램 가운데 하나였다.⁴¹ ARC에 대해 KJIE가 지니는 위상은 JCIE의 그것과는 차이가 있었다는 점'비대칭성'과 함께, 1960년대 초부터 시작된 일본 JCIE의 지식인교류회의 역량을 엿볼 수 있다. KJIE에 참가한 인물 가운데에는 다른 회의와 중복하여 참여한 인사들도 눈에 띄는데, 대표적인 인물이 오키타 사부로 박사⁴²이다. 그는 일본경제연구소^{The Japan Economic Research}

---

40 Ibid..

41 야마모토 다다시 이사장이 직접 그 구체적인 내용을 설명한 글로는, Yamamoto Tadashi, "Changing Patterns of International Exchange", *Japan Quarterly* 41(4), 1994가 있다. 특히 pp.389~391을 참고할 것.

42 오키타 사부로(大来佐武郞, 1914~1993) : 이케다 하야토(池田勇人) 정부에서 1960년대 동안 일본의 국민소득을 10년 이내에 두 배로 늘리는 계획('소득배증계획')의 이론적 틀을 개발하는 데 중요한 역할을 한 일본의 경제학자이자 정부 관료이다. 일본경제연구소 소장과 외무장관을 지냈다. 그는 일본의 ODA(Official Development Assistance)의 역사를 추적하는 데에서도 매우 중요한 인물이다(https://www.britannica.com/biography/Okita-Saburo(검색일 : 2022.4.26); https://kw.maruzen.co.jp/ln/myeng/

^{Center}의 회장이자, 국제경제학자였다. 일본경제연구소가 설립될 때 포드재단과 아시아재단이 기금을 제공한 바 있었다. 오키타 사부로는 일본의 경제학자들과 다른 나라의 경제학자들 간의 네트워크 연결자의 역할을 수행했다.[43]

Carl J. Green은 야마모토 다다시의 기획서를 받아서 읽고 난 후, 이를 워런^{Warren Ilchman, 1933~}에게 전달했다. 그는 일본의 국제정책연구프로그램의 설치와 운영을 위해 3년간 300,000달러에 이르는 매칭펀드를 조성할 것을 제안했다. Green은 포드재단이 일본인들로 하여금 적극적이고 능동적인 역할을 하게끔 북돋워왔고, 이를 위해 젊은 일본인 학자들의 훈련에 많은 자원을 투여해왔다는 점을 상기했다.[44] 그는 JCIE가 그간 포드재단의 지원을 받아 각종 양국 간, 다국 간 지식인 교류를 훌륭히 진행했다는 점을 언급하면서 JCIE가 국제정책연구프로그램을 주도하게 하는 것이 타당하다고 말했다. 아래는 Green의 설명이다.

JCIE 안에 프로그램을 넣는 것은 많은 이익을 가져다준다. 첫째, 조직 중인 위원회가 야마모토 다다시가 이끌어온 국내외의 고유한 네트워크를 활용할 수 있게 한다. 둘째, JCIE는 이미 중요한 정책 이슈와 관련하여 여러 '대화' 프

---

intl_9672.html(검색일 : 2022.4.26)).

43 Yamamoto Tadashi, "The Role of Philanthropy in Postwar U.S.-Japan Relations, 1945~1975 : An Overview", in Yamamoto Tadashi, Irie Akira, and Iokibe Makoto ed., op. cit., 2006, p.27.

44 기금조성의 예로서, Grant No.760-0198. International House for the Social Fellowship Program; Grant No.077-0433. Japanese Society for Asian Studies; Trilateral Commission; Grant No.770-0501 Japan Society for the Shimoda Conference Iv; Grant No.075-0476 International Development Center of Japan : Japan's Economic Development Experience and its Relevance to Contemporary Developing Countries 등.

로그램에 관여하고 있다. 다른 대화들을 여기에 더함으로써, 그리고 대화에 학문적 요소를 가미하고 또 토론이 필요한 실천적 문제에 연구자들이 직접적으로 관여되게끔 함으로써, 위원회들은 상호 강화될 수 있으리라고 생각한다. 그리고 JCIE의 노련한 스텝과 행정자원은 위원회의 프로그램에 내재한 문제들을 해결할 것이다. (…중략…) 우선 연구프로그램은 현재 진행 중인 JCIE 프로그램의 주제들에 초점을 두게 될 것이다. 식량과 농업에 관한 미일의 정책 조율, 아시아의 안보, 일본과 아세안의 관계, 일본과 한국의 관계. 위원회는 미국, 유럽, 아시아 연구기관의 지도자들이 도쿄에서 브레인스토밍할 수 있는 모임을 만들어 미래의 연구 아젠다를 발전시켜갈 것이다. (…중략…) 이 프로그램과 The International Policy Research Foundation[IPRF]에 대한 펀딩 전망은 매우 확정적인 것으로 보인다. 기업 한 곳은 10년간 15억 엔[750만 달러]을 기부하기로 되어 있다. 또, 조직위원들은 재단의 기금화 노력을 위한 지원 약속을 게이단렌[経団連] 안에서 기금조성을 책임지고 있는 하나무라 니하치로[花村仁八郎, 1908~1997]로부터 받았다. 프로그램을 개시하기 위해 JCIE에 3년간 30만 달러에 이르는 연구비를 재단이 제공할 것을 제안한다.[45]

JCIE의 업무 중 하나인 미일 공동 연구의 핵심 이슈는 단연코 아시아 지역의 안보였다. 야마모토 다다시는 미국 측 파트너인 외교위원회[The Council on Foreign Relations, Inc.]의 협조를 받아 공동 연구의 계획서에 해당하는 "U.S.-Japan Joint Policy Study : Security Issues in Asia"[1979.1]을 집필했다.[46]

---

45 "JCIE-International Policy Research Program", in Letter(Carl J. Green →Warren Ilchman, 1978.6.30), Grant 07950224, Reel 5341, FA 732D, Ford Foundation records, RAC.

46 "U.S.-Japan Joint Policy Study : Security Issues in Asia"(1979.1), Written by Yamamoto Tadashi(JCIE), Grant 07950224, Reel 5341, FA 732D, Ford Foundation records, RAC.

일본이 미일안보조약의 한계를 넘어, 1970년대 초부터 제기된 '비무장 강대국Superpower without Military Power'의 길에 어떻게 안착할 것인지가 가장 큰 쟁점이었다. 해당 보고서는 국제환경에서의 변화로 중소분쟁, 대륙세력에 대한 미국의 입장을 재설정할 필요성, 자유세계에 대한 미국의 영향력 약화, 자금/무역/자원을 포함하는 상호의존적인 이슈의 등장을 꼽았다. 특히, 아시아지역에서의 미중의 접근, 미군 감축, 아세안ASEAN의 탄생, 중국의 현실주의 대외정책과 근대화 프로젝트, 소련 해군력의 성장, 일본의 슈퍼 경제세력으로서의 등장과 민족주의 정서의 고양 등이 주요 배경으로 제시되었다. 이것은 전체적으로 국제질서의 불확실성과 모호함이라는 용어로 요약될 수 있다. 미국은 일본의 안보무임승차에 대해 불만을 갖고 비용분담을 요청하고 있었다. 또, 한반도에서의 미군의 지위나 일본의 안보 이해와 관련하여 미국과 일본은 서로 이견을 노출하고 있었다. 이러한 갈등이 이 공동 연구 계획서에서 문제로서 제기되었다. 이 연구에 대해서는, 록펠러재단이 미국 측 연구에 소요될 135,000달러 가운데 35,000달러를 지원하기로 했고, 그 나머지는 JCIE가 일본 및 해외의

일본쪽 자문그룹에 이름을 올린 인사들의 명단은 다음과 같다. 일본의 연구그룹은 다음과 같다. [자문그룹] 오키타 사부로 박사(The Japan Economic Research Center, 소장), 우시바 노부히코(Minister of the External Economic Affairs), 사에키 기이치(노무라연구소 소장), 무샤코지 킨히데 박사(유엔대학 부총장). [연구그룹] 야마모토 다다시(JCIE, 연구책임자), 아사노 타스쿠(International College of Commerce and Economics), 이노구치 다카시(도쿄대학 조교수), 치쿠시 데쓰야(아사히신문 국제부 부편집장), 니시하라 마사시(방위대학 교수), 오와다 니사시(외무성 관료. 전 후쿠다 총리 특별보좌관), 사토 세이자부로(도쿄대학 교수), 사토 유키오(외무성 관료. 외무성 장관 소노다의 특별보좌관), 야노 도루(교토대학 교수), 아이치 가즈오(자민당 의원), 하야시 요시로(자민당 의원), 가토 고이치(자민당 의원), 가와카미 다미오(일본사회당 의원), 나카가와 요시미(Clean Government Party 의원), 와타나베 로(사민당 의원). 그리고 Zbigniew Brzezinsky, Richard Holbrooks, Mike Armacost, Nicholas Platt, John Glenn, Winston Lord가 조언했다.

민간기구로부터 지원받아 충당하기로 했다. 일본 측에서는 The National Institute for Research Advancement^NIRA에서 연구비의 대부분을 부담할 것으로 내다봤다.

요컨대, JCIE가 그동안 진행해온 미일 간 공동 연구 및 지식교류회의는 KJIE와 긴밀히 연관되어 있었다. 그 연관은 두 가지 차원에서인데, ① 시모다회의의 사례에서 보이듯 미일 지식교류가 한일 지식교류의 원형, 모델이 되어 KJIE에 '전범'典範을 제공했다는 점, ② 미일지식인교류회의가 1970년대 국제환경의 변화에 대응하여 미일 안보전략을 다루는 장소였기 때문에 그 하위주제로 한반도 안보의제를 논의하는 장이 되었다는 점에서 그러하다.

3. 담론분석

1) 장밋빛 시나리오Rosy Scenario

제1차 KJIE에서는 한일 각국 학자들이 자국의 정치, 외교, 안보, 경제, 지식, 사상의 차원에 관해 분석한 글이 제출되었다. 제1차 KJIE의 초고를 출판한 단행본Hahn Bae-ho and Yamamoto Tadashi ed., *Korea and Japan : A New Dialogue Across the Channel*, Asiatic Research Center, Korea University, 1978의 글을 살펴보면, 우선 한배호는 현대한국정치의 4가지 속성으로서, ① 이데올로기의 단조로움, ② 대중과 엘리트 간의 괴리, ③ 당파성partisan의 선호와 자기인식identification의 불안정성, ④ 낮은 수준의 정치경쟁 제도화를 꼽았다. 이에 대해, 쿠니히로 마사오는 일본정치의 속성으로서 순응주의와 복종에 의한 집단형성을 들었다. 그는 시대의 흐름시세에 따르는 것을 최고의 가치로 여기는 경향이 일본정치에서 계속 이어지고 있다고 보았다. 쿠니히로는 일본 문화의 속성으로서 군중심리herd mentality나 경쟁의 부족, 그리고 외국으로부터 문화를 무차별적으로 수용하는 태도를 지적하고, 이 속에서 집단형성의 원칙이 토론을 통해 정해지지 않고, 결정 역시 하라게이腹芸 : 배짱으로 일을 처리하는 것와 이심전심을 통해 이루어진다고 비판했다. 민주주의가 구현되기 어려운 자국의 정치문화를 예민하게 응시하고 있다는 점에서 한배호와 쿠니히로는 서로 유사한 논의를 진행하였다.

다음으로, 경제를 다룬 글에서 김완순은 한국경제 성장의 원인과 결과, 그리고 1980년대 한국경제에 대한 미래 전망을 논의하였다. 이에 비해, 히로노 료키치는 새로이 등장하는 세계경제질서와 그 속에서의 일본경제의 위치에 좀 더 관심을 보이고 있다. 양자가 분석의 단위와 지평scale에서 서로 차이를 보인다고 할 수 있는데, 이것은 당시 한국과 일본의 세계경제상에서의 위상의 차이가 그 의제의 방향과 폭을 결정했기 때문으로 보인다. 김완순은 1960년대 한국 농촌부문이 수출지향산업부문에 충원되는 저임금의 양질의 노동력을 제공했고, 시장가격보다 저렴한 국가통제의 쌀가격을 수용함으로써 도시지역의 생필품 가격 안정을 가져왔다고 주장했다. 그는 1960년대 한국의 빠른 경제 성장은 수출이 견인한 것이 아니라 국내 수요의 팽창이 가져온 결과로 보았다. 한편, 히로노는 새로운 국제경제질서를 만들어내는 요소들을 분석했다. 그는 무역제한과 투자규제, 주권국가들 사이에서 국익을 위한 보조금 활용이 국제적 경제위기와 무질서를 가져온다고 보았다. 히로노는 1970년대 일본경제의 특징을 ① 성장보다 안정 추구, ② 경쟁 감소와 산업상의 과점, ③ 효율적인 자원활용보다는 사회적 웰빙과 사회복지의 증가를 향한 정부정책의 전환, ④ 토지와 에너지자원의 부족, ⑤ 집단주의적 조직행동 원칙 등으로 정리했다. 이러한 일본경제의 관행은 세계경제와 국제무역의 성장을 더디게 할 것으로 전망했다.

다음으로, 안보 이슈와 관련하여, 오기평은 한국의 대외관계의 합법성UN의 승인의 문제와 국가안보의 문제가 서로 밀접하게 연결되어 있다는 점을 짚었다. 미국이 강력했던 1960년대까지는 한국이 UNUN Resolution 195에서 그 합법성을 인정받고 UN의 메커니즘을 활용할 수 있었지만, 미국의 쇠퇴로 인해 이제는 큰 충격을 받을 수밖에 없는 상황이 되었다고 진단했다. 오기평은 ① 한국의 유엔사UN Command 해체 계획, ② 주한미군 철수, ③ 한반도 정전停戰에 관한 주요 국가들principal parties의 회의 계획 등을 언급하면서, 최종적으로 한국은 자국의 생존과 지역안정, 세계평화를 위해 또 다른 전쟁을 막는 일에 높은 정책적 목표를 두는 것 외에는 별다른 선택지가 없음을 환기시켰다. 한편, 니시하라 마사시는 "일본은 대외정책이 없다"는 일반적인 비판과는 달리 전후 일본의 외교는 1946~1951년 사이에 요시다 시게루에 의해 천명된 3개의 포괄적인 원칙을 기초로 삼았다는 점을 언급했다. 이를테면, 1957년에 외무성이 작성한 제1차 백서The First White Paper에는 미국/서유럽과의 긴밀한 협조, 아시아의 이익을 대변하는 발언, '강력한 UN'에 대한 지지를 주요 골자로 하고, 그 위에서 일본의 해외시장으로의 진출, 방위비 지출의 최소화, 국제정치분쟁에 대한 개입의 회피, 군사력 사용의 회피 등을 실행의 원칙으로 삼았다는 것이다. 니시하라는 요시다 독트린을 가능하게 한 국제환경에 큰 변화가 생겼기 때문에 일본의 방위 노력과 국제적 조정자로서의 역할을 보다 강화해야 한다는 제언을 내놓았다. 오기평과 니시하라의 주장은 아시아 지역에서 미국의 위세가 약화되는 상황에서 전쟁의 억제를 매개로 한국과 일본이 서로 긴밀히 협력해야 한다는 점, 이를 위해 일본의 방위력과 국제정치적 역할을 승인할 수밖에 없다는 점에 공감대를 형성하는 듯한 뉘앙스를 풍긴다.

제2차 KJIE와 제3차 KJIE의 성과를 담은 단행본Asiatic Research Center, *Korea-Japan Relations : Issues and Future Prospects*, Asiatic Research Center, Korea University, 1980의 「서문」에서 편저자들은 1970년대 아시아태평양지역에서 역내 경제협력의 요구가 높아지고 있다는 점을 상기시켰다. 신흥산업국The Newly Industrializing Countries(NICs) : 한국, 홍콩, 타이완, 싱가포르의 성장과 함께, 아시아태평양 역내에서 발전수준이 서로 다른 국가들 간의 급속한 상호경제의존이 목격된다는 것이다. 그리고 이로 인해, 아시아태평양지역의 경제협력과 조정의 문제가 한국으로서는 경제 성장을 지속해가기 위해, 일본으로서는 NICs는 물론이거니와 아세안과 긴밀한 경제관계를 유지해가기 위해 결정적으로 중요해졌다고 보았다. 아시아경제의 변화 속에서 한국과 일본 양자 모두는 다자간협조 — 경제계획, 무역재편, 권역발전금융, 외자의 직접투자 관리 — 를 강화할 수 있는 경제협력구조의 창출에 같은 이해관계를 가진다고 평가했다. 두 차례의 회의에 참석한 이들은 한일관계를 아시아태평양지역의 새롭게 진화하는 정치, 경제, 안보 질서라는 보다 포괄적인 맥락 속에 위치시켜 다루어야 한다는 점에 모두 공감했다.

이 가운데 특히, 누카자와 카즈오[47]는 일본경제에서 자본재capital good가 국내시장에서 포화상태에 이르렀고, 이것은 일본 민간자본의 해외시장 진출을 위한 자원이 될 것이라고 보았다. 그는 1980년대 후반이 되면

---

47   일본의 경제인이자 외교관. 1959년 히토쓰바시대학 경제학부를 졸업한 후, 일본 게이단렌(経団連) 사무국에 입국하여 전무이사를 거쳐 게이단렌 출신으로 첫 특명전권대사와 민간인 최초의 외무성 대신관방 문화교류부장을 지냈다. 1963년부터 UN 장학생으로 유럽에 유학했고, 1968~1971년간 미국 워싱턴 D.C.의 미일무역협의회에 파견되어 일했다. 1978년에 록펠러재단 뉴욕본부 연구원을 지냈다(https://ja.wikipedia.org/wiki/%E7%B3%A0%E6%B2%A2%E5%92%8C%E5%A4%AB(검색일 : 2023.1.23)).

일본이 세계에서 가장 큰 해외투자국가가 될 것이고 동시에 주요 자본재 수출국가 중 하나가 될 것이라고 전망했다. 그에 따르면, 이런 현상은 선진 산업국가들에서 자본재가 수출의 주력이 되는 단계로 접어들면서 소비재의 생산이 점차 상대적으로 고도의 산업수준에 도달한 남반구 국가들로 이전되는 현실과도 겹치는 일이었다. 그는 여기에서 선진국가와 개발도상국 사이의 경제협력의 선순환구조를 암시하는 장밋빛 시나리오가 가능하다고 보았다. 다만, 1979년에 제출된 *The Interim Report of Pacific Basin Solidarity Concepts*환태평양연대구상, 1979.11.14, 정책연구회/환태평양연대연구그룹[48]를 언급하면서, 여기서 왜 공동체community가 아니라 연대solidarity일 수밖에 없었는지를 반문했다.[49] 환태평양 구상이 공동의 운명, 공동의 공포, 공동의 적, 생활양식의 유사성과 같은 일체화된 감각이 동반된 '공동체'를 지향한 것은 아니기 때문에 취약하다는 점을 지적한 것이다.

제4차 KJIE에서 김완순은 한일 무역불균형과 경제갈등의 원인을 일본의 산업전환 지연에서 찾고, 발전수준의 확연한 차이로 양국의 경쟁영역이 분리된다면 충분히 공존, 협업해갈 수 있다고 주장했다. 김완순에 따르면, 한국의 산업구조는 외부와의 교역이 중심이고 자족적이지 못하며 노동집약적이고 저임금노동에 의존하고 있다. 이에 비해, 일본의 산업구

---

48 환태평양연대구상 : 태평양지역 국가 간의 경제·문화·기술 측면에서의 협력 구상. 1960년대 후반부터 싹트기 시작했지만 1979년 일본의 오히라 마사요시 수상이 '환태평양연대구상'을 제창한 이후 국제적으로도 관심이 높아졌다. 비교적 안정된 정치, 천연자원이나 인재의 풍부함 등의 호조건을 기초로 한 태평양지역의 경제발전을 배경으로 1980년에는 '태평양협력회의'가 개최되기도 했다(https://kotobank.jp/word/%E7 %92%B0%E5%A4%AA%E5%B9%B3%E6%B4%8B%E6%A7%8B%E6%83%B3- 49185(검색일 : 2023.2.6)).

49 Nakazawa Kazuo, "Search for a New International Order in Asia", in Asiatic Research Center, *Korea–Japan Relations : Issues and Future Prospects*, Asiatic Research Center, Korea University, 1980, pp.3·6·10~11.

조는 전역에 걸친 산업구성을 모두 내포하고 있어서 아우타르키적으로 자기충족성이 확보되어 있다. 김완순은 일본이 노동집약적 산업구조로 부터 고도의 자본중심적, 기술혁신적 산업구조로 전환하는 과정에 서 있는데, 이것이 아시아에서 새롭게 산업화되고 있는 국가들, 특히 한국 및 타이완과의 경쟁을 피할 수 있는 요인이라고 보았다. 이런 인식 위에서 그는 일본의 산업전환의 지연을 한국의 대일무역적자의 원인으로 지목했다. 자원이 부족한 선진국^{일본}과 역시 자원이 부족한 개발도상국^{한국} 간의 관계에서 선진국이 경쟁적 우위를 누리며 느리게 움직이고, 이에 비해 후발주자가 급속도로 따라잡으려 하는 국면에서 필연적으로 갈등이 발생한다는 것이다. 김완순은 일본이 보호주의를 완화해야 한다는 제언을 내놓았다. 한일의 경제적 공존, 공생, 협력은 무엇보다도 양국 경제의 산업화 단계상의 시차$^{time\ lag}$에서 그 근거를 찾아볼 수 있다는 것이 김완순의 주장이었다. 일본은 자본재 수출국가가 되고, 노동집약적, 토지집약적, 에너지집약적 산업은 일본에서 점차 소멸하게 될 것^{해외 이전}이라는 전망도 이에 덧붙였다.[50] 참고로, 오쿠무라 아리요시, 이노구치 다카시, 누카자와 카즈오 등 일본인 학자들도 발표문에서 일본 자본주의가 성숙기에 섭어늘고 있으며, 한국에 대한 일본의 보호주의 관세정책의 개선이 필요하다는 주장을 펴면서 김완순과 유사한 입장을 견지했다.

50   Kim Wan-soon, "Korea-Japan Economic Relations in the 1980's", Hahn Bae-ho ed., *Korea-Japan Relations in Transition : Challenges and Opportunities*, The Asiatic Research Center, 1982, pp.140~141 · 144~146.

2) 제2차 KJIE에 대한 Green의 관전평

이처럼, KJIE에 참여한 학자들은 '안보'와 '경제'라는 두 줄기의 의제를 통해 1970년대 이래로 한국과 일본의 이해관계가 서로 긴밀히 연결, 공유되고 있다는 점을 부각했다. 이것은 한일 양국 사회의 갈등과 길항의 토대가 되는 '역사' '영토' 중심의 서사를 억제하고 대체하는 새로운 담론이기도 했다. 특히, '경제' 의제는 중심-주변의 불평등과 종속이라는 기존의 서사에서 벗어나 경쟁의 회피와 협력이라는 서사에 새로이 접합되고 변형되었다. 지금까지도 한일관계에서 안보와 경제는 '미래지향적 관계'라는 수사에 직결되는 의제인데, KJIE는 이러한 서사가 본격적으로 만들어지기 시작한 장이었다고 할 수 있다. 이 일을 한국과 일본의 '미국파 사회과학' 지식인들이 떠맡았던 셈이다. 아울러, 이 일을 주도적으로 수행한 ARC와 JCIE가 록펠러재단과 포드재단을 위시한 미국 민간재단의 후원으로 조직되고 운영되어온 기관이었다는 점을 다시금 응시할 필요가 있다.

KJIE에서 진행된 논의는 대체로 회의의 결과를 편집하여 발행한 단행본을 통해 확인할 수 있기는 하지만, 회의 안에서 무엇이 쟁점이 되었는지, 그리고 현장의 분위기와 풍경이 어떠했는지를 파악해 볼 수 있는 자료는 매우 희귀하다. 필자가 록펠러아카이브센터[RAC]에서 찾아낸 자료를 통해 당시 회의의 풍경과 의제의 향방을 가늠해볼 수 있다. 포드재단의 도쿄지부장으로서 KJIE의 출발에도 주도적인 역할을 했던 Carl J. Green의 제2차 KJIE 관전평이 남아 있다.[51] KJIE의 전반적인 흐름과 분위기를 알 수 있는 대목이 있어서 내용이 조금 길지만 인용한다.

---

51   Grant Evaluation Report(Written by Carl J. Green, 1979.2.21), Grant 07950224, Reel 3618, FA 732D, Ford Foundation records, RAC.

한일지식인교류학술회의는 한국의 서울 아카데미하우스에서 열렸다. 이 회의는 고려대학교 ARC^{김준엽 소장}와 JCIE^{The Japan Center for International Exchange. 야마모토 다}^{다시 소장}가 함께 개최한 두 번째 회의였다. 첫 회의는 1977년에 일본 하코네에서 열렸다. 그 결과물은 한배호와 야마모토 다다시의 편집으로 Korea and Japan이라는 책으로 출판되었다. 비록 포드재단이 첫 회의를 조직하는 데에 도움을 주고 한배호 교수가 일본에 방문하는 데 필요한 일부 출장 여비를 공여했지만, 직접적으로 학술회의를 지원한 것은 아니었다. 그 학술회의^{제1차 KJIE ─ 필자}는 아데나워재단에서 지원했다. 이번 서울의 회의에는 포드재단이 한국 산학협동재단^{KRSF}의 28,000달러 지원을 보조하여 10,000달러를 고려대학교에 지원했다.

제2차 학술회의에 나는 옵저버로 참가했다. 매우 자극이 되는 회의였다. 일본, 한국의 참가자들은 잘 훈련된 학자들로서 영어에 능통했다. 대체로 하코네 회의부터 참가한 사람들이었지만, 열 명 정도는 새로운 얼굴이었다. 싱가포르대학의 리수안, 컬럼비아대학의 Michael Blaker 등이 그들이다.

하코네 회의^{제1차 KJIE ─ 필자}는 역사적으로 유례를 찾아볼 수 없는 일이었다. (기존의) 한일 간 대화의 상당 부분은 일본에서 공부한 적이 있는 나이 든 축에 속하는 한국인과 그들의 일본인 동료들 ─ 대체로 이들은 일본의 정치 스펙트럼에서 우익에 속한다 ─ 이 참여한 것이었는데, 하코네에서의 모임은 최초의 진정으로 학술적인^{academic} 회의였다. 또, 한국과 일본에서 처음으로 탈식민 세대의 학자들이 함께 모인 자리였다. 특히, 두 번째 학술회의에서 인상적인 것은 관점의 날카로운 차이에도 불구하고 그 회의가 가진 개방성^{openness}, 자연스러움, 그리고 친밀함이었다.

프로그램에 나타난 바와 같이, ① 새로운 아시아 질서의 부상, ② 한일 경제 이슈, ③ 문화요인에 관해 토론이 진행되었다. 11개의 발표가 있었는데, "한반도 안보에서의 일본의 역할"^{한승주}, "일본에서 부상하는 서비스 경제와 그 국제경제적 함의"누카자와 가즈오라는 탁월한 연구가 있었다.

이 회의의 하이라이트는 의외로 경제 이슈의 토론이었다. 특히, 한일 간 무역불균형 문제를 다루는 데에서 경제학자의 역할에 대한 토론이 주효했다. 경제학자들은 양자 간의 단순한 불균형에 대해, 특히 한국이 일본에서 수입하는 것이 자본재capital goods일 경우에는 기술적으로 별로 문제가 없다는 점에 동의했다. 그러나 이 문제는 한국에서 대단히 중요한 정치적 이슈였다. 그렇다면, 한국의 경제학자들은 경제 데이터를 가지고 정치논쟁을 장식함으로써 정책결정자들을 도와야 할 것인가, 또는 (미일 간의 소고기, 오렌지 이슈처럼) 상징적인 해결 방법을 찾아야 할 것인가, 아니면 이 불균형 이슈가 별로 중요하지 않다고 경제학자들이 정책결정자들을 가르쳐야 하는가? 이 토론은 일본의 누카자와 가즈오, 세키구치 스에오, 사카키바라 에이스케, 그리고 한국의 박영철, 김완순 등에 의해 제법 활기를 띠었다.

안보 문제도 매우 흥미로운 토론으로 이어졌다. 한승주의 발표와 토론은 일본인 학자들로 하여금 한국의 안보가 일본에 매우 중요하다는 반응을 불러일으켰다. 한승주는 주일미군이 한국의 방어를 위해 활용될 수 있고 한국 안보에 진전을 가져올 수 있다는 말도 했다. 니시하라 마사시 등의 일본인 학자들은, 만약 일본이 일본의 안보에 한국이 중요하다고 말하게 되면 국내에서 항의가 터져나올 것이고 미국은 한국의 방어를 일본에 떠넘길 것이라고 지적했다. 게다가 거기에는 한국에 미칠 위험과 함께, 일본의 군국주의를 독려할 수 있다는 위험도 존재한다. 한승주 등이 제안한 이 새로운 단계가 가져오는 주변적인 이익이 그러한 위험을 억제할 수 있다는 보증이 과연 있을까?

내가 보기에 이 학술회의는 그 내용의 질적 차원에서만이 아니라 한일 양국의 지식인들의 상호 이해와 교류의 차원에서도 매우 성공적이었다. 이것은 한일 양국의 평화, 그리고 아시아 민주주의의 진전에 매우 중요하다.

참고로, Green은 다른 이에게 쓴 서신에서 이때 누카자와 가즈오가 쓴 일본 서비스경제에 관한 글이 가장 흥미로웠다고 말하면서 그의 글을 동봉하기도 했다. 누카자와는 록펠러재단 펠로우로 당시 뉴욕에 머물고 있었다.[52]

3) 장밋빛 시나리오?

KJIE는 1980년대의 새로운 국제질서의 도래 속에서 한국, 일본, 아시아의 미래를 그 역사적 조건을 통해 가늠하고 전망해보는 자리였다. 안보 및 경제 이슈는 한국과 일본의 미래를 서로 동조적인 것으로 구성했다. 그렇다면 이러한 '장밋빛 시나리오'는 과연 실현이 가능한 것으로 모두에게 받아들여졌을까?

KJIE의 한국 측 조직을 주도하였고 당시 ARC의 일본연구실장을 맡고 있었던 한배호는 제4차 KJIE에서의 발표[53]에서 '새로운 국제질서를 창출하는 데에 일본의 역할은 무엇인가?'를 물었다. 그는 이른바 '도쿄콜로키움Tokyo Colloquium, 1975'에서 발표된 자료[54]를 인용, 분석하면서 일본의 역할에 대한 아시아의 기대와 우려를 드러냈다. 그의 분석에 따르면, 우선, 동남아시아 국가들은 일본과의 무역에 대해 양가적인 감정을 지니고 있다. 동남아시아에서 일본은 저발전 국가들을 희생시켜가면서 자신의 경제

---

52   Letter(Carl J. Green →Rodrigo Botero Montoya, 1979.2.21), Grant 07950224, Reel 5341, FA 732D, Ford Foundation records, RAC.

53   발표문을 기초로 발행한 논문은 다음과 같다. Hahn, Bae-ho, "Japan's International Role : Asia and Non-Asian Views", Hahn Bae-ho ed., *Korea-Japan Relations in Transition : Challenges and Opportunities*, Asiatic Research Center, Korea University, 1982, 1~17쪽.

54   The Tokyo Colloquium, *The Views on A New International Order*(Tokyo : Yomiuri Shinbun, September 1975).

적 이익만을 추구하는 '경제동물economic animal'로 그려지고 있고, 일본과의 교역을 통해 거대한 무역적자가 발생하고 일본의 민간투자가 해당 국가의 사회적 불평등을 고착시키는 현실에 대한 불만이 터져 나오고 있다. 이를테면, 인도네시아 지식인은 일본의 투자를 증진시킬 필요가 있다고 느끼는 동시에, 일본의 제국주의적인 경제지배를 두려워하는 양가적인 감정에 시달린다. 한배호는 도쿄콜로키움에 참가한 싱가포르, 태국의 지식인의 입을 빌어 개발도상국에 공해산업을 이전하는 일본의 행태, 좋은 파트너가 되려는 것이 아니라 원료공급처와 시장으로서만 동남아시아 국가들을 바라보는 일본의 이익추구적 행태를 비판했다. '도쿄콜로키움'에서 필리핀의 지식인은 일본이 제국의 열망을 버리고 주변 국가들과 평화조약을 맺는 일에 주도적으로 나서야 한다고 요청했고, 뉴질랜드 지식인은 일본에게 종전까지의 탐욕스러운 거인, 군사재무장의 이미지를 벗어내기 위해 문화외교cultural diplomacy를 강화할 것을 제안하기도 했다. 이것은 '비무장 강대국'의 길로 요약된다.[55]

한배호는 한일관계는 경제적인 차원에서 동남아시아 국가들과 일본 간의 관계와 유사성을 지니지만, 그와는 결이 다른 측면이 부가되어 있다고 보았다. 이를테면, 제2차 세계대전 이전의 제국주의-식민지의 관계에서 발원한 청구권, 어업갈등, 재일동포의 지위, 독도를 둘러싼 영토갈등 등 갈등 요인이 한일관계에 내포되어 있다. 양국의 상호경제의존이 강화되는 속에서도 여전히 서로에 대한 불신이 자리잡고 있는 이유가 거기에 있다. 한배호는 안보의 차원에서도 북한의 위협 속에서 일본의 역할을 한반도의 남북대치의 문맥 안에서 정의하는 경향이 양국에 공유되어 있기

---

55   Hahn, Bae-ho, op. cit., 1982, pp. 2~5·9.

는 하지만, 한국인은 일본의 군사력이 미일군사동맹의 한도를 벗어나 현재의 균형을 위협하는 수준으로까지 강화되는 것을 우려하고 있음을 상기시켰다. 한배호는 일본이 문화외교가 아니라 군사적 재무장의 길을 걷게 된다면 아시아의 평화가 위협받을 것이라고 경고했다. 또, 저발전 아시아 사회에서 일본의 경제적, 기술적 침투가 의존과 종속을 야기해서는 안 되고, 일본의 아시아 투자가 해당 사회의 도농격차를 심화시키는 방향으로 나아가서는 안 된다고 경고했다.[56]

한편, 당시 미국의 일본학Japanese studies에서 일본은 ① 민주화가 필요한 '과거의 적'이 아니라 건강한 비공산주의의 방향으로 향하게끔 사회과학을 발전시킬 필요가 있는 나라로, ② 공산주의 중국과 동남아시아에 대응하여 전략적으로 중요한 위치에 있는 나라로, ③ 개발도상국/후진국의 모범이 되는 모델국가로, ④ 국제사회에 더 잘 통합될 필요가 있는 발전된 산업국가로 그 위상이 전환되었다. 미국의 지역연구에서 일본은 (튀르키예와 함께) 비서구국가들이 근대화와 발전의 모델로 삼아야 하는 나라로 부상했다.[57] *Political Modernization in Japan and Turkey*[1964]를 로스토우 Dankwart A. Rustow, 1924~1996와 함께 편집한 Robert E. Ward가 이러한 연구풍토를 이끌어간 대표적인 인물이었다.[58] 나아가, 정치학자 Charlmers John-

---

56 Ibid., pp.11~16.

57 Kimberly Gould Ashizawa, "Understanding the 'Other' : Foundation Support for Japanese Studies in the U.S.", in Yamamoto Tadashi, Irie Akira, and Iokibe Makoto ed., op. cit., 2006, p.235.

58 일본과 터키를 근대화의 모델로 삼고자 한 Ward의 이론을 분석한 글로서는 Sasaki, Yutaka, "SSRC's Committee on Coparative Politics and the struggle to construct a general theory of political modernization using the Japanese model : Scholarly endeavors of Robert E. Ward", in Hiroo Nakajima ed., *International Society in the Early Twentieth Century Asia - Pacific : Imperial Rivalries, International Organization, and Experts*, London and New York : Routledge, 2021.

son의 *MITI and the Japanese Miracle*[1982]은 일본 통산성Ministry of International Trade and Industry. MITI이 실행한 산업정책으로 전후 일본이 전대미문의 고도 경제 성장을 이뤄냈다고 보았고, 국가 역할의 중요성을 부각하여 아시아 발전국가론Development State Theory의 초석을 놓았다.

한배호는 이에 대해 위화감을 가지고 있었다. 그는 1960년대부터 일본 의 근대화를 경제개발의 모델로 삼은 박정희 정권의 비전에 대해, 또 앞 서와 같이 미국의 일본학자들이 일본을 아시아 후진국들의 경제개발 모 델로서 상찬하는 행태에 대해 비판적인 문제의식을 지니고 있었다. 이를 테면, 일본의 근대화는 "부국강병의 목적을 달성했지만 '근대성modernity' 이라는 요소가 빠진 굴절된 근대화"이고, "마리온 레비Marion Levy, 1918~2002, 프린스턴대학 사회학 교수가 일러 말했듯 '결핍된 근대화modernization by default'"이며, "배링턴 무어Barrington Moore, 1913~2005의 *Social Origins of Dictatorship and Democracy : Lord and Peasant in the Making of the Modern World*[1966]에 나타난 바와 같이 합리성이 결여된 근대화, 봉건적인 사회구조를 '밑으로 부터의 혁신'을 통해 변화시키지 못한 근대화"였다는 것이 한배호의 지 론이었다.[59] 일본의 근대화에서는 세속화, 합리주의, 개인주의가 빠져 있 고, 그것이 낳은 결과가 제2차 세계대전에서의 패배였으며, 따라서 한국 은 일본의 길'일본모델'을 추종해서는 안 된다는 것이다.

---

59   한배호, 앞의 책, 2013, 198~205쪽.

4. 나가며

한일협정[1965] 이후로 최초로 이루어진 한일 사회과학분야 지식인들의 교류가 ① '진정한 화해'를 슬로건으로 삼아, ② 록펠러재단과 포드재단 등 미국 민간재단의 후원으로, ③ 미국의 학문적 네트워크 위에 자리한 사람들[미국 유학파]이 주축이 되어, ④ 미국 사회과학의 이론/방법론을 적용한 영어논문 발표를 통해 진행되었다는 점은 매우 이채롭다. 한일의 '화해'를 유도함으로써 아시아지역의 동맹을 강화하려는 미국의 기획이 줄곧 한일관계의 은폐된 배후에서 작용하고 있었다는 사실은, 비단 정치, 경제의 영역에서만이 아니라 사회과학 지식생산의 영역에서도 마찬가지로 확인된다.

냉전시대 미일지식인교류사업을 설계한 이는 Herbert Passin[1916~2003]이다. 그는 The Dartmouth Conference[1962], The Kurashiki Conference[1964], The Williamsburg Conference[1967], The Shimoda Conference[1967] 등을 포드재단에 제안하여 추진했다. 이 가운데 The Shimoda Conference[시모다회의]는 Passin이 Gerald Curtis 등 컬럼비아대학의 학자들과 더불어 JCIE의 야마모토 다다시와 함께 조직한 지식교류사업이었다. 이들 사업은 제2차 세계대전에서 적으로 조우했던 미국과 일본이 이제 서로 안보와 경제의 이익을 위해 상호적대를 순치하여 우호와 친선의 관계를 만들어간다는 취지를 담고 있었다. KJIE는 그러한 기획의 한일판[韓日版] 변형의 산물이었고, 심지어 주관기관의 연결망[포드재단-JCIE-ARC 네트워크]과 참가자의 구성도 미일 지식인 교류와 판박이였다. 그런 점에서 KJIE는 미국의 민간재단이 구축한 아시아 냉전학술이 없었다면 불가능했을, 오로지 그 자장과 문법 위에서만 가능했던 사건이었다.

다른 한편, KJIE는 아시아 역내 지식교류로서의 특이성도 내포하고 있다. KJIE는 미일지식교류를 본받아 한국과 일본의 공동이익과 '미래'를 도모하고 그 가능성을 증명하고자 한 사회과학자들의 실천이었지만, 이런 가운데에서도 스멀스멀 피어오르는 위화감과 회의, 불협화음마저 모두 해소할 수는 없었다. '제국주의 일본'의 귀환이라는 우려는 제아무리 국제신질서International New Order를 외친다 한들 쉽게 불식될 수 없었고, 설사 국제신질서가 규범과 당위이자 필연적인 시대의 추세로 인식된다고 한들 거기에서는 일본의 보호주의의 폐기와 해외투자의 원칙 변경, 그리고 비군사화 등 일본의 자기규제가 그 전제조건이 되어야 했다. 일본의 지도력은 아시아에서의 헤게모니를 구축할 만큼 견고하지는 못했고, 한국을 위시한 아시아 국가들로부터의 의심과 견제는 계속되었던 것이다. 결과적으로, 한국과 일본의 '미래'를 기약하기 위해서라도 일본의 '과거'와 '현재'의 행태에 대한 비판과 경고가 수반될 수밖에 없었다. 특히, KJIE는 한일관계에서 필연적으로 충돌을 불러올 수밖에 없는 '역사'와 '영토' 담론을 배제하고 이를 상쇄하는 '안보'와 '경제' 위주의 상호협력 담론을 생산하는 장이었는데, 이 '안보'와 '경제'의 영역에서마저도 일본에 대한 한국 사회과학자들의 불신이 온전히 해소되지는 못했다.

　냉전, 탈냉전, 신냉전의 세 층의 시간성이 동시에 흐르고 있고 신뢰/불신의 양가적 구조가 여전히 지속되고 있는, 그리고 '반일'과 '혐한'의 감정이 경제적 이해관계와 지위변동을 매개로 고조되고 있는 오늘날의 한일관계 속에서 이 KJIE의 실천이 가지는 의미는 무엇일까? 한일관계의 '미래'를 설계하려는 이들은 한 번쯤 KJIE의 역사를 돌아보고 그 의미를 음미해보는 일에서부터 시작해야 하지 않을까?

[1st] *Korea and Japan : A New Dialogue Across the Channel*[1978].

제1차 회의. 1977년 7월 10~17일 일본 하코네.

[2nd/3rd] *Korea-Japan Relations : Issues and Future Prospects*[1980].

제2, 3차 회의. 1978~1979년에 2차례. 도쿄/서울.

[4th] *Korea-Japan Relations in Transition : Challenges and Opportunities*[1982].

제4차 회의. 1981년 7월 서울.

이름	참가 회의와 발표논문 제목	주요 이력(회의 당시) 및 학력
Han Bae-ho	[1st] Political Culture in Korea : Some Central Tendencies [2nd/3rd] Asian International Politics and the Future of Korea-Japan Relations [4th] Japan's International Role : Asia and Non-Asian Views	고려대 정치학과 교수 고려대 아세아문제연구소 일본연구실장 미국 Princeton University 박사
Yamamoto Tadashi	—	JCIE 의장 미국 Marquette University MBA
Kunihiro Masao	[1st] Conformity and Familiarization : Reflection on Japan's Political Culture [2nd/3rd] Cultural Interaction between Korea and Japan	International College of Commerce and Economics 인류학 교수 일본 외무성 전문연구원(1974~1976) Discord in Pacific 편집 (下田會議 보고서, 1972) 미국 Hawaii University 졸업 Encounter At Shimoda : Search For A New Pacific Partnership, 1979 (4th Shimoda Conference)
Kim Wan-soon	[1st] Transformation of the Korean Economy : Its Causes and Consequences [2nd/3rd] An Assessment of Japan's Protective Measures against Manufactured Imports from Korea [4th] Korea-Japan Economic Relations in the 1980s	고려대 경제학과 교수 미국 Harvard University 박사

이름	참가 회의와 발표논문 제목	주요 이력(회의 당시) 및 학력
Hirono Ryokichi	[1st] Economic Prospects of Japan in an Emerging International Economic Order	일본 成蹊大学 경제학 교수 북미, 유럽, 아시아에서 강의 아시아개발은행 자문역 (Asia Development Bank, 1969~1970) 미국 The University of Chicago 석사
Oh Kie-pyong	[1st] Korea's Foreing Policy and Security Affairs	서강대 국제관계학 교수 미국 University of Minnesota 박사
Nishihara Masashi	[1st] How Much Longer the Fruits of the 'Yoshida Doctrine'?	防衛大学(National Defence Academy) 국제관계학 교수 미국 The University of Chicago 박사
Choi Sang-yong	[1st] Post-war Nationalism in Korea : Three Problems	중앙대 정치학과 교수 일본 東京大学 박사
Sato Seizaburo	[1st] Intellectual Tradition and the Role of Intellectuals in Japan	東京大学 정치학 교수 일본 東京大学 졸업, 미국 Harvard University 연수
Hong Sung-chick	[1st] Japanese in the Mind of Korean People : A Survey of Student Attitudes	고려대 사회학과 교수 미국 University of Washington 박사
Tanaka Yasumasa	[1st] Japanese Perception of the World of Politics : An Analysis of a Subjective Political Culture	学習院大学 사회심리학과 커뮤니케이션 교수 미국 펜실베이니아대학 및 캐나다에서 강의 미국 University of Illinois 박사
Park Yung-chul	[2nd/3rd] Export Growth and Domestic Savings : The Korean Experience, 1960~78	고려대 경제학과 교수 고려대 경제연구소 소장 미국 University of Minnesota 박사 제1차 회의 토론자
Okumura Ariyoshi	[2nd/3rd] Japanese Economy in Maturity : Its Implications for a New Relationship Between Japan and Korea	Industrial Bank of Japan 산업연구과 매니저 일본 東京大學 졸업 풀브라이트 장학생으로 미국 Columbia University 유학

이름	참가 회의와 발표논문 제목	주요 이력(회의 당시) 및 학력
Ahn Chung-si	[2nd/3rd] Toward a Dependable Peace in Asia	서울대 정치학과 교수 (전) 외교부, 국방부 연구교수 미국 Hawaii University 박사
Kim Kyung-dong	[2nd/3rd] Cultural Dimensions in Creating a New International Order in Asia	서울대 사회학과 교수 서울대 사회과학연구소 부소장 미국 Cornell University 박사
Nukazawa Kazuo	[2nd/3rd] Search for the New International Order in Asia [4th] A Hedgehog's Choice	일본 경제단체연합회(경단련) 경제협력분과 수석부원장 일본 一橋大学 졸업 유엔장학금으로 유럽에 유학 록펠러재단 뉴욕본부 연구원
Sekiguchi Sueo	[4th] Major Power Interactions in North-and-South-East Asia : A Japanese View	오사카대학 경제학과 교수 JCIE 수석연구원 일본 横浜国立大学 졸업 제1차 회의 토론자
Lee Jung-bock	[4th] Changing Characteristics of Korean Politics	서울대 정치학과 교수 미국 University of Washington 박사
Inoguchi Takashi	[2nd/3rd] Politics Should Help Economics Take Command : Political Dimensions of the Emerging Prosperity in East and Southeast Asia [4th] Industrialization, Insecurity, and Authoritarianism	도쿄대학 정치학 및 동양문화연구소 교수 미국 Massachusetts Institute of Technology(MIT) 박사
Ahn Byung-joon	[4th] The Security Situation on the Korean Peninsular	연세대 정치학과 교수 미국 Columbia University 박사
Han Sung-joo	[2nd/3rd] The Pacific Community Proposal : An Appraisal [4th] Convergent and Divergent Interests in Korean-Japanese Relations	고려대 국제정치학과 교수 미국 University of California Berkeley 박사

[토론자]

[1st] Honma Nagayo 도쿄대학, Kim Ha-ryong 고려대학, Lim Hy-sop 고려대학, Ori Kan 소피아대학, Park Young-chul 고려대학, Rhee Sang-woo 서강대학, Sato Hideo 예일대학, Sekiguchi Sueo 일본경제연구센터, Suh Sang-chul 고려대학, Yano Toru 교토대학

4

재일在日 지식인이 구축한
연대의 공론장 『계간 삼천리』

조수일

1. 들어가며

이 글은 1970년대 중반 이후 한일 양국의 지식인 사회에서 가시화되기 시작한 재일在日 지식인들의 학술 성과와 주체적 공론장[1] 만들기의 실천을 대표하는 잡지 『계간 삼천리季刊三千里』전50호, 1975.2~1987.5를 분석 대상으로 삼아, 재일 지식인들이 어떠한 방식으로 주체적인 공론장을 구축했는지 살펴보고, 나아가 그들과 한일 지식인들이 어떠한 사회·역사·문화적 담론을 생성했는지 고찰할 것이다. 근년에 이 『계간 삼천리』가 한국 학계에서 주목을 받고 있고, 한림대학교 일본학연구소는 『계간 삼천리 해제집』, 『내파하는 국민국가, 가교하는 동아시아 『계간 삼천리』 1981』과 같은 해제집과 총서를 간행한 바 있다. 또한 『계간 삼천리』를 비롯한 『한

---

1 한국의 학계에서 '공론장'이 학술용어로서 학술논문에 사용되기 시작한 것은 2002년 이후로, 그것은 위르겐 하버마스의 『공론장의 구조변동-부르주아 사회의 한 범주에 관한 연구』(한승완 역, 나남출판)가 2001년 10월 번역출판된 것이 계기라 할 수 있다. 이 책에서 한승완은 '공론장'이라는 번역어에 대해 다음과 같이 설명한다. "독일어 'Öffentlichkeit'는 영역본에서는 '공공성(publicness)' 혹은 '공공영역(public sphere)'으로, 일역본에서는 공공성(公共性) 혹은 '공공권(公共圈)'으로 주로 번역되었다. 우리 말에서는 그동안 이 개념에 대해 '공공영역' '공공권역', '구론영역', '공론장(公論場)', '공개장', '여론', '공론' 등의 용어가 사용되었다. 일반적으로 '공공영역'이라는 용어가 가장 많이 사용되고 있음에도 불구하고 역자는 '공론장'이라는 번역어를 선택했다. 우선 하버마스가 '공공영역(die Öffentliche Sphäre, Bereich)'을 국가, 혹은 공권력의 영역으로 특칭해서 사용하는 반면, 'Öffentlichkeit'는 그 자체 사적 부문에 속하는 것이지만 공공영역으로서의 국가와 사적 영역으로서의 사회 사이에서 양자를 매개하는 것으로 정의하고 있으므로 용어의 혼란을 피하기 위한 것이 일차적인 이유이다. 그 밖에도 'Öffentlichkeit'가 제도적으로 고착된 어떤 특정한 영역으로 한정되기보다는 '사적 개인으로서의 공중이 논의하여 여론을 형성하는 마당'이라는 의미에서 장(場)의 개념과, '토론하고 논의한다'는 개념 ─ 론(論) ─ 이 들어 있는 '공론장'이라는 용어가 적합하다고 생각했기 때문이다. 그 외에도 'Öffentlichkeit'는 맥락에 따라서 '공공성' 혹은 '여론'으로 번역하기도 하였다." 위르겐 하버마스, 한승완 역, 『공론장의 구조변동-부르주아 사회와 한 범주에 관한 연구』, 나남출판, 2004, 13~14쪽.

양漢陽』1962.3~1984.3,『마당まだん』1973.10~1975.6,『재일문예 민도在日文藝民涛』전10호, 1987.11~1990.3,『계간 청구季刊青丘』전25호, 1989.8~1996.2,『호르몬 문화ほるもん文化』전9권, 1990.9~2000.9 등 재일이 주체가 되어 산출한 출판문화를 분석 대상으로 삼아 재일의 커뮤니티와 정체성, 문학 텍스트, 교류, 나아가 그들에 대한 일본 사회의 정책 등에 초점을 맞춘 연구가 지속적으로 이뤄져 왔다. 이 글에서는 왜 지금 한국에서『계간 삼천리』를 논할 필요가 있는지에 대한 문제의식의 소재를 재정립하고,『계간 삼천리』가 어떠한 역사적 현안에 주목했고, 누구의 목소리를 어떻게 활자화했는지 부각시킴으로써 한일 지적 네트워크 연구의 새로운 시좌를 제시하고자 한다.

박정의는『계간 삼천리』가 쓰루미 슌스케鶴見俊輔, 1922~2015나 오다 마코토小田実, 1932~2007와 같은 일본 지식인으로 하여금 한국 사회의 민주화 투쟁을 소개하게끔 했으며, 이것이 결코 "한국인의 문제가 아니라 일본인 자신의 문제라는 점을 인식시켜, 한국 민주화 투쟁에 대한 일본인의 연대를 유발"[2]하고 일본의 역할론을 고민하게 하는 장場으로 기능했다고 평가했다. 더 나아가 가네코 루리코는『계간 삼천리』가 재일과 일본의 진보적 지식인이 만나는 장으로서 기능했으며, 무엇보다도 "일본과 한국의 어긋남, 일본과 재일의 어긋남, 재일과 한국의 어긋남에 대해서도 의식화하는 것이 가능한 점"[3]이 높이 평가해야 할 가치라고 강조했다. 또 강성우는『계간 삼천리』에 실린 글을 통해 1970년대에 한국과 일본의 시민운동이 연대한 양상을 분석하며, 그것은 "시민사회와 국가, 국제적인 조직을

2   박정의,「『季刊三千里』と韓国民主化－日本人に知らせる」,『日本文化學報』54, 한국일본문화학회, 2012.8, 234쪽.
3   Kaneko Ruriko,「『季刊三千里』における日本進歩的知識人の「在日朝鮮人観」－1975~1977年を中心に」,『일본어문학』79, 일본어문학회, 2017.11, 415쪽.

연결하여 민주화와 인권과 같은 가치를 수호하고 발전시키는데 국내적
으로나 초국가적으로 의미가 있"는 것이었고, 『계간 삼천리』가 그 "일본
과 한국 시민연대에 중요한 역할을 하였"다는 의미를 도출한다.[4] 한편, 김
웅기는 『계간 삼천리』에 게재된 재일의 민족교육과 연관되는 다층적 논
고의 주제를 추출한 후 그중 일본 공립학교에 설치된 민족학급에서 재일
코리안의 교육에 종사한 일본인 교사들의 인식과 『사람』 시리즈와 같은
부교재 제작 등의 실천 사례를 분석하여 이를 일본 최초의 다문화 교육
실천 사례로 자리매김했다.[5] 그리고 이영호·이용규의 논고는 『계간 삼
천리』에 실린 한국을 비롯한 미국, 중국, 구소련러시아, 중앙아시아 지역의 해외
관련 기사를 정리하고 특집과 정담을 중심으로 1970~1980년대 재일 사
회의 행보와 네트워크, 나아가 디아스포라의 영향력을 총괄한 후 관계형
데이터베이스RDB, Relational Database를 활용한 디아스포라 네트워크 자료의
융·복합적 활용 가능성을 제시하고 있다.[6] 이외에도 『계간 삼천리』에 담
긴 재일-일본-한국을 둘러싼 역사문화적, 정치사회적 관계의 세부 논의
와 다층적 겹쳐읽기의 가능성들이 제시되어왔다. 다만, 한국 지식인들의
어떠한 담론이 수용되었고, 이것이 어떠한 의미를 지니는지에 관한 논의
가 집무하다.[7]

---

4   강성우, 「『계간 삼천리』로 보는 1970년대 한·일 시민연대운동」, 『인문사회21』 10(4),
     인문사회21, 2019. 8, 363쪽.
5   김웅기, 「『계간 삼천리』에 나타난 재일코리안 교육에 대한 일본인 교사의 인식과 실천」,
     『일본학보』 127, 한국일본학회, 2021. 5, 317~334쪽 참조.
6   이영호·이용규, 「디아스포라 네트워크의 형성과 구축 및 자료관리-재일코리안 잡지
     『계간 삼천리(季刊三千里)』를 중심으로」, 『日本學(일본학)』 57, 동국대 일본학연구소,
     2022. 8, 39~65쪽 참조.
7   최범순은 '가교(架橋)', '특집란', '연재란', '문학란', '온돌방', '편집후기'의 틀로 『계간 삼
     천리』의 전체상을 제시했고, 『계간 삼천리』는 "내셔널리즘을 넘어선 진정한 인터내셔
     널리즘과 휴머니즘을 추구하려는 의지를 담고 있다"고 평가했다. 이 논고가 잡지에 게

이 글에서는 이러한 문제의식에서 출발하는 바, 13년간 이어진 『계간 삼천리』라는 공론장을 들여다보기 위해 잡지의 방향성이 명징하게 드러나는 특집, 대담/정담/좌담회, 연재, 번역순으로 범주화하여 전체상을 파악한 후 한국 지식인들의 어떠한 담론이 번역·소개되었는지 검토함으로써 1970~1980년대의 재일과 한일 지식인 간 지적 교류의 지형도를 포착하고자 한다.

2. 1970년대 일본과 『계간 삼천리』의 목적의식

제2차 세계대전에서의 패전으로 타율적인 탈제국을 경험한 전후 일본은 한국전쟁의 특수로 잿더미에서 벗어나 경제부흥을 이룬다. 물론 이 같은 경제부흥과 고도경제성장의 이면에는 한국전쟁과 베트남전쟁 그리고 아시아 각국에 대한 역무배상役務賠償과 같은 어둠이 존재한다. 도쿄 올림픽, 만국박람회가 일본 사회의 이목을 집중시킨 한편 고마쓰가와사건과 김희로사건, '베트남에게 평화를! 시민연합ベトナムに平和を! 市民連合, 베평련'의 시민운동, 미나마타병水俣病 소송, 히타치 취직차별사건, 김대중 납치사건, 민청학련사건, 문세광사건 등 명암이 뒤얽히며 이에 대한 논의를 위한 장이 요청되었던 것이 바로 1970년을 전후로 한 시기라 할 수 있다. 혼돈의 시대였던 "1970년대 한일관계는 위기와 극복을 반복하였"고 "이 과정에서 그동안 한국에 그다지 관심이 없던 일본의 언론은 한국의 민주화운동,

---

재된 소설 중 "황석영, 김원일, 김정한 등의 한국작가 작품이 일본어로 번역소개되었다"라는 언급을 했을 뿐이다. 최범순, 「『계간 삼천리』(季刊三千里)의 민족정체성과 이산적 상상력」, 『日本語文學』1(41), 한국일본어문학회, 2009.6, 402·416·420쪽.

재일한국인, 남북통일을 키워드로 하는 '한국 문제'의 중요성을 인식하기 시작하였다".[8]

미국의 '북폭北爆'으로 베트남전쟁이 본격화된 1965년, 한국 정부와 일본 정부는 '한일기본조약'을 체결했고, 이에 대해 일본 내에서도 한일회담 반대운동, 외국인에 대한 입국 관리 체제 비판과 더불어 차별철폐운동 등이 일었다. 한편, 북한은 조약의 불승인과 대일 청구권 보유를 선언했다. 그로 인해 재일본조선인총연합회와 재일본조선거류민단1994년부터 재일본 대한민국민단 사이에 반목의 골이 깊어져 갔는데, 정치적으로는 재일조선인 사회가 분단되는 어둠이 드리워진 시기이자, 한편으로는 재일조선인 문필가가 대거 등장하며 일본어 공론장에서 눈부신 활약을 펼치기 시작한 시기이기도 했다.[9]

오구마 에이지小熊英二는 베평련의 사무국장을 역임한 요시카와 유이치吉川勇一, 1931~2015를 인터뷰하며, "1970년 6월 이후, 미일안전보장조약을 저지하지 못한 폐색적 상황" 속에서 "재일조선인과 오키나와, 여성해방운동 등 차별 문제"가 주목받는 흐름이 생성되었다고 지적하는데,[10] 이러한 사

---

8   박삼헌, 「1970년대 일본의 보수주의 언론과 한국 인식-『쇼쿤(諸君)!』의 한국 관련 기사를 중심으로」, 『일본역사연구』 51, 일본사학회, 2020.4, 6~7쪽.

9   김웅기는 재일역사학자 강재언의 생애를 행적과 가치관, 역할을 중심으로 논한 글에서 일본에는 언론에 의해 인위적으로 만들어지는 '아시아붐'이라는 것이 있고, 특히 1970년을 전후한 시기는 1965년 한일수교나 1970년 오사카 엑스포 등의 영향으로 한국(조선)이 '아시아붐'의 대상이 되었다고 지적한다. 이 같은 일본 사회의 인식 변화가 강재언을 비롯한 김달수, 이진희, 박경식, 김석범, 김시종 등 총련을 이탈한 재일 지식인에게 저술 활동의 기회를 마련했고, 이는 어디까지나 일본 언론의 수요라는 틀 안에서의 활동이었지만 조직을 떠난 이들 지식인들에게 활약의 터전을 마련했던 것만큼은 틀림없다는 것이다. 김웅기, 「인물사적 관점에서 바라본 재일 역사학자 강재언」, 『韓日民族問題研究』 36, 한일민족문제학회, 2019.6, 233쪽.

10 小熊英二, 「インタビュー 吉川勇一, 国境をこえた『個人原理』」, 岩崎稔・上野千鶴子 ほか編, 『戦後日本スタディーズ②……60・70年代』, 紀伊国屋書店, 2009, 271쪽. 일

회적 맥락이 만들어진 것은 신좌익의 즉각적인 일본 혁명이라는 안보투쟁 노선이 동력을 상실했기 때문이었다. 그 지점에서 나온 것이 "지역사회의 생활 속에서 합법적·평화적 방법으로 도시 문명과 사회 문제를 극복할 대안을 추구"[11]하는 일이었다. 이를 뒷받침한 요인으로는 첫째 "당시 일본 사회는 동아시아에서 유일하게 시민적 자유가 보장되어 있었고, 60년대에 이룬 고도경제성장으로 인해 경제적 여유가 생겼을 뿐만 아니라 젊은 층을 중심으로 한 인구 밀집에 따라서 가족 형태의 변화가 일어났는데, 이러한 사회적 배경하에 서클이 활성화되었다는 점", 둘째 "70년대 도회지에서 공민관과 유사한 시민들의 활동 시설이 정비되었던 점", 셋째 "시민들의 소통 도구였던 '미니코미 붐'이 일어난 점"을 들 수 있다.[12]

이러한 시기에 재일 지식인들이 주체적으로 만들어낸 일본어 공론장 『계간 삼천리』는 창간호에 '김지하'를 둘러싼 한국의 상황을 특집으로 구성했고, 일본의 지성을 대표하는 지식인들이 '연대'의 목소리를 냈다. 이

련의 사회운동이 감소하며 실생활과 지역의 문제에 대한 시민활동이 늘어나게 된 점 역시 차별 문제에 대한 주목과 맥을 같이 한다고 볼 수 있다. 환경과 복지를 둘러싼 시민활동 단체의 활동이 1970~1980년대에 증가하게 되는데, 이에 대해서는 松本一明의 「NPO法成立以前の市民活動の特性－1970年代～80年代初期に設立された環境系および福祉系市民活動団体の文献比較を通じて」(『成蹊大学文学部紀要』第48号, 成蹊大学文学部学会, 2013.3, 195~197쪽)을 참고할 것. 한편, 1970~1980년대에 『계간 삼천리』가 성립할 수 있었던 조건에 대해서는 도노무라 마사루의 「역사로서의 『계간 삼천리』－시대의 규정성과 현상 변혁의 모색」(한림대 일본학연구소 편, 『내파하는 국민국가, 가교하는 동아시아 『계간 삼천리』 1981』, 학고방, 2022, 54~55쪽)이 상세히 다루고 있다.

11 조관자, 「1990년대 이후 한국에 소개된 재일조선인 지식인의 민족담론－서경식의 '식민주의 저항' 담론에 관한 비판적 고찰」, 『일본비평』 8(1), 서울대 일본연구소, 2016.2, 72쪽.

12 사쿠라이 스미레, 「지역 속의 『계간 삼천리』－'서클 소개'를 통해서 본 일본시민의 활동」, 한림대 일본학연구소 편, 앞의 책, 375쪽.

러한 상황인식의 공유가 가능했던 맥락을 분석함으로써 1970~1980년대의 재일 지식인과 한일 지식인 간 지적 교류의 네트워크를 확인할 수 있을 것이다.

"『계간 삼천리』는 재일조선인이 일본에 대해 이야기하고, 재일일본인이 조선인에 대해 이야기하는 담론의 장"[13]이기도 하지만, 1973년의 김대중 납치사건을 계기로 일어난 한국 젊은이들의 독재 타도를 위한 민주화 요구와 시인 김지하에 대한 사형 구형 등 요동치는 한국 사회는 물론이거니와 해외 한인의 목소리에도 귀를 기울이고 그들의 목소리를 번역했다. 이『계간 삼천리』의 담론지형을 검토/분석함으로써 재일 지식인들이 당대 현안에 어떻게 대처해 나가고자 했는지, 1970~1980년대에 재일 지식인과 한일 지식인 간에 어떠한 지적 교류가 있었는지 추적할 수 있다. 즉, 실천을 동반하며 목소리를 모은『계간 삼천리』의 운동은 반일과 혐한의 극단화된 단절의 길을 걷고 있는 현재에 있어 한일교류의 역사를 발굴하고 그것이 갖는 현재적 의미를 살필 수 있다는 점에 있어 주목할 사료적 가치가 있다는 것이다.

1975년 2월에 창간하여 1987년 5월에 종간하기까지 13년간 이어진『계간 삼천리』는 강재언姜在彦, 1926~2017, 김달수金達寿, 1919~1997, 김석범金石範, 1925~, 박경식朴慶植, 1922~1998, 윤학준尹学準, 1933~2003, 이진희李進熙, 1929~2012, 이철李哲, 1924~2012 7인이 편집위원회[14]를 구성하여 창간했다. 강재언은 종간

---

13 전성곤,『Doing '자이니치'』, 한국학술정보, 2021, 71~72쪽.
14 「編集委員会」,『季刊三千里』第1号, 三千里社, 1975.2, 11쪽. 도노무라 마사루는 이 편집위원들을 "이데올로기 대립을 극복하고 조선 통일을 지속적으로 바라면서, 일본의 가해의 역사를 중시하며, '재일'이라는 것을 강하게 의식해 온 재일코리안"이라고 보며, 편집위원들 중 김달수와 김석범 그리고 박경식 같은 경우는 한때 조선총련에 소속해 있었고, 따라서 "해방 직후 재일조선인 민중 사이에 존재한 통일 조선에 대한 희구, 일본의 가해 역사에 대한 청산, '재일'이라는 의식은, 조국에 직결되는 민족 단체의 강한

호에서 "파란만장했던 본지의 편집에 관여하며 편집부의 사토 노부유키 佐藤信行 씨와 위양복魏良福 씨의 마음고생도 이만저만하지 않았습니다. 특히 사토 씨는 본사 유일의 일본인으로서 창간 이래 우리와 함께 고락을 함께 해왔습니다"[15]라고 밝혔고, 사토 노부유키 역시 "삼천리社의 사무소가 신주쿠의 한 빌딩에 마련된 게 1974년 9월. 그리고 이듬해 2월에 창간호를 내기까지 편집위원들은 주 1회 모여 편집 기획, 원고 의뢰를 비롯해 원고 정리, 교정 등 당시 생초짜였던 나의 일을 도와주었다"[16]라고 회고하듯, 이 편집위원 7인 외에 사토 노부유키가 창간 때부터 편집부의 일원으로 참여하여 잡지 발간 실무를 담당했다는 것이 확인된다.[17]

한편, 『계간 삼천리』는 다음과 같은 목적의식과 결의를 가지고 창간되었다.

조선을 가리켜 '삼천리 금수강산'이라 말한다. '아름다운 산천 조선'이라는 의미이다. 잡지 『계간 삼천리』에는 조선 민족의 염원인 통일의 기본방침을 제시한 1972년 '7·4공동성명'에 의거한 '통일된 조선'을 실현하기 위한 절실한 바람이 담겨 있다.

일의대수一衣帶水의 관계에 있으면서도 조선과 일본은 여전히 '가깝고도 먼 나라'이다. 우리는 조선과 일본 사이의 복잡하게 꼬인 실타래를 풀어, 상호 간

통제를 받는 환경 속에서 자유롭게 이야기할 수 없었다"는 점을 염두에 두어야 한다고 말한다. 도노무라 마사루, 「역사로서의 『계간 삼천리』─시대의 규정성과 현상 변혁의 모색」, 한림대 일본학연구소 편, 앞의 책, 45·50~51쪽.

15 姜在彦, 「終刊に寄せて」, 『季刊三千里』 第50号, 1987.5, 312쪽.

16 佐藤信行, 「終刊に思うこと」, 위의 책, 311쪽.

17 『계간 삼천리』의 창간에 이르기까지의 경위와 창간부터 종간까지의 에피소드, 곡절에 대해서는 13년간 『계간 삼천리』의 편집장을 맡은 이진희의 회고록 『해협─한 재일 사학자의 반평생』(이규수 역, 삼인, 2003)을 통해 확인할 수 있다.

의 이해와 연대를 도모하기 위한 하나의 다리를 놓아가고자 한다.

이러한 소망을 실현하기 위해 재일동포 문학자와 연구자들의 연계를 넓혀 갈 것이다. 또한, 일본의 많은 문학자/연구자와의 유대를 강화해갈 것이다. 나아가, 우리는 독자의 목소리를 존중하여 그것을 본지에 반영시킬 것이다.

이제까지의 경험에 비춰볼 때 우리에게는 여러 난관이 예상된다. 그러나 우리는 그것을 극복하며 우리의 염원을 실현해 나갈 것이다.[18]

남과 북이 대화를 통해 조국의 평화통일을 위한 자주·평화·민족대단결이라는 3대 원칙에 합의하여 공동성명을 발표한 1972년 7·4남북공동성명은 파격 그 자체가 아닐 수 없었으며, 『계간 삼천리』 편집위원회가 1975년 시점에 잡지명에 그 뜻을 담을 정도로 여전히 선명한 길잡이였다. 즉, 이는 재일 지식인들이 분단된 조국을 대하는 기본자세였던 것이다.[19] 그들이 지속적으로 강조하며 표방한 7·4남북공동성명의 정신은, 한반도를 둘러싼 국제정세, 한반도 내부의 내막을 알 수 없는 정치적 움직임의 영향과 그로 인한 한계가 있었다 하더라도, 1991년 12·13남북기본합의서, 2002년 6·15남북공동선언, 2007년 10·4남북공동선언, 2018년 4·27판문점선언으로 이어져 왔으며 앞으로도 견지해야 할 한반도와 동아시아의 평화 체제를 위한 기점이 아닐 수 없다.

「창간사」에 명기한 이러한 목적의식과 자세의 견지는 13년간 이어진

---

18   無署名, 「創刊のことば」, 『季刊三千里』 第1号, 1975. 2, 11쪽.
19   편집위원회는 종간사에서도 "창간 이래 13년간 우리들은 「창간사」에 내걸었듯 1972년 '7·4공동성명'의 정신에 준한 '통일조국'에의 절실한 바람을 담아 본지를 편집해 왔습니다. 남북의 평화적 통일은 본디 간단히 실현할 수 있는 문제가 아닌 것을 알고 있지만, 남북이 대화를 통해 화해에 한 발이라도 가까워질 수 있게 노력하는 것이 우리의 당연한 의무이기 때문입니다"(『季刊三千里』 編集委員会, 「終刊のことば」, 『季刊三千里』 第50号, 1987. 5, 288쪽)라고 강조한다.

『계간 삼천리』의 발자취를 통해 어렵지 않게 확인할 수 있다. 매호 '특집'과 '가교', '온돌방'[제2호부터]과 같은 코너를 구성하여 다양한 포지션에 있는 이들의 목소리를 받아들임으로써, 「창간사」를 통해 내건 '조선'과 '일본'의 미래를 위한 과거와 현재를 통찰했다. 또, 잡지의 편집 방향과 성격을 잘 드러내는 것이 연재와 대담/정담/좌담회라 할 수 있는데, 『계간 삼천리』는 총 32건의 연재를 진행했고 총 42회의 대담/정담/좌담회를 열어 이를 문자화했다. 무엇보다 주목해야 할 것은 한국 지식인의 목소리를 발신하기 위한 노력이다. 『계간 삼천리』의 「창간사」에는 실천 과제로서 ① 재일동포 문학자와 연구자들의 연계를 넓혀갈 것, ② 일본의 많은 문학자/연구자와의 유대를 강화해갈 것, ③ 독자의 목소리를 존중하여 그것을 본지에 반영시킬 것, 이 세 가지를 강조했는데, 그 외에 한국의 문학자/연구자와의 연계/유대 강화도 시야에 넣고 있었던 점도 포착할 수 있다. 마에다 야스히로[前田康博, 1936~] 마이니치신문 서울지국장의 보고[총 21회]와 K·I라는 익명의 논자에 의한 보고[총 11회] 등을 통해 동시대 한국의 정황이 생생한 목소리로 전해졌고, 김지하[1941~2022], 김윤식[1936~2018], 백낙청[1938~], 박형규[1923~2016], 천관우[1925~1991], 길현모[1923~2007], 최옥자[1943~], 송건호[1929~2001], 성민엽[1956~], 채광석[1948~1987], 강만길[1933~2023], 이현희[1937~2010]와 같은 한국 지식인의 목소리가 번역되어 해설과 함께 게재되기도 했다는 점에 주목해볼 필요가 있겠다.

이하에서는 『계간 삼천리』를 특집, 대담/정담/좌담회, 연재물, 번역물로 범주화하여 전체상을 조망해본다.

3. 특집 '한일교류(사)'를 위한 폴리포니

"『계간 삼천리』의 편집위원, 편집자의 활동은 다방면에 걸치며, 게재된 논문의 내용 또한 더할 나위 없이 다채롭기에, 모든 내용을 논할 수는 없다"[20]라는 도노무라 마사루外村大의 지적이 있고, 근년 한국에서 많은 학술 연구가 분출하고 있는 것이 방증하듯, 『계간 삼천리』는 더욱 다층적이고 다각적인 접근이 요구되는 매체라 할 수 있다. 이 글 역시 『계간 삼천리』의 모든 것을 언급하고 논할 수는 없다. 다만, 그 전모를 조망할 수 있는 정보를 추출하여 무엇이 공론화되었는지 살펴보고자 한다.

〈표 1〉 호별 특집명

호	발행 연월	특집명	
1	1975.2	金芝河	김지하
2	1975.5	朝鮮と「昭和五十年」	조선과 '쇼와 50년'
3	1975.8	江華島事件百年	강화도사건 100년
4	1975.11	日本にとっての朝鮮	일본에게 있어서의 조선
5	1976.2	現代の朝鮮文学	현대의 조선문학
6	1976.5	今日の日本と韓国	오늘날의 일본과 한국
7	1976.8	古代の日本と朝鮮	고대의 일본과 조선
8	1976.11	在日朝鮮人	재일조선인
9	1977.2	近代の朝鮮人群像	근대의 조선인 군상
10	1977.5	韓国の民主化運動	한국의 민주화운동
11	1977.8	日本語と朝鮮語	일본어와 조선어
12	1977.11	在日朝鮮人の現状	재일조선인의 현상
13	1978.2	朝鮮の友だった日本人	조선의 벗이었던 일본인
14	1978.5	歴史の中の日本と朝鮮	역사 속의 일본과 조선
15	1978.8	八・一五と朝鮮人	8・15와 조선인
16	1978.11	朝鮮を知るために	조선을 알기 위해
17	1979.2	三・一運動六十周年	3・1운동 60주년

20　도노무라 마사루, 앞의 글, 40쪽.

호	발행 연월	특집명	
18	1979.5	在日朝鮮人とは	재일조선인이란
19	1979.8	文化からみた日本と朝鮮	문화로 본 일본과 조선
20	1979.11	在日朝鮮人文学	재일조선인문학
21	1980.2	近代日本と朝鮮	근대일본과 조선
22	1980.5	「四・一九」二十周年と韓国	'4・19' 20주년과 한국
23	1980.8	朝鮮・二つの三十六年	조선・두 개의 36년
24	1980.11	いま在日朝鮮人は	지금 재일조선인은
25	1981.2	朝鮮人観を考える	조선인관을 생각한다
26	1981.5	朝鮮の統一のために	조선의 통일을 위해
27	1981.8	朝鮮の民族運動	조선의 민족운동
28	1981.11	在日朝鮮人を考える	재일조선인을 생각한다
29	1982.2	高松塚古墳と朝鮮	다카마쓰 고분과 조선
30	1982.5	朝鮮の芸能文化	조선의 예능문화
31	1982.8	一五年戦争下の朝鮮	15년 전쟁하의 조선
32	1982.11	教科書の中の朝鮮	교과서 속 조선
33	1983.2	東アジアのなかの朝鮮	동아시아 속 조선
34	1983.5	近代日本の思想と朝鮮	근대일본의 사상과 조선
35	1983.8	今日の在日朝鮮人	오늘날의 재일조선인
36	1983.11	関東大震災の時代	관동대지진의 시대
37	1984.2	江戸期の朝鮮通信使	에도시대의 조선통신사
38	1984.5	朝鮮語とはどんなことばか	조선어란 어떤 말인가
39	1984.8	在日朝鮮人と外国人登録法	재일조선인과 외국인등록법
40	1984.11	朝鮮の近代と甲申政変	조선의 근대와 갑신정변
41	1985.2	日本の戦後責任とアジア	일본의 전쟁책임과 아시아
42	1985.5	在日外国人と指紋押捺	재일외국인과 지문날인
43	1985.8	朝鮮分断の四十年	조선 분단의 40년
44	1985.11	海外在住朝鮮人の現在	해외 재주 조선인의 현재
45	1986.2	再び教科書の中の朝鮮	다시 교과서 속 조선
46	1986.5	'80年代・在日朝鮮人はいま	80년대・재일조선인은 지금
47	1986.8	植民地時代の朝鮮	식민지시대의 조선
48	1986.11	戦後初期の在日朝鮮人	전후 초기의 재일조선인
49	1987.2	「日韓併合」前後	'한일합병' 전후
50	1987.5	在日朝鮮人の現在	재일조선인의 현재

위의 〈표 1〉에서 엿볼 수 있듯,『계간 삼천리』는 창간호에서 종간호까지 50회에 걸쳐 빠짐없이 '특집'을 기획했고, 다양한 필자의 목소리를 통해 일본 내에서 한일, 나아가 중국, 구소련권, 미국 등 해외 재주 동포와의 상호이해와 연대, 새로운 세계관의 모색을 위해 노력해 왔다. 기본적으로는 고대에서부터 현재에 이르기까지 한반도와의 직간접적인 역사적 현안들예를 들어 강화도사건, 3·1, 4·19, 8·15, 다카마쓰 고분, 조선통신사, 갑신정변, 한일합병, 식민지 지배 책임, 전쟁책임, 한국의 민주화운동, 남북분단과 통일, 즉 '한일교류사'를 다시 생각하고, 민족의 역사와 자기 정체성, 외국인등록법과 지문날인과 같은 일본 내 법적 지위와 관련된 현안에서 재일의 어제와 오늘 그리고 내일을 내다보기 위한 폴리포니의 장이었다고 할 수 있다.

창간호에서 종간호까지 편집후기를 남긴 이진희가 창간호 편집후기에서 "이를테면 손톱자국 같은 것이나마 남기는 일을 하고자 하는 것이 이 잡지의 기본적인 편집방침이다. 그러한 의미에서 본 호에서는 '김지하 특집'을 꾸몄는데, 조선의 제 문제에 대해서는 차근차근 다뤄나갈 것이다. 조선과 일본의 가교를 향해, "늘 손때가 묻은 부분을 씻어내, 문제를 재정의"대답하는 노력을 이어나가고자 한다"[21]라고 썼듯,『계간 삼천리』는 한반도와 일본 열도의 '가교'로서 과거와 현재의 '손때'를 그저 떼어내 버리는 것이 아닌, 대화를 통한 '재정의'에 힘쓰겠다고 피력한다. 이진희와 함께『계간 삼천리』의 일익을 담당한 편집위원 강재언은 제16호의 온돌방 코너에 "요즘 일본 친구들로부터『계간 삼천리』의 이미지가 차츰 선명해지고 있다는 이야기를 자주 듣는다. 전후의 일본에서 재일조선인에 의한

---

21 李進熙,「編集後記」,『季刊三千里』第1号, 1975. 2, 214쪽. 여기서 이진희가 언급한 "늘 손때가 묻은 부분을 씻어내, 문제를 재정의"라는 것은 쓰루미 슌스케가 김달수와의 창간호 대담「격동이 만들어내는 것」에서 제시한 것이다.

잡지 대부분이 각기 조직의 선전매체였던 탓에, 총련계 혹은 민단계라는 척도가 만들어져 본지의 성격을 알기까지 꽤 시간이 걸린 듯하다. 물론 본지는 창간사에서 말했듯^{제10호에 재수록} 확실한 편집방침이 있으며, 결코 아나키한 잡지가 아니다. 그러나 우리는 성급히 모든 면을 그러한 주장으로 채우는 방법을 취하지 않았다. 이를테면 '다양 속의 통일'을 지향해 온 것이다. 그렇기 때문에 본지의 성격을 알기까지 상당한 시간이 걸렸을지도 모른다"[22]라고 썼는데, 여기에 『계간 삼천리』의 지향성이 담겨 있다. 「창간사」 분석에서도 지적했듯, 이 공론장은 기본적으로 재일본조선인총연합회와 재일본대한민국민단에 등거리를 유지하는 논섹트적 입장에서 각기 다른 입장의 목소리 수용^{'다양 속의 통일'}을 지향하며, 남북이 하나 된 조국으로서의 조선과 일본의 '상호 간의 이해와 연대를 도모하기 위한 하나의 다리'로서 기능하고자 했던 것이다.

편집위원으로서 『계간 삼천리』의 코너를 기획하고 대담 등에 참여하는 한편 역사물을 연재하기도 한 이진희와 강재언은 공저의 한국어 번역판에 다음과 같은 말을 남긴 바 있다.

한반도와 일본 열도는 동북아시아에 속하는 가장 가까운 이웃 나라로, 역사적으로나 문화적으로 다른 나라와는 비할 수 없이 깊은 관계를 맺지 않을 수 없었다. 서로 먼 곳으로 이사할 수도 없는 숙명적인 관계인 것이다.

그런데 일본에서는 한국에 대해 흔히 '가깝고도 먼 나라'라고 표현한다. 이 말에는 지리적으로는 가장 가깝지만 정신 세계에 있어서는 가장 먼 나라, '가까이하고 싶지 않은, 싫은 나라'라는 뜻이 담겨 있다.

---

22   姜在彦, 「発刊四周年を迎えて」, 『季刊三千里』 第16号, 1979. 2, 255~256쪽.

한국과 일본 사이에 국교가 정상화되어 사람들의 왕래와 외교상의 노력이 있었지만, 교과서 파동 때나 종군위안부從軍慰安婦 문제가 제기되었을 때 보았듯이 일본 사람들의 잘못된 한국관韓國觀은 뿌리 깊게 남아 있는 것이다. 독도 문제가 제기되면 잘못된 '반한反韓 감정'이 머리를 쳐드는 것이다.

이와 같이 그릇된 한국·한국인관韓國人觀은 일제강점기에 형성된 식민사관植民史觀을 패전 후에도 청산하지 못했기 때문이며, 일본의 보수계 정치가들은 한국에 대한 메이지明治 이래의 침략과 식민지 통치를 반성·사죄하지 않았다. 일본을 아시아의 반공反共 기지로 만들려는 미국이 일제의 죄상 추궁을 포기했기 때문이었다.

따라서 재일교포 사학자들은 일본사람들의 잘못된 한국·한국인관을 시정하는 것을 가장 큰 과제로 삼지 않을 수 없었고 많은 연구 논문들을 집필하고 저서들을 출판하였다. 그뿐만 아니라 지식인들은 힘을 모아 1975년부터 『계간 삼천리季刊三千里』50호와 『계간 청구季刊靑丘』25호를 편집·간행하여 수많은 일본인들을 등장시켰다.

이 책이 일본서 출판된 배경에는 한국관을 시정하고 새로운 한·일 관계상을 구축해보려는 재일 지식인들의 오랜 투쟁이 있었다는 것을 지적하고 싶다.[23]

1998년 4월에 쓰인 이 글은 1995년에 간행된 일본어판 머리말과는 달리 두 재일사학자가 일본 사회에서 총련과 민단, 한일 간 편협한 상호인식과 과거사를 둘러싼 문제에 직면하며 혐한과 반일의 뿌리를 인식하고 느낀 바 소회를 허심탄회하게 기록하고 있다.

---

23 이진희·강재언, 「한국어판에 부쳐」, 이진희·강재언, 김익한·김동명 역, 『한일교류사— 새로운 이웃나라 관계를 구축하기 위하여』, 학고재, 1998. 이 책은 『日朝交流史—新しい隣国関係を構築するために』(有斐閣選書, 1995)의 번역이다.

한일 양국은 바다를 사이에 두고 반도와 열도라는 주어진 지리적 조건에서 고대 이래 역사문화적인 교집합을 만들어내며 숙명적인 관계를 맺어왔고, 포스트제국시대에 들어 교류의 '정상화'를 위한 민관 영역에서의 다양한 정성이 있었음에도 불구하고 상호인식의 불균형은 해소되지 못한 채 반목을 반복해왔다. 두 사학자는 자의든 타의든 상호 혐오의 동인을 제대로 마주하지 못한 채 '손때가 묻은 부분'에 대한 '재정의'의 논의가 이뤄지지 못했던 것, 그리고 "일본사람들의 잘못된 한국·한국인관을 시정하는 것을 가장 큰 과제로 삼"아 독자적으로 혹은 『계간 삼천리』와 『계간 청구』와 같은 공론장을 통해 "수많은 일본인들"의 목소리와 대화해왔음을 피력한다. 이러한 "재일 지식인들의 오랜 투쟁"의 흔적이 한국 독자에게도 닿아 한국의 그릇된 일본·일본인관을 인식하고 "새로운 한·일 관계상을 구축"하자는 의미로도 해석할 수 있으며, 65년 체제 이래의 비정상적인 한일관계와 상호인식을 바로잡고 남북이 하나 된 통일 조국과 동아시아의 평화 체제 실현을 위한 바람으로도 읽을 수 있을 것이다.

물론 『계간 삼천리』의 편집위원들이 그 출발에 있어 기대를 걸었던 7·4남북공동성명이 시간이 갈수록 환상화幻想畵였다는 것을 확인할 수밖에 없었지만, 조국의 평화통일을 위한 사유, 한반도와 일본 열도에 사는 이들이 각자의 생활세계를 둘러싼 이해와 연대에 수치화할 수 없는 기여를 했음이 틀림없다. 특히 종간사에서도 언급되듯, 『계간 삼천리』를 통해 15년간 약 1,720명이 집필과 좌담회 등에 참가했고, 연재를 통해 20수 권에 이르는 단행본이 출판되었다. 또 NHK에 조선어강좌 개설을 호소[24]

---

24 구노 오사무는 김달수와의 대담에서 상호이해를 위해 "조선인 여러분과 협력하여 NHK에 조선어강좌를 둘 수 있게 운동을 일으키자"고 제안한 바 있다(久野收·金達寿, 「相互理解のための提案」, 『季刊三千里』 第4号, 1975.11, 33쪽).

했으며, 조선의 문화와 역사, 교과서 문제에 관한 시민강좌를 개최함으로써 이웃 한국을 바로 보고자 하는 젊은 연구자, 독자의 폭을 넓혀 새로운 가교의 가능성을 높였다. 이를 더욱 평가하고 그 의미를 반복하여 논할 필요가 있다.

4. 대담/정담/좌담회 격동이 낳은 시대의 증언

『계간 삼천리』는 매호 특집을 구성하는 한편, 아래의 〈표 2〉와 같이 대담21회과 정담3회, 좌담회18회를 꾸준히 열어 '문제의식'을 공유했다.

〈표 2〉 대담/정담/좌담회 일람

호	발행 연월	종류	참가자		제목	
1	1975.2	대담	鶴見俊輔·金達寿	쓰루미 슌스케 ·김달수	激動が生みだすもの	격동이 낳는 것
2	1975.5	대담	中野好夫·金達寿	나카노 요시오 ·김달수	ナショナリズムに ついて	내셔널리즘에 대해
3	1975.8	대담	司馬遼太郎·金達寿	시바 료타로 ·김달수	反省の歴史と文化	반성의 역사와 문화
4	1975.11	대담	久野収·金達寿	구노 오사무 ·김달수	相互理解のための提案	상호이해를 위한 제안
5	1976.2	대담	野間宏·金達寿	노마 히로시 ·김달수	朝鮮文学の可能性	조선문학의 가능성
6	1976.5	대담	日高六郎·金達寿	히다카 로쿠로 ·김달수	体制と市民運動	체제와 시민운동
7	1976.8	대담	和歌森太郎·金達寿	와카모리 다로 ·김달수	日朝関係史の見直し	일조관계사의 재검토
8	1976.11	좌담회	李銀子·申英哲 ·張善浩·金是仁 ·金禮子·金誠智	이은자·신영철 ·장선호·김시인 ·김예자·김성지	在日二世の生活と意見	재일2세의 생활과 의견

호	발행연월	종류	참가자		제목	
9	1977.2	좌담회	金靖純·趙才龍·曹基亨·鄭詔文·白粲玉	김정순·조재룡·조기형·정소문·백찬옥	われらの青春時代	우리들의 청춘시대
10	1977.5	좌담회	姜在彦·金達寿·金石範·李進熙·李哲	강재언·김달수·김석범·이진희·이철	『朝鮮新報』の批判に答える	『조선신보』의 비판에 답한다
11	1977.8	좌담회	小沢有作·金達寿·久野收·旗田巍	오자와 유사쿠·김달수·구노 오사무·하타다 다카시	まず言葉から	우선 언어에서부터
12	1977.11	좌담회	飯沼二郎·梶村秀樹·姜在彦·田中宏	이누마 지로·가지이 히데키·강재언·다나카 히로시	在日朝鮮人を語る	재일조선인을 말한다
15	1978.8	좌담회	朴炯圭·白楽晴(大島董·大塚嘉郎 訳)	박형규·백낙청(오시마 가오루·오즈카 요시오 역)	韓国キリスト教と民族の現実	한국기독교와 민족현실
16	1978.11	좌담회	嶋元謙郎·日野啓三·菊池正人	시마모토 겐로·히노 게이조·기구치 마사토	生活·文化にみる朝鮮と日本	생활·문화로 보는 조선과 일본
20	1979.11	좌담회	姜在彦·金達寿·金石範·李進熙·李哲	강재언·김달수·김석범·이진희·이철	総連·韓德銖議長に問う	총련·한덕수 의장에게 묻는다
22	1980.5	좌담회	猪狩章·丹藤佳紀·鄭敬謨	이카리 아키라·단도 요시노리·정경모	四·一九と今日の韓国	4·19와 오늘날의 한국
		대담	千寛宇·吉玄謨(金学鉉 訳)	천관우·길현모(김학현 역)	四·一九革命の現代史的評価	4·19혁명의 현대사적 평가
25	1981.2	대담	上田正昭·姜在彦	우에다 마사아키·강재언	日本人の朝鮮人観を考える	일본인의 조선인관을 생각한다
26	1981.5	좌담회	姜在彦·金達寿·金石範·李進熙·李哲	강재언·김달수·김석범·이진희·이철	いま統一問題を考える	지금 통일문제를 생각한다

호	발행 연월	종류	참가자		제목	
28	1981.11	좌담회	姜在彦·金達寿 ·李進熙·李哲(司会)	강재언·김달수 ·이진희 ·이철(사회)	三月の訪韓をめぐって	3월의 방한을 둘러싸고
29	1982.2	대담	旗田巍·李進熙	하타다 다카시 ·이진희	古代史·この一〇年	고대사·최근 10년
31	1982.8	대담	鶴見俊輔·姜在彦	쓰루미 슌스케 ·강재언	15年戦争下の 日本と朝鮮	15년전쟁하의 일본과 조선
32	1982.11	좌담회	姜在彦·金達寿 ·李進熙·李哲(司会)	강재언·김달수 ·이진희 ·이철(사회)	教科書の朝鮮を めぐって	교과서의 조선을 둘러싸고
33	1983.2	정담	陳舜臣·司馬遼太郎 ·金達寿	진순신·시바 료타로·김달수	日本·朝鮮·中国	일본·조선·중국
34	1983.5	대담	姜在彦·李進熙	강재언·이진희	日本における 朝鮮研究の系譜	일본에 있어서의 조선연구의 계보
35	1983.8	대담	大沼保昭·姜在彦	오누마 야스아키 ·강재언	在日朝鮮人の 現在と将来	재일조선인의 현재와 장래
		좌담회	李孝子·曹貞姫 ·朴福美·全和子 ·魏良福(司会)	이효자·조정희 ·박복미·전화자 ·위양복(사회)	いま「在日」を考える	지금 '재일'을 생각한다
36	1983.11	대담	安岡章太郎·金達寿	야스오카 쇼타로 ·김달수	そのとき人間は	그때 인간은
37	1984.2	대담	姜在彦·林誠宏	강재언·임성광	「金日成主義」を問う	'김일성주의'를 묻는다
38	1984.5	대담	李進熙·幼方直吉	이진희·우부카 바 나오키치	日本人の 朝鮮研究·朝鮮観	일본인의 조선연구·조선관
39	1984.8	정담	田中宏·金達寿 ·新見隆	다나카 히로시 ·김달수 ·니이미 다카시	外国人登録法を めぐって	외국인등록법을 둘러싸고
40	1984.11	정담	曹瑛煥·戴国煇 ·姜在彦	조영환·다이 고쿠키·강재언	在日·在米の朝鮮人 ·中国人	재일·재미의 조선인 ·중국인
41	1985.2	대담	戴国煇·姜在彦	다이 고쿠키 ·강재언	植民地下の台湾と朝鮮	식민지하의 타이완과 조선
42	1985.5	대담	上田正昭·李進熙	우에다 마사아키 ·이진희	好太王碑と近代史学	광개토대왕릉비와 근대사학

호	발행연월	종류	참가자		제목	
43	1985.8	대담	徐彩源·李進熙	서채원·이진희	八·一五と民族分断	8·15와 민족분단
44	1985.11	대담	姜在彦·木村英亮	강재언·기무라 히데스케	ソ連中央アジアの 朝鮮人	소련 중앙아시아의 조선인
45	1986.2	좌담회	姜徳相·姜在彦·金達寿·李進熙	강덕상·강재언·김달수·이진희	歴史教科書の 朝鮮を問う	역사교과서의 조선을 묻는다
		대담	稲富進·小沢有作	이토나미 스스무·오자와 유사쿠	戦後教育のなかの朝鮮	전후 교육 속 조선
46	1986.5	좌담회	高道變·裵重度·文京洙·李喜奉	고도섭·배중도·문경수·이희봉	在日朝鮮人の現在 －神奈川県外国人実態 調査から	재일조선인의 현재 －가나가와현 외국인 실태조사에서
47	1986.8	좌담회	鶴園裕·中尾美知子·姜昌一	쓰루조노 유타카·나카오 미치코·강창일	戦後世代のみた 日本と韓国	전후세대가 본 일본과 한국
48	1986.11	좌담회	姜在彦·李哲·李進熙	강재언·이철·이진희	解放後十年の 在日朝鮮人運動	해방 후 10년의 재일조선인운동
50	1987.5	좌담회	飯沼二郎·鶴見俊輔·李進熙	이누마 지로·쓰루미 슌스케·이진희	『季刊三千里』の十三年	『계간 삼천리』의 13년

여기서 주목을 요하는 것은 편집위원 김달수가 창간호부터 제7호까지 쓰루미 슌스케, 나카노 요시오[1903~1985], 시바 료타로[1923~1996], 구노 오사무[1910~1999], 노마 히로시[1915~1991], 히다카 로쿠로[1917~2018], 와카모리 다로[1915~1977]와 같은 전후 일본의 사상·철학·문학·역사·사회학·민속학 등의 학지學知를 이끈 당대의 지식인들과 대담을 펼쳤다는 점이다. 이러한 저명인사들과의 대담이 『계간 삼천리』의 공론장으로서의 가치와 신뢰도를 높이는 데 혁혁한 역할을 했을 터이다.

쓰루미 슌스케는 수난을 겪고 있던 김지하와 종교인 지학순[1921~1993]과의 만남, 그들의 저항운동, 일본 내 김지하를 돕는 모임, 문세광의 저격사건과 반일 데모 등 격랑 속에 있는 한국의 상황과 이에 대한 일본(인)의 대응에 대해 이야기하는데, 시사적인 것이 이진희가 창간호의 편집 후기에서 인용한 부분이다. 쓰루미는 김지하의 석방을 요청하기 위해 마쓰기 노부히코真継伸彦, 1932~2016와 한국을 방문하여 마산의 한 요양소에 연금되어 있던 김지하를 만났고, 그의 권유로 원주를 찾아 지학순을 만나게 되는데, 이 만남을 통한 깨달음을 다음과 같이 표현한다.

김지하 씨에 대해서도 그렇고, 지학순 씨에 대해서도 그렇고 훌륭한 시인, 훌륭한 종교인이라는 느낌을 받았어요. '시인'도 그렇거니와 '종교인', '신부' 역시 손때가 묻은 개념입니다. 그 손때가 묻은 개념을 씻어낼 만큼의 개인으로서의 존재감을 갖춘 사람이라고 느꼈어요. 아무리 손때가 묻은 개념이라 할지라도 개인으로서 그것을 재정의하는 힘을 갖고 있다는 말입니다.

일본에서는 뭐가 됐든 손때가 묻은 것은 툭 버리면 된다고 한다든지, 홱홱 버리곤 하지 않습니까. 무엇이든 버려 버린다는 생각이 TV 광고의 세계나 상품의 세계에서도 나오고 있는데, 개념의 세계 역시 마찬가지입니다. '민주주의', 그런 곰팡이 슨 건 무엇이냐, 전후민주주의는 죽었다는 식으로 이야기가 진행되는데, 대개 모두 뭐가 됐든 죽고 마는 거예요. 그렇게 일찍 무엇이 모두 숙게 하고, 무엇이 사는 것일까. 인간이라는 것은 결국 낡았으니 죽어 버리면 된다는 식이 되면 그걸로 끝이에요. 새롭다는 것은 무엇일까. 아무리 새로운 것일지라도 손때는 간단히 묻힐 수 있기 때문에 뭐가 됐든 쓰고 버린다고 하면 끝입니다.

아무리 손때가 묻은 개념이라 할지라도 예를 들어 '인간'이라는 개념도 그렇고 '선악'이라는 개념도 낡은 것이지요. 그런 것들의 때를 씻어내는 삶의 방식을 우리는 취할 수 있고, 그러한 방식으로 산 사람이 있었다고 하는 것을 증언할 수 있다는 느낌이 들었던 것입니다.[25]

주지하다시피 김지하는 1954년 전라남도 목포에서 가톨릭의 중심지 중 하나였던 강원도 원주로 이사하여 천주교 원주교구에 드나들다 지학 순 신부를 만나게 된다. 종교인이자, 반독재 및 부정부패 척결운동, 양심 수 석방 및 민주화운동, 인권보호운동에 힘쓴 인권운동가로 일생을 보낸 지학순과의 만남이 김지하를 "넓게 제3세계의 해방을 지향하며 '신과 혁 명의 통일'을 모색하는 사상의 독자성"[26]의 길로 이끌었다 해도 과언이 아닐 것이다. 이후 김지하는 서울대학교 재학 중에 4·19와 5·16군부의 정치지배를 규탄하는 목소리를 내며 수난의 길을 걷게 된다. 김지하가 문 학자로서 세계에 이름을 알리게 되는 것은 1970년 『사상계思想界』 5월호 에 발표한 「오적五賊」이 그 계기가 되었다. 이 시가 발표되며 『사상계』는 당국으로부터 폐간 처분을 받았고, 김지하와 잡지의 책임자는 반공법 위 반으로 체포되었다. 1972년에는 담시 「비어蜚語」를 가톨릭계 월간종합지 『창조創造』 4월호에 발표했고, 당국은 이 시가 '북괴의 선전활동에 동조한 것'이라는 이유로 발매 이튿날 잡지의 판매 금지 처분을 내리고 잡지의 발행인과 잠복 중이던 김지하를 체포하여 그를 폐결핵 치료 명목으로 국 립마산결핵요양원에 강제 입원시킨다. 또, 1973년에는 학생운동에 호응 하여 함석헌, 천관우, 이호철 등 지식인 15인과 함께 정부를 비판하는 '민

25 鶴見俊輔·金達寿, 「激動が生みだすもの」, 『季刊三千里』 第1号, 1975. 2, 22쪽.
26 中井毬栄, 「김지하 약전(略傳)」, 윤구병·임헌영 외, 『김지하─그의 문학과 사상』, 世 界, 1985, 203쪽. 나카이 마리에는 중앙공론(中央公論)의 편집자로 『주간아사히(週 刊朝日)』에 번역·소개된 「五賊」을 읽고 김지하의 첫 시집인 『黃土』를 통해 "무지에서 출발했던 나의 감상적인 조선 인식이 뿌리째 뒤집히"는 경험을 했고, "편집자인 나에 게 허락된 표현의 방법은 책을 출판하는 것 외에 없었다"라고 인식하며 「긴 어둠의 저 편에(長い暗闇の彼方に)」(中央公論社, 渋谷仙太郎 訳, 1971)를 출판하게 되었다고 한다(中井毬栄, 「私にとってのキム·ジハ」, 『人間として』 第10号, 筑摩書房, 1972. 6, 122~125쪽). 그리고 나카이는 이 책을 쓰루미 슌스케에게 보냈고, 이를 통해 쓰루미는 김지하의 시 세계를 처음 접했던 것이다(鶴見俊輔·金達寿, 앞의 글, 16쪽).

주회복을 위한 시국선언문'을 발표했고, 1974년 5월, 민청학련사건에 지도적인 역할을 했다는 혐의로 군법회의에 기소되어 대통령긴급조치 제4호에 의거 사형을 구형받고[1974.7.9] 이후 무기징역으로 감형된다. 1975년 2월, 출소 후 "생명이 있는 한 싸운다"라는 목소리를 내고 2월 25일부터 3일간 『동아일보』에 「고행…1974苦行…1974」를 발표한다. 같은 해 6월 29일, 모스크바에서 열린 아시아·아프리카 작가회의는 1975년도 로터스상 특별상을 김지하에게 수여하기로 결정함과 동시에, "김지하는 현재 아시아뿐만 아니라 전 세계에서 가장 뛰어난 시인의 한 사람으로서 한국의 다른 정치범과 함께 자유와 민주주의의 상징이다"라는 견해를 밝힌 석방 요구문을 박정희 정권에 보내기도 했다.[27]

쓰루미는 김지하가 「비어」 발표 후 체포되어 국립마산결핵요양원에 강제 입원을 당한 1972년에 '방한시민연합'의 일원으로 마쓰기 노부히코, 가네이 가즈코金井和子라는 여학생과 함께 김지하의 석방을 위한 서명서, 사르트르[1905~1980], 촘스키[1928~]와 같은 저명인사들의 서명서/편지를 들고 한국을 방문했다. '김지하 등을 돕는 회金芝河らを助ける会'/'한일연대연락회의日韓連帯連絡会議, 정식 명칭은 日本の対韓政策をただし韓国の民主化闘争に連絡する日本連絡会議' 결성 2년 신의 일이었다. 이 1972년의 방한과 김지하, 지학순의 증언이 쓰루미에게 위의 인용문과 같이 사유하는 계기를 부여했던 것이다. 특히 쓰루미는 한국행과 김지하와의 만남이 계기가 되어 '시인'이나 신부/목사와 같은 '종교인'이라는 말과 그것의 자명한 개념이 "같은 말이라도 놓여 있는 사회적 맥락 속에서 정의가 다르다"[28]라는 것을 생각하게 되었다고 말한다.

한편, 김달수는 노마 히로시와의 대담에서 "지금까지 일본인과 조선인

27   中井毬栄, 「김지하 약전(略傳)」, 위의 책, 195~220쪽 참조.
28   鶴見俊輔·金達寿, 앞의 글, 18쪽.

의 관계를 정치로서, 침략자이자 피침략자 구도로 보아왔는데, 그것은 당연히 그래야 하지만, 그것만으로는 아직 전체를 보지 못하는 게 아닐까 싶어요"라는 노마의 발언에 대해 "중요한 지적이에요. 서로 기탄없이 민족성이든 사고방식이든 사람의 차이든 분명히 해 나가야 한다는 말씀이시군요. 다시 말해서 이질성을 밝힌다는 거지요"라고 응답한다.[29] 지배/피지배라는 이항대립적 인식의 틀만이 아닌 내외부의 다양한 요인들 속에서 두 민족이 갖는 인식의 '이질성'을 포착해야만 '일본인과 조선인의 관계'를 총체적으로 볼 수 있는 길이 열린다는 의미로 읽을 수 있다. 그리고 '같은 말이라도 놓여 있는 사회적 맥락 속에서 정의가 다르다'는 쓰루미의 지적이 그 길을 여는 접근법 중 하나가 될 것이다.

이처럼 김달수와 일본의 지식인들은 기본적으로 일본 제국주의의 침략과 가해의 실태를 명확히 파악하고 그것과 그것을 바라보는 협애한 시각에 대한 반성이 상호이해의 시작이 된다는 지점을 공유하면서, 지배/피지배의 구도를 넘어 사각에 놓인 또 다른 시각들, 다시 말해 각각의 사회적 맥락 속에서 '손때가 묻은 개념'들이 갖는 '이질성'의 내실을 내외부의 다양한 시각을 수용함으로써 함께 밝히고 공유해야 함을 지적했다. 다만, 여기서 김달수가 말하는 '이질성'을 좋지 않은 다름으로 전유한다든지 자명한 것으로 여기는 안이한 시각에는 주의를 요한다. 그러한 전유와 안이함이 혐오와 증오를 낳고, 배제의 힘으로 작용할 수 있기 때문이다. 이처럼 『계간 삼천리』는 상호이해가 아닌 혐오와 증오를 증폭시키는 '이질성'에 대한 불평등과 차별의 시각이 있음을 인식하기 위한 또 다른 대화를 독자에게 요청한다.

---

29   野間宏·金達寿,「朝鮮文学の可能性」,『季刊三千里』第5号, 1976. 2, 34쪽.

5. 연재 '또하나의연재'에담긴유·무명의증언 : K·I, 마에다 야스히로

동시대 일본 사회의 첨예한 의제들에 대한 지식인과 독자의 시대 진단
적 발언과 글쓰기를 통해 『계간 삼천리』라는 '다양 속의 통일'을 지향하
는 공론장이 형성되었음을 확인할 수 있다. 또한, 『계간 삼천리』는 아래
의 〈표 3〉에서 보듯, 문학/역사/언어/사상/기술사/예능사/문화 등의 평
론, 사진 자료, 소설, 기행물, 회고적 산문, 시 번역 등의 연재 기획을 통해
한반도와 일본 열도의 교류사, (재일)조선인의 문학예술, 역사교과서 파동
과 같은 동시대의 현안에 관해 일본어 독자의 이해를 돕기 위해 심혈을
기울였다.

〈표 3〉 연재물 일람

필자		제목		연재 호	회수	비고
尹学準	윤학준	「時調」の世界	'시조'의 세계	1~4, 6~9, 11~12	10	평론(문학)
きむ·たるす	김달수	日本の朝鮮文化遺跡	일본의 조선문화 유적	1~10	10	사진과 글
金達寿	김달수	行基の時代	행기의 시대	13~18, 20~27	14	소설(문학)
		古代遺跡紀行	고대유적기행	30~50	21	기행(역사)
姜在彦	강재언	朝鮮近代史話	조선근대사화	1~6	6	역사
		近代朝鮮の歩み	근대조선의 발걸음	29~32, 34~36, 38~39, 41~42	11	역사
李進熙	이진희	歴史紀行	역사기행	1~6, 30~36	13	기행(역사)
り·じんひ	이진희	日本にのこる朝鮮美術	일본에 남아 있는 조선미술	21~29	9	미술
朴慶植	박경식	在日朝鮮人運動史	재일조선인운동사	1~7	7	역사
金時鐘	김시종	長編詩 猪飼野詩集	장편시 이카이노시집	1~10	10	시(문학)

필자		제목		연재 호	회수	비고
長璋吉	조 쇼키치	韓国文学 見てある記	한국문학 읽기	1~4, 9~11	7	평론(문학)
李進熙, 金達寿, 姜在彦, 旗田巍, 姜徳相	이진희, 김달수, 강재언, 하타다 다카시, 강덕상	[リレー連載] 教科書 のなかの朝鮮	[릴레이 연재] 교과서 속 조선	8~16 이진희 (1·2·8), 김달수(3·5), 강재언(4·6), 하타다(7), 강덕상(9)	9	평론(역사)
梶井陟	가지이 노보루	朝鮮語を考える	조선어를 생각한다	8~19	12	평론(언어)
		朝鮮文学翻訳の 足跡	조선문학번역의 발자취	22~33	12	평론(문학)
金学鉉	김학현	「恨」と抵抗に生きる	'한'과 저항에 산다	9~14, 16, 18~19	9	평론(사상)
辛基秀	신기수	在日朝鮮人	재일조선인	11~50	40	사진과 글
阿部桂司	아베 게이지	技術史からみた 日本と朝鮮	기술사로 본 일본과 조선	16~24	9	평론(기술사)
春名徹	하루나 아키라	私の東アジア 近代史ノート	나의 동아시아 근대사 노트	19~26	7	평론(역사)
高崎隆治	다카사키 류지	日本人文学者の とらえた朝鮮	일본인 문학자가 파악한 조선	21~24, 26~28	7	평론(문학)
山代巴	야마시로 도모에	トラジの歌	도라지의 노래	24~28	5	소설(문학)
角田豊正	스미다 도모마사	私観·歌舞伎の中の 朝鮮	사관·가부키 속 조선	26~30	5	평론 (예능사)
金香	김향	山菜雑記	산채잡기	27~32	6	그림과 글
磯貝治良	이소가이 지로	戦後日本文学の なかの朝鮮	전후일본문학 속 조선	29~40	12	평론(문학)
藤本巧	후지모토 다쿠미	韓くに·工人たち	한반도·공인들	33~36	4	사진과 글
		新·韓くにの風と人	신·한반도의 바람과 사람	37~50	14	사진과 글
中村昌枝	나카무라 마사에	〈記録〉もう一つの国	〈기록〉또 하나의 나라	33~36	4	산문(회고)
		〈対訳〉朝鮮の民話	〈대역〉조선의 민화	40, 43~44, 46~50	8	산문 대역 (문학)

필자		제목		연재 호	회수	비고
中村完	나카무라 다모쓰	訓民正音の世界	훈민정음의 세계	34~37, 39~42	8	평론 (언어문화)
大村益夫	오무라 마스오	〈対訳〉朝鮮近代詩選	〈대역〉 조선근대시선	34~48	15	시 대역(문학)
		中国延辺生活記	중국연변생활기	47~50	4	기행(일상)
藤島亥治郎	후지시마 가이지로	韓(から)文化探究者の追想	한반도 문화연구자의 회고	42~45	4	산문(회고)
有光教一	아리미쓰 교이치	私の朝鮮考古学	나의 조선고고학	38, 41~44, 50	6	산문(회고)

위의 표에서 제시된 연재 외에 「나에게 있어서의 조선·일본'私にとっての 朝鮮·日本」이나 「NHK에 조선어강좌를NHKに朝鮮語講座を」 역시 『계간 삼천리』 의 사회문화적 역할을 확인할 수 있는 '또 하나의 연재'였는데, 이 글에서 주목하고자 하는 '또 하나의 연재'는 K·I와 마에다 야스히로의 '서울 리 포트'이다.

K·I라는 익명의 필자는 한국에서 글을 기고하며, "잡지 『세카이世界』 의 T·K와는 다른 시점"[30]을 일본어 독자에게 전했고, "바름正과 바르지 못함不正을 판별하는 것은 결국 그 국민 자체가 가지는 '흐림 없는 눈'"[31] 이라는 점을 강조했다. 그럼에도 불구하고 "일본어잡지 『계간 삼천리』는 총련과 아무런 관계가 없을 뿐만 아니라, 이 잡지의 발행인 및 편집인들 도 현재 총련 기관이나 산하 단체와 전혀 관계가 없음"[32]을 신문 독자에

---

30 大内衛(北海道函館市, 公務員, 48歳), 「十五号を読んで」(おんどるばん), 『季刊三千 里』第17号, 1979.2, 255쪽. "독자 사이에서 큰 반향을 불러일으켰던 K·I씨의 '서울 보 고'는 사정상 전호를 마지막으로 종료되었습니다. 양해 바랍니다"(李進熙, 「編集を終 えて」, 『季刊三千里』第18号, 1979.5, 256쪽)라는 제18호의 편집 후기를 통해서도 K·I 의 리포트가 독자에게 전했을 한국의 시국 상황에 대한 생생함을 상상해볼 수 있다.

31 K·I, 「ソウル―期待と不安と」, 『季刊三千里』第6号, 1976.5, 66쪽.

32 「知らせること―総聯となんら関係ない日本語雑誌『季刊三千里』」(『朝鮮新報』, 1975.2.15), 『季刊三千里』第10号, 1977.5, 137쪽.

게 알리기도 했던 『조선신보朝鮮新報』는 1976년 8월 18일의 판문점 도끼 만행사건을 언급한 K·I의 리포트 「전쟁과 평화-요동치는 서울」[33]에 대해 1976년 11월 9일 자 논평「사태를 왜곡한 어리석은 반공화국 선전-『계간 삼천리』 게재의 정체불명 논문」을 통해 "판문점사건이 북의 도발로 인해 발생한 것처럼 묘사"하고 있으며, "이처럼 아무런 근거도 없는 사실무근의 날조로, 나날이 높아지는 위대한 수령의 권위를 훼손하며 공화국 북반부를 악랄하게 비방 중상하는 이 논문은 말할 것도 없지만 괴뢰 중앙정보부가 만들어낸 모략선전에 전적으로 기반하고 있고, 이것은 바로 필자가 박정희 도당의 입장을 대변하고 있음을 보여준다"라고 비판하기도 했다.[34] 또, K·I에게 "문장을 쓸 것이면 비겁한 짓을 그만두고 자기 이름 정도는 확실히 밝히면서 말하고 싶은 바를 말하라"라고 한 후에 "『계간 삼천리』의 편집인들이 어떤 의도에서 자기 이름조차 밝힐 수 없는, 그런 겁쟁이의 무책임한 문장을 실었는지에 대해 신중한 주의를 기울이지 않으면 안 된다"라고 했던 것이다.[35] 이에 대해 『계간 삼천리』의 편집위원들은 좌담회를 통해 K·I가 누구인지 가장 알고 싶어하는 한국계의 어느 선이 공작을 펼치고 있고, 물론 『계간 삼천리』는 펜네임 사용을 원칙적으로 금하지만 K·I의 경우는 그가 놓여 있는 상황의 문제가 있다는 점을 고려해야 하며, 『계간 삼천리』에 게재되는 모든 원고는 편집위원의 입장과 다를 수 있고 또 달라도 좋다는 점을 강조하며 『조선신보』의 비판에 답한 바 있다.[36]

한국에서 K·I가 '놓여 있는 상황의 문제'를 구체화할 수는 없지만, 이

---

33 K·I, 「戰爭と平和-揺れるソウル」, 『季刊三千里』 第8号, 1976.11, 122~125쪽.
34 「知らせること-総聯となんら関係ない日本語雑誌 『季刊三千里』」(『朝鮮新報』, 1975.2.15), 『季刊三千里』 第10号, 1977.5, 138쪽.
35 위의 글, 138~139쪽.
36 姜在彦 外, 「『朝鮮新報』の批判に答える」, 『季刊三千里』 第10号, 1977.5, 127~129쪽.

에 대한 관심보다는 그가 '서울 리포트'를 통해 일본어 독자에게 전하고자 한 바와 한국의 정세를 바라보는 인식에 초점을 맞추는 것이 좋을 것이다.

과거의 폐해를 끊어내고 근대 공업 국가로의 탈피를 도모하는 현 정권은 여전히 국민의 완강한 저항에 부딪히고 있다. 그것은 사안의 선악을 초월하여 하루아침에 성취하는 것이 곤란한 '혁명적 행위'로, 3천 5백만 명의 내셔널 컨센서스국민의 합의를 필요로 한다. 하지만 위정자에게는 그런 느긋한 시간은 없다는 위기감이 있다. 거기에서 정권 담당자와 국민 간 의식의 어긋남이 발생하고, 결정적인 유리遊離가 생겨난다. 현재의 위정자를 옳다고 여길 것인지, 걸음이 느린 국민을 옳다고 여길 것인지는 어떠한 시점으로 볼 것인지에 따라 다르다.[37]

위의 인용문에서 알 수 있듯, K·I는 하나의 사안을 둘러싼 '정권 담당자와 국민 간 의식의 어긋남'을 있는 그대로 바라봐야 함을 주장한다. '사안의 선악'과 그 사안을 둘러싼 태도의 시비는 각각의 위치와 그 '시점'에 따라 다를 수밖에 없다는 점을 강조하는 것에서 확인할 수 있는 것이다. 민주주의 국가에서 정권과 국민이 한 사안에 대해 '국민의 합의'를 도출하여 가능한 한 '어긋남'을 좁혀야겠지만, 그 도출을 위한 '시간'을 대하는 감각의 차이가 메워지기 어려운 현상을 객관화해야 한다는 자세로 아래와 같은 리포트를 기고하며 동시대 한국의 정황을 증언했다.

1973년 5월부터 1988년 3월까지 지명관池明觀, 1924~2022이 자신과 가족의 안위를 위해 'T·K생'이라는 익명을 써서 일본인을 비롯한 외국인들

---

37 K·I, 「ソウル−期待と退廃と」, 『季刊三千里』第7号, 1976.8, 125~126쪽.

〈표4〉K·I의 '서울 리포트'

호	발행 연월	제목		키워드
6	1976.5	ソウル―期待と不安と	서울―기대와 불안	석유 발견, 교육열, 록히드사건, 긴급조치 제9호, 민주구국선언
7	1976.8	ソウル―期待と退廃と	서울―기대와 퇴폐	도시 팽창, 농촌 황폐, 재일한국인유 학생간첩단, 재판, 윤보선
8	1976.11	戦争と平和 ―揺れるソウル	전쟁과 평화 ―요동치는 서울	판문점사건, 정적(政敵) 말살, 김대중, 함석헌, 문익환, 김지하
9	1977.2	裁く者と裁かれ者	재판하는 자와 재판받는 자	박동선, KCIA, 민주구국선언재판, 천관우, 이철
10	1977.5	格子なき 牢獄からの抵抗	창살 없는 감옥으로부터의 저항	서울대, 선언문, 후쿠다 내각, 민주구국선언 재판 최후 진술
12	1977.11	売国, 棄国, 愛国 そして憂国	매국, 기국, 애국 그리고 우국	김형욱, 윤보선, 후쿠다 수상, 공개서한, 정치범 석방
13	1978.2	マッコリに酔う韓国	막걸리에 취하는 한국	막걸리제조 해금, 해직교수, 민주교육선언, 염무웅, 이영희
14	1978.5	眠れる獅子を 起こすもの	잠자는 사자를 깨우는 것	수출의 날, 전태일, 여성노동자, 동일방적, 3·1 민주선언
15	1978.8	渇きをいやせる日は	목마름을 풀 수 있는 날은	재벌, 여공, 집정 23년, 자유언론실 천선언, 자유실천문인협의회
16	1978.11	高度成長の果実, 深まる貧乏感	고도성장의 과실, 깊어가는 빈곤감	물가상승, 특혜분양, 자유투사, 망명, 함석헌, 민주국민선언
17	1979.2	消えた民意の殿堂	사라진 민의의 전당	분단고정, 국회, 무소속 난립, 김대중 석방, 박형규, 미중일 신체제

로부터 전해 받은 자료와 증언을 토대로 잡지 『세카이』에 「한국으로부터
의 통신」을 연재했듯, 15년에 걸친 그것과 비교 우위를 논할 수는 없지만
군사 정권하의 냉혹한 한국의 현실 속에서 위와 같은 동시대 한국의 정
황을 K·I라는 익명으로 일본에 발신한 실천성은 기억되어야 할 것이다.[38]
또, 지금의 시점에서는 K·I라는 논자의 실체에 관한 관심보다는 그가 쓴
리포트가 일본어 독자에게 어떠한 영향을 끼쳤는지, 3년간 한국의 시국
을 바라보며 문자화해낸 그의 시공간과 거기에서의 감상, 그리고 그의 리

포트가 다수의 손을 거쳐 경계를 넘어 『계간 삼천리』라는 공론장으로 합류한 가시화할 수 없는 네트워크의 힘과 정신에 주목해야 할 것이다.

한편, 『마이니치신문每日新聞』 서울 특파원으로 근무했던 마에다 야스히로는 K·I의 '서울 리포트' 전후로 아래와 같이 총 21회의 '서울 리포트' 및 기사를 기고했다.

〈표5〉 마에다 야스히로의 '서울 리포트' 및 기사

호	발행 연월	제목		키워드
1	1975.2	焦燥のソウル	초조의 서울	박정희 대통령 저격사건, 문세광, 반일데모
3	1975.8	金芝河氏の呼びかけ	김지하 씨의 호소	김지하, 정치적 상상력, 일본인에의 호소
4	1975.11	深い沈黙と諦観のソウル	깊은 침묵과 체관의 서울	김대중사건, 장준하의 죽음, 사상계, 양심선언
5	1976.2	「冬の時代」ソウル	'겨울의 시대' 서울	질식사회, 언론의 분열, 김대중 유죄, 침묵과 평온
18	1979.5	ソウル特派員三年	서울특파원 3년	도청, 감시, 재한일본인기자의 존재, 산소결핍사회, 독재기술
19	1979.8	金大中事件六年の軌跡 一問われる日本人の人権 感覚と対韓認識	김대중사건 6년의 궤적 -질문 받는 일본인의 인권감각과 대한국 인식	김대중 석방, KCIA, 결착의 기만성, 인권감각, 한일연대 강화
20	1979.11	〔 〕アレと平祝, 高潮り る労働運動	난를레와 불황, 고조되는 노동운동	새마을의 붕괴, 스태그플레이션, YH무역사건
21	1980.2	激動期を迎える韓国 ーカギを握る軍部の動向	격동기를 맞이하는 한국 -열쇠를 쥔 군부의 동향	박정희 대통령 피살, 역쿠데타, 군 강경파, 민주화
22	1980.5	「軍政」下の韓国	'군정'하의 한국	빙고호텔, 남산, 고문, 사전검열, 언론통제

---

38 지명관이 「한국으로부터의 통신」을 집필했던 과정에 관해서는 『한국으로부터의 통신
—세계로 발신한 민주화운동』(지명관, 김경희 역, 창비, 2008), 「한국으로부터의 통신」
에 대한 비판에 관해서는 『지식인의 오만과 편견-《세카이世界》와 한반도』(한상일, 기
파랑, 2008)를 참고할 것.

호	발행 연월	제목		키워드
23	1980.8	流血の光州－新たな 三十六年：問われる日本 の対韓姿勢	유혈의 광주－새로운 36년：질문 받는 일본의 대한국 자세	광주사건, 제2의 36년,한미일 반공체제, 김대중 군사재판 송치
24	1980.11	密室の裁判－金大中死刑 判決：全斗煥軍政, 政権奪 取への九ヵ月	밀실의 재판－김대중 사형 판결：전두환 군정, 정권 탈 취에의 9개월	최규하, 김대중 재판, 김대중 사형판결, 검열
25	1981.2	冬の時代・ソウル －金大中氏に処刑の危機	겨울의 시대・서울 －김대중 씨에 처형의 위기	관제 반일캠페인, 김지하 석방, 미일 밀사
26	1981.5	日米の対韓政策と 南北分断	미일의 대한국 정책과 남북 분단	전두환 방미, 한미관계의 신시대, 미일안보조약 체제, 분단고정화
27	1981.8	新たな「米日韓体制」	새로운 '한미일 체제'	세 자리 숫자, 6・25의 풍화, 광주 1년, 한일정계유착
28	1981.11	日韓国交正常化の虚構 －対日六〇億ドル借款の 背景	한일국교정상화의 허구 －대일 60억불 차관의 배경	운명공동체의 환상, 한일조약반대세대, 김대중의 발언, 한일관계 재검토
29	1982.2	新たな転機迎える 朝鮮半島	새로운 전기 맞이하는 한반도	서울올림픽 개최 결정, 폴란드와 한국, 북한의 후계 체제
30	1982.5	全斗煥政権一年 －五輪狂騒曲と"自由化"	전두환 정권 1년 －올림픽 광조곡과 '자유화'	자유화 선풍, 프로야구, 반미테러, 부산 미국문화원 방화사건
31	1982.8	試練を迎える韓国軍政	시련을 맞이하는 한국 군정	순경총기난사사건, 반미감정 고양, 김영삼 연금, 서준식 구속연장
32	1982.11	民族意識の変革期迎え 韓国	민족의식의 변혁기 맞이한 한국	군국일본 경계, 교과서 역사왜곡 문제, 민족의식 고양
33	1983.2	八三年 ・日韓米関係の行方	83년 ・한미일 관계의 행방	전두환・나카소네 전화대담, 김대중 출국, 나카소네 방한
34	1983.5	米戦略下の日韓"連携"	미 전략하의 한일 '연계'	나카소네 방한, 한일운명공동체, 한일신차원

1962년 마이니치신문사 오사카 본사에 입사한 마에다는 1972년 도쿄
본사 외신부에서 조선 문제를 담당하며 수차례 한국을 방문한 바 있으며,
1976년 3월 서울 특파원으로 부임한다. 그는 1979년 1월 12일, 2년 10
개월의 특파원 생활을 접고 가족과 함께 일본에 귀국하는데, 이는 한국

정부의 '강제 퇴거' 명령에 따른 것이었다. 박정희 대통령의 제2기 취임식을 앞두고 한국 정세를 전망한 1978년 12월 26일 자 기사가 "대한민국의 국시에 위반하는 등 출입국관리법 제3호 위반"이라는 이유에서였다.[39] 이후 그는 한반도뿐만 아니라 동아시아와 유럽 각국을 방문·취재했고, 1993년 4월까지 8차례에 걸쳐 북한을 방문, 김일성과 단독회견을 한 바 있다. 신문사 근무 외에 주오中央대학, 다이쇼大正대학 등에서 겸임 강사로 강의를 했고, 기타큐슈北九州대학 외국어학부 국제관계학과에서 교수로 재직했다. 그는 이러한 경험을 토대로 『서울로부터의 보고』, 『한반도 10년의 궤적』, 『88 한반도를 읽는다』, 『대전환기의 한반도』, 『어디로 가나 한반도』, 『김일성 이후의 한반도』 등의 저작을 남겼다.[40]

문세광사건, 김지하에 대한 반공법 재판, 판문점 충돌, 한미 스캔들, 박정희 대통령 사살, 광주 유혈 사태, 신군부의 등장, 김대중에 대한 사형 판결, 대일 차관, 역사교과서 왜곡 문제, 서울올림픽 결정 등 격동의 나날이 이어진 한국 정세를 생생한 필치로 일본어 독자들에게 전해온 마에다는

---

39 「前田本社特派員に退去令 韓国政府"国是に違反"を理由に」, 『毎日新聞』, 1979.1.9, 2쪽, 이 기사에 따르면 마에다의 강제 퇴거는 1971년 이래 9미우리신문 특파인이 세 차례 강제 퇴거 처분에 이은 네 번째 사례라고 한다. 또, 이 기사를 통해 마이니치신문 도쿄본사 호소지마 이즈미(細島泉) 편집국장은 다음과 같은 견해를 밝힌다. "한국 보도에 대한 우리의 생각은 모든 경우와 마찬가지로 변함없이 사실에 근거한 보도를 하고자 생각한다. 또한, 이웃 나라인 일한 양국 관계의 우호를 추진해가는 것도 우리의 기본 방침이다. 그럼에도 불구하고 이번 같은 강제조치가 내려진 것은 매우 아쉽다. 여기에는 불행한 오해에 근거한 요소도 있으리라 보기 때문에 앞으로는 더욱 상호이해를 돈독히 해나가는 노력을 이어나가고자 한다."

40 원제는 『ソウルからの報告－ドキュメント韓国 1976~1980』(ダイヤモンド社, 1981); 『朝鮮半島10年の軌跡－1974~1984』(ほるぷ出版, 1985); 『88朝鮮半島を読む』(教育社, 1987); 『大転換期の朝鮮半島』(教育社, 1988); 『どこへゆく 朝鮮半島－対立か統一か揺れる南北』(社会評論社, 1994); 『金日成後の朝鮮半島』(緑風出版, 1994, 한국어 번역본은 이홍종 역, 『김일성 이후의 한반도』, 다락원, 2000).

1973년부터 1979년까지 약 7년 동안 서울을 수차례 방문·취재한 경험과 2년 10개월의 특파원 생활이 "한국인이 일본과 일본인을 어떻게 보고 있는지 아는 귀중한 기회가 되었다"[41]라고 술회한다. 또, 1981년 간행한 『서울로부터의 보고』의 「후기」에 1975년 2월에 석방된 김지하와의 인터뷰를 언급하며 김지하의 '일본 민중에의 제안'의 의미를 다시금 전하는 것이 간행의 목적이라 했다. 마에다의 인상에 남았다는 김지하의 '제안'은 "당신들 일본인은 늘 우리가 필사적으로 반대하는 것을 필사적으로 지원하고 있으며, 우리가 필사적으로 지키고자 하는 것을 필사적으로 유린하고 있습니다"라는 말로, 마에다는 이 말을 "한반도의 사정을 생각함에 있어 일본인이 '하지 않으면 안 되는 것을 하지 않고, 해서는 안 되는 것을 하고 있는 것은 아닐까'라는 물음에 직면한다"라고 풀이한다.[42] 가지무라 히데키梶村秀樹, 1935~1989는 이러한 마에다에 대해 "특히 신문에서는 묻혀 버리는 측면을 붓을 꺾지 않고 끊임없이 써왔"으며, "상식적으로 납득할 수 있는 리포트"를 쓴 "양식良識적인 저널리스트"로 평가한다.[43]

마에다는 1976년 3월부터 1979년 1월까지의 특파원 생활 동안 갖은 압력과 방해, 미행과 감시, 부당한 취재·보도의 간섭을 받았으며, 특히 일본인 특파원에 대한 비난과 모략이 들끓었음을 토로하고, 이로 인해 무딘 기사를 쓰거나 아예 글쓰기를 그만두는 기자도 다수 있었다고 증언한다.[44] 이처럼 기자의 숨을 '질식'시키는 환경 속에서도 "한국에 있어 언론

41 前田康博, 「序に代えて」, 『ソウルからの報告ードキュメント韓国 1976~1980』, ダイヤモンド社, 1981, ii쪽.
42 前田康博, 「あとがき」, 위의 책, 244쪽.
43 梶村秀樹, 「八〇年代の韓国民衆」, 前田康博, 『朝鮮半島10年の軌跡ー1974~1984』, ほるぷ出版, 1985, 548쪽.
44 前田康博, 「ソウル特派員三年」, 『季刊三千里』第18号, 1979.5, 164쪽.

의 자유를 망치지 않았던 또 하나의 요소는 재한일본인 기자의 존재"[45]였다. 1982년 일본의 역사교과서 왜곡에 대한 시정을 요구하는 캠페인과 반일 시위가 이어지는 혐한과 반일의 틈바구니에서, 한국의 정권은 그 이면에서 교과서 문제를 가라앉히고 거액의 차관을 받아들이기 위해 일본과의 긴밀한 동맹 관계를 구축하고자 했고, 이러한 새로운 차원의 '한일 운명공동체구상' 속에서 1980년 초의 저널리즘은 한층 더 '질식' 상황 속에 갇힐 수밖에 없었다. 이러한 상황 속에서 한일의 경계를 넘는 K·I와 마에다 야스히로의 생생한 글쓰기가 한반도에 대한 일본 독자의 인식을 새롭게 했음이 틀림없다. 'T·K생' 지명관은 일본에서 "한 달에 몇 번인가 비밀리에 한국에 파견되는 일본인을 비롯한 많은 외국인이 가져온 자료"와 "공표가 금지된 성명서와 그와 관련된 수많은 슬픈 서사"를 집필 재료로 삼아 「한국으로부터의 통신」을 집필했는데,[46] 이것이 "일본인과 제3국인에게 한국이 너무나 참담하고 암울한 것이고, 한국인이 인간 이하의 삶을 살고 있다는 부정적 이미지를 심어주는 데 기여"했으며, 이로 인해 "일본인, 특히 1970년대 식민지시대를 체험하지 않은 새로운 세대에 비친한국은 결코 선린과 연대의 대상이 될 수 없었"기에 "일본인이 한국을 왜곡해 인식하노록 하는 길잡이가 됐다"라는 비판을 받기도 한다.[47] 「한국으로부터의 통신」의 "많은 부분이 '유언비어'였고 '거짓'이었다"[48]는 것이 그 비판의 근거이다. 다만, "본질은 변함이 없는 한국의 정치 상황을 일본 매스컴의, 특히 최근 서울 특파원의 기사는 정확하게 전달하고 있지 않

---

45 위의 글, 162쪽.
46 池明觀, 『T·K生の時代と「いま」―東アジアの平和と共存への道』, 一葉社, 2004, 81쪽.
47 한상일, 『지식인의 오만과 편견―《세카이世界》와 한반도』, 기파랑, 2008, 311~313쪽.
48 위의 책, 313쪽.

으며, 되려 체제에 영합적으로, 전체적으로 '잘하고 있다', '꽤 근대화되었다'라는 인상을 주는 식이다"[49]라는 지적이 있듯, 비판의 논리적 정합성은 불충분하다고 할 수 있다. 물론 정보의 신뢰도를 의심할 수 있는 기술을 정당화할 수는 없겠지만, K·I가 증언하듯 "서민의 후각만큼 예민한 것은 없"으며 "일본인들에게 전하는 진술 기록은 수많은 이들의 마음으로부터의 지지에 의해 반출되"는 공표되지 않는 재판의 기록 등이 존재했다는 점,[50] 그러한 민족의 경계를 넘나든 연대의 노력을 폄하할 수는 없을 것이다. '지금 여기'의 시점에서 강조되어야 할 것은 정치권력의 폭압 속에서 구축된 국경과 민족을 초월한 저항의 글쓰기와 발신, 그리고 그것을 위해 자신을 건 유·무명의 존재들이어야 할 것이다.

마에다는 첫 '서울 리포트'에 다음과 같이 썼다.

정확히 일 년 전, 김대중 씨 납치사건이 발생하여 일본과 한국의 관계는 얽히고설키며 시작되었다. 전시도 아닌데 양국 간의 관계가 과연 이만큼 악화된 예가 있었던가. 정부와 정부 간 관계뿐만이 아니라, 두 국민의 감정이 여기까지 어긋나 버리다니. 즉, 일이 년 사이에 반발의 뿌리가 생겨난 것은 아니다. 65년 한일정상화가 무엇 하나 '정상화'의 역할을 다하지 못했던 것에 기인한다. 그렇게 생각할 수밖에 없다.

적어도 1945년 이래 29년간 일본인 대다수가 한반도와의 관계에 있어서의 정상적이지 못한 자세를 정상적인 형태로 되돌릴 의욕과 노력을 보인 적이 있었는가. 서울에서 이 물음을 한국인에게 지겹도록 들었다.[51]

---

49   梶村秀樹,「八〇年代の韓国民衆」, 前田康博, 앞의 책, 1985, 549쪽.
50   K·I,「格子なき牢獄からの抵抗」, 『季刊三千里』第10号, 1977.5, 90~91쪽.
51   前田康博,「焦燥のソウル」, 『季刊三千里』第1号, 1975.2, 79쪽.

일본에서 치료를 받으며 일본과 미국 외신을 통해 박정희 유신 체제를 규탄하는 발언을 하던 김대중은 1973년 8월 8일 도쿄 그랜드팰리스호텔에서 납치돼 닷새 후인 8월 13일 서울 동교동 자택 인근에서 발견되었고, 이 초유의 사건은 한일 양국에 외교와 주권을 둘러싼 문제를 불러일으켰다. 이로 인해 한일관계는 전례를 찾을 수 없이 '악화'되었는데, 마에다는 그 양국 간 혐오와 불신의 근원을 1965년 6월 22일에 서명 교환한 '대한민국과 일본국 간의 기본관계에 관한 조약'^{한일기본조약}으로 본다. 이 부속협정으로서의 '재산 및 청구권에 관한 문제의 해결과 경제협력에 관한 대한민국과 일본국 간의 협정'^{한일청구권협정}과 '일본국에 거주하는 대한민국 국민의 법적 지위 및 대우에 관한 대한민국과 일본국 간의 협정'^{한일법적지위}^{협정}은 진정한 한일 간 '정상화'는 물론이거니와, 조선민주주의인민공화국을 포함하는 '한반도와의 관계' 맺기에 있어 일본의 '정상적이지 못한 자세'를 낳았다고 할 수 있다. 조선민주주의인민공화국은 한일기본조약 체결 후 이에 대한 불승인과 대일청구권 보유를 선언했고, 이로 인해 재일 사회에서는 재일조선인총연합회와 재일본대한민국거류민단 간 반목이 심화한 점도 겹쳐 생각해볼 문제이다. 물론 마에다가 한국에서 만난 '한국인'에게 구체적으로 어떠한 질문을 받았는지 제시되어 있지는 않지만, 마에다는 그 반복적인 질문들 속에서 일본이 제국 해체 이후 건설된 아시아의 새로운 국민국가들과 비정상적인 관계 맺기를 이어왔고, 또 이를 시정할 '의욕과 노력'이 없었다는 점을 지적한 것이다.

김지하는 마에다에게 "나에게 있어 정치와 예술은 절충이 아닌 처음부터 동일한 것"이었고, "인간의 생生에 있어 결정적인 문제"인 "'정치적 행동'과 '예술적 창조'의 상관관계를 푸는 답"으로의 방법론은 "정치적 창조력"과 상상력에 있다고 말했다. 마에다는 이를 수용하며 "문학자의 역할과 정치 행동은 무연"하다는 풍토가 만연한 일본의 지식인에게 자성을 촉구한다.[52] 40여 년 전에 발화된 이들의 목소리는 혐한과 반일 담론으로 얼룩지는 이 시대에 여전히 '연재'되는 증언으로 남아 있다.

6. 번역 자성을 촉구하는 한국 지식인의 사유와 시대 정신

2절에서 제시한 바와 같이 『계간 삼천리』는 「창간사」를 통해 ① 재일 동포 문학자와 연구자들의 연계를 넓혀갈 것, ② 일본의 많은 문학자/연구자와의 유대를 강화해갈 것, ③ 독자의 목소리를 존중하여 그것을 본지에 반영시킬 것, 이 세 가지를 실천 과제로서 제시했고, 이와 더불어 13년간의 공론장 만들기를 통해 한국 지식인의 지적 담론을 적극 수용했다는 점을 아래의 〈표6〉을 통해 확인할 수 있다.

〈표6〉 주요 번역물 일람

호	발행 연월	저자	번역자	제목	
2	1975.5	金芝河 (김지하)	梶井陟 (가지이 노보루)	苦行…1974	고행-1974
3	1975.8	金允植 (김윤식)	尹学準 (윤학준)	暗闇のなかで熟した思想 -尹東柱論	어둠 속에 익은 사상 -윤동주론
		任軒永 (임헌영)	牧瀬暁子 (마키세 아키코)	国保一五二号	국보 152호
5	1976.2	白楽晴 (백낙청)	石川節子 (이시카와 세쓰코)	民族文学の現段階(上)	민족문학의 현 단계(상)
		黄晳暎 (황석영)	田中明 (다나카 아키라)	駱駝の目	낙타누깔

---

52   前田康博, 「金芝河氏の呼びかけ」, 『季刊三千里』第3号, 1975.8, 116쪽.

호	발행 연월	저자	번역자	제목	
6	1976.5	白楽晴 (백낙청)	石川節子 (이시카와 세쓰코)	民族文学の現段階(下)	민족문학의 현 단계(하)
7	1976.8	金源一 (김원일)	小倉尚 (오구라 히사시)	暗闇の魂	어둠의 혼
14	1978.5	デイヴィッド・ボケット (데이비드 보켓)	林茂 (하야시 시게루)	朝鮮とアイルランド	조선과 아일랜드
15	1978.8	朴炯圭·白楽晴 (박형규·백낙청)	大島董·大塚嘉郎·オスカ요시오 (오시마 가오루·오즈카 요시오)	韓国キリスト教と民族の現実	한국기독교와 민족현실
17	1979.2	咸錫憲 (함석헌)	金学鉉 (김학현)	統一は一つの革命である－五千万同胞の前に涙で訴える言葉	통일은 하나의 혁명이다 －오천만 동포 앞에 눈물로 부르짖는 말
18	1979.5	千寛宇 (천관우)	金学鉉 (김학현)	統一のための私の提言－複合国家方案－	통일을 위한 나의 제언 －복합국가방안－
19	1979.8	白楽晴 (백낙청)	金学鉉 (김학현)	分断時代の文学思想	분단시대 문학의 사상
22	1980.5	千寛宇·吉玄謨 (천관우·길현모)	金学鉉 (김학현)	四·一九革命の現代史的評価	4·19혁명의 현대사적 평가
23	1980.8	崔沃子 (최옥자)	李順愛 (이순애)	韓国女性運動史	한국여성운동사
27	1981.8	権チョル·チョソンイル (권철·조성일)	李哲 (이철)	中国の朝鮮族文学概況	중국의 조선족 문학 개황
30	1982.5	金潤洙 (김윤주)	学林図書室 (학림도서실)	新しい美学を求めて	새로운 미학을 찾아서
		チェ·ヨンホ (최영호)	文敬成 (문경성)	北朝鮮における歴史の再解釈	북한에 있어서의 역사 재해석
32	1982.11	金廷漢 (김정한)	金学鉉 (김학현)	寺下村	사하촌
37	1984.2	宋建鎬 (송건호)	高崎宗司 (다카사키 소지)	現代史研究と民族史学の課題	현대사 연구와 민족사학의 과제

호	발행 연월	저자	번역자	제목	
38	1984.5	成民燁 (성민엽)	舘野晳 (다테노 아키라)	八〇年代は詩の時代か?	'80년대는 시의 시대인가?
39	1984.8	蔡光錫 (채광석)	舘野晳 (다테노 아키라)	八〇年代民衆文学の可能性 －中間決算から 新たな転換点へ	80년대 민중문학의 가능성 －중간결산에서 새로운 전환점으로
41	1985.2	ジョン・メリル (존 메릴)	林中宇 (임중우)	済州島叛乱(上) ——九四八年四・三蜂起	제주도반란(상) －1948년 4・3봉기
42	1985.5	ジョン・メリル (존 메릴)	林中宇 (임중우)	済州島叛乱(中) ——九四八年四・三蜂起	제주도반란(중) －1948년 4・3봉기
43	1985.8	ジョン・メリル (존 메릴)	林中宇 (임중우)	済州島叛乱(下) ——九四八年四・三蜂起	제주도반란(하) －1948년 4・3봉기
		姜萬吉 (강만길)	水野直樹 (미즈노 나오키)	民族分断の歴史的原因	민족분단의 역사적 원인
		林和(임화)	金達寿 (김달수)	朝鮮民族文学建設の 基本課題	조선 민족문학 건설의 기본과제
44	1985.11	延辺人民出版社 (연변인민출판사)	山下英愛 (야마시타 영애)	中国延辺朝鮮族自治州の 成立	「중국 연변 조선족자치주의 성립」에서
		蔡英昌 (채영창)	洪大杓 (홍대표)	アメリカの朝鮮人社会	미국의 조선인사회
		崔吉元 (최길원)	高柳俊男 (다카야나기 도시오)	ある中国朝鮮族一家の 言語生活	어느 중국조선족 일가의 언어생활
45	1986.2	ワーレン・キム (와렌 킴 = 김원용)	文京洙 (문경수)	在米朝鮮人運動史 〈一九〇五～四五年〉	재미조선인운동사 〈1905~45년〉
46	1986.5	金大浩(김대호)	高崎宗司 (다카사키 소시)	植民地下朝鮮における 映画運動	식민지하 조선에 있어서의 영화운동
48	1986.11	エム・ゲ ・フヴァン (엠・게・후반)	木村英亮 (기무라 히데스케)	朝鮮人コルホースの半世紀	조선인 콜호즈의 반세기
		李炫熙 (이현희)	高崎宗司 (다카사키 소시)	『新編日本史』を告発する	日교과서 歴史歪曲을 고발한다
49	1987.2	高松茂 (고송무)	高島淑郎 (다카시마 요시로)	ソ連・東欧・蒙古の「朝鮮学」 －その背景と現況	소련・동구・몽고의 '조선학' －그 배경과 현황

호	발행 연월	저자	번역자	제목	
50	1987.5	南仁淑·曺瑛煥 (남인숙·조영환)	洪大杓 (홍대표)	在日同胞と在米朝鮮人 ーその環境, 地位, 展望の比較	재일동포와 재미조선인 ー그 환경, 지위, 전망 비교
		ノ·グァンヘ (노광해)	梁澄子 (양징자)	米国のアジア系少数民族の 比較調査ー日本, 中国, 朝鮮 系移民を中心にして	미국의 아시아계 소수민족 비교조사ー일본, 중국, 조선계 이민을 중심으로

위의 〈표 6〉에서 보듯, 『계간 삼천리』는 한국 지식인을 중심으로 한 다양한 지역에서 발신된 목소리를 번역·게재했다. 다시 말해, 다양한 시각과 방법론을 받아들이는 지적 작업을 통해 열려 있는 공동작업의 장을 구축하고자 했던 것이다.

그런데 이 글이 주목하는 한국 지식인의 글에 초점을 맞춰 논의를 진행할 때 문제가 되는 것은 누가 번역했는지는 명기되어 있으나 이들 혹은 잡지의 관계자들이 저자들과 어떠한 교류 내지 교감을 가지고 일본어로 번역했는지는 명확하지 못하다는 점이다. 다만, 김윤식이 "오무라 마스오大村益夫, 1933~2023, 다나카 아키라田中明, 1926~2010 등 '조선문학연구회' 연구자들"과 교류한 "1970~1971의 제1차 일본체류"와 안우식1932~2010이 『한국근대문예비평연구』를 소개한 글「카프의 성립과 해체를 둘러싸고ー『한국근대문예비평연구』(カップの成立と解体をめぐってー『韓国近代文芸批評研究』のこと)」,『月刊百科』129, 平凡社, 1973.6이 화근이 되어 보안사에 끌려갔다고 증언하듯,[53] 일본 측에서 한국 지식인의 글을 수용함에 있어 그들에게 화가 미치지 않게 주의를 기울일 수밖에 없었다는 점을 염두에 둘 필요가 있다.

이러한 상황에서 『계간 삼천리』는 1975년 2월 25, 26, 27일 3회에 걸쳐 『동아일보』에 연재된 김지하의 옥중기 「苦行…1974」를 필두로 분단의 현실과 언론의 자유 말살, 인권 탄압과 노동 착취 등 민족의 현재적 위기 상황을 진단하고 이를 자성하며 타개하기 위한 한국 지식인의 실천적 글쓰기를 일본어 독자에게 소개하는 데 힘을 실었다.

한편, 『계간 삼천리』 제37호에 소개된 송건호의 「현대사現代史 연구와 민족사학民族史學의 과제」는 『한국사회연구』 제1집에 실려 있는데, 이 잡지의 '창간사'격 글은 다음과 같이 시작된다.

> 한 시대의 사회문화적 수준의 질과 양은 그 시대의 출판문화로 수렴될 뿐 아니라, 그렇게 하여 형성되는 출판문화는 그것을 존재하게 하는 그 시대의 사회문화적 수준을 새로운 차원으로 운동시킨다는 출판문화의 실천적 논리를 우리는 여기서 다시 생각한다. 모든 문화적 행동과 성찰은 출판문화로 표현됨으로써 비로소 존재하면서 역사성·현실성을 획득하게 되는 것이다. 오늘 우리가 기획해내는 『한국사회연구』는 우리가 삶을 살아가는 바로 이 땅 이 시대에 근거한다.[54]

이 표현을 빌려 말하자면, 『계간 삼천리』는 재일과 일본의 지식인, 그리고 한국을 비롯한 해외 지식인들의 '문화적 행동과 실천'을 일본어 독자에게 '출판문화로 표현'해냄으로써 일본의 '지금 여기'에서 '역사성·현실성을 획득'하는 '운동'으로 기능했다고 할 수 있다. 특히 한국 지식인의 목소리를 수용함으로써 『계간 삼천리』가 획득하고자 했던 것은 공론장으로서의 목표 재고와 저항적 글쓰기 정신, 그리고 대변의 목소리였다.

김윤식이 "근대국가近代國家로서의 일본제국주의日本帝國主義가 19세기 서구적西歐的 국가개념國家概念에 속한다는 것은 누구나 아는 일이다. 이에 대항하는 지식인知識人의 정치 사상이 외부外部에서 바라볼 때는 민족民族 단

---

53 김윤식, 『내가 읽고 만난 일본』, 그린비, 2012, 687~688쪽.
54 한길사, 「『한국사회연구』 제1집을 내면서」, 『한국사회연구』 제1집, 한길사, 1983.6, 6쪽.

위單位의 그것이 가장 선명하다. 이로 볼 때 일본제국주의日本帝國主義를 가운데 둔 한·일韓·日 양국兩國의 저항양상抵抗樣相은 그 민족해방民族解放이라는 기본基本 방향성方向性에서 완전히 일치한다"[55]라 했듯, 한일 양국은 탈제국화/탈식민지화라는 공통의 민족적 과제를 안고 있다는 점에서 한국 지식인들이 발화하는 현재적 위기의식에 대한 성찰의 목소리는 일본어 독자에게도 공명한다고 할 수 있다. 다만, 쓰루미 슌스케가 '시인'이나 신부/목사와 같은 '종교인'이라는 말과 그것의 자명한 개념이 "같은 말이라도 놓여 있는 사회적 맥락 속에서 정의가 다르다"[56]고 했듯, 『계간 삼천리』가 소개하는 한국 지식인의 존재와 그들의 목소리는 일본어 독자에게 또 다른 사유의 가능성을 제공한다. '실천하는 신앙인', '민주화운동의 거목', '빈민운동의 대부'로 일컬어지는 박형규 목사는 백낙청과의 대담에서 "기독교의 참다운 전통은 세속 속에 들어와서 세상 문제에 간여해서 그때그때 하나님의 뜻을 밝히고 거기에 위배되는 것에 대해 직언을 하는 그런 것"으로, "일제탄압하에서 살아남기 위해서 역사참여적인 측면을 제거"하여 탈세속화/보수화되었는데, "4·19로 인해서 기독교는 크게 각성"을 하게 되었다고 한다.[57] 즉, 자기회복과 민족광복, 민주회복이라는 진정한 해방을 지향한 투쟁으로서의 4·19의 혁명정신을 계승하여 남북통일의 광장을 만들기 위한 정지작업에 적극 목소리를 내며 참여해야 하는 것이 '기독교의 참다운 전통'을 잇는 것이라는 발언이다. 박형규 목사는 지학순 신부와 마찬가지로 민주화와 인권, 노동운동에 적극 관여하며

55 김윤식, 「어둠 속에 익은 思想─尹東柱論」, 『韓日文學의 關係樣相』, 一志社, 1974, 54 쪽. 이 문장은 『계간 삼천리』에 초역(抄譯)되며 생략되었다.

56 鶴見俊輔·金達寿, 앞의 글, 18쪽.

57 박형규·백낙청, 「韓國基督敎와 民族現実」, 『創作과批評』 13(1), 1978. 3, 11~14쪽.

종교적 입장에서 정의 구현을 위해 힘을 실은 종교인이자 사회운동가로
서의 지식인으로 알려져 있다. 그리고 민주화와 인권 회복을 위한 이들의
실천은 분단시대의 극복과 통일을 향한 길이었으며, 그것이 바로 진정한
탈제국화/탈식민지화에 이르는 방법론으로, 일본은 여기서 결코 자유로
울 수 없는바 이는 곧 일본의 과제이기도 한 것이다.

이러한 맥락에서 『계간 삼천리』는 17, 18, 19호에 '한국 지식인의 통일
사상'이라는 타이틀로 김학현[1929~][58]의 번역과 해설을 통해 함석헌, 천관
우, 백낙청의 글을 소개한다. "자주적自主的으로 평화적平和的으로 이데올로
기와 제도들 초월해서 민족 통일을 하기를 힘쓴다 했읍니다. / 사람은 말
을 하지만 제 하는 말의 뜻을 다 알지 못합니다. / 말은 사람 보다 위대합
니다. 사람이 말을 하는 것 아니라, 말씀이 사람을 만들었고 또 만들고 있
읍니다. / 7·4성명하는 그 자신들도 그 하는 말의 뜻을 다 몰랐을 것입니
다. 그 말의 참 뜻을 아는 것은 씨올입니다. 그 말씀을 하게 하는 정말 주
인은 씨올 속에 계시기 때문입니다"[59]라는 함석헌의 지적처럼 발화/합의
된 '말'보다는 '말'의 참뜻과 이면을 '씨올' = 民이 대자적으로 곱씹어야
함이 번역을 통해 일본인 독자에게도 메아리친다.

반독재민주화운동에 헌신한 함석헌의 호소문에서 시작된 '한국 지식
인의 통일사상' 3회 '연재'의 의도를 김학현은 다음과 같이 밝히고 있다.

---

58 김학현의 저작으로는 『抗日韓国学生運動史』(金成植, 金学鉉 역, 高麗書林,1974); 『民
    族·生·文学-朝鮮文化論序説』(柘植書房, 1989); 『第三世界と民衆文学-韓国文学
    の思想』(金学鉉 編訳, 社会評論社,1981); 『朝鮮の抵抗文学-冬の時代の証言』(송민
    호, 김학현 역, 柘植書房,1977); 『荒野に呼ぶ声-恨と抵抗に生きる韓国詩人群像』(柘
    植書房,1980) 등이 있다.
59 함석헌, 「五千萬동포 앞에 눈물로 부르짖는 말」, 『씨올의소리』, 1972.9, 13쪽.

그간 우리는 많은 '선언'과 기타 문장들을 통해 민주화와 통일의 불가분한 관계를 이해해왔으며, 그렇기 때문에 또 한국의 민주화 투쟁이 큰 의의를 지닌다고 인식하고 있다. 하지만 반면, 구체적으로 한국의 양심적인 이들의 통일에 대한 사고가 어떠한 것인가, 또 지식인들이 각각의 분야에서 통일을 어떻게 생각하고, 어떠한 마음가짐을 가지고 있는가에 대해서는 명확하지 않은 것이 실정인 듯하다. 이러한 관점에서 통일문제를 생각해 가는 데 있어 그 자료가 되는, 이제까지의 통일에 관한, 통일과 관련된 논문을 번역·소개하기로 했다. 다루는 논문의 대상은 우선 70년대 들어 발표된 것에서부터, 정치적인 영역뿐만 아니라 경제·역사·문학 등 되도록 광범위한 영역에 걸쳐 다뤄나갈 생각이다.[60]

함석헌은 통일의 선행조건이 민주화의 성취이고, 민주화 투쟁은 통일을 전제로 하는 통일운동이어야 함을 말하고 있으며, 천관우는 "민족은 국가 간의 관계처럼 공존共存을 할 성질의 것이 아니라 언젠가는 완전 통일이 되어야 하"나, "두 개 이상의 정권이 있는 그대로 결합해서 한 국가를 형성하는" '복합국가'라는 "제일차적 통합統合이라는 차선의 방법을 택하지 않을 수 없게 되어 있"는 "오늘날의 국내외 조건"을 고려해야 한다고 제언한다.[61] 백낙청은 민족적 위기의식은 민족 분단이라는 현실 인식에 바탕을 두며 70년대에 성행하게 된 이 민족문학은 곧 분단문학이자 통일문학인데, 이 분단시대에 있어 문학의 과제는 "우리 시대가 지닌 온갖 정치·경제·사회적 문제, 온갖 지적·정서적 문제를 집약하는 것으로서, 예술이나 문학이 복잡한 것을 아무리 좋아하는 사람이라도 유감이 없으리

60 　金学鉉, 「解説」, 咸錫憲, 金学鉉 訳, 「統一は一つの革命である－五千万同胞の前に涙で訴える言葉」, 『季刊三千里』 第17号, 1979.2, 151쪽.
61 　천관우, 「民族統一을 위한 나의 提言」, 『創造』 26(9), 創造雜誌社, 1972.9, 31~32쪽.

만큼 복잡한 현대적 과제"[62]라 지적한다. 나아가 "그것은 민족 자체가 지닌 능력과 문제점을 냉철히 인식하면서 격변하는 세계에 정확히 대응하는 지성知性의 작업이요, 역사상 일찍이 없었던 민중적 각성에 의해서만 시작될 수 있고 그보다 더 큰 깨달음과 사랑의 실천에 의해서만 마무리 지어질 수 있는 역사창조의 작업이며, 개개인으로서는 먼저 자기 마음속의 증오와 불신과 죽음에의 공포를 이겨내야 하는 수도修道의 작업이기도 하다"[63]라는 과제의 의의를 강조한다. 즉, 이 '한국 지식인의 통일사상'은 분단극복과 통일 성취라는 민주화 투쟁의 기본 정신이자, 과거와 현재의 자성과 각성을 통해 시대를 진단하며 자명성을 뒤집을 수 있는 혁명적이고 복합적인, 나아가 가시밭길을 마다하지 않는 신학적 자세에 있다.

한편, 길현모는 천관우와의 대담에서 4·19 정신의 계승을 강조하며 "보통 4·19를 학생혁명學生革命이라고 부르지 않습니까. 우리 나라의 경우 학생學生은 곧 지식대중知識大衆의 구성원이에요. 물론 기성 지식인도 크게 활약했어요. 동아일보東亞日報나 사상계思想界 등을 거점으로 한 언론인들과 지식인들이 부패사회를 고발告發하고 자유이념自由理念의 전진前進 방향方向을 제시했읍니다만 역시 움직인 주동자主動者들은 학생學生이었어요"[64]라며 '지식인으로서의 학생'이 지니는 역할의 중요성을 강조한다. 이 목소리는 대담이 발표된 1972년 4월의 한국과 번역·소개된 1980년 5월의 일본이라는 경계, 그리고 이 대담을 읽는 독자 개개인의 '지금 여기'에서 또 다른 '말'의 참뜻을 낳는다. 대한YMCA출판공보위원을 지내기도 했고 『사상계』의 편집장을 지낸 김승균의 배우자이기도 한 여성 문제 연구

---

62 백낙청, 「分斷時代 文學의 思想」, 『씨올의소리』, 1976.6, 37쪽.
63 위의 글, 37쪽.
64 천관우·길현모, 「4·19革命의 現代史的 評價」, 『創造』 26(4), 創造雜誌社, 1972.4, 29쪽.

가 최옥자[1943~] 가 "일제日帝 이래 미군정美軍政, 자유당自由黨 정권政權, 민주당民主黨 정권政權, 공화당共和黨 정권政權, 오늘에 이르기까지 여류명사는 항시 집권층과 이해관계를 함께 하고 집권층을 지지, 선전하는 데 앞장섰을 뿐 진실로 여성의 자유와 평등에 대해서 고민하고 고난을 극복해 온 흔적은 드물다"[65]라며 기존의 여성운동을 비판하면서 한국 여성운동사 재정립의 필요성을 강조한 것도 현재적 의미가 있다. 또, 문화적 식민주의를 극복하고 해방후사解放後史를 비롯한 현대사 연구를 "뚜렷한 '문제의식'"으로 천착해야 함과 제3세계의 역사관 수립운동과의 연대를 강조하는 송건호의 자세는 "일본의 조선사 연구자에게도 연구의 문제의식을 묻는다"[66]라고 평가받듯 역사를 대하는 동시대 재일/일본 지식인의 문제의식과 태도에 자성을 촉구하는 물음으로서 기능한다.

이렇게 번역·소개되는 한국 지식인들의 시선은 3·1, 4·19, 5·18, 7·4, 8·15와 같은 날짜가 상기하는 역사적 시공간을 향하고 있다. 그 시공간에 민족 분단과 통일 조국을 저해하는 실패의 요인들이 있다고 할 때 "민족분단의 원인은 민족사의 안팎을 통해 정확하게 구해져야 할 것이며 그것이야말로 그 원인들을 하나하나 효과적으로 극복하고 민족의 재통일을 이루기 위한 정확한 방법론을 찾아내는 첩경이 될 것이다"[67]라는 강만길의 지적을 되새길 필요가 있다. 채광석의 말처럼 투철한 문제의식과 현대사라는 시대를 진단하는 힘을 갖춘 '현장 비평가'[68]로서의 지식인이 한일 양국을 가교하여 합의를 도출하기 위한 다원적 견해를 창출해

---

65   최옥자, 「韓國女性 運動史」, 『기독교사상』 22(5), 대한기독교서회, 1978.5, 43쪽.
66   高崎宗司, 「解説」, 宋建鎬, 高崎宗司 訳, 「現代史研究と民族史学の課題」, 『季刊三千里』 第37号, 1984.2, 143쪽.
67   강만길, 「民族分斷」의 역사적 원인」, 『韓國民族運動史論』, 한길사, 1985, 87쪽.
68   채광석, 「중간 결산에서 새로운 전환점으로」, 『마당』, 월간마당, 1983.12, 176쪽.

야 뿌리 깊은 한일 간 혐오의 고리라는 난관과 곤경을 끊어낼 수 있을 것이다. "일본은 국위의 「선전」과 사실의 「교육」은 전혀 별개의 차원임을 신중히 인식하고 겸허한 자세로 우리의 정당하고 객관성 있는 주장을 받아들이는 지혜와 아량을 보여야 할 때가 바로 오늘날이 아닌가 한다",[69] "요컨대 일본교과서의 수정문제는 근본적으로 올바른 사관이 정립된 위에 기술하려는 자세가 필요한 것이다. 즉 몇몇 자구 수정으로 교과서 왜곡문제가 완결될 것으로 생각한다면 금세기 마감을 앞둔 시점에서 한일 두나라에 다같이 불행한 결과가 초래될 것이다. 전체적인 흐름 순수사관에 입각하여 시종일관되어야만 일본역사에서의 한국에 대한 식민사관이 불식될 것이고 이때부터 새로운 동반자로서의 한일관계사가 의욕적으로 진행될 것이다. 정직하게 반성하고 오류의 전철을 밟지 않는 것이 진정한 일본의 내셔널리즘의 형성일 것이다",[70] "그러면 우리의 역사는 우리나라 사람에 의하여 왜곡되거나 날조 과대 은폐 탈루되지 않았다고 볼수 있겠는가. 이번 기회를 계기로 다시 한번 깊이 自省할 필요가 있다고 생각한다"[71]라는 이현희의 실천 지향적 지적을 '지금 여기' 상호 간에 되새기는 계기를 『계간 삼천리』를 통해 읽어낼 수 있다.

69　이현희, 「日교과서歷史歪曲을고발한다 검정필 「新編 日本史」긴급입수 분석〈上〉征韓論으로 侵略을 정당화」, 『동아일보』, 1986.7.14, 5면.

70　위의 글, 5면.

71　이현희, 「日교과서歷史歪曲을고발한다 검정필 「新編 日本史」 긴급입수 분석〈下〉 「任那日本府」 터무니없는 주장」, 『동아일보』, 1986.7.16, 5면.

7. 나가며

지금까지 이 글은 재일 지식인들이 일본이라는 이향의 시공간에서 분단된 조국의 평화통일과 한국의 민주화/인권 회복, 한일 간 상호이해와 연대 도모라는 뚜렷한 문제의식을 피력하며 만들어낸 다층적 지적 교류의 일본어 공론장 『계간 삼천리』전50호, 1975.2~1987.5의 13년에 이르는 도정을 검토함으로써, 그들이 상상하고 실천하며 만들어낸 공론장의 전모에 접근해보았다.

2000년대 들어 잡지 미디어로서의 『계간 삼천리』 연구가 본격화했고, 『계간 삼천리』는 재일과 한일 사회를 둘러싼 동시대 이슈에 천착한 바 실로 다양한 주제가 도출되기에 세부 주제에 초점을 맞춘 연구가 이뤄져 왔으며, 코리안 디아스포라의 아이덴티티와 초국가적/탈영토적 네트워크의 가능성을 도출하는 연구로 다양화되고 있다.

이 글은 이러한 선행연구에 시사를 받으며 그간의 연구에서 공백으로 남아있던 『계간 삼천리』에 번역·소개된 한국 지식인의 글이 이 잡지에서 어떠한 위상을 갖는지 검토했다. 이를 위해 우선 잡지의 방향성이 담겨 있는 특집, 대담/정담/좌담회, 연재, 번역이라는 틀을 설정하여 『계간 삼천리』의 공론장으로서의 문제의식과 역할을 포착하고자 했다.

분단된 조국과 민족의 평화통일을 위해 자주·평화·민족대단결 원칙에 합의한 1972년 7·4남북공동성명에 촉발된 재일 지식인들이 주체적으로 만들기 시작한 일본어 공론장 『계간 삼천리』는 '김지하' 특집을 필두로 한 동시대 한국의 현대사적 과제, 한반도와 일본 열도의 공통항으로서의 현안에 대해 특집을 기획하여 다성의 조각들을 모아 역사적 합의를 위한 '한일교류사'를 쓰고자 했다. 더불어 이 특집은 재일의 과거와 현재를 되돌아보고 미래를 조망하기 위한 특집을 통해 '다양 속의 통일'=폴리포니의 장으로 기능했다고 할 수 있다.

또 『계간 삼천리』는 대담/정담/좌담회와 같은 대화의 장을 마련하여 이를 문자화함으로써 독자들과 잡지의 문제의식을 공유한 점도 특기할 만하다. 특히 편집위원인 김달수는 창간호부터 제7호까지 일본의 저명인사들과 연속 대담을 진행했는데, 이 글은 그중에서도 김지하·지학순과의 만남을 통해 같은 말이라 할지라도 사회적 맥락에 따라 그 개념이 달라진다는 점을 깨달았다고 회고하는 쓰루미 슌스케와의 대담을 조명했다.

이어서 『계간 삼천리』는 폭넓은 분야와 장르의 글을 연재함으로써 공론장의 사회문화적 역할을 다했는데, 잡지 내에 연재의 틀로 게재되지는 않았지만 실질적인 연재였던 K·I와 마에다 야스히로의 '서울 리포트'에 주목하여 그 '또 하나의 연재'가 내포하는 의의를 살펴보았다. K·I라는 익명의 논자와 일본인 특파원이 냉엄한 한국의 시공간에서 전한 '현장 비평가'로서의 목소리는 정치권력의 폭압을 뚫고 국가와 민족을 초월한 증언이자, 그들을 뒷받침하며 연대한 이들의 대변적 목소리라는 점을 강조했다. 본론에서 서술하지는 않았지만, 예리한 현실 인식과 역사의식에 바탕한 그들의 '서울 리포트'는 동시대 한국 민중의 오감을 전하는 문학적 표현이 담겨 있다. 한국 민중의 생명과 목소리를 자기 것으로 상상하고 느끼며 한국과 일본을 둘러싼 정치에 감춰진 진실을 드러내고자 한 K·I와 마에다의 글쓰기는 정치적 상상력과 창조력의 중요성을 피력한 김지하를 비롯한 탄압 받는 한국의 지식인과 노동자, 재일유학생 등과 연대하며 시대의 총체상을 담았다는 점에서 그 의의가 크다고 할 수 있겠다.

마지막으로 『계간 삼천리』가 번역·소개한 글 중 한국 지식인의 그것에 주목하여, 분단된 한반도와 인권이 유린당하고 언론의 자유가 박탈되는 한국의 정황에 대해 민족과 사회의 현재적 위기 상황을 진단하며 글쓰기를 한 문학자, 역사가, 종교인, 사회운동가의 실천을 소개했다는 점을 제시했다. 『계간 삼천리』는 투철한 문제의식과 시대 진단의 힘을 보여주는 한국 지식인의 글을 번역·소개함으로써 잡지의 목적의식을 더욱 견고히 하고자 했고, 한국의 시공간을 초월하여 전달되는 그들의 목소리에 담긴 시대 정신은 동시대 재일/일본인에게 자기가 놓여 있는 현실과 역사를 대하는 태도에 자성을 촉구하는 사유로 기능했다는 점을 읽어냈다. 또 6절 말미에, 재촉발된 1986년 일본 교과서의 역사왜곡을 검토한 이현희의 말을 인용했는데, 이는 타자의 역사 인식만이 아니라 '우리'의 역사 인식 또한 되돌아보는 자성이 요구된다는 지적이었다. 그리고 이 발화는 한 사람 한 사람이 '나' 자신이 타자와 마주하는 태도를 반복하여 자성하고 지적 교류를 통해 연대함으로써 상호이해의 싹을 틔우기 위한 노력이 필요하다는 현재적 과제로 삼을 필요가 있겠다.

최근 몇 년 동안 극단적인 반일과 혐한 인식, 헤이트 스피치가 대중사회와 정치의 경계를 넘나들며 증폭되고 있는데 지금까지 두 사회의 그 어긋난 감정의 응어리를 풀기 위해 협력하고 이견을 조율하는 노력이 이어서 왔다. 다만, 그 상호불신과 혐오는 실로 광범위하게 뿌리내리고 있는 유제로서, 그 기원을 찾고 불식을 위한 실질적 대안을 제시하는 것은 실로 지난한 일이라 하지 않을 수 없다. 개인의 감정 차원에서 역사문제를 둘러싼 완전한 해결이란 있을 수 없다. 그러함에도 불구하고 한일 시민사회는 상호불신의 뿌리에서 상호이해라는 새로운 싹을 틔우기 위한 연대의 길과 상상력을 창출해 왔으며, 재일 지식인이 구축한 일본어 공론장 『계간 삼천리』를 통해서도 그 성찰과 실천을 위한 다층적 지적 교류의 흔적을 찾을 수 있다. 다시 말해, 실천을 동반하며 다층의 목소리를 모은

『계간 삼천리』의 운동은 극단화된 반일과 혐한이라는 단절의 길을 걷고 있는 현재에 있어 한일교류의 역사를 발굴하고 그것의 현재적 의미를 들여다볼 수 있는 계기를 제공한다는 점에 있어 주목할 사료적 가치가 있다고 할 수 있다.

5

탈식민적 식민지
연구의 원점

1980년대 후반 한국 근대경제사 한일 공동 연구

홍종욱

1. 한국의 경제 성장과 탈식민적 한일 관계 모색

냉전시대 한일 지식인 교류는 미국 근대화론의 영향 아래 한일 양국의 경험을 나누는 자리가 많았다. 1965년 한일기본조약 체결 후 본격화한 '한일 경제 협력'이 배경이었다. 한국의 반공 독재 탓에 마르크스주의자를 비롯한 비판적 지식인의 교류는 거의 불가능했다. 한국과 일본의 비판적 역사학자 및 경제사 연구자는 내재적 발전론에 입각한 한국사 상을 공유했지만, 서로의 연구를 참조할 뿐으로 직접적인 만남은 거의 없었다.

비판적 지식인의 교류는 오히려 한국 측의 민주화운동과 이를 지원하는 일본 측의 한일연대운동으로 드러났다. 1970년대 들어 김대중 납치사건과 김지하 구원운동을 계기로 한국의 민주화운동을 지원하는 일본 지식인의 '한일연대'운동이 활발히 일어났다. 독재 치하 한국의 어두운 상황은 T・K생이 지은 「한국으로부터의 통신」 등을 통해 일본 사회에 전해졌다.[1]

'한일 경제 협력'도 '한일연대'운동도 한국과 일본의 후식민적postcolonial 관계의 표출이었다. 선진국이자 구종주국인 일본 자본의 후진국이자 구식민지인 한국 진출을 놓고 신식민주의라는 비판이 일었다. 민주주의 국가 일본 지식인의 독재 국가 한국 사회에 대한 지원은 구종주국의 구식민지에 대한 개입이라는 점에서 후식민적 관계의 정형이었다.[2] 역사학자 정재정鄭在貞, 1951~ 은 1979~1982년에 일본에서 유학할 때 「한국으로부터의 통신」이 재현하는 한국 사회상이 과연 정당한가에 대해 의문을 가졌다고 한다. 한국의 군사 독재, 인권 유린, 사상 탄압, 경제적 빈곤에만 관

---

1   지명관, 김경희 역, 『한국으로부터의 통신-세계로 발신한 민주화운동』, 창비, 2008 참조.
2   장문석, 「연대의 이념에서 주체성의 세계로-냉전기 일본의 조선문학 연구와 조선어」, 『일본비평』 27, 2022.8 참조.

심 있는 일본 지식 사회에 대해 위화감을 느낀 것이다.[3]

1980년대 한국 경제가 성장하고 민주화운동이 대두했다. 한국 사회의 변화가 세계적인 탈냉전과 맞물리면서 일본의 비판적 지식인 사이에서도 이전과 결이 다른 한국 인식이 나타났다. 1979년 OECD 보고서가 '신흥 공업국'NICs이라는 범주를 세워 한국의 경제 성장에 주목한 영향이 컸다. 나아가 한국이 1980년대 초반 외채 위기를 극복하는 모습을 보이자, 한국 경제의 발전을 어떻게 설명할 것인지가 초미의 관심사가 되었다.

마르크스주의 역사학자 나카무라 사토루中村哲, 1931~는 중진 자본주의론을 제기했다.[4] 닉스NICs 특히 한국에 주목해 저개발→중진→선진이라는 새로운 세계사 상像을 제시한 것이다. 내재적 발전론에 입각한 한국 근대사 연구를 이끌고 한일연대운동의 한복판에서 활동하던 가지무라 히데키梶村秀樹, 1935~1989 역시 '닉스 충격'을 무겁게 받아들였다. 다만 가지무라는 중진 자본주의론을 비판하고 한국을 종속 발전하는 주변부 자본주의로 설명했다.[5]

한국의 비판적 경제학자 안병직1936~은 1980년대 중반까지 한국의 자본주의적 발전을 인정하지 않는 식민지 반봉건사회론을 고수했다. 안병직은 1985년과 1986년 2년 동안 일본에 체재하면서 나카무라 사토루 등과 교류할 기회를 가졌다. 1980년대 후반 안병직과 나카무라 두 사람이 중심이 되어 한일 연구자에 의해 한국 근대경제사 공동 연구가 전개되었다. 이 과정에서 안병직은 나카무라의 중진 자본주의론을 수용하게 된다.

---

3   필자에 의한 정재정 님 인터뷰, 2022.1.6.
4   中村哲, 「近代世界史像の再検討」, 『歴史評論』 404, 1983.12.
5   梶村秀樹, 「60~70年代NICs現象再検討のために-おもに韓国の事例から」(1986), 『梶村秀樹著作集 第5巻 現代朝鮮への視座』, 明石書店, 1993.

1980년대 후반 한일 공동 연구는 '닉스 충격'이라는 말로 상징되는 한국 경제 발전의 역사적 조건을 탐구하려는 취지에서 기획되었다. 학계 일부에서는 이 공동 연구를 식민지근대화론의 발원지로 단순화하지만, 이 연구는 양국의 비판적 지식인이 처음으로 머리를 맞대고 식민지 경험을 역사화하기 위해 논의를 거듭한 장이었다. 식민지에 대한 다양한 실증적, 이론적 분석을 시도했다는 점에서, 1990년대 이후 본격화하는 식민지 연구의 원점으로 자리매김할 수 있다.

이 글에서는 안병직, 나카무라 사토루, 가지무라 히데키 세 사람에 초점을 맞춰 1980년대 후반 한국 근대 경제사 한일 공동 연구의 배경, 전개 및 이후 분화 과정을 살피겠다. 한일 공동 연구는 한국 경제 발전의 역사적 조건을 탐구한다는 그 내용 이상으로 후진 독재 국가 한국 사회를 선진 민주 국가 일본 지식인이 돕는다는 후식민적 정형을 벗어난 관계를 모색했다는 점에서 큰 의의를 찾을 수 있다.

한일 공동 연구는 한국의 경제 성장과 민주화를 배경으로 탈냉전과 탈식민시대에 걸맞은 새로운 한일 관계를 예고하는 것이었다. 1990년대부터 본격화하여 2000년대 들어 정점을 찍게 되는 폭발적인 한일 학술, 문화 교류의 출발점이었다고 평가할 수 있다.

2. 'NICs 충격'과 일본 지식인의 한국자본주의 인식

1) 나카무라 사토루의 중진 자본주의론

1983년 12월 나카무라 사토루는 「근대 세계사 상像의 재검토」를 발표한다.[6] '마르크스 몰후歿 백 년'을 기념하는 이 글에서는 마르크스가 「정치

경제학의 비판을 위하여」 서문 [1859] 에서 "한 사회구성체는 그것이 충분히 포용하고 있는 생산력들 모두가 발전하기 전에는 결코 몰락하지 않"[7]는다고 말한 것에 주목했다. 이어 마르크스가 자본주의가 아직 더 발전하리라는 의미에서 19세기 중반을 '두 번째 16세기'라고 부른 사실을 소개했다. [29쪽]

나카무라는 1979년 OECD 보고서가 1960~70년대 급격하게 공업화한 10개 나라를 '닉스[NICs]' 즉 신흥 공업국으로 규정한 것에 주목하고,[39쪽] 한편에서 소련 사회주의에 발전성이 있는지를 의심했다.[48쪽] 그리고 20세기 후반의 현실을 '세 번째 16세기'라고 규정했다.[31쪽] 사회주의가 곧 도래할 것이라는 전망을 버린 것이다.

새로운 현실을 설명하는 틀은 중진 자본주의론이었다. 나카무라는 저개발국→중진 자본주의국→선진 자본주의국이라는 발전 경로를 제시했다. 일본을 포함한 선진 자본주의국도 예전에는 많은 나라가 중진 자본주의국이었다고 설명했다.[54쪽] 현재 중진국 대표는 한국인데 앞으로 저개발국에서 중진 자본주의국이 되는 나라가 증가할 것으로 보았다.[52쪽]

아민[Samir Amin, 1931~2018]의 신종속이론에 대해서는 현대의 닉스를 중진국으로 파악하지 않고 종속적 저발전, 저개발 틀 속에서 파악한다고 비판했다.[57쪽] 반면 로스토우[W. W. Rostow, 1916~2003]의 근대화론에 대해서는 단순한 반공 정책을 넘어 세계 자본주의 발전 법칙 속에 현실적 기반을 가지고 있다고 평가했다.[52쪽]

정치면에서도 저개발국의 경우 국가 통합력이 약하고 전제적 정치 체제라 하더라도 불안정하여 선진국에 종속하고 매판화하는 반면, 중진국

---

6   中村哲, 「近代世界史像の再檢討」, 『歷史評論』 404, 1983.12.
7   한국어 역은 칼 마르크스, 「정치 경제학의 비판을 위하여」, 김세균 감수, 『칼 맑스/프리드리히 엥겔스 저작 선집』 2, 박종철출판사, 1992, 478쪽 참조.

은 국민경제 위에 세워진 국가가 성립하면 전제적 정치 체제가 일단 안정되고 전국적 통합력을 갖는다고 보았다.[66쪽] 전전 일본의 정치 체제 역시 중진 자본주의국으로서의 전제적 정치 체제의 한 유형으로 설명했다.[70쪽] 나카무라의 중진 자본주의론은 한국 입장에서 보자면 선진 자본주의화와 민주화를 예견하는 듯한 내용을 담고 있었다.

마르크스주의 역사학자 나카무라가 제시한 중진 자본주의론에 대해서는 많은 의문이 제기되었다. 먼저, 생산력설에 입각한 일국사적 발전단계론이며 결국 근대화론으로 귀결되고 말았다는 비판이었다. 나카무라는 근대화론과 신종속이론은 일종의 외인론이지만, 역사는 외인과 내인의 양면에서 고찰해야 한다고 답했다.[90쪽] 그리고 역사는 생산력과 생산관계의 모순의 발전과정이므로 일국 내에서도 발전단계론은 성립하며, 중진 자본주의국 개념은 국내에서 자본주의 형성과 발전의 기초구조를 파악하는 데 유효하다고 주장했다.[114쪽]

다음으로 변혁 전망이 없고 민족운동을 경시한다는 비판이 있었다. 나카무라는 세계 자본주의 발전이 좋고 나쁨을 떠나 상당히 계속될 것이며 세계 변혁은 매우 곤란하다는 의미에서 비관적이라고 답했다.[86쪽] 나아가 사태를 객관적으로 정확하게 이해하지 않으면 달콤한 환상에 빠질 우려가 있다면서, 솔직히 말해 운동론은 잘 모르겠다고 덧붙였다.[89쪽] 마르크스주의자로서 일종의 전향 선언이라고 할 만한 내용이었다.

중진 자본주의론이 동아시아의 특수한 현상을 무리하게 보편 이론화한 것이라는 비판도 있었다. 나카무라는 구미 제국을 제외하면 일본이 최초이자 제1차 세계대전 이전의 유일한 중진 자본주의국이라고 인정했다.[57쪽] 그 뒤를 이어 공업화, 자본주의화를 이룬 나라는 한국, 타이완이 대표적이다. 이러한 상황을 과연 중진 자본주의국이라는 세계 보편의 유형으로 파악할 수 있는가라는 의문이었다.[101쪽] 나카무라는 일본의 타이완, 한국 지배가 구체제를 철저하게 파괴한다는 점에서 영국의 인도 지배와 비교할 때 '자본의 문명화 작용'이 더 철저했다는 의견을 비쳤다. 중진 자본주의론의 역사적 심화 즉 식민지근대화론, 동아시아 자본주의론이라는 새로운 방향이 요청되는 순간이었다.

2) 가지무라 히데키의 종속 발전론

가지무라 히데키는 내재적 발전론에 입각해 한국자본주의 형성과 발전을 추적해 왔다.[8] 가지무라는 이미 1970년대에 한국의 근대화는 참된 근대화가 아니라는 말은 박정희 정권에 대한 비판이 될 수 없다면서, 경제 성장이라는 현실을 직시하고 한국의 현상을 '근대화된 모순'으로서 받아들여야 한다고 주장했다.[9] 1977년의 저서 『조선에서 자본주의 형성과 전개』에서는 한국자본주의의 모순에 찬 영위를 설명하기 위해 '종속 발전'이라는 개념을 구사했다.[10]

가지무라는 1981년 발표한 「구식민지 사회구성체론」에서 종속이론을 비판적으로 수용함으로써 종속 발전의 이론화를 시도했다.[11] 가지무라는 "식민지 사회도 자본주의 사회구성체라는 공식주의 견해와, 식민지 반봉건 사회구성체로 보는 실용주의적 견해"[86쪽]가 존재한다면서 자신은

---

8 가지무라의 한국자본주의 분석에 대해서는 홍종욱, 「가지무라 히데키의 한국 자본주의 론-내재적 발전론으로서의 '종속 발전'론」(강원봉 외, 『가지무라 히데키의 내재적 발전론을 다시 읽는다』, 아연출판부, 2014)에서 해당 부분을 발췌, 정리했다.
9 藤森一清, 「朴政権の価値体系と韓国の民衆」, 『情況』 78, 1975.2, 10쪽. 藤森一清는 가지무라의 필명이다.
10 梶村秀樹, 『朝鮮における資本主義の形成と展開』, 龍渓書舎, 1977.
11 梶村秀樹, 「旧植民地社会構成体論」, 冨岡倍雄・梶村秀樹, 『発展途上経済の研究』, 世界書院, 1981.

후자를 옹호했다. 가지무라는 아민의 신종속이론이 서로 다른 생산양식의 '접합'articulation에 주목한 점을 평가하고, 아민의 '주변 자본주의 사회구성' 안에 '식민지 반봉건'의 단계를 설정하여 '전前 자본주의 사회구성체→식민지 반봉건 사회구성체→주변 자본주의 사회구성체'라는 주변부에서 '종속 경제'의 법칙을 제시했다.94쪽

후일 다른 글에서는 종속이론은 "숙명론으로 흐르기 쉬운 '구조'론 고유의 함정"을 안고 있다고 지적하고, '내재적 발전'이 세계 자본주의 역학 속에서 뒤틀리면서도 '종속 발전'으로 이어지는 과정을 직시할 필요가 있다고 주장했다.[12] 가지무라의 종속 발전론은 아민의 '주변부 자본주의 사회구성체'가 서로 다른 생산양식의 '이종 혼합'으로서 일단 완성된 후에는 그 성격이 강화될 뿐 어떤 변화도 일어나지 않는 '화석화'[13]된 구조인 것과 달랐다.

가지무라는 1986년에 「60~70년대 NICs 현상 재검토를 위하여―주로 한국의 사례로부터」를 발표해 닉스NICs 문제를 정면에서 다뤘다.[14] 이 글에서는 'NICs 충격'이라는 말로 한국의 경제 발전을 무겁게 받아들였다. 다만 'NICs 현상'을 "종속 발전의 논리 가운데 위치 지어 해명"하고자 했다.254쪽 다른 글에서는 한국의 경우 '식민지 반봉건사회'에서 'NICs형 종속 발전'으로, 북한의 경우 같은 출발점에서 '비자본주의적 발전 궤도'로 나아갔다고 설명하여 'NICs형 종속 발전'이라는 개념을 제기했다.[15]

---

12 梶村秀樹, 「やぶにらみの周辺文明論」(1985), 『梶村秀樹著作集 第2巻 朝鮮史の方法』, 明石書店, 1993, 161쪽.

13 本多健吉, 「종속이론과 국가자본주의론―생산양식의 이론을 중심으로」, 本多健吉・조용범, 『제3세계 국가자본주의론―마르크스・국가자본주의・남북문제』, 한울, 1985, 136쪽.

14 梶村秀樹, 「60~70年代NICs現象再檢討のために」(1986), 『梶村秀樹著作集 第5巻 現代朝鮮への視座』, 明石書店, 1993.

「60~70년대 NICs 현상 재검토를 위하여」는 중진 자본주의론에 대해 본래 역사적 개념인 닉스 내지 중진국 개념을 과도하게 추상화하여 초역사적 범주로 확대했다고 비판했다. 닉스 중에는 여러 경제 지표에서 이미 백 년 전 선진국 수준을 넘은 국가도 있지만, 현재의 자본주의 세계 경제에 규정된 '산업구조' 속에서 여전히 '중진국'에 지나지 않는다고 지적했다.²³⁰~²³¹쪽

가지무라는 선진국 측이 닉스형 발전을 반겼다면서 발전의 외재적 요인을 중시했다. 그리고 이러한 발전이 소수 특정 국가에만 집중된 이유로는, 많은 발전도상국 정부가 자립적 발전의 궤도에서 일탈을 꺼린 점과 아울러 한국이나 타이완의 경우 미국의 반공 군사 원조가 집중된 점을 들었다.²³⁶~²³⁷쪽

가지무라는 닉스형 고도성장을 뒷받침한 '민중의 고한苦汗 노동'²³⁸쪽에 주목했다. '세계사적 규정 조건'에 더해 민중의 희생과 저항이라는 '내재적 제 요인'으로써 'NICs 현상'을 설명하는 가지무라의 틀은 외압을 중시하고 민중에 주목하는 그의 내재적 발전론의 연장선상에 위치한 것이었다.

3. 한일 교류와 식민지 반봉건사회론의 동요

1) 안병직의 식민지 반봉건사회론

1970년대 한국의 비판적 경제학 연구를 이끌어온 안병직은 한국자본주의 발전론을 강하게 비판했다.[16] 안병직은 한우근¹⁹¹⁵~¹⁹⁹⁹의 자본주의

---

15 梶村秀樹, 「朝鮮近代史研究における内在的発展の視角」(1986), 『梶村秀樹著作集 第2巻』, 175쪽.

맹아 연구에 대해 이를 "식민지하의 일본 자본주의 체제나 해방 후 한국의 자본주의"와 연결 짓는 것은 잘못이라고 보았다.[17] 조기준[1917~2001]의 연구에 대해서는 '지나치게 경제주의'에 빠져 있다면서, "「일제 통치하의 한국경제」 운운하는 것도 정치적 및 경제적 주권이 없는 시기에는 객관적 사실에 맞지 않는 표현"이라는 엄격한 태도를 보였다.[18]

안병직은 1977년 논문에서 '소위 「조선의 공업화」'에 대해 "근대화 혹은 공업화의 주체가 일본 독점자본이기 때문에 「한국의 근대화」 또는 「한국의 공업화」는 있을 수 없는 일"이라면서, "1930년대 조선에서 진행된 공업화는 결론적으로 말하면 식민지적 및 반봉건적 성격을 명백히 드러내고 있다"고 밝혔다.[19] 같은 글의 맺음말에서 안병직은 "반식민지 혹은 식민지 사회의 성격을 어떻게 이해할 것인가"라는 질문을 던진 후 "우리는 아직도 이 문제에 접근할 수 있는 이론체계를 가지고 있지 못한 것처럼 생각된다"고 답하고 있다.

식민지 경험을 이론화하려는 욕구는 식민지 반봉건사회론의 체계화로 이어졌다. 1985년 안병직은 「조선에 있어서 (반)식민지·반봉건사회의 형성과 일본제국주의」라는 논문을 발표했다.[20] '반식민지제'를 상부구조로 파악하는 고타니 히로유키[小谷汪之, 1942~]의 이론과 식민지 반봉건사회

16　안병직의 식민지 반봉건사회론에 대해서는 홍종욱, 「주변부의 근대—남북한의 식민지 반봉건론을 다시 생각한다」(『사이/間/SAI』 17, 2014.11)에서 해당 부분을 발췌, 정리했다.

17　安秉直, 「書評—韓㳡劤 著, 韓國開港期의 商業構造, 서울, 一潮閣, 1970, pp.373」, 『歷史學報』 48, 1970.12, 137쪽.

18　安秉直, 「回顧와 展望—國史(近代)」, 『歷史學報』 49, 1971.3, 73쪽.

19　安秉直, 「日帝獨占資本 進出史」, 高麗大學校民族文化研究所, 『韓國現代文化史大系Ⅳ 政治·經濟史』, 高麗大學校民族文化研究所 出版部, 1977, 581~582쪽.

20　安秉直, 「朝鮮에 있어서 (半)植民地·半封建社會의 形成과 日本帝國主義」, 韓國史研究會 編, 『韓國近代社會와 帝國主義』, 三知院, 1985.

를 국제 분업의 농-공 분업단계에 조응하는 것으로 보는 가지무라의 이론을 결합하여 '(반)식민지·반봉건사회론'의 이론화를 시도한 글이다.

안병직은 '반봉건제'를 봉건제에서 자본제로 이행하는 과도기적 범주가 아니라, '(반)식민지'에서 성립하는 독자적인 경제 범주 즉 세계 자본주의에 의하여 규정되는 독자적인 생산관계라고 규정했다. 고타니 이론의 영향이다. '(반)식민지·반봉건 사회구성체'의 붕괴는 빈농과 반프롤레타리아 계층의 대중투쟁에 의해 가능하다고 전망했다. 민족 독립에 의해 체제가 붕괴되지 않더라도 국제 분업 단계가 변화하면 식민지 자본주의 범주가 성장할 수 있다고 보았다. 국제 분업 단계에 대한 언급에서는 가지무라 이론의 영향이 엿보인다.

이 글에서는 민족자본의 성립은 반식민지에서는 가능하지만 식민지에서는 불가능하다는 가지무라의 주장에 대해 경제적 범주인 민족자본을 정치적 범주와 혼동한다고 비판했다. 안병직은 식민지라는 요소를 사회구성체 개념과 따로 떼어 생각했다. 식민지 반봉건사회가 국제 분업 단계의 변동에 따라 주변부 자본주의로 이행하는 것이 아니라 식민지 자본주의가 성장한다고 본 것도 같은 맥락이다.

이 글에 대해서는 서로 대립하는 고타니와 가지무라의 이론을 무리하게 결합했다는 비판이 있었다.[21] 다만 안병직의 (반)식민지·반봉건사회론은 우리의 경험을 설명하기 위해서는 '새로운 이론이 창조되어야'[22] 한다는 사명감에서 나온 것이었다. 이 글의 결론에서 안병직은 종래 제국주의

---

21 이병천, 「『식민지반봉건사회구성체론』의 이론적 제 문제－小谷汪之·梶村秀樹의 이론을 중심으로」, 『산업사회연구』 2, 1987.12, 24쪽. 안병직은 2021년 인터뷰에서 '(반)식민지·반봉건사회론'은 "적당히 베낀 것"이라며 큰 의미를 두지 않았다(필자에 의한 안병직 님 인터뷰, 2021.12.16).

22 安秉直, 「日帝獨占資本 進出史」, 619쪽.

론에 입각한 제국주의사 연구는 후진 제 지역에서 자본주의 발전만을 강조한다고 비판했다. 이어 민족운동을 시야에 넣어 선진 자본주의와 후진 제 지역이 하나의 세계사로 통합되어야 한다며, 후진 제국의 근·현대사의 주체적 연구는 (반)식민지 사회의 사회구성체에 관한 연구에 다름 아니라고 밝혔다.

이 무렵 산업사회연구회에서 식민지 반봉건사회론에 대한 토론이 있었다.[23] 먼저 안병직이 위에 소개한 논문과 같은 내용의 발제를 했다.[24] 이어진 토론에서 박현채[1934~1995]는 식민지 반봉건사회론은 사회구성체 개념에서 벗어난다고 강한 어조로 비판했다. 이에 대해 안병직은 유연하게 답한다. 예컨대 식민지 반봉건사회를 사회구성체가 아니라 과도기로 보면 어떠냐는 박현채의 지적에 '전적으로 동감'한다면서, "그러나 그렇게 하면 오늘 내가 발표한 것이 무시되지 않아요"라고 웃어넘겼다.[300쪽]

하지만 국민경제가 성립되지 않았고 자본주의화가 이루어지지 않았다는 주장은 굽히지 않았다. 안병직은 "자본주의 다 되었는데 무엇 때문에 반봉건하고, 그 나라 국민경제가 다 성립되었는데 무엇 때문에 반제하겠어요?"[314쪽]라고 물었다. 그리고 "혹자는 식민지 반봉건사회론을 집어치워버리면 되시 않겠느냐고 말씀하실지 모르겠습니다, 나는 집어치우지 않

---

23 안병직 외, 「〈월례발표회 토론정리〉식민지 반봉건사회론의 쟁점」, 『산업사회연구』
    1, 1986.3. 정윤형에 따르면 이 토론은 한국자본주의 논쟁을 다룬 『창비』 제57호
    (1985.10)가 나오기 전에 이루어졌다(백낙청 외, 「〈좌담〉현단계 한국사회의 성격과
    민족운동의 과제」, 『창작과비평』 15-4, 1987.6, 19쪽). 토론은 안병직이 도쿄로 향한
    1985년 3월 이전에 열리지 않았을까 생각된다.
24 위 〈월례발표회 토론정리〉에는 "이 발표는 안병직 외, 『식민지하 조선의 사회와 경제』
    (도서출판 박영사, 1985)에 실린 글을 토대로 한 것입니다"라는 기록이 있지만, 해당 문
    헌은 확인하지 못했다. 이병천은 '발표의 원논문'이 「조선에 있어서 (반)식민지·반봉
    건사회의 형성과 일본제국주의」라고 밝혔다(이병천, 「「식민지반봉건사회구성체론」의
    이론적 제 문제」, 22쪽).

겠다고 대답하겠습니다. 왜냐하면 너무나 강력한 현실이 있기 때문입니다"315쪽라고 말했다. 자신의 이론적 고투에 대해서는 "무조건 고전을 무시하는 것이 아니고, 우리가 과거에 살아나온 경험을 토대로 해서 어떻게 해결을 하느냐는 문제"316쪽라고 밝혔다. 여기서 '고전'은 사회구성체론, 그리고 그것이 바탕으로 삼고 있는 마르크스의 사적 유물론이었다.

다만 안병직의 논리적 약점이랄까, 혹은 이후 행보를 예고하는 듯한 언급도 눈에 띈다. 안병직은 "한국경제는 외채문제나 기타 문제로 자본주의가 발전하기가 힘들 것"이라고 생각했지만, "60년대, 70년대, 80년대를 지나는 사이에 자본주의로 진입할 수 있는 가능성에 대해서도 일단 생각을 해 보아야 된다"311쪽는 태도를 내비쳤다.

토론 마지막에 박현채는 "안 선생의 자본주의는 자립경제여야 하고, 시민적 권리가 전부 보장되어야 하고, 모든 사람이 사회적으로 생산된 사회적 부의 분배에 참여해야 하고, 한참 성장기에 그리는 장미빛 환상이 무지개처럼 피어오르는 그런 것만 생각하고 있으니까, 자본주의는 없는 거야"325쪽라고 지적했다. 안병직이 한국자본주의 발전을 인정하지 않는 것은 거꾸로 자본주의에 대한 환상을 가지고 있기 때문이라는 비판이었다. 안병직의 '전향'을 예고하는 듯한 발언이었다. 안병직은 한국의 자본주의화를 부정했다는 점에서 자본주의화를 인정하고 그 모순을 직시하고자 한 박현채나 가지무라와는 달랐다.[25]

한국의 경제 성장을 목도하고 마르크스주의 역사학자 나카무라 사토루는 중진 자본주의론을 발표했다. 내재적 발전론에 입각한 한국사 연구를 이끌어온 가지무라 히데키도 한국자본주의의 종속 발전에 주목했다. 안병직은 1984년 나카무라의 중진 자본주의론을 읽고 '엄청난 쇼크'를 받았다고 회고했지만,[26] 적어도 1985년까지 글에서는 그런 흔적이 보이지 않았다. 식민지 반봉건사회론을 고수하던 안병직은 1985년 3월 도쿄 대학으로 유학을 떠났다.

2) 교토 심포지엄과 『조선 근대의 역사상』

안병직은 1985년과 1986년 두 해 동안 일본에 체재하면서 나카무라 사토루 등 일본인 연구자와 교류하는 기회를 가졌다. 나카무라에 따르면 한국경제사 연구자와 교류는 1984년 7월 경북대 교수 김영호[1940~]의 발표를 들은 것이 처음이라고 한다. 당시 김영호는 오사카시립대학 경제연구소에 적을 두고 있었다. 1986년 여름 나카무라는 간사이[關西] 지방에 자료 조사를 온 안병직을 만나 의견을 교환했다.[27] 1986년 12월에는 나카무라가 중심이 된 일본인 연구자와 안병직, 김영호가 교토에 모여 심포지엄을 열었다. 그 내용을 엮은 책이 『조선 근대의 역사상』[1988]이었다.[28]

「머리말」에서는 1970년대 후반부터 한일 양국에서 실증 연구가 심화하면서 자본주의 맹아론을 비롯한 내재적 발전론과 상반되는 역사적 사실이 드러남으로써 새로운 한국 근대사 틀이 요청된다고 밝혔다. 공동 연구의 목표로는 첫째, 한국 근대 경제사의 문제점 정리 및 새로운 한국 근대사 상像 형성, 둘째, 한국 경제 발전의 역사적 조건 탐구특히 동아시아 닉스의 식민지 경험, 셋째, 일본 근대사와 관련한 분석한국이 자본주의국이 됨으로써 일본 자본주의 성립·발전과 비교가 가능해짐 등을 들었다.

25 홍종욱, 「주변부의 근대 − 남북한의 식민지 반봉건론을 다시 생각한다」, 201쪽.

26 안병직·정재정, 「〈나의 학문 나의 인생〉안병직 − 민족주의에서 경제 성장주의로」, 『역사비평』 59, 2002. 5, 222쪽.

27 中村哲, 「서문」, 中村哲, 安秉直 역, 『世界資本主義와 移行의 理論 − 東아시아를 中心으로』, 비봉출판사, 1991.

28 中村哲 外編, 『朝鮮近代의 歷史像』, 日本評論社, 1988. 이 책의 한국어판은 나오지 않았다.

총론에 해당하는 나카무라 논문은, 「근대 세계사 상像의 재검토」가 자립과 자본주의화가 조응하는 면을 주로 다뤘지만, 이 글은 식민지 조선을 다루기 때문에 종속과 자본주의가 결합되는 면도 다루겠다고 밝혔다.27쪽 나카무라는 종속과 자본주의화는 양립하며 일반적으로 종속화는 그 나라 경제의 자본주의화를 촉진한다고 설명했다. 따라서 "자본 수출은 그것을 수입하는 나라의 자본주의 발전에 영향을 미치며 그 발전을 크게 가속화시킨다"29는 레닌의 제국주의론에 나오는 명제는 타당하다고 주장했다.3쪽

나카무라는 식민지 자본주의가 고유한 모순 탓에 좌절했지만, 전자본주의적 생산양식 해체, 자본주의적 제 관계 발달, 세계시장에 종속이라는 점에서 해방 후 종속 자본주의화의 기초 조건을 형성했다고 파악했다. 이러한 기초 위에 정치적 독립을 이룬 국가에 의해 1960년대 이후 자본주의적 공업화가 가능해짐으로써, 한국과 타이완은 종속적 형태지만 자본주의국이 되었다고 주장했다.22쪽

---

29 한국어 역은 V. I. 레닌, 남상일 역, 『제국주의론』, 백산서당, 1988, 96쪽 참조.

토론자로 나선 안병직은 식민지 반봉건사회론을 전개했다. 안병직은 식민지 반봉건사회를 세계 자본주의에 의해 지배되는 전근대적 사회구성체, 과도기적 사회구성체라고 규정했다.[33쪽] 1985년 논문과 좌담에서 비친 인식이었고 무엇보다 고타니의 이론을 받아들인 내용이었다. 나아가 안병직은 토대와 상부구조 사이에 조응 관계가 없는 식민지에서도 사회구성체라는 것을 생각할 수 있을지를 물었다.[34쪽] 안병직의 식민지 반봉건사회론은 박현채로부터 사회구성체 개념에서 벗어난다고 비판받은 바 있다. 안병직은 일본인 연구자 앞에서 자기 이론의 고충을 토로하고 해법을 찾고자 했다.

안병직 논문은 식민지 시기 노동자의 질적 성장 여부를 물었다. 안병직은 식민지 공업화가 사회구성을 자본주의적으로 변질시켰다고 말하려면 노동자 계급의 양적·의식적 성장뿐만 아니라 질적 성장을 연구해야 한다고 밝혔다.[129쪽] 그리고 근대적 노동자 계급이 어느 정도 성장하여 공업화를 위한 조건이 갖추어졌지만, 자본과 기술이 결여된 탓에 일본 제국주의 종말과 더불어 식민지 공업은 '총 붕괴'하고 노동자는 농촌으로 돌아가 버렸다고 결론지었다.[146쪽]

한편 이어진 토론에서 안병직은 "최근 제 생각은 근대화론에 가까워졌습니다. (…중략…) 솔직히 말씀드리면 저는 오쓰카大塚 이론에 경사되어 있습니다"[170~171쪽]라는 말로 인식의 동요를 내비쳤다. 그러나 식민지 시기 민족자본이나 노동자 계급의 성장이 해방 후 한국자본주의 발전을 이끌어갈 정도는 아니었다는 입장은 고수했다.[175쪽] 이른바 식민지근대화론과는 거리를 두고자 한 것이다.

얼핏 혼란스러운 태도를 보인 안병직은, 한국인 자신의 근대적 영위를 기초에 두지 않는다면 사회구성체 분석도 계급 분석도 큰 의미가 없다고 말했다. 그리고 "비학문적인 요인을 학문 분석 안에 끌어들였다고 비판 받으면 어쩔 수 없지만, 식민지 인간으로서는 자신의 민족적 주체를 어떻게 확인할 것인지가 필요합니다"177쪽라고 절절한 민족 감정을 토로한다. 토론은 "나는 제국주의사가 아니라 한국 근대사를 하고 있다"177쪽는 말로 마무리 지었다. 1985년 논문에서 언급한 내용을 일본인 연구자 앞에서 다시 한번 천명한 것이다. 무라카미 가쓰히코村上勝彦, 1942~는 서평에서 안병직의 "민족적 주체성에 바탕한 역사인식이라는 자세"를 높이 평가했다.[30]

1986년 12월 교토 심포지엄과 『조선 근대의 역사상』1988의 의미를 생각해 보자. 첫째, 다양한 이들이 참가해 의견을 나눈 심포지엄의 결론을 식민지근대화론이라고 단순화하는 것은 적절하지 않다. 다른 한 사람의 한국인 참가자 김영호는 중진 자본주의론과 비슷한 입장에 서면서도 한국자본주의의 주체적 발전을 그리고자 했다.[31] 일본 측에서는 경제사 연구자뿐만 아니라 비판적 역사학의 전통이 강한 한국사 연구자들이 발표자로 나섰고, 토론자로도 가지무라 히데키 외에 오쓰카 히사오大塚久雄, 1907~1996의 국민경제론을 계승한 비판적 경제학자 다키자와 히데키滝沢秀樹, 1943~가 참가했다. 나카무라는 가지무라에게 일본 측 총괄 역할을 부탁했다고 한다.[32]

가지무라는 토론에서 1970년대까지 연구의 문제설정이 반드시 틀린 것은 아니라고 밝혔다. '기계적인 실증 없는 법칙의 관철론'은 비판해

30 村上勝彦, 「中村哲・堀和生・安秉直・金泳鎬 編, 『朝鮮近代の歴史像』, 日本評論社, 一九八八年八月, 二三四頁, 三〇〇〇円」, 『社会経済史学』 57-5, 1992.1.

31 나카무라 사토루와 안병직을 편자로 할 예정이었지만, 김영호가 나카무라에게 자신은 안병직과 생각이 다르다고 이야기하여 편자로서 이름을 올리게 되었다(필자에 의한 김영호 님 인터뷰, 2022.11.1).

32 中村哲, 「梶村さんとの出会い」, 梶村秀樹著作集編集委員会 編, 『梶村著作集に寄せて』 3(第3巻 「朝鮮近代社会経済論」 付録), 1993.3, 2쪽.

야 하지만, '한국 사회의 내재적 발전'을 부정해서는 안 된다는 주장이었다.[73쪽] 가지무라는 노동자 계급의 질적 성장의 한계를 묻는 안병직 논문에 대해서도 "저는 오늘 보고를 듣고 특별히 안병직 씨가 지금까지 식민지 반봉건 사회구성체론을 바꾸었다고는 생각하지 않았습니다"[173쪽]라고 긍정적으로 평가했다. 무라카미는 서평에서 "내재적자생적 발전론에 대한 반성이 하나의 핵"[128쪽]이라면서도, 저자들이 상정하는 자생적 발전론이 서로 다른 것이 이 책의 문제점이라고 지적했다.[130쪽]

둘째, 안병직은 식민지 반봉건사회론을 고수했다. 1986년 12월에 열린 교토 심포지엄에서 안병직은 한국의 경제 성장을 눈앞에 두고 근대화론에 유혹을 느꼈지만, 식민지 반봉건사회론을 버리지 않았다. 후일 식민지 반봉건사회론이라는 학문적 관심이 일본 유학 초기까지 연장되었다고 회고했지만,[33] 어쩌면 도쿄 체류 내내 이어졌다고 할 수 있다.

안병직은 노동자 계급의 확대를 인정했지만, 해방 후 한국자본주의 발전의 토대가 될 질적 성장은 아니었다고 한계를 지적했다. 토론에서는 소농의 형성과 발전이라는 역사상을 받아들이지 않고 농민의 양극 분해라는 입장을 피력하다가 나카무라의 비판을 받았다.[119~120쪽] 이런 가운데 안병직은 사회구성체 분석, 계급 분석을 회의하고 민족 주체성을 강조하는 모습을 보이기도 했다. 안병직에게 식민지 반봉건사회론은 이론이기에 앞서 자립적 국민경제와 민족 주체성에 대한 희구를 뜻했다.

---

33   안병직, 「역자 후기」, 中村哲, 안병직 역, 『노예제·농노제의 이론―마르크스·엥겔스 역사이론의 재구성』, 지식산업사, 2000.

4. 탈냉전 민주화와 식민지근대화론 대두

1) 안병직의 중진 자본주의론 수용과 전향

1985년 10월 발행된 『창작과비평』에 '주변부 자본주의론'을 옹호한 이대근[1939~]의 논문과 '국가독점 자본주의론'을 주장한 박현채의 논문이 실리면서 한국자본주의 논쟁이 본격화했다.[34] 주변부 자본주의론에 대해서는 사회구성체론의 부정이라는 비판이 가해졌다. 사회 변혁에서 노동운동의 중심성이 강조되는 상황과도 맞물려 제1단계 논쟁은 국가독점 자본주의론이 승리한 것으로 평가된다.[35] 안병직은 한국자본주의 논쟁에 직접 개입하지 않았다. 다만 이대근의 주변부 자본주의론, 그리고 가지무라 히데키의 식민지 반봉건 사회구성체에서 주변부 자본주의로 이행론이 암묵적으로 안병직의 입장인 것처럼 받아들여졌다.[36]

제2단계 논쟁에서는 신식민지 국가독점자본주의론과 식민지 반봉건사회론이 대립했다. 신식민지 국가독점자본주의론은 제1단계 논쟁의 국가독점자본주의론이 종속 문제를 신식민지라는 개념으로 받아들인 결과였다. 식민지 반봉건사회론은 경제적 종속뿐만 아니라 정치 군사적 종속을 포함한 종속의 총체적 성격에 대한 파악이 필요하다는 문제의식이었다. 식민지성을 강조하다 보니 자본주의적 발전의 허구성과 반봉건성에 주목하게 되었다. 제2단계 논쟁은 학계를 넘어 변혁운동 노선과 직접 연결되었다. 식민지 반봉건사회론이 전면화하면서 한국자본주의 논쟁은

34　李大根, 「한국 자본주의의 성격에 관하여-국가독점자본주의론에 붙여」, 『창작과비평』 57, 1985.10; 朴玄埰, 「현대 한국 사회의 성격과 발전 단계에 관한 연구(I)」, 같은 책.

35　조희연, 「80년대 사회운동과 사회구성체논쟁」, 박현채·조희연 편, 『한국 사회구성체논쟁』 I, 한울, 1989.

'거센 회오리 바람'에 휩싸였다.[37]

식민지 반봉건사회론 확산의 '원흉'으로는 가지무라 히데키가 지목되었다. 가지무라는 '식민지 반봉건'은 구식민지 체제를 설명하는 개념으로서 유효할 뿐이며, 해방 후 한국은 '주변부 자본주의'로 파악하는 것이 자신의 입장이라고 해명했다.[38] 안병직은 1986년 12월 발표한 글에서 '소위 자본주의 논쟁'에 대해 언급했다. 안병직은 스스로 '봉건파'를 계승했다고 밝혔지만,[39] 식민지기를 식민지 반봉건사회로 봤을 뿐 현대 한국이 자본주의 사회라는 것은 인정했다. 박현채 역시 식민지기는 식민지 반봉건사회라고 설명했다. 다만 이를 '가지무라-안병직'처럼 사회구성체로 '승격' 해서는 안 된다고 했을 뿐이었다.[40] 결국 안병직, 가지무라, 박현채 세 사람 모두 현대 한국을 식민지 반봉건사회로 보는 데는 반대한 셈이다.

한편, 나카무라는 중진 자본주의론을 동아시아 자본주의의 고유한 역사적 조건을 탐구하는 쪽으로 심화해 갔다. 「근대 동아시아사 像의 재검토-1910~30년대의 중국·조선을 중심으로」는 민주화 열기로 뜨겁던 1987년 8월에 막 설립된 '낙성대 연구실'에서 발표한 내용을 정리한 것이다. 나카무라는 이 발표에서 자신의 '근대 동아시아사 像의 골격'이 만들어졌다고 회고한 바 있다.[41] 이 글에서는 대표적인 개발경제학자인

---

36 류동민, 「마음의 행로-한국 좌파 민족주의 경제학의 아포리아」, 『마르크스주의 연구』 17-4, 2020.11, 50쪽.

37 백낙청 외, 「〈좌담〉현단계 한국사회의 성격과 민족운동의 과제」, 『창작과비평』 15-4, 1987.6, 15쪽.

38 梶村秀樹, 정재정 역, 「〈강연 유고〉한국의 사회과학은 지금」, 『창작과비평』 66, 1989.12, 297쪽.

39 안병직, 「제국주의와 식민지 지주제-김준보 교수의 농업이론에 대한 비판을 중심으로」, 『경제사학』 10, 1986.12, 231·244쪽.

40 박현채·정민, 「〈대담〉민족경제론-민족민주운동의 경제적 기초를 해명한다」(1987), 박현채, 『민족경제와 민중운동』, 창작과비평사, 1988, 435쪽.

와타나베 도시오渡辺利夫, 1939~가 한국의 경제 성장을 '무로부터의 출발'이라고 표현한 것을 들면서, 신종속이론은 물론 개발경제학도 동아시아 자본주의 역사를 과소평가하는 점에서 공통적이라고 비판했다.160~161쪽

이 글에 따르면 19세기 동아시아의 농민적 소경영 발전도는 세계에서 서구 다음으로 높았다. 이는 일본이 조선과 타이완에서 일거에 근대적 토지 소유를 만들어낼 수 있었던 전제였다.163쪽 1930년대 조선 공업화는 일본 독점자본이 주도했으나 조선 경제는 그것을 가능하게 한 조건을 갖추고 있었다.168쪽 중국은 1920년대 말부터 종속적 중진 자본주의화의 길을 걸었다. 국민당 정권은 외국 제국주의에 일면에서 종속하면서도 자본주의를 적극적으로 육성했다. 다만 중국의 종속적 중진 자본주의화는 아래로부터의 혁명에 의하여 좌절되었다.171~174쪽

나카무라는 일본의 식민 지배가 군사적·봉건적이라기보다 오히려 전근대 사회를 강력하게 해체하고 식민지 자본주의를 육성하는 새로운 형의 제국주의 지배였다고 파악했다. 다만 일본의 현대 자본주의는 식민지 현지 자본의 발전을 억압하고 정치적 자치를 인정하지 않으며 중국의 종속적 중진 자본주의화와 대립하고 국내 정치의 파시즘화를 동반했다. 일본에 의한 종속·저개발 지역의 자본주의적 공업화와, 정치적 독립을 인정하면서 정치적·경제적으로 종속시키는 미국의 방식은 달랐는데, 이러한 차이가 일본의 패배를 낳았다고 보았다.174~175쪽

1988년에 쓴 글에서 나카무라는 일본에서 일고 있는 '한국 붐'에 주목했다. 서울올림픽과 일본인의 해외여행 붐이 겹친 결과였는데, 근저에는 한국의 급속한 경제 발전NICs화과 1987년 민주화운동의 물결이 있다고 보

---

41 中村哲, 「서문」, 中村哲, 安秉直 역, 『世界資本主義와 移行의 理論』, 11쪽.

왔다.[42] 1990년에 쓴 글에서는 동북아시아와 동남아시아의 경제 발전에 주목하고, 1978년 이후 중국의 대외 개방과 시장경제 도입은 일본, 동아시아 니즈NIES, 아세안ASEAN의 경제 발전에 대한 대응이라고 파악했다.[43]

한국, 타이완의 민주화와 중국의 개혁·개방은 모두 탈냉전의 표현이었다. 나카무라의 탈냉전기 동아시아 자본주의 역사적 조건에 대한 탐구는 식민지근대화론으로 드러났다. 냉전시대는 식민 지배, 식민적 관계에 대한 망각을 강요했다. 탈냉전기 탈식민적 관심은 냉전기라는 단절을 넘어 식민지 경험을 재확인하는 데서 출발했다. 식민지근대화론의 등장은 이러한 정황을 상징했다.

안병직은 1989년 11월 「중진자본주의로서의 한국경제」를 발표했다. 한국의 NICs적 성장에 주목하여 한국자본주의의 성공적 발전을 평가하는 내용이었다.[44] 식민지 반봉건사회론을 주창하고 주변부 자본주의론에 친화적인 태도를 보이던 안병직의 입장 전환은 일종의 전향 선언으로 받아들여졌다. 1989년은 베를린 장벽이 무너진 해였다. 동유럽 사회주의권의 붕괴와 때를 같이한 중진 자본주의론의 개입으로 한국자본주의 논쟁의 지평도 변화했다.[45] 이영훈1951~은 안병직이 한국자본주의 논쟁을 '철지난 잘못된 논쟁'이라고 평가하여, 장시원1952~ 등 여러 제자가 당황했다고 회고했다.[46]

---

42 中村哲, 「はじめに」, 中村哲·堀和生·安秉直·金泳鎬 編, 『朝鮮近代の歴史像』, 1988.

43 中村哲, 「서문」, 中村哲, 安秉直 譯, 『世界資本主義와 移行의 理論』, 1990, 6쪽. 주로 한국, 타이완, 홍콩, 싱가포르를 가리키는 신흥 공업국(NICs, 닉스)이라는 개념은 1988년 6월 열린 G7 정상회의부터 신흥 경제체(NIEs, 니즈)로 바뀌 불리게 되었다. 타이완과 홍콩이 독립국이 아니라는 중국의 의견을 받아들인 결과였다.

44 안병직, 「중진자본주의로서의 한국경제」, 『사상문예운동』 2, 1989.11.

45 이병천 외, 「〈서평〉 中村哲 著, 安秉直 譯, 『世界資本主義와 移行의 理論―東아시아를 中心으로』, 比峰出版社, 1991년, 355면」, 『경제사학』 15, 1991.12, 163쪽.

민족모순	계급모순
식민지	반봉건사회
주변부	자본주의
신식민지	국가독점자본주의

1989년 4월 안병직은 서울대 대학신문에 실은 글에서 한국자본주의 논쟁은 아시아 니즈[NIEs] 현상과 한국자본주의 발전이라는 현대 세계사를 인식하기에는 불충분하다고 비판한 바 있다.[47] 이 글에서는 아래 그림을 보이면서 자본주의 논쟁을 구성하는 세 가지 주장은 민족모순과 계급모순의 배합이라는 동일한 논리에 입각하고 있는데, 이는 사회구성체 이론과 어긋난다고 주장했다.

같은 해 11월에 열린 좌담에서 안병직은 "현재 한국에 있어서 계급모순이 기본모순으로서 단일모순으로 발전하고 있다"고 밝혔다.[48] 안병직은 한국을 전자본주의적인 농촌 사회가 아니라 근대 자본주의 사회라고 규정하고,10쪽 종속 문제 또한 해결되고 있다고 보았다.52쪽 그리고 자신의 연구 자세가 최근에 와서 바뀌었다는 것을 '솔직히' 말했다.27쪽

안병직의 식민지 반봉건사회론은 고전 이론 즉 사적 유물론이나 사회구성체론으로 잘 설명되지 않는 식민지 경험을 이론화하려는 노력이었다. 다만 안병직의 논리에서 식민지나 민족은 줄곧 자본주의나 봉건제라는 토대 분석과는 거리가 있는 정치 혹은 윤리의 영역에 머물렀다. 민족모순과 계급모순 사이에서 동요하던 안병직은 결국 한국자본주의의 성장이라는 현실을 받아들이고 민족보다는 계급, 정치보다는 경제에 집중하는 방향을 택한 것이다. 1993년 안병직은 조희연[1956~]과 대담에서 "혁명은 버렸지만 휴머니즘은 나의 생명"이라고 밝혔다.[49]

---

46 안병직·이영훈, 『대한민국, 歷史의 岐路에 서다』, 기파랑, 2008, 62쪽.

47 안병직, 「한국 현대 사회구성체 논쟁에 부쳐서-시리즈를 보고 나서」, 『대학신문』 1989.4.10.

48 「〈좌담〉민주주의 이념과 민족민주운동의 성격」, 『창작과비평』 66, 1989.12, 51쪽.

49 조희연, 「〈지성의 창〉 중진자본주의론의 안병직 교수-"혁명은 버렸지만 휴머니즘은

2) 한국 근대경제사 한일 공동 연구의 전개

(1) 한국 근대경제사 연구회

1987년 10월 안병직과 나카무라 사토루가 중심이 되어 '한국 근대경제사 연구회'를 결성했다.[50] 연구회 활동은 일본 도요타 재단의 지원을 받아 이루어졌다. 1988년에 나온 도요타 재단 보고서 등에 따르면 '나카무라 사토루 한국 근대경제사 연구회 대표'가 연구책임자가 되어 '한국 경제 발전에 관한 역사적 연구 – 일본 근대경제사와 비교분석을 통하여'라는 과제명으로 지원을 받았다. 보고서에 실린 연구 개요는 다음과 같다.

현재 한국경제는 세계적으로 주목 받고 있지만 그 관심은 1960년대 이후 시기에 한정되어 있다. 그러나 한국은 일찍이 식민지였고 또한 구미와 일본 외에 처음으로 본격적인 자본주의 공업국이 되는 등 근대 세계에서 극히 특이한 길을 걸어왔다. 당 연구는 이와 같은 한국의 경제 발전을 일본과 한국의 연구자가 협력하여 역사학적 수법으로 해명하려는 시도이다. 그 방법은 첫째, 식민지시대를 축으로 그 전후시대의 연속 면과 단절 면 석출, 둘째, 일본 근대경제사와 비교분석이다.[51]

한국 근대경제사 연구회 구성원은 한국 측 8명安秉直, 李大根, 吳斗換(1951~), 鄭在貞, 李榮薰, 許粹烈, 張矢遠, 李憲昶에 일본 측 8명中村哲, 梶村秀樹, 宮嶋博史, 吉野誠, 木村光彦, 堀和生, 松本武祝, 橋谷弘 을 더한 16명이었다.[52] 한국 측 참가자는 안병직을 비롯해 대부

나의 생명", 『월간 사회평론 길』, 1993.11.

50 안병직, 「서문」, 安秉直 外編, 『近代朝鮮의 經濟構造』, 比峰出版社, 1989.

51 『トヨタ財団レポート』 42, 財団法人トヨタ財団, 1987.10.31; 『1987(昭和62)年度年次報告』, 財団法人トヨタ財団, 1988.7.31(도요타 재단 웹사이트 https://www.toyota-found.or.jp/).

분 서울대 경제학과에서 공부한 한국경제사 연구자였다. 정재정 한 사람만 한국사 전공이었는데 안병직의 대학원 수업에 참가한 인연이 있었다.[53]

일본 측 참가자는 나카무라 사토루를 비롯해 1986년 12월 교토 심포지엄과 『조선 근대의 역사상』에 참가한 이가 주축이었다. 당시 토론자였던 가지무라 히데키가 정식 구성원이 되었다. 나카무라의 회고에 따르면 공동 연구를 주저하던 한국 측 연구자들이 참가를 결심한 데는 가지무라의 참가가 커다란 조건이었다고 한다.[54] 그밖에 새롭게 기무라 미쓰히코木村光彦, 1951~, 하시야 히로시橋谷弘, 1955~가 더해졌다. 경제학과 역사학, 도쿄와 교토의 연구자가 고루 포함된 구성이었다.

(2) 『근대 조선의 경제구조』[1989]

한국 근대경제사 연구회는 1988년 8월 한국에서 심포지엄을 열고 그 내용을 정리하여 『근대 조선의 경제구조』라는 제목으로 한국과 일본에서 출판했다.[55] 가지무라 히데키는 한국 정부가 비자를 내주지 않아 심포지엄에 참석하지 못하고 논문만 보냈다.[56] 탈냉전과 민주화는 여전히 불완전했다. 누구보다 강하게 식민지근대화론을 견제했을 가지무라의 참가를 한국 정부가 막은 아이러니한 상황이었다. 가지무라는 『근대 조선의 경제구조』에 편자로 이름을 올렸지만, 책이 발행되기 얼마 전인 1989년 5월 건강이 악화되어 타계했다.

---

52 안병직, 「역자 후기」, 中村哲, 안병직 역, 『노예제·농노제의 이론』.
53 필자에 의한 정재정 님 인터뷰, 2022.1.6.
54 中村哲, 「梶村さんとの出会い」, 3쪽.
55 安秉直 外編, 『近代朝鮮의 經濟構造』, 比峰出版社, 1989; 中村哲 外編, 『朝鮮近代の経済構造』, 日本評論社, 1990.
56 李榮薰·宮嶋博史, 「後記」, 安秉直 外編, 『近代朝鮮의 經濟構造』.

<表 2> 『近代朝鮮의 經濟構造』(1989)의 구성

第1篇 土地制度·農村經濟 構造의 再照明	近代 東아시아에 있어서의 地主制의 性格과 類型	中村哲
	光武量田의 歷史的 性格-忠淸南道 燕崎郡 光武量案에 관한 事例分析	李榮薰
	比較史的 視點에서 본 朝鮮土地調査事業-이집트와의 比較	宮嶋博史
	1930年代 朝鮮의 農家經濟-『農家經濟槪況調査』分析을 中心으로	松本武祝
第2篇 商品流通·市場構造의 變動	領事館報告를 통해 본 朝鮮의 內地市場-1900년의 忠淸南道	吉野誠
	舊韓末 忠淸北道의 市場構造	李憲昶
	1910年代 朝鮮의 經濟循環과 小農經營	梶村秀樹
	定期市	木村光彦
第3篇 植民地工業化와 解放後의 展望	1930年代 朝鮮工業化의 再生産條件-商品市場分析을 中心으로	堀和生
	日帝下 朝鮮人會社 및 朝鮮人重役의 分析	許粹烈
	植民地朝鮮의 雇傭構造에 관한 硏究-1930년대의 工業化를 中心으로	安秉直
	朝鮮總督府 鐵道局의 雇傭構造	鄭在貞
	解放後 歸屬事業體의 實態와 그 處理過程	李大根

한국어판 서문에서 안병직은 식민지에서 해방된 한국은 '종속·저개발 상태'에서 출발했지만 '급속한 자본주의 공업화'를 이루었다고 보았다. 한국의 공업화는 미국이나 일본에 종속적이고 정치적으로 독재 권력에 의해 지탱된다고 평가되었으나, 1986년에는 국제 수지가 적자에서 흑자 로 반전되고 1987년에 민주화를 이룸으로써, '경제의 선진 자본주의화와 정치의 민주화'를 전망할 수 있게 되었다고 분석했다.v·vi쪽

안병직은 "비서구 사회에 있어서 더욱이 식민지 사회였던 나라가 어떻 게 하여 독립된 하나의 자본주의국으로 되었는가"vi쪽라는 질문을 던졌다. 이에 답하기 위한 방법 내지 시각으로서는 두 가지를 제시했다. 첫째, 식 민지기 한국 사회의 구조적 파악이다. 조선 후기 이래 내재적, 근대적 요 소와 식민 정책의 대항이라는 이항대립을 넘어설 필요성을 제기했다. 둘 째, 일본 근대사와 비교다. 유럽 중심사관을 넘어 비구미지역의 근대화에 대해 새로운 이론적 소재를 제공할 수 있을 것으로 기대했다.vii·viii쪽

이 책은 학계로부터 많은 관심을 받았다. 여기서는 여러 서평에 보이는

주요한 비판을 소개하겠다. 먼저, 닉스의 역사적 조건을 해명하겠다는 문제의식에 대한 비판이다. 이병천1952~은 역사적 조건의 해명은 역사 환원주의와는 구분되어야 한다면서, 닉스 현상은 1945년 이후 새로운 국내외 조건에 의해 가능해진 '특수 전후적 현상'이 아니냐고 물었다.[57] 『대동아공영권의 형성과 붕괴』1975라는 저작으로 유명한 고바야시 히데오小林英夫, 1943~는 조선시대부터 해방 후까지를 하나의 연속된 흐름으로 그리는 데 반대했다.[58] 이병천, 고바야시 두 사람 모두 닉스적 발전에 미친 냉전의 영향에 주목한 가지무라의 1986년 논문을 언급한 점이 흥미롭다.

다음으로 식민지 시기 자본주의화의 해방 후와 연속성 문제다. 정재정 논문이 연속의 측면에 주목한 데 비해 안병직, 이대근 논문은 단절의 측면을 강조했다는 것이 공통된 평가였다.[59] 이병천은 탈숙련화 테제를 언급하며 안병직이 숙련 노동자를 근대적 노동자로 규정함으로써 해방 후와 단절론을 주장한 데 의문을 던졌다.249쪽 박섭1958~은 한국인 노동자가 근대를 자신의 것으로 삼아 간 사실을 보이려면 노동운동에 대한 분석이 필요하다며 정재정 논문의 연속론의 한계를 지적했다.120쪽

고바야시는 이 책이 『조선 근대의 역사상』1988과 마찬가지로 식민지 시기와 해방 후의 연속성을 탐구했지만, 여전히 여러 논문이 연속과 단절 문제에 대해 서로 다른 결론을 내린 점이 흥미롭다고 밝혔다.116쪽 이병천은 한국자본주의의 닉스적 발전의 역사적 조건을 해명한다는 문제설정

57　이병천, 「〈서평〉 安秉直・李大根・中村哲・梶村秀樹 編, 근대조선의 경제구조」, 『경제사학』 14, 1990.12, 246쪽.

58　小林英夫, 「「朝鮮近代の経済構造」, 中村哲 外編」, 『アジア経済』 32-3, 1991.3, 114~115쪽.

59　이병천, 「〈서평〉 安秉直・李大根・中村哲・梶村秀樹 編, 근대조선의 경제구조」; 小林英夫, 「「朝鮮近代の経済構造」 中村哲・梶村秀樹・安秉直・李大根 編」; 朴ソプ, 「「朝鮮近代の経済構造」 中村哲・梶村秀樹・安秉直・李大根 編著」, 『日本史研究』 356, 1992.4.

과 관련해 이 책에서 무엇을 밝혔는지 "분명하게 떠오르는 것이 아직은 없다"고 지적했다.249쪽

(3) 『근대 조선 수리조합 연구』1992

한국 근대경제사 연구회는 도요타 재단에서 1988년에서 1990년에 걸쳐 2년간 추가로 지원을 받았다. 과제명은 '한국 경제발전에 관한 역사적 연구─경기도·충청도 지역 분석을 통하여'였다. 보고서에서는 1988년 8월 한국에서 가진 심포지엄과 이를 정리한 『근대 조선의 경제구조』를 '예비 연구'로 규정하고, "식민지기 공업화 최선진 지역이었던 경기도와 지주제가 강고하게 잔존한 농촌지역이었던 충청도를 사례로 들어 현지에서 자료발굴 조사를 행한 다음 종합적인 비교분석"을 행하는 '종합연구'를 수행한다고 밝혔다.[60] 한국 근대경제사 한일 공동 연구는 〈표 3〉과 같이 진행되었다.

〈표 3〉 한국 근대경제사 한일 공동 연구 연표(1986~1993)[61]

1986	심포지엄 '朝鮮近代の歷史像'(12월, 교토)
1987	'한국 근대경제사 연구회' 결성(10월) 도요타 재단 연구조성(~1988.8) 결정(10월)
1988	『朝鮮近代の歷史像』 출판(8월, 일본) 심포지엄 '한국 경제 발전에 관한 역사적 연구'(8월, 한국) 도요타 재단 연구조성(~1990.8) 결정(10월)
1989	세미나와 공동 조사(여름, 한국) 『近代朝鮮의 經濟構造』 출판(11월, 한국) 연구회(12월, 일본)

---

60 『1988(昭和63)年度年次報告』, 財団法人トヨタ財団, 1989.8.20(도요타 재단 웹사이트 https://www.toyotafound.or.jp/).

61 1990년까지 한국과 일본에서 연구회 개최 등에 관한 정보는 中村哲, 「서문」, 中村哲, 安秉直 역, 『世界資本主義와 移行의 理論』 참조.

1990	『朝鮮近代の経済構造』출판(5월, 일본)	
1992	『近代朝鮮水利組合研究』출판(8월, 한국) 『近代朝鮮水利組合の研究』(日韓共同研究・植民地期の朝鮮経済1) 출판(10월, 일본)	
1993	『近代朝鮮 工業化의 研究-1930~1945년』출판(9월, 한국) 『近代朝鮮工業化の研究』(日韓共同研究・植民地期の朝鮮経済2) 출판(11월, 일본)	

연구회는 농업, 공업, 유통상업, 교통·운수의 세 반으로 나뉘어 활동했다.[62] 농업반은 한국 측의 이영훈, 장시원, 일본 측의 미야지마 히로시宮嶋博史, 1948~, 마쓰모토 다케노리松本武祝, 1960~ 등 네 명이었다. 연구회 농업반의 성과는 1992년 한국과 일본에서 『근대조선 수리조합 연구近代朝鮮水利組合研究』로 출판되었다.[63]

〈표 4〉『近代朝鮮水利組合研究』(1992)의 구성

第1章	植民地期 朝鮮水利組合의 全體像과 類型把握을 위하여	松本武祝・宮嶋博史
第2章	類型別로 본 水利組合의 創設過程	張矢遠・松本武祝・宮嶋博史
第3章	馬九坪水利組合의 展開過程과 歷史的 意義	李榮薰
第4章	富平水利組合의 財政構造	張矢遠
第5章	富平水利組合의 職員構成	宮嶋博史
第6章	戰時期 朝鮮의 水利組合	松本武祝

이 책은 공동 연구의 진가를 발휘했다고 연구회 안팎에서 평가되었다. 미야지마는 서문에서 『근대 조선의 경제구조』가 각자 개별 연구의 테두리를 넘지 못한 데 비해, 이번에는 공동 연구의 실질을 위해 1차 자료를 공동으로 발굴하고 분석했다고 밝혔다.[64] 사쿠라이 히로시桜井浩는 서평을

---

62 宮嶋博史, 「序文」, 李榮薰 外, 『近代朝鮮水利組合研究』, 一潮閣, 1992, iv쪽.

63 李榮薰 外, 『近代朝鮮水利組合研究』, 一潮閣, 1992; 宮嶋博史・松本武祝・李榮薰・張矢遠, 『〈「日韓共同研究」植民地期の朝鮮経済①〉近代朝鮮水利組合の研究』, 日本評論社, 1992.

64 宮嶋博史, 「序文」, 李榮薰 外, 『近代朝鮮水利組合研究』, iii쪽.

통해, 개인적으로는 불가능한 방대한 1차 사료 발굴과 이를 바탕으로 한 개별적 실증 연구는 식민지 시기 한국 연구에서 지금까지 없었던 획기적인 방법이라고 평가했다. 아울러 한일은 물론 북한까지 포함한 '공통 시각'을 만들어 가기 위한 '선구적 업적'이라고 의의를 부여했다.[65]

이 책은 한국인 농민의 주체적 자기 발전상을 제시하고 해방 후와 연속성을 드러냈다. 일본인 대지주 중심이 아닌 한국인이 주도한 중규모 조합을 다루고, 산미증식계획기만이 아니라 1930년대 후반 이후까지 분석을 넓혔다. 이를 통해 한국인이 주체가 되는 수리조합의 증대, 조합 내 한국인 직원 증가와 간부 직원으로 대량 진출, 한국인이 운영하는 재래의 수리 조직 포섭 혹은 자극의 양상을 그려냈다.

이에 대한 비판도 제기되었다. 이규수[1962~]와 전강수[1959~]는 한국인의 참여에 담긴 자발성과 동원의 양 측면을 고려해 수리조합 반대운동을 주목하고 분석해야 한다고 비판했다. 특히 전시체제기인 1940년대 상황에서 한국인의 주체적 참여를 말하는 것은 무리라고 지적했다.[66] 나아가 전강수는 한국자본주의의 닉스적 발전의 이면에서 쇠퇴일로를 걷고 있는 현대 한국 농업의 현실을 고려할 때 식민지 시기 농업에서는 한국인의 주체적 대응보다 이를 억압하고 좌절시킨 요인에 대한 분석이 더 중요하다고 덧붙였다.[207쪽]

그럼에도 불구하고 이 책은 식민지기에 대한 새로운 역사상을 제시하

---

65 桜井浩, 「『近代朝鮮水利組合の研究』宮嶋博史, 松本武祝, 李栄薫, 張矢遠(日韓共同研究・植民地期の朝鮮経済 1)」, 『アジア研究』 40-4, 1994.7, 131쪽.

66 李圭洙, 「宮嶋博史・松本武祝・李榮薫・張矢遠 著, 『近代朝鮮水利組合の研究』, 日本評論社, 一九九二年一〇月, 三四九頁, 六〇〇〇円」, 『社会経済史学』 59-4, 1993.11; 전강수, 「〈서평〉(李榮薫・張矢遠・宮嶋博史・松本武祝 共著) 근대조선 수리조합연구」, 『경제사학』 17, 1993.12.

는 데는 신중했다. 고미네 가즈오小峰和夫, 1945~는 서평에서 '추한 한국인' 운운하는 세태를 언급하면서 반일 일변도의 역사상에 대해 '소박한 의문과 혐오감'이 드러나고 있는 상황에서 이 책이 가지는 의의를 물었다.[67] 식민지 근대화에 대한 학술적 접근은 혐한 정서와 관계 속에서 이해될 가능성이 있었다. 고미네는 이 책이 일본인으로 토지 집중과 한국인의 저항이라는 기존의 수리조합 상이 "대체로 정곡을 찌르고 있다"[68]고 언급한 점에 주목했다.

이 책이 나온 1992년 한국 신문에는 미야지마 히로시의 토지조사사업 연구를 '식민통치 근대화론'으로 비판하는 기사가 잇달아 실렸다.[69] 미야지마는 다름 아닌 이 책의 공동저자이자 서문까지 집필한 이였다. 한국 사회에서 이 책은 학술적 가치 유무 이전에 식민통치미화론이라는 의심의 대상이었음을 미루어 짐작할 수 있다. 고미네는 이 책에서 기존 수리조합 상에 대한 '안티테제'는 결국 정리된 형태로는 제시되지 않았다면서,87쪽 식민 지배의 공죄功罪를 따지려는 세태 탓에 저자들이 신중할 수밖에 없었다고 판단했다.

(4) 『근대조선 공업화의 연구』1993

1993년에는 『근대조선近代朝鮮 공업화工業化의 연구研究』가 한국과 일본에서 출판되었다.[70] 한국 근대경제사 연구회 공업반의 성과였다. 유통반이

---

67   小峰和夫, 「『近代朝鮮水利組合の研究』宮嶋博史, 松本武祝, 李栄薫, 張矢遠」, 『日本史研究』381, 1994.5.

68   李榮薰 外, 『近代朝鮮水利組合研究』, 11쪽.

69   「"소유근대화"-"수탈합법화" 攻防」, 『조선일보』, 1992.3.1; 「"조선총독부 土地조사 韓國발전 기여" "식민통치 近代化」論 日서 다시 고개」, 『경향신문』, 1992.8.15.

여러 사정으로 공동 연구가 어려워져 이 책에 요시노 마코토吉野誠, 1943~와 이헌창1955~의 연구를 함께 실었다. 안병직은 이 책을 한국 근대경제사 연구회의 '최종 보고서'로 자리매김하고, 1986년부터 시작된 공동 연구의 성과로서『조선 근대의 역사상』부터 이 책까지 네 권의 책을 들었다.[71]

<표 5>『近代朝鮮 工業化의 研究』(1993)의 구성

第1章	總論	安秉直·堀和生
第2章	1930年代 社會的 分業의 再編成	堀和生
第3章	忠淸道經濟의 分析	木村光彦
第4章	日帝下 朝鮮人工場의 動向	許粹烈
第5章	朝鮮總督府의 鐵道政策과 物資移動	鄭在貞
第6章	戰時工業化와 金融	吳斗煥
第7章	「國民職業能力申告令」資料의 分析	安秉直
第8章	政府樹立後 歸屬事業體의 實態와 그 處理過程	李大根
第9章	開港期의 穀物貿易	吉野誠
第10章	開港期 忠淸南道의 流通構造	李憲昶

서문에서 안병직은 한국 경제 발전이 사회주의권 몰락의 원인이자 발전 모형이 되었다면서 중국 사례를 들었다. 덩샤오핑鄧小平, 1904~1997의 '아시아의 네 마리 작은 용'론이 전자에 해당한다면 개혁·개방 정책 아래 중국의 급속한 경제 성장은 후자에 해당한다는 것이다.[iii쪽] 한국의 경제 발전 그리고 그에 대한 연구가 탈냉전과 깊이 관계되었음을 보여주는 언급이었다.

안병직은 이 책이 밝힌 점을 다음과 같이 설명했다. 첫째, 일본의 통치는 단순한 약탈이 아니라 개발을 통한 착취였다. 일본 자본에 의한 자본주의가 전개되면서 한국인 내부에서도 근대적 계급이 형성되었다. 둘째,

---

70   安秉直·中村哲 編,『近代朝鮮 工業化의 研究－1930~1945年』, 一潮閣, 1993; 中村哲·安秉直 編,『〈「日韓共同研究」植民地期의 朝鮮経済②〉近代朝鮮工業化の研究』, 日本評論社, 1993.

71   안병직,「序文」, 安秉直·中村哲 編,『近代朝鮮 工業化의 研究』, iii쪽.

한국인 자본은 한편에서 일본 자본에 억압당하면서 다른 한편에서 그 영향하에 발생·발전했다. 일본 자본 주도의 자본주의가 활발하게 전개되었고, 한국인도 적극적으로 대응했다는 설명이었다.[iv·v쪽] 식민지근대화론이라고 부를 만한 내용이었다.

호리 가즈오[堀和生, 1951~]와 안병직이 쓴 총론에서는 공업화가 공산품 시장의 급속한 확대를 낳았고 농업 부문에 규정적인 영향을 주는 단계에 도달했다고 판단했다. 다만 이러한 주장은 함께 공동 연구를 진행한 마쓰모토 다케노리, 기무라 미쓰히코, 이헌창, 허수열[1951~2023] 등의 분석과는 다소 차이가 있다. 예컨대 마쓰모토는『조선 근대의 경제구조』에 실은 논문에서 농촌의 상품 경제화는 미곡이나 섬유 제품 원료 부문에 그친 소극적인 것이었고 채소, 과일, 축산 등 신흥 부문에서 농산물 수요를 환기하지는 못했다고 분석했다. 김낙년[1959~]은 서평에서, 이 책에 실린 기무라 미쓰히코 논문을 바탕으로 하여, 공산품 시장이 확대되었으나 계층간·지역간 격차가 크며 지주제를 포함한 농업과 관련 속에서 공업화 특질이 추구될 필요가 있다고 지적했다.

안병직 논문은 식민지 공업화의 의의를 취업 구조의 변화라는 시각에서 접근했다. 선재원은 서평에서 저자의 종래 연구가 노동 경험에 주목한 것과 달리 이 글은 학교 교육, 직업훈련에 초점을 맞추었다고 보았다. 그리고 전시체제기 한국인의 질적 성장이 일본인 징병의 공백을 메운 결과라는 점과 단기간에 노동자를 양성한 탓에 질이 저하된 점을 고려하지 않았다고 비판했다. 한편 1950년대 귀속사업체를 다룬 이대근 논문은 관리 소홀에 따른 가치 훼손과 6·25전쟁에 따른 파괴라는 점에서 식민지기와 단절의 측면을 강조했다.

선재원[1964~]은 여러 논문의 견해에 차이가 있지만 1930년대 식민지 공업화를 중심으로 조선의 자본주의화를 검토하는 점에서 일치한다고 파악했다. 그리고 종래 연구가 일본 제국주의가 어떠한 형태로 식민지 조선 사회를 파괴했느냐는 '원인' 및 '파괴 과정'에 주목했다면, 이 책은 식민지 공업화가 어떻게 확대되었느냐는 '건설 과정' 및 '결과'에 주목했다면서, 두 연구 사이의 틈을 메우는 것이 과제라고 지적했다.60쪽

(5) 한국 근대경제사 한일 공동 연구의 특징

1980년대 후반에서 1990년대 초반에 걸쳐 진행된 한국 근대경제사 한일 공동 연구의 특징을 정리해 보자.

첫째, 참가자 사이에 인식의 차이가 있었지만, 점차 식민지근대화론이 강조되어 갔다. 대부분 식민지 공업화는 인정했지만, 논자에 따라 정도의 차이가 존재했고, 특히 그것이 1960년대 이후 한국 경제 발전의 역사적 조건이냐에 대해서는 의견이 엇갈렸다. 경제사 연구자가 중심이 된 한국 측 참가자 사이에도 식민지 자본주의화의 정도, 해방 후와 연속성 여부에 대해 견해 차이가 존재했다. 일본 측에는 일본 통치에 대한 한국인의 저항을 강조하는 비판적 역사학자가 다수 참가했다. 특히 가지무라 히데키는 내재적 발전론의 입장에서 식민지를 포함한 한국의 종속 발전을 그리고자 했다.

공동 연구가 진행되면서 한국 측 대표자라고 할 수 있는 안병직은 중진 자본주의론을 받아들였다. 일본 통치기에 대해서도 식민지 반봉건사회론을 버리고 자본주의화를 인정한 위에 한국인의 주체적 대응에 주목했다. 공동 연구의 서문이나 총론을 통해 식민지근대화론이 한국 근대경제사 연구회를 대표하는 인식으로 점차 부각되었다. 공동 연구 초기에 내적 긴장감을 부여하던 가지무라 히데키의 사망도 영향을 미쳤다고 생각된다.

둘째, 이념을 넘어 일본 통치기 한국 사회의 실태를 직시하고자 했다. 중진 자본주의론의 대두와 확산의 중요한 계기는 탈냉전이었다. 사회주의권 몰락과 자본주의 발전 전망은 현대 한국에서 변혁론의 포기를 낳았다. 나아가 한국 경제 발전의 역사적 조건을 찾으려는 노력은 식민지기 자본주의화, 공업화 실태 분석으로 이어졌고, 수탈과 저항이라는 식민지 역사상을 바꾸는 계기가 되었다.

식민지근대화론에 비판적인 한국역사연구회 좌담회에서도 1980년대 특히 사회구성체 논쟁을 거치면서 일제 시기를 "수탈과 억압으로 점철된 어둡고 우울한 역사의 공백기"로 보는 데서 벗어나 "기존의 것과는 다른 일제시대사 상像을 재구성"할 수 있었다고 평가했다. 이런 흐름을 선도한 것은 다름 아닌 한국 근대경제사 한일 공동 연구였다.

안병직의 조선 질소 노동자 분석, 한국 근대경제사 연구회 농업반의 수리조합 사료 발굴 및 분석 등이 대표적이다. 탈냉전의 기운 속에 사회 변혁, 민족 해방이라는 이념에 가려져 있던 일본 통치기 한국 사회의 실태에 접근하려는 노력이 시작되었다고 평가할 수 있다. 물론 한국 근대경제사 한일 공동 연구가 중진 자본주의론이나 근대화론이라는 또 다른 거대 이념에 빠져버린 면도 없지 않았다.

셋째, 탈식민적 한일 학술 교류의 기점이었다. 1970년대까지 엄혹한 냉전 상황 탓에 한일 비판적 지식인 사이의 교류 자체가 어려웠고, 내용적으로도 '한일연대' 운동으로 대표되듯 후식민적 구도를 벗어나지 못했다. 탈냉전은 한일 학술교류에 새로운 형식과 내용을 가져왔다. 고바야시 히데오는 『조선 근대의 경제구조』[1989]에 대한 서평에서 "예전이라면 일한 심포지엄을 서울에서 개최하고 양국 학자가 한자리에 모여 논의하는 건 생각지도 못했다"고 밝혔다.

한일 교류가 시작되면서 냉전시대 억눌렸던 식민지 경험에 대한 반추가 본격화했다. 정재정은 안병직과 대담에서 "한국 사회의 변화, 특히 1960년대, 1970년대의 격변하는 변화를 직접 보고 이론화할 수 있을 텐데 왜 그 과정에서 스스로 깨닫지 못하고 일본에 가서야 깨달았느냐"고 물었다. 식민지 반봉건사회론도 주변부 자본주의론도, 그리고 이를 비판한 중진 자본주의론도 모두 일본발 이론이었다. 탈식민을 위해서는 후식민적 상황에 대한 직시가 필요했다.

오랜 단절을 넘어 마주한 한일 지식인은 식민주의적 관계를 확인함으로써 탈식민을 모색할 토대를 만들어 갔다. 한일을 오가며 공동 연구를 진행하고 사료의 발굴부터 분석까지를 함께하면서 새로운 시대에 걸맞은 학술, 지식 교류를 모색했다. 한국 근대경제사 연구회의 성과는 한일 양국에서 동시 출판함으로써 양국 학계의 거리를 좁혔다. 2000년대 들어 폭발하는 한일 학술, 문화 교류의 물꼬를 텄다고 평가할 수 있다.

5. 새로운 식민지 역사상의 모색

1980년대 후반에서 1990년대 초반에 걸쳐 진행된 한국 근대경제사 한일 공동 연구는 사회변혁, 민족해방이라는 이념에서 벗어나 식민지 조선의 실태를 분석했다는 점에서 이후 본격화하는 식민지 연구의 원점이었다. 1990년대 이후 학술 교류가 활발해지면서 한일 양국에서 일본 통치기 한국 사회에 대한 견해의 상호 침투, 의제의 동조화가 진행되었고, 여러 새로운 연구 시각이 제출되었다.

일본에서는 1992년과 1993년에 걸쳐 기념비적인 대작인 『근대 일본과 식민지』 총서 전8권이 이와나미쇼텐岩波書店에서 출판되었다. 한국뿐 아니라 일본에서도 이 시기는 식민지 연구의 커다란 전환점이었다. 이 총서는 한국 관련 주제도 다수 다루었는데 김영호의 「탈식민화와 제4세대 자본주의」는 『조선 근대의 역사상』1988에 실린 논문을 발전시킨 것이다. 한국 근대경제사 한일 공동 연구의 성과가 일본의 식민지 역사상을 쇄신하려는 총서에 반영된 셈이다.

1980년대 후반 박현채와 가지무라 히데키는 민중의 삶에 착안하여 민족경제론을 전개한다. 가지무라가 1989년, 박현채가 투병 끝에 1995년 사망함으로써 더 이상 연구를 심화시키지는 못했지만, 1960~1970년대 한일 양국에서 비판적 한국경제사 연구를 주도한 두 사람이 같은 시기에 비슷한 문제의식에 도달했다는 사실은 의미심장하다. 두 사람은 이른 시기부터 한국의 자본주의화와 근대화를 인정했다. 다만 근대화를 긍정하기보다 민중의 시각에서 비판하고자 했다. 근대화를 부정하다가 어느 순간 전면 긍정으로 돌아선 안병직과 대비된다.

두 사람은 계급모순과 민족모순이 얽혀있는 한국의 역사적 현실을 사회구성체론을 가지고 설명하고자 노력했다. 박현채의 신식민지 국가독점자본론, 가지무라의 주변부 자본주의론이 그것이다. 한국자본주의 논쟁이 소모적으로 진행되고 한편에서 중진 자본주의론이 대두하는 가운데 두 사람은 사적 유물론, 사회구성체론과 같은 거대 담론보다 민중의 구체적 삶에 천착하게 된다.

가지무라는 『조선 근대의 경제구조』1989에 1900년을 전후한 함경북도 농민의 경제생활에 관한 글을 실었다. 가지무라의 마지막 작품이 된 이 글은 내재적 발전론의 문제의식을 계승하여, 국가와 자본에 포섭되면서도 나름의 삶을 이어가는 민중의 모습을 그렸다. 가지무라는 식민지기에 일본 자본이 민중의 생활을 직접적으로 완전히 장악했다는 관점을 비판하고 민족경제론을 옹호한 바 있었다.

가지무라는 1970년대 박현채의 작업을 두고 "민중의 생활적 영위 속에서 맥맥히 흘러오는 민족경제"에 주목했다고 평가했다. 그리고 한국자본주의 논쟁이 진행되면서 박현채가 민족자본에 중점을 두기보다 민중적 민족주의를 강하게 제기하고 있다고 보았다. 박현채는 『민족경제의 기초이론』1989에서 '민족적 생활양식'이라는 개념을 제시했다.

후일 다키자와 히데키는 '남조선'의 사회와 변혁운동을 보는 가지무라의 눈은 '외재적'이었다고 비판했다. 안병직 역시 만년의 가지무라는 관념적으로 흘렀다고 회고했다. 현실을 직시하지 않고 초월적, 선험적 태도를 취했다는 평가였다. 1989년 매우 급진화한 한국의 사회과학은 박현채의 민족적 생활양식 개념을 비과학적이라고 비판했다.

그러나 박현채에게 민족경제는 생산양식론만으로는 재현 불가능한 무언가를 재현하려는 시도였다. 가지무라는 1987년 글에서 "민중 개개인의 개성적이고 창조적인 인간으로서의 삶의 모습을 중요하게 파악하고 그와 관련된 성과를 축적하여 보다 구체적인 민중사의 전체상"을 그리고자 했다. 단순한 민중운동사를 넘어 '민중사의 전체상'을 귀착점으로 하는 전체사적 지향을 드러낸 것이다. 박현채와 가지무라의 민중의 삶에 대한 착안은 내재적 발전론에 입각한 식민지 연구의 또 다른 심화를 보여주었다고 평가할 수 있다.

나카무라 사토루는 중진 자본주의론을 넘어 동아시아 자본주의 발전의 고유한 역사적 조건을 탐구했다. 한일 공동 연구 이후에도 1999년부터는 호리 가즈오 등 일본 연구자, 안병직 등 한국 연구자 외에 타이완 연구자까지 포함해 동아시아 자본주의 발전에 관한 비교사적 연구를 진행했다.

일련의 연구에서는 현대 자본주의 발전의 역사적 조건으로서 식민지 경험과 더불어 식민지 근대화를 가능하게 한 동아시아 전근대 사회의 고유한 조건도 의식되었다. 앞에서 살핀 대로 나카무라 스스로 자신의 '근대 동아시아사 상像의 골격'이 만들어졌다고 밝힌 1987년의 발표에서는 19세기 동아시아의 농민적 소경영 발전을 높이 평가했다. 이러한 시각을 뒷받침하고 더 발전시킨 것이 미야지마 히로시와 이영훈의 소농사회론이었다.

미야지마는 「조선사 연구와 소유론」1984에서 나카무라 사토루의 마르크스 소유론 재해석을 계승하여 한국사에서 유럽 중심주의적 단계론을 비판했다. 이 글에서는 사적 유물론에서 중세, 혹은 중세 사회 해체기라고 부르던 조선시대를 '제3차 아시아적농민의 사적 소유 생산양식'이라고 명명했다. 이영훈은 미야지마의 주장을 발전시켜, 지주제와 소농민 경영이 전개된 조선 후기를 '제4차 아시아적 생산양식'으로 규정하였다.

미야지마는 「조선 사회와 유교」1986에서 주자학을 부정적으로 보고 실학을 근대 정치사상의 맹아로 간주하는 연구를 비판하고, 16세기 이후 조선 사회에서 사대부뿐만 아니라 민중들에게까지 주자학이 수용되어가는 과정을 사회경제사적으로 개관했다. 그리고 주자학의 확산이 19세기 후반 개화파뿐만 아니라 동학의 민중사상인내천에도 계승되었다고 논했다. 이러한 새로운 역사상은 1990년대에 이르러 '동아시아 소농사회론'으로 체계화되었다.

미야지마는 가지무라의 주변주 자본주의론, 종속 발전론에 대해 동아시아에서 근대로의 이행을 설명하기 위해서는 '유교적 에토스'에 주목해야 한다고 비판한 바 있다. 가지무라의 닉스NICs 인식에 대한 논평에서도 "개개의 사회가 가지는 개성적인 관계"를 밝혀야 한다고 지적했다. 미야지마와 가지무라는 한국의 내재적 발전을 밝히려는 문제의식을 공유했다. 가지무라가 민중의 삶과 저항에 주목하는 방향으로 연구를 심화했다면, 미야지마는 조선 후기 이래 소농의 성장과 주자학의 확산이라는 관점에서 한국 근대사를 그렸다.

미야지마의 『조선 토지조사 사업사 연구』1992는 앞서 살핀 대로 식민지 근대화론, 식민통치미화론으로 비판을 받기도 했다. 하지만 소농 사회론에서 초기 근대론, 유교적 근대론으로 이어지는 미야지마역사학은 조선 후기에서 현대 한국으로 이어지는 장기 역사를 고찰함으로써 오히려 식민지 근대화를 상대화했다. 이영훈이 19세기 위기론을 제기하여 식민지 근대화를 더욱 도드라지게 한 것과는 다른 길이었다. 미야지마는 스스로 2001년 한국 대학으로 자리를 옮겨 2000년대 한일 학술 교류에서 핵심적인 역할을 수행했다.

한국 근대경제사 한일 공동 연구가 한국사 학계에 던진 충격은 컸다. 수탈과 저항만을 강조하는 역사상을 반성하고 식민지 조선 사회의 실태를 직시하려는 움직임이 일었다. 동시에 식민지근대화론과 수탈론이 근대 긍정이라는 점에서 같은 지평에 있다고 비판하는 식민지 근대론이 등장했다. 근대 비판의 관점을 강조하는 식민지 근대론은 2000년대 한국 근대사 연구를 이끌게 된다.

1994년 한국역사연구회에서는 소장 한국사 연구자들이 모여 좌담을 열었다. 한일 공동 연구 구성원이었던 정재정도 참여했다. 정태헌1958~은 1930년대 공업화를 둘러싸고 '사학계'가 '원시적 수탈론'에 섰다면 '경제학계'는 '수치적 현상분석'에 얽매였다고 지적했다. 지수걸1957~ 역시 경제사 연구자와 운동사 연구자가 서로를 '자본주의 만능론자', '민족해방 만능론자'로 비난하는 현실을 지적하고 양측의 생산적인 토론을 촉구했다.111쪽 지수걸은 근대성과 식민지성의 통일적 이해가 필요하다고 보고

이는 '사회구성체 논쟁'에서 부각된 바 있다고 언급했다.84쪽

정재정은 개발을 강조하는 '생산력 지상론자'를 비판하고 "누구에 의한, 누구를 위한 개발인가"를 물었다. 정재정은 개발 과정에서 지역주민의 의사와 이해관계가 존중되고 반영되었는지를 따지는 시점이 필요하다고 주장했다. 그리고 예컨대 철도 건설에서 자의적인 노선 설정, 철도 용지의 강제 수용, 강제 부역 동원 등은 식민지 상황에서나 가능한 폭거라고 고발했다.98쪽 환경과 생태를 강조하는 선구적 문제의식이 돋보인다. 21세기 식민지 연구를 예고하는 듯한 발언이었다.

민중사, 소농사회론, 식민지 근대론 등 1990년대 식민지 연구의 본격화를 이끈 새로운 역사상의 토대를 만든 것은 한국 근대경제사 한일 공동 연구였다. 한일 공동 연구는 기존의 식민지 연구를 비판했다기보다, 이념을 넘어 실태에 접근한 최초의 본격적인 식민지 연구였다고 할 수 있다. 탈식민은 식민지 경험을 직시하고 역사화함으로써 가능하다. 1980년대 후반 한국 근대경제사 한일 공동 연구는 탈식민적 식민지 연구의 원점이었다.

6

아라이 신이치의
'식민지 책임'에 이르는 길

1990년대 이후 동아시아 지적 교류 속에서

도베 히데아키

1. 들어가며

이 글에서는 역사가 아라이 신이치荒井信一, 1926~2017, 향년 91세를 구체적인 사례로 들어 1990년대 이후 동아시아에 비등한 역사인식 문제에 대해 일본의 역사가가 어떻게 대처했는가, 또한 그 대처 과정에서 어떤 사상이나 관점의 변화심화가 생겼는가를 검토한다.

아라이 신이치는 원래 서양현대사 연구에서 출발해 세계사적 시야를 지닌 국제관계사 연구자로 성장했다. 따라서 한반도 역사나 한일관계사 전문가는 아니었다. 그렇지만 그의 마지막 저서는 『콜로니얼리즘과 문화재―근대 일본과 조선으로부터 생각하다』라는 제목대로 근현대 한반도와 일본의 관계를 추적한 것이었다.[1] 더구나 이 책은 한일관계를 세계사의 큰 흐름 속에 자리매김하는 관점과 20세기를 산 역사의 증인으로서의 실감에 기반한 것으로, 다른 그 어떤 책과도 비교할 수 없는 내용으로 구성되어 있다.

그렇다면 그는 어떤 경로를 거쳐 이 책을 쓰게 된 것일까. 또한 이 책에 나타난 연구 시각은 어째서 그에 의해 가능하게 된 것일까. 그리고 그의 논의는 한국과 일본의 가교역할을 하는 역사 연구나 공공의 논의에 어떤 공헌을 한 것일까. 이들 질문을 검토하는 작업은 전후 일본 지식인의 한국 인식 변화와 그 가능성의 범위를 검증하는 데 유효한 사례가 될 것이다. 또한 그것은 한일 지적知的 교류의 역사에서 한국을 직접적으로 전공하지 않는 일본의 연구자나 지식인이 어떤 역할을 해낼 수 있는가 하는

---

1   荒井信一, 『コロニアリズムと文化財―近代日本と朝鮮から考える』, 岩波書店(岩波新書), 2012. 한국어판은 『약탈 문화재는 누구의 것인가―일제의 문화재 반출과 식민주의 청산의 길』, 태학사, 2014.

물음에 시사점을 줄 것으로 기대한다.

그는 죽기 직전까지 현역 연구자였기 때문에 그의 역사 연구에 관한 본격적인 분석은 앞으로의 과제라고 할 수 있다. 그가 인생 후반부에 착수했던 전쟁책임 연구는 일본 역사학계에서는 1980년대 이래의 축적이 있는데, 그 배경에는 아라이와 그의 오랜 동지이기도 했던 일본현대사가 후지와라 아키라藤原彰, 1922~2003 등이 당시 젊은 연구자들을 규합해 진행한 현대사연구자의 조직화일본현대사연구회가 있었다. 이를 전제로 1980년대 역사교과서 문제와 제3차 이에나가家永 교과서 소송에 대응해 개별 전쟁범죄에 관한 실증적 연구가 이루어졌다. 이러한 경위에 대해서는 아라이의 후속세대에 해당하는 요시다 유타카吉田裕, 1954~와 하야시 히로후미林博史, 1955~의 저서에 언급되어 있으나, 사학사의 관점에서 상세히 분석한 연구는 없다.[2]

또한 '일본의 전쟁책임 자료센터日本の戦争責任資料センター'와 같이 아라이가 1990년대에 적극적으로 관여한 시민운동에 대해서는 교육학이나 사회학에서 역사·평화 교육, 평화운동에 관한 연구에서 언급되어 있다. 그러나 그 활동에서 역사가 개개인이 이루어낸 역할에 대한 평가, 나아가 그러한 운동 참가를 통해 연구자와 그 연구가 어떻게 변화해갔는가를 밝힌 연구는 일본에서가 아니라 오히려 한국에서 먼저 시작되었다.[3] 이러한 현재 상황을 바탕으로 이 글에서는 전쟁책임이나 식민지 지배 책임 규명에 힘쓰는 역사학회나 시민운동과의 관계를 통해 아라이가 한일 지

---

2   吉田裕, 『日本人の戦争観 ─ 戦後史のなかの変容』, 岩波書店, 1995; 林博史, 『戦後平和主義を問い直す ─ 戦犯裁判, 憲法九条, 東アジア関係をめぐって』, かもがわ出版, 2008 등.

3   하종문, 「세계·일본·한국을 잇는 역사화해 ─ 아라이 신이치」, 서종진 편, 『근현대 지식인과 한일 역사화해』, 동북아역사재단, 2021.

적 교류에 기여한 역할, 그리고 그것을 통해 아라이 자신의 연구가 어떻게 변화했는가를, 그의 생애를 개관하는 형태로 검토한다.[4]

한편, 필자는 오키나와 현대사를 전공하면서 학회 활동에 종사하는 가운데 전후 일본의 역사학계의 역사를 정확히 전달할 필요성을 통감하고, 전후 일본의 사학사에 관한 몇 편의 논문을 발표했다.[5] 그 과정에서 아라이가 이룬 독자적인 역할에 주목하게 되었다. 예를 들면 1950년대 후반, 당시 일본 지식인계를 끌어들여 역사 논쟁을 벌인 쇼와사昭和史 논쟁에서 아라이는 일본인이 전쟁책임을 주체적으로 받아들이는 것의 중요성을 선구적으로 제기했다.[6] 그러나 이 시점까지의 검토에서는 한일 지적 교류에 참여하는 아라이의 후반생으로 연결되는 맥락은 상정할 수 없었다.

그런데 아라이 사후, 인연이 있어서 유품 자료를 조사할 기회를 얻어 그의 연구 활동 전체를 저작목록의 형태로 제시하게 되었다. 그 결과, 아라이 후반생의 역사학 전개까지 어느 정도 추적할 수 있게 되었다. 그 성과는 「아라이 신이치 저작목록荒井信一著作目錄」으로 정리했는데, 이번에 그것을 바탕으로 그의 연구 변화를 개관해보려 한다.[7]

---

4 원래 이 과제를 이번 공동 연구 의도에 따라 구체화한다면, 1990년대 이래 시민운동과 학술교류를 통해 아라이가 실제로 접한 한국 측 당사자의 인터뷰나 당시 한국 미디어와 학계의 반응을 검증할 필요가 있다. 그러나 이 공동 연구가 코로나 시국에 이루어진 데다 필자의 능력의 한계도 있어, 본고에서는 아라이의 궤적을 추적하기에 급급했다. 그 때문에 아라이 자신의 자기평가를 참조한 경우가 많아, 한일 쌍방의 시점을 반영한 사학사·지식인사(知識人史)에는 미치지 못한다. 금후 이 점을 과제 삼아 검증을 심화시키고 싶다.

5 戸邉秀明,「マルクス主義と戦後日本史学」,『岩波講座 日本歴史』第22巻, 岩波書店, 2016 등.

6 戸邉秀明,「昭和史が生まれる－1950年代における史学史的文脈の再定位」, 大門正克編,『昭和史論争を問う』, 日本経済評論社, 2006.

7 戸邉秀明 編,「荒井信一著作目録」,『人文·自然科学論集』第143号, 東京経済大学, 2018.12.

2. 연구의 원천과 한국에 대한 관심 1980년대까지

1) 연구 창조의 세 가지 원천

먼저 아라이가 역사가로서 성장하는 전반생에 작업한 세 가지 요소를 지적해두겠다. 다행히 그는 패전 전후부터 1980년대까지 자신의 연구와 교육의 행보를 정리한 자전적 저서를 남겼다.[8] 이 책을 통해 관련된 회고 내용을 풀어나감으로써 대강의 흐름을 추적하기로 한다.

첫째는 제국주의론의 관점이다. '학도 출진' 세대인 그는 전후 도쿄제국대학 문학부 서양사학과에 복귀했으나 학생운동으로 바빴고, 본격적인 연구는 졸업 후 출판사에 취직한 이후 학교 밖에서 이루어졌다. 그 거점이 1949년 봄부터 일 년 정도 계속되었던 제국주의연구회였다.[9] 그에게 중요했던 것은 일본제국주의의 본질 해명을 목표로 한 이 연구회가 "비교사적 접근에 그치지 않고 오히려 제국주의를 세계사적 체제로 보는 입장에서 세계사적 상황 속에서 문제를 파악하려고 한" 점에 있었다.[10] 그가 이 점에 주목한 것은 당시 경제사적인 접근이 주류였던 제국주의 연구에 대해, 그의 사실상 학문적 스승인 서양사가 에구치 보쿠로江口朴郎, 1911~1989의 영향으로 제국주의의 정치사적 연구에 의거하고 있던 점과 관련이 있다.[11] 그의 국제관계사 관점은 에구치의 "제국주의를 세계사적 체제로 보는 시각"에서 큰 영향을 받았다.

---

8   荒井信一, 『世紀史を伝える』, 同時代社, 1991.
9   위의 책, 148~152쪽. 제국주의연구회는 당시 일본공산당 본부에 있던 연구소의 역사학부 분과회였는데 당원이 아니어도 참가할 수 있었다.
10 위의 책, 152쪽.
11 에구치 보쿠로의 역사학에 대해서는 江口朴郎先生追悼集編集委員会, 『思索する歴史家・江口朴郎-人と学問』, 青木書店, 1991을 참조. 또한, 에구치와 아라이의 관계는 이 책에 수록된 荒井信一, 「江口さんと現代史研究」를 참조.

둘째, 그가 첫 번째 관점을 역사교육에 결부시킨 것이 1950년대 '세계사' 논의였다. 그는 편집자와 그 후에 근무했던 고등학교 교원 시절, 역사가 우에하라 센로쿠上原専禄, 1899~1975로부터 세계사의 방법을 배우고 서양 중심주의를 탈피하는 시점을 키웠다. 전후 일본의 고등학교 교육과정에 새롭게 설정된 '세계사'라는 과목은 아라이처럼 대학의 서양사나 동양사 학과를 졸업한 교원이 주로 맡았다. 그들은 이 과목을 전후 일본인의 세계인식을 바꾸기 위해 활용하겠다는 목표로, 서양사와 동양사를 단순히 더한 것이 아닌 세계사의 구조적인 파악을 지향했다. 역사교육에 관한 연구회역사교육연구소에 오랜 기간 소속되어 『세계사강좌世界史講座』 전 8권・별권東洋経済新報社, 1954~1956의 편집에 참여한 아라이도 당시 그러한 논의를 적극적으로 받아들였다.[12]

셋째, 그는 대학 진학 당시 원래는 미학・미술사학과에 진학하려고 했듯이 애초에 서양미술사에 관심이 있어 인간의 정동情動이나 표현활동과 시대 상황의 관계에 예리한 감각을 지니고 있었다.[13] 이 점은 전시 중 폐색閉塞했던 학창 시절에 국수주의 경향의 문학자들인 일본낭만파 작품에서 구원을 찾는 경향이 있었다는, 아라이 자신의 체험과도 연관된다.[14] 이 때문에 그는 예술과 국가권력이 대립하는 구도의 논의뿐만 아니라, 예술이 전쟁과 혁명 등의 폭력 혹은 차별이나 평화 문제에 깊이 관여하는 것에 대해, 자신의 체험에 대한 얻은 반성을 통해 더욱 민감해졌다. 그러한 그의 관심의 일단一端은 후에 『게르니카 이야기』 집필로 나타난다.[15] 1990

---

12 荒井信一, 앞의 책, 1991, 171~183쪽.

13 위의 책, 118쪽.

14 荒井信一, 「学徒兵の戦争体験と「近代の歪み」」, 『歴史評論』第661号, 2005. 5.

15 荒井信一, 『ゲルニカ物語-ピカソと現代史』, 岩波書店(岩波新書), 1991. 또한 아라이는 미술사 연구 측면에서의 '게르니카'론을 번역했다(アンソニー・ブラント, 『ピカ

년대 이후 그가 프로파간다와 전쟁박물관 등 예술의 공공적 사용이 갖는 의미에 대해 논의를 심화시킨 배경에는 그 자신의 전쟁 체험과 함께 이상과 같은 당초의 관심이 크게 관련되어 있다.

그의 연구 출발점에서 보인 위의 세 가지 특징은 정치학 계통의 국제관계사 연구자에게는 없는 독특한 관점을 그가 키우게 되는 지적 원천이라고 자리매김할 수 있다.

2) 아라이의 한국에 대한 관심

그럼 한반도 정세나 한국에 대한 아라이의 관심은 어떤 경로로 생긴 것일까. 관심의 원점은 아마도 그가 다니던 출판사에서 쫓겨난 공산주의자 숙청 당시, 한국전쟁의 격동기까지 거슬러 올라가리라. 다만 구체적인 관심, 특히 일본의 식민지 지배와 관련해서 한국에 관심을 갖게 된 계기는 1960년대 중반 한일조약 반대 투쟁에 참여하면서였던 것 같다. "이즈음부터 조선 문제를 자신의 연구과제로 강하게 의식하게 된"[16] 그는 대략 이하 세 가지 의미에서 관심을 심화시켰다.

첫째는 민간 역사학회인 역사학연구회 위원이라는 입장에서, 일본의 역사 연구자가 이 투쟁에 참여하는 의미를 자신에게 질문했다. 당시 일본에서 반대론의 주류는 미국의 아시아 전략에 대한 반대, 일본 자본의 한국 재진출에 대한 반대가 주요 이유였다. 역사학연구회처럼 사회당·공산당을 중심으로 하는 혁신진영에 가까운 진보 역사학자들의 반대운동도 역시 그러한 논점에 근거를 두고 있었다.

ソ〈ゲルニカ〉の誕生』, みすず書房, 1981). 이 번역서의 해설은 40쪽 이상에 달하는 장문(長文)으로 하나의 독립된 '게르니카'론으로도 읽을 수 있다.

16   荒井信一, 앞의 책, 1991, 210쪽.

그러나 아라이 등 역사학자에게는 다른 관점도 존재했다. 역사학연구회가 주최한 '한일조약에 반대하는 역사가 모임'1965.9.11의 성명서 「역사가는 한일조약에 반대한다」에는 다음과 같은 구절이 있다. "일본제국주의의 조선 지배는 20년 전에 끝났으나 일본 국민의 정신 문제로서는 결코 끝나지 않았다. (…중략…) 일본 국민은 과거 일본제국주의의 조선 지배를 엄히 단죄하고 민족적 멸시감을 자신의 내부로부터 짜내지 않으면 자주독립을 원하는 조선 인민의 친구가 될 자격이 없다."[17] 국가나 지배계급이 죄를 저지른 책임으로 일본제국주의를 고발하는 데 그치지 않고, 국민 내지는 민중에 대해 제국 의식의 극복을 널리 제기하며, 민중이 주체적으로 식민지 지배 책임을 떠안는 것이 한일관계에서 중요하다고 주장하고 있다. 이것은 당시 일본의 혁신진영으로서는 보기 드문 문제 제기였다. 아라이는 당시 역사학연구회 위원으로서 '한일조약에 반대하는 역사가 모임'의 의장을 맡아 위의 성명서를 낭독하는 위치에 있었으므로 성명서 작성에도 관여했다고 여겨진다.[18]

둘째는 한일조약 반대 투쟁을 계기로 아라이는 "조선인학교-재일조선인의 교육 문제에 역사학연구회가 어떻게 진력해왔는가를 정리하고, 한국에서의 역사교육 문제도 시야에 넣어, 주로 역사교육 문제를 중심으로 한일조약의 현실과 그로부터 발생할 과제에 대해 생각했다".[19] 그는 당시

---

17 「「日韓条約に反対する歴史家の集い」開かる」,『歴史学研究』第305号, 1965.10, 59쪽.
18 荒井信一,「日韓条約のころ」,『歴史研究月報』第562号, 6~7쪽. 인용문에 보이듯, 이 성명에는 당시 민족적 책임론으로 통하는 관점이 엿보이므로 성명서의 기본 틀을 작성한 것은 당시 역사학연구회 위원의 한 사람이었던 조선사가 가지무라 히데키(梶村秀樹)였을 가능성이 크다고 짐작된다. 가지무라는 '한일조약에 반대하는 역사가 모임'에서 발표도 했다. 본문에서 후술하듯, 이 시기 아라이의 한국에 대한 관점에는 가지무라와의 교류가 영향을 끼쳤다.
19 荒井信一, 앞의 책, 1991, 209쪽.

사립 세이케이고등학교成蹊高等学校 세계사 담당 교원으로서 역사교육 고유의 과제를 중시했는데, 그것이 「조선인학교 문제에 관한 노트」집필로 이어졌다.[20] 이 논고에서는 잡지 『역사학연구歷史学研究』에 언급된 민족학교·민족교육 내용을 되돌아보며, 조선인학교야말로 "외국인의 경험이기는 하나 전후 일본의 현실 속에서 민주교육 목표를 달성한 훌륭한 사례"라고 높이 평가했다. 또한 조선인 학생·교사와 일본인 교사가 "민족을 넘은 연대"를 쌓은 도립조선인중학교都立朝鮮人中学校 같은 장소가 "일본 헌법이나 교육기본법의 정신이기도 한 여러 보편 가치의 실현에 부합하는 민주적인 민족교육"을 만들어냈다는 점에 주목했다. 돌이켜 일본인에게 필요한 교육에 대해서는 민족적 주체성을 중시하면서, "일조日朝 민족처럼 과거에 지배하고 지배받은 '불행한 관계'를 가진 양 민족이 서로를 정확하게 이해하려면 무엇보다 먼저 과거의 역사를 바로 알고 일본제국주의 지배를 철저히 비판해가는 것 말고는 달리 방법이 없다"고 호소했다.[21]

셋째는 아라이 스스로 "고유의 각도에서 (한일조약) 반대를 구체화해야 한다는 마음이 강해졌다". 그래서 "조선이라는 지역 문제로서 제2차 세계대전, 특히 전후와 직결된 전쟁의 종결방식에 대해 생각하는" 과제를 설정했다.[22] 이 관점은 1966년 역사학연구회 대회의 현대사부회에서 그가 발표한 「전후 동아시아사의 기점-'연합국'과 동아시아」에 반영되었다.[23] "일본·조선·중국" 각 지역의 "세계대전 종결방식"이 각각의 전후를 어떻

---

20 荒井信一, 「朝鮮人学校の問題に関するノート」, 『歴史学研究』第314号, 1966.7.
21 위의 글, 55·57쪽. 다만, 여기서 아라이가 높이 평가하고 있는 조선인학교 사례는 모두 1950년대 전반에서 중반까지의 기록에 기초한 것으로, 조선민주주의인민공화국의 직접적인 영향력이 강해지기 전에 해당한다.
22 荒井信一, 앞의 책, 1991, 209쪽.
23 荒井信一, 「戦後東アジア史の起点-「連合国」と東アジア」, 『歴史学研究』第316号, 1966.9.

게 규정했는가, 이를 "제국주의와 인민이라는 대항 축을 통해 고찰하려한 것"이었다.

이때 "가지무라 히데키梶村秀樹, 1935~1989 군도 조선 문제를 중심으로 준비 과정 토론에 열심히 참여해 주었다"[24]라고 했듯이, 아라이의 문제 설정에는 당시 같은 위원으로서 역사학연구회를 지탱하며 연구회에서 '동아시아 세계사像' 논의를 주도했던 젊은 아시아사 연구자들, 즉 1930년대 출생의 가지무라, 이타가키 유조板垣雄三, 1931~, 와다 하루키和田春樹, 1938~ 등의 조력이 컸음을 알 수 있다.[25] 동시에 이 논의에는 아라이의 독자적인 문맥도 있다. 그는 한일조약 반대 투쟁 이전부터 대국大國 중심의 시점에서 제2차 세계대전을 파악하는 데 한계를 느끼고 있었다. 그리고 동아시아 등 몇몇 역사적인 지역 단위의 복합체로 세계사를 재구성하려는 우에하라 센로쿠의 세계사 이해의 영향을 받아, "세계사는 지역사가 통합되는 장場이며 반대로 지역은 세계사가 그곳을 통해 구체화하는 장이기도 하다"라고 생각했던 점도 간과할 수 없다.[26]

그렇다고 해도 이상과 같은 관심만으로는 훗날 한국과의 구체적인 교류로 이어지는 직접적인 전제라고는 하기 어렵다. 1990년대 이후 아라이의 연구 전개와 그 이전의 작업은 질적으로 다르다고 생각한다.

한반도와 한국에 대한 관심이라고 해도, 이 시점에서는 재일조선인 문제도 포함해 어디까지나 일본 사회 안에서의 작업에 머물고 있다. 또한 아라이의 연구에서 조선·한국은 동아시아 국가 간 전후처리 문제의 하

---

24 荒井信一, 앞의 책, 1991, 219쪽.
25 가지무라 히데키와 역사학연구회의 관계에 대해서는 이하의 졸고를 참조. 戸邉秀明, 「日本「戦後歴史学」の展開と未完の梶村史学―国家と民衆はいかに(再)発見されたか」, 『社会科学』 第97号, 同志社大学人文科学研究所, 2013. 2.
26 荒井信一, 앞의 책, 1991, 215쪽.

나로만 거론될 따름이다. 실제로 그가 전쟁책임 문제를 다룬 최초의 논문 「위기의식으로서 현대사」,[27] 그 후 서유럽을 중심으로 전쟁책임론을 전개한 논고 「전쟁책임에 대하여」[28]에서도 정작 조선이나 타이완에 대한 일본의 식민지 지배는 언급되지 않는다. 역사학연구회 위원장^{대표자}으로서 1982년 교과서 문제에 대응할 때도 식민지 지배를 전쟁책임과 함께 포괄적으로 논하는 관점은 없었다. 이 시점에서는 "내셔널한 문제로서 아시아에 대한 전쟁책임 문제를 생각하는" 관점이 생겼다고 해도, 그 책임의 직접적인 대상은 여전히 중국대륙이었다.[29]

물론 이러한 한계는 비단 아라이만의 문제는 아니다. 전쟁책임론과 식민지지배책임론의 분리 내지는 괴리라고 하는 당시의 인식 틀은 아라이뿐만 아니라, 당시 일본의 현대사 연구 전체에 보이는 문제다.[30] 일본의 전쟁책임 연구는 1980년대 이에나가 교과서 소송 제3차 소송에서 원고 측 이에나가 사부로^{家永三郎, 1913~2002}를 지원하기 위해 시작되었는데, 법정에서의 쟁점을 중심으로 연구가 이루어졌기 때문에 중국전선^{특히 난징대학살}이나 731부대과 오키나와전에 논의가 집중되었다. 다른 한편으로 당시 일본

---

27 荒井信一, 「危機意識としての現代史」, 『講座・現代の発見』 第6巻, 春秋社, 1960. 후에 荒井信一, 『現代史におけるアジア―帝国主義と日本の戦争責任』, 青木書店, 1977에 수록.

28 荒井信一, 「戦争責任について」, 歴史学研究会 編, 『現代歴史学と教科書裁判』, 青木書店, 1973. 후에 荒井信一, 『現代史におけるアジア』에 수록.

29 荒井信一, 앞의 책, 1991, 201쪽.

30 전술한 바와 같이 한일조약 반대 투쟁에서 역사학연구회가 낸 성명서에는 민중의 제국 의식에 대한 비판이 보이는데, 당시 일본 역사학계의 대세를 보면 일본국가 내지는 일본의 지배계급에 의한 조선 침략이 문제시되는 일은 있어도, 일본인 민중의 제국 의식은 실증적인 고찰 대상이 아니었다. 일본의 침략을 경제사로 파악하는 제국주의 연구와 조선의 저항운동을 그리는 민족운동사 연구가 분리된 연구 상황은 그 후로도 오랜 기간 지속되었다. 그 때문에 제국 의식이나 식민지주의 그 자체에 대한 비판적 고찰이 활발해지는 것은 1990년대에 들어서라고 할 수 있다.

의 식민지 연구의 주류는 마르크스주의 역사학 관점에서 주로 경제 수탈을 해명하려는 경제사적 제국주의사 연구에 있었다. 또한 아라이가 참고했던 유럽과 미국 기원의 전쟁책임론이라는 인식 틀은 개전^{開戰} 책임이 중심으로, 식민지 지배 책임의 관점은 애당초 들어가 있지 않았다.

3. 시민운동으로서 전쟁책임 추구 1990년대

1) '일본의 전쟁책임 자료센터' 설립 경위

여기에서는 전술한 아라이 역사학의 특징이 1990년대에 접어들어 전쟁책임론의 확장과 심화로 집약되어가는 과정에서 한국과의 만남이 갖는 결정적 의의를 검토한다.

이 시기에 아라이는 '일본의 전쟁책임 자료센터'의 공동대표가 되어 시민운동과 국제 공동 연구 프로젝트에 관여하면서 연구를 심화시켰다. 자신을 포함한 종래의 전쟁책임론에 대해, 아라이는 어떻게 한계를 자각하고 식민지지배책임론까지 확장해갔을까. 1990년대는 이 문제를 생각할 때 중요한 전제가 만들어지는 시기라고 할 수 있다.

1990년대 초반 냉전의 종언과 쇼와 천황의 죽음, 아시아 각국의 중산계급 증가 등이 연동하면서, 아시아 각지에서 일본에 대한 전쟁 피해 보상을 요구하는 목소리가 높아져 '전후 보상 문제'로 크게 다루어졌다. 이것이 UN에서 다루어지자 정확한 정보를 제공한다는 의미에서 아라이 등은 일본의 전후 보상에 관한 국제공청회를 조직, 1992년 12월 9일 도쿄에서 개최했다.[31] 아라이는 이 공청회의 실행위원회 위원장을 맡아, 특히 이튿날인 12월 10일의 세미나 '전쟁과 인권, 전후처리의 법적 검토'를 주도했다. 공청회 성공을 계기로 일본의 전쟁책임에 관한 자료의 수집·공개·발신을 위한 상설기관 설립이 필요하다는 목소리가 높아졌다. 그리하여 이듬해 '일본의 전쟁책임 자료센터'가 발족했다. 아라이는 여기서도 공동대표의 한 사람으로서 이 센터의 '얼굴' 역할을 담당했다.[32]

이 센터는 전후 보상 문제에 폭넓게 대응할 수 있도록 자료를 발굴·공개·제공하고 전문가 입장에서 정책 제언을 했다. 피해자를 개별적으로 지원하는 운동이 아니라, 센터가 개개의 운동을 사료 면에서 지원하는 상설 조직으로 기능하도록 만드는 것은 아라이와 같은 역사가가 자신의 직능職能을 살려 사회적 책임을 다하기 위해 필요한 자기 한정限定이었으리라.

이 센터에서 아라이는 대표로서의 발언 외에 일본의 전쟁책임에 관한 다수의 조사와 연구를 발표했다. 특히 주목해야 할 것은 위안부 문제에 관한 UN의 세 개 보고서를 번역한 점이다.[33] 아라이는 번역 시 모두 해설을 써서, 서양을 중심으로 하는 국제사회에서 전쟁책임 문제가 어떻게 감쇄·면죄되어 왔는가, 그 법적 구조의 뿌리 깊은 곳에서부터 위안부 문제가 경시되어온 원인을 추궁했다. 서양을 포함한 제국주의 여러 나라가 운영해온 국제법·국제기관의 한계를 염두에 두고, 위안부 문제를 세계사적 맥락에서 논하려 한 점에서 아라이의 독자적인 공헌을 읽을 수 있다.

31　荒井信一,「開会あいさつ」, 国際公聴会実行委員会 編,『世界に問われる日本の戦後処理 ①-「従軍慰安婦」等国際公聴会の記録』, 東方出版, 1993, 12~14쪽; 荒井信一,「戦後補償国際公聴会の報告」, 日本弁護士連合会 編,『世界に問われる日本の戦後処理 ②-戦争と人権 , その法的検討』, 東方出版, 1993, 111~113쪽.

32　荒井信一, (談話)「なぜいま「日本の戦争責任資料センター」ですか」,『朝日新聞』, 1993.6.5; 荒井信一,「創刊の辞」,『戦争責任研究』第1号, 日本の戦争責任資料センター, 1993.9, 2~3쪽.

33　『ファン・ボーベン国連最終報告書』, 日本の戦争責任資料センター, 1994;『「従軍慰安婦問題-リンダ・チャベス氏報告」,『戦争責任研究』第10号, 1995;『R. クマラスワミ国連報告書』日本の戦争責任資料センター, 1996(共訳).

2) '인권'을 축으로 한 아래로부터의 글로벌화 참여

종군위안부 문제에 대한 관심은 다른 전후 보상 문제와도 엮여 있어, 아시아 민중의 구체적인 피해를 시좌에 두고 종래 전쟁책임론의 틀을 재구성할 필요성을 환기했다. 이것이 일본 사회의 뿌리 깊은 '제국 의식'에 대한 비판과 함께, 아라이의 전쟁책임론을 식민지지배책임론으로 변화시켜가는 촉매가 되었음이 분명하다.

더하여, 훗날 아라이의 논의에 특징적인 방향성으로 주목해야 할 것은 전후 보상 문제에 대한 아라이의 관점이 언제나 국제적 맥락을 의식한 것이었다는 점이다.[34] 여기에는 그의 국제관계사를 바라보는 시각이 활용된 것인데, 그가 이러한 문맥을 강하게 의식하는 외적인 변화가 1990년대 바로 이 시점에 일어난다.

먼저 국제 NGO와 UN 전문기관의 긴밀한 협력이 이루어졌다. 그 배경에 있는 것은 아시아를 포함한 제3세계 민주화의 진전이었다. 각국의 시민운동이 자국 정부나 정당, 노동조합 등을 거치지 않고 UN 기관을 통해 직접 국제관계의 활동가가 되는 길이 열리기 시작했다. UN 인권위원회에 속한 인권소위원회 현대노예제부회가 종군위안부 문제에 대해 적극적이고 신속하게 대응한 데는 이러한 관련 단체로부터의 작용이 있었다.[35] 전술한 국제공청회 개최부터 '일본의 전쟁책임 자료센터' 설립까지의 경위는 이러한 세계적 동향에 대응하기 시작한, 일본의 새로운 시민운동의 조류라고 여겨진다. 실제로 '일본의 전쟁책임 자료센터'는 애당초 연구자만이 아니라 그때까지 아시아와의 관계를 착실히 만들어온 시민

---

34 荒井信一, 「韓国強制併合史をめぐる私の軌跡」, 歴史学研究会 編, 『「韓国併合」100年と日本の歴史学—「植民地責任」論の視座から』, 青木書店, 2011, 39~41쪽.
35 荒井信一, 「「従軍慰安婦」問題と国連」, 『東京経大学会誌』 第201号, 1997.

운동 활동가 등의 참가로 구성되어 있었다.

게다가 '아래로부터'의 국제협력이라는 공통 이념으로 '인권'이 매우 강조되면서, 국제적 혹은 민족적 이익을 중시해온 전통적인 국제관계 이해를 초월하는 이념이 제시되었다.[36] 이것은 운동을 변화시켰을 뿐만 아니라, 그것을 지원하며 협력관계를 취하는 연구자 측에도 큰 변화를 일으켰다. 전술한 바와 같이 아라이의 연구에는 전후 일본 역사학이 배양해온 민중이나 민족이라는 '아래로부터'의 관점이 있었고, 그것이 그의 국제관계사 연구에서 독자성의 원천이 되기도 했다. 거기에 인권이라는 관점이 관철됨으로써, 개별의 전쟁 피해나 식민지 지배에 의한 피해를 통일적 시각에서 책임론으로 포괄하는 논의가 가능해졌다.

단, 1990년대의 아라이는 아직 한국과의 직접적인 교류는 없었던 것 같다. 오히려 종군위안부 문제 등 한일 간 현안이 된 전후 보상 문제를 추궁하는 여러 운동에 대해, 국제관계사를 보는 역사 연구자로서 지적 공헌하는 것을 본인의 소임으로 여긴 단계였다고 할 수 있다.

4. 동아시아 역사 대화에 대한 공헌 2000년대

1) 한국병합을 둘러싼 공동 연구 참가와 공헌

2000년대 이후 아라이가 국제 공동 연구에 가담하는 가운데 독자성을 발휘한 연구 주제는 한국병합에 이르는 조약의 합법성 문제였다. 그가 관여하게 된 직접적인 계기는 한일 전문가들이 이 문제를 두고 벌인 논쟁

---

36   荒井信一, 「戰爭責任問題と人道・人權の問題」, 『軍縮問題資料』 第164号, 1994.

에 '개입'한 것이었다. 2000년에 그는 종합잡지 『세카이世界』에 「역사에서 합법론, 불법론을 생각한다-일한 대화의 시도」를 발표했다. 그는 그전에 이 잡지에 발표된 일본 역사가 운노 후쿠주海野福寿, 1931~와 한국 역사가 이태진李泰鎮, 1943~의 논쟁을 검토한 뒤, 논쟁의 틀 자체를 상대화했다.[37] 그는 조약의 형식에 논의를 집중시키는 외교사아라이의 표현으로는 '조약사'적 접근의 시야가 협소하다는 점, 국제법 전문가들이 '당시의 국제법 인식'을 논의할 때 채용하는 조문条文중심주의의 시야가 협소하다는 점을 동시에 비판했다. 그러면서 병합조약 당시 일본의 국제법 학자들이 현실 추종적인 국제법 해석을 하고, 서양을 대상으로 할 때와 아시아를 대상으로 할 때 국제법을 도구적으로 구분하고 사용했던 실태를 지적했다.[38]

이를 계기로 그는 2000년대에 한·미·일에서 연속해서 열린 국제 공동 연구에 참가해 연구발표를 계속하는 동시에, 한국병합을 둘러싼 다방면의 연구성과를 참조하는 기회를 얻었다. 그것을 정리한 것이 「한국 '보호국'화 과정에서 군사와 외교」, 「일본의 대한외교와 국제법 실천」이라는 두 편의 논문이다.[39] 여기에서는 2000년에 발표한 앞의 논문에서 지적했던 당시 일본의 국제법 인식과 함께, 제2차 한일협약 체결 시 일본 측의

---

37 荒井信一, 「歴史における合法論, 不法論を考える-日韓対話の試み」, 『世界』 第681号, 岩波書店, 2000. 11. 또한 아라이는 일련의 문제가 1992년 이태진에 의해 제안된 직후부터 관심을 가졌다(荒井信一, 「韓国の人々の心の痛み」, 『キャリア ガイダンス』, 1993. 12, 11쪽). 그리고 논쟁의 대립 구도가 당시 제국주의적인 국제관계 현실과 식민지화 실태를 규명하는 데 한계가 있다고 느꼈기 때문에 일부러 논쟁에 개입했다(荒井信一, 앞의 글, 2011, 45~46쪽).

38 荒井信一, 『歴史和解は可能か-東アジアでの対話を求めて』, 岩波書店, 2006. 특히 第2章-1 「韓国併合-条約と強制」 참조.

39 荒井信一, 「韓国「保護国」化過程における軍事と外交」; 「日本の対韓外交と国際法実践」. 모두 笹川紀勝·李泰鎮 編著, 『国際共同研究 韓国併合と現代-歴史と国際法からの検討』, 明石書店, 2008에 수록.

폭력과 강제가 있었다는 실태를 지적했다. 특히 파병군대가 조약의 강제에 관여했던 역할을 1차 사료를 통해 구체적으로 밝혀냈다. 일본군대가 한국 정치가에게 압력을 가한 사실을 분석할 때 민비암살사건의 트라우마를 전제로 한 정치가들의 '공포'를 중시하는 등, 국제관계사 연구와 병행해 미의식 등 정동情動의 의미를 연구해온 아라이만의 독창적인 지적을 볼 수 있다.[40]

최종적으로 그는 "당시 국제법에 의해서도 현재 국제법에 의해서도 제2차 한일조약은 무효라고 주장하고 싶다"라는 결론에 도달했다.[41] 조약 등의 법적 형식을 둘러싼 접근과는 다른 역사학의 관점이었다. 구체적으로는 19세기 이래 국제법의 논의방식과 식민지 획득에서 보이는 폭력의 실태를, 세계사의 넓고 긴 사정射程 속에서 파악하는 그의 논의는 다른 학문영역, 다른 국가들의 연구자가 모이는 국제 공동 연구의 장에서 중요한 역할을 했다.

아라이의 이러한 한국병합 논쟁에 대한 공헌의 독자성이 아마도 평가받은 것이리라. 마침 1990년대 후반부터 2000년대 전반에 걸쳐 한국 정부와 사회가 대일관계 개선에 적극적이었던 것도 있어, 한국에서 열린 국제 심포지엄이나 토론에 아라이가 초빙되는 기회가 많아졌다. 여기서는 대표적인 두 가지 사례를 들겠다.

하나는 2000년 11월 4일, 김대중 정권에서 일본에 대한 대중문화 개방 정책을 실행하기 위해 설립한 자문기관인 한일문화교류정책자문위원회 위원장은 한림대학교 지명관(1924~2022) 교수가 주최한 심포지엄 '과거 청산과 21세기 한

---

40   이 점에 대해서는 2008년 논고에서 검증한 논점을 다시 확인하는 논문을 썼다. 荒井信一, 앞의 글, 2011, 58~61쪽 참조.
41   荒井信一, 앞의 책, 2006, 103쪽.

일관계'에 참가해 '병합조약에서 한일조약까지'라는 발표를 한 것이다.[42]

또 하나는 2005년 6월 25일, 한국 국회에서 한일 국회위원과 시민이 참여해 평화와 화해의 관점에서 광범위한 문제를 다룬 한일협정 40주년 '한일 평화 심포지엄'에 초빙되어 기조강연을 한 것이다.[43]

당시 일본에서도 한류 붐이 일기 시작해, 지식인 간의 대화에 한국 정부 지도자들이 기대를 걸었던 시기이기도 했다. 한일관계에 대해서도 낙관적인 전망이 이야기되었다. 2003년까지는 위안부 문제를 포함해 아직 개선의 기회가 있다고 생각했음을, 그가 남긴 당시의 발언에서도 알 수 있다.

2) 동아시아 규모의 역사 대화 구상

2000년대에 들어가면 일본의 '새로운 역사교과서를 만드는 모임'^{이하, 새} ^{역모}의 역사교과서 출판이 동아시아의 역사인식 문제를 단숨에 뜨겁게 달구었다. 이에 대해 아라이는 1990년대 이후 쌓아온 인적 교류를 일회성이 아니라 계속적 민간교류로 정착시킴으로써 불안정한 사태 악화를 막고자 기대했다. 그를 위한 구체적인 활동의 사례를 두 가지 들겠다.

하나는 2001년 12월 도쿄와 2003년 6월 서울에서, 한일 역사학회가 합동으로 개최한 '역사연구 심포지엄'을 기획·제창한 일이다.[44] 이 심포지엄은 와다 하루키가 전한 한국에서의 '새역모' 교과서에 대한 위기감에 대해, 한일 합동으로 대응할 수 있는 장場을 만들고자, 와다와 아라이가

---

42 荒井信一, 「併合条約から日韓条約まで」, 『2000 韓日文化 SYMPOSIUM 「過去清算」 と21世紀の日韓関係』, 韓日文化交流政策諮問委員会. 이 보고집에는 한국어역도 함께 실려 있다.

43 荒井信一, 「戦後60年－歴史問題と北東アジアの平和」, 『戦争責任研究』 第49号, 2005.

44 두 번의 심포지엄 기록과 경위를 정리한 책으로 歴史学研究会 編, 『歴史教科書をめぐる日韓対話－日韓合同歴史研究シンポジウム』, 大月書店, 2004를 참조.

개인 자격으로 준비위원이 되어 호소하면서부터 시작되었다. 최종적으로는 한일 양측에서 역사학·역사교육 학회 5개씩 총 10개 학회가 모여 공동주최 형식으로 개최되었다일본 측 : 역사학연구회·역사과학협의회·역사교육자협의회·일본사연구회·조선사연구회, 한국 측 : 역사학회·한국사연구회·한국역사연구회·일본사학회·역사교육연구회. 심포지엄 마지막에는 한일 양 정부가 공동 연구 기구를 만들어 학문적 자유와 공개 원칙을 보장한다면 그에 협력할 뜻이 있다는 합의문을 정리해서 각 정부에 요청했다.

일본의 교과서 문제에 대한 대응에서 비롯된 기획이었지만 이것이 뜻밖에도 한국과 일본에서 "전문 분야나 개별 학회에서 교류는 왕성해진 반면, 역사학회를 대표해 이야기할 통로가 지금까지 거의 없었다는 변칙적인 사태"를 타파할 기회가 되었다. "역사 교과서 문제에 대해 공식 학회 차원에서 합동 연구회를 가진 것은 이것이 처음이었다." 아라이는 "참가한 한국 역사가들 몇 명"이 "일본에 올 때는 이 모임의 행방이 불안했으나 해소되었다, 냉정하면서도 학문적으로 의견교환을 할 수 있어 대성공이었다"라고 말했다고 적었다.[45]

또 하나는 '역사인식과 동아시아 평화' 포럼을 계속 개최한 일이다. 이 것이 2000년대 이래 아라이가 가장 오래 관여한 지적 교류의 거점이 되었고, 또한 거기서 구체적인 성과를 올렸다고 할 수 있다. 이 교류에서도 그는 '동아시아'라는 장場을 설정함으로써 한일 또는 중일 두 국가 간에 발생하기 쉬운 긴장이나 알력을 완화하거나 극복할 수 있다고 생각했다.

이 포럼의 개최 계기는 2001년 7월, 중국사회과학원 일본연구소 주최로 베이징에서 열린 국제학술토론회 '근대 일본의 내외정책內外政策

---

45   이상은 荒井信一, 「日韓歷史学会合同シンポジウムによせて」, 위의 책, 225~240쪽
      참조.

1931~1945'에 아라이가 참가했을 때로 거슬러 올라간다. 날짜에서 알 수 있듯이, 이 심포지엄의 배경에도 당시 '새역모'에 의한 역사교과서 제작과 그 채택을 둘러싸고 일본 사회에서 벌어진 격렬한 논란이 있었다.[46]

아라이는 이 심포지엄 기간 내내 여기에 참가한 일본·중국·한국·북한의 연구자들에게 논의의 지속을 호소했다. 그에 응한 각국의 연구자 유지들이 서로 이야기해서 중국사회과학원에 제안한 것이 포럼 개최의 계기가 되었다. 호소문의 취지는 "동아시아 지역공동체를 지향하는 관점에서 상호 역사인식, 역사교육을 점검하는 학술토론회를 계속 열어야 하지 않겠는가", "당장은 일본의 역사교과서가 (토론의) 중심이 되지만 장기적으로는 동아시아의 평화와 미래를 공유할 수 있는 역사인식을 젊은 세대에게 키워주기 위해 협력을 발전시키자는 제안"이었다.[47]

이듬해인 2002년 3월, 중국 난징에서 제1회 포럼이 개최되었다. 아라이를 비롯한 일본 역사가와 함께 중국의 부평步平, 1948~2016, 룽웨이무榮維木, 한국의 강창일姜昌一, 1952~ 등 한·중·일 연구자와 시민단체가 참여하는 장이었다.[48]

그 후 포럼은 3개국에서 돌아가며 매년 개최되었다. 그 사이 아라이는 제1회부터 제10회까지 일본 측 실행위원장을 맡았다. 게다가 이 포럼을 모체로, 2002년 이후에는 매년 여름 중·고등학생을 대상으로 한 동아시

---

46 그 때문에 이 심포지엄에는 '어린이와 교과서 전국네트21(子どもと教科書全国ネット 21)'에서 사무국장을 담당하는 다와라 요시후미(俵義文)도 일본에서 초청되었다. '어린이와 교과서 전국네트21'은 '새역모'의 교과서 제작 등 1990년대 후반 이후 활발해진 일본의 역사수정주의 교육으로의 파급을 막으려고, 주로 교과서를 중심으로 하는 교육 문제에 대처하기 위해 1998년에 결성된 시민운동 단체였다.

47 荒井信一, 앞의 책, 2006, 284쪽.

48 俵義文,「荒井信一さんのご遺志を受け継いで」,『子どもと教科書全国ネット21ニュース』第117号, 2017.12.

아 청소년 역사체험 캠프를 열어 젊은 세대가 역사인식을 공유할 수 있는 구체적인 장을 만들기도 했다. 그러한 기획의 구체적인 운영에는 아라이와 행동을 함께한 교과서 문제의 활동가이자 연구자 다와라 요시후미俵義文, 1941~2021의 힘이 컸지만, 제안자·조직자로서 주도하는 역할은 아라이의 존재 없이는 생각하기 어려웠다.[49]

한편 제1회 포럼 개최 때 "3국의 어린이들이 역사인식을 공유하는 첫걸음이 되는 공통교재를 만들자는 제안"이 이루어져, '3국공통역사교재위원회'가 발족했다. 열 차례의 합동회의를 거쳐 2005년『미래를 여는 역사—동아시아 3국의 근현대사』를 3개국 동시 출간하기에 이르렀다.[50] 실제 구체적인 교재 작성은 젊은 연구자들에게 맡겼기 때문에 아라이는 거기에 직접 관여하지는 않았으나 조직 구성에는 진력했다.

이러한 운동과 연구 양면에서 한국과의 만남이 아라이의 연구를 어떻게 심화·확장시켰을까. 1990년대 그의 주요 저서인『전쟁책임론』과 2000년대의 주요 저서인『역사화해는 가능한가』를 비교 검토해보면 그 점이 잘 드러난다.[51]

『전쟁책임론』은 아라이가 연구 초기부터 가졌던 관심을 제2차 세계대전 후 반세기를 계기로 정리한 책인데, 이 주제에 관해 일본어로 읽을 수 있는 '고전'이 되었다. 그 구성은 제1차 세계대전 총력전에 의한 '전쟁관의 전환'과 전쟁책임 문제의 출현에서 시작해, 20세기 전쟁의 전개에 따

---

49 荒井信一, 「「歴史認識と東アジアの平和」フォーラムの5年間」, 『戦後60年の歴史認識の総括と展望—「歴史認識と東アジアの平和」フォーラム・北京会議』, 北京フォーラムに連帯する日本委員会, 2006.
50 일본어판은 日中韓3国共通歴史教材委員会 編著, 『未来をひらく歴史—東アジア三国の近現代史 日本・中国・韓国共同編集』, 高文研, 2005. 한국어판은 한겨레신문사 발행.
51 荒井信一, 『戦争責任論—現代史からの問い』, 岩波書店, 1995; 荒井信一, 『歴史和解は可能か—東アジアでの対話を求めて』, 岩波書店, 2006.

라 전쟁책임 추구와 평화 질서 모색이 어떻게 이루어졌는지 추적한 것으로, 전쟁책임 문제를 축으로 해서 20세기 세계사를 개관하고 있다.

발행연도로도 알 수 있듯이, 종장에서는 냉전이 붕괴하고 세계적으로 인권 의식이 고양되는 상황에서 위안부 문제가 국제적인 문맥 속에서 논의되기에 이르렀다는 점을 지적하고 있다. 또한 '제국 의식'이라는 용어를 사용해 전후 일본에서 '전쟁책임 의식의 특징'으로서 '식민지 지배에 대한 책임 의식의 희박함'도 지적하고 있다.[52] 그러나 오늘날 이 책을 읽으면, '전쟁책임'이라는 논의의 틀에 규정되어 책임 문제를 전시 피해에 한정하고 있으며 식민지 지배 책임 그 자체는 아직 정면에서 논하지 않는다는 점이 인상 깊게 남는다.

『전쟁책임론』이 통시적으로 20세기를 추적한 데 비해, 『역사화해는 가능한가』는 그 후 10년의 양상을 설명한다. 동아시아 각지 동향을 각 장에 배치하고, 나아가 그것을 동남아시아나 미일 관계와 연결 지어 공시적 시점에서 연동하는 관계로 정리한다. 이 책에는 『전쟁책임론』 간행 후에 만들어지고 또 널리 퍼진 '역사문제'나 '역사화해'라는 용어가 빈출한다. 극복해야 할 '과거'는 전시 중 피해에 관한 개별적인 보상 문제만이 아니라, 19세기 이래 일본의 식민지 지배에 대한 평가 등 전시에 국한되지 않는 가해/피해라는 인식의 문제로 묻고 있다. 그것은 바로 2000년대 상황을 아라이가 정확하게 받아들였음을 반영하는 것이다. 실제로 이 책에는 전술한 한국병합조약을 둘러싼 논쟁 등, 아라이 자신이 당사자로서 관여한 체험이 적극적으로 담겨 있다.

물론 『역사화해는 가능한가』라는 제목은 반의적인 의미로 쓰여, 일본

---

52   荒井信一, 위의 책, 1995. 인용은 岩波現代文庫版, 2005, 227쪽.

정부의 소극적 대응을 비판하는 자세로 서술되어 있다. 그 점에서 당시 일본 외교에서 내세웠던 '미래지향'에 가담하는 것은 아니었다. 그러나 동시에 그가 '일본의 전쟁책임 자료센터' 대표로서 전후 보상 문제에 매달렸던 자리에 있었던 만큼, 피해자 구제와 명예 회복으로 이어지는 현실적인 정책 입안을 촉구하는 제언을 할 수 있는 기회도 많았다. 이러한 제언의 역사적 평가는 그의 역사 연구와 실천 활동의 관계를 생각하기 위해서도 앞으로 중요해질 것이다.

3) 공중폭격론에서 식민지주의에 주목

여기에서는 2000년대 운동과 연구의 상승효과에 따라 아라이의 역사 인식이 심화했음을 알 수 있는 구체적 사례로, 공중폭격론에 주목하고 싶다.

공중폭격에 관한 그의 관심은 자신도 공습당했던 당사자 체험으로 거슬러 올라가는데, 연구상의 시작은 공중폭격의 궁극적 형태라고 할 수 있는 원폭 투하에 관한 연구를 통해서였다.[53] 미국의 원폭 제조나 투하과정에 관한 그의 연구는 1980년대 전반 서양을 중심으로 활발했던 반핵·평화운동에 호응해 이루어진 것이다. 구체적으로는 일본의 피폭자단체와 NGO에 의한 원폭 피해 조사 활동에 그가 협력한 데서 시작한다. 피해 조사의 핵심은 자연과학자들의 보고였지만, 그와 더불어 사회과학계열 연구자에 의한 「원폭 피해의 역사적 배경」 집필이 요구되었고, 그에 응한 것이 아라이였다.

조사하면서 아라이가 주목한 것은 "원폭 투하와 그 피해 문제 속에 들

---

53   荒井信一, 『原爆投下への道』, 東京大学出版会, 1985.

어 있는 차별구조의 문제"였다.[54] 이 연구를 통해 원폭을 투하한 측의 "아시아인에 대한 인종 편견 문제", 또한 투하된 일본 측의 조선인·중국인 피폭자를 무시하는 아시아 차별구조가 드러났다는 점에서 선구적인 연구가 되었다. 다만 1980년대 당시는 서양의 인종 편견과 일본의 아시아 차별 문제가 반드시 통일적인 시좌에서 논의되지는 않았다. 일본을 포함하는 제국주의 여러 나라가 공유했던 식민지주의 문제가 아직 충분히 가시화되지 않았던 사정도 있었을 것이다.

아라이가 이 식민지주의 문제를 충분히 자각하고 집필에 임한 것이 『공중폭격의 역사』였다.[55] 그는 공중폭격이 20세기의 총력전이 확대되면서 발생한 우발적 대응의 결과가 아니라, 오히려 공중폭격이라는 수단을 채택해 대량 학살이 이루어진 원인으로 식민지주의와 인종차별 문제가 근저에 있었다고 지적했다. "공중폭격 사상과 차별적인 '제국 의식'의 밀접한 관계"가 공중폭격의 역사에 일관되어 있다.[56] 이러한 관점은 이 책의 본론을 통상적인 전쟁사의 경우처럼 제1차 세계대전 중 교전국 간의 공중폭격에서 시작하지 않고, 그 이전부터 유럽 열강이 식민지에서 현지 주민에 대해 행한 공중폭격을 기점으로 쓰기 시작한 점에 잘 나타나 있다.[57]

이상과 같은 관점이 『공중폭격의 역사』에 나타난 배경에는 앞에서 살펴본 한일 지적 교류 속에서 아라이가 식민지 지배 문제에 관심을 심화한 경위가 있었다. 그와 동시에 2000년대 중반 일본군에 의한 중국 충청

54　荒井信一, 앞의 책, 1991, 69쪽.
55　荒井信一, 『空爆の歴史―終わらない大量虐殺』, 岩波書店(岩波新書), 2008. 한국어 판은, 윤현명·이승혁 역, 『폭격의 역사―끝나지 않는 대량 학살』, 어문학사, 2015.
56　위의 책, iv쪽.
57　이러한 아라이의 관점의 독자성은 田中利幸, 『空の戦争史』, 講談社(講談社現代新書), 2008 등 같은 시기에 출판된 서적의 구성과 대조해보면 더욱 분명해진다.

重慶 공중폭격의 피해자가 일본 정부를 상대로 소송을 일으킨 일이 크다. 아라이는 변호사의 요청으로 「전쟁과 공중폭격 문제 연구회戰争と空爆問題 研究会」를 설립하고 사료 제공이나 의견서 작성과 제출을 통해 재판을 지원하기 위한 공동 연구에 착수했다. 그 성과는 『충칭 폭격은 무엇이었는가』[58]에 정리되어 있는데, 여기에서도 피해자 측에서 공중폭격을 문제시하는 태도로 일관하고 있다. 이러한 '아래로부터의 시점'이 "지금까지 세계를 분할했던 제국 국가들의 글로벌한 공중폭격의 역사를, 지상에서 피해를 입은 인간의 시선으로 통관할 수 있는 지점"에 아라이가 설 수 있도록 만들었다.[59]

5. 식민지 지배 책임으로서 문화재 문제 2010년대의 도달점

1) 문화재 문제의 대응 사회적 책임에 대한 응답에서 시민운동으로

아라이가 그의 만년에 해당하는 2010년대에 가장 관심을 기울인 주제는 문화재를 둘러싼 식민지주의 연구로, 관련 운동의 지원과 그에 따른 한일교류였다. 2000년대 이후 한일관계에서는 위안부 문제·징용공 문제라는 협의의 전후 보상 문제에 더하여, 독도를 둘러싼 영토 문제와 문화재 반환 문제가 큰 쟁점이 되었다. 이 3자 중에 어떤 의미에서 가장 사소해 보이는 문화재 문제를 아라이가 연구해 저술까지 하게 된 것은 어째서일까.

---

58 戦争と空爆問題研究会 編, 『重慶爆撃とは何だったのか―もうひとつの日中戦争』, 高文研, 2009.
59 荒井信一, 앞의 책, 2008, iv쪽.

먼저 그가 문화재 문제에 착수하게 된 과정을 확인해보자. 2010년 6월 도쿄에서 '한국·조선 문화재 반환 문제를 생각하는 심포지엄'이 열렸다. 이때 그는 기조강연을 의뢰받아 "급하게 공부"한 결과, "문화재 반출 문제에 대해 일본에는 본격적인 연구가 극히 적은 상황"을 통감했다. 그래서 이를 계기로 "재일조선인들과 함께", '한국·조선문화재반환문제연락회의'를 발족하고 사무국 대표가 되었다.[60]

그해 8월 민주당 정권의 칸 나오토菅直人 수상은 「병합 100년에 관한 담화」에서 '조선왕조 의궤' 반환을 발표했다. 연락회의도 아라이 대표 이름으로 환영 성명을 발표했다. 반환의 전제로 같은 해 11월에는 한일도서협정이 조인, 이듬해인 2011년 4월에는 한일도서협정 국회 심의가 이루어졌다. 이때 아라이는 참고인으로 중의원 외무위원회에서 의견 진술을 했다. 이때의 발언에서 시작된 연구성과가 2012년 7월에 간행된 『콜로니얼리즘과 문화재』였다.

2) 도달점으로서 『콜로니얼리즘과 문화재』

그의 마지막 저서가 된 『콜로니얼리즘과 문화재』는 어떤 구상으로 문화재 문제 논의를 심화시키는 데 공헌했을까. 이 책에서는 한반도의 문화재가 식민시기에 일본으로 옮겨간 역사적 경위를 해명함으로써 일본 식민지주의의 구체적인 움직임이 선명해지는 것을 보여준다. 그리고 그러한 사실을 어떤 틀에서 제기할 것인가 하는 점에 아라이의 연구경력과 축적이 발휘된다.

---

60 荒井信一, 「朝鮮王朝儀軌「一〇〇年ぶりの帰郷」と文化財返還運動」, 鄭求宗, 『日韓 2000年あたらしい未来にむけて』, 晩聲社, 2016; 五十嵐彰, 『文化財返還問題を考える－負の遺産を清算するために』, 岩波書店(岩波ブックレット), 2019.

전술한 2010년 6월 심포지엄 때 보고서 작성을 통해 아라이는 "문화재 약탈과 반출 문제의 배경을 한일관계사 그때그때의 구조 속에서 분명히 밝히고, 문화재 문제의 해결방안을 객관적으로 생각하는 계기로 삼고 싶다"고 생각했다. 주목할 점은 그러한 한일관계사 '구조'를 생각하기 위해서라도 단지 한일 간의 "문화재 문제의 역사라기보다 콜로니얼리즘이라는 세계적 틀에서 문화재 문제를 파악하겠다는 생각에 사로잡혔다"는 것이다. 아라이는 이 책의 한국어판 출판기념으로 서울에서 열린 2014년 12월 강연회에서도 이 점을 강조했다.[61] 한국과 일본에서 문화재 문제가 초점이 되고 나서 아라이가 단기간에 이 책을 간행할 수 있었던 것은 그의 수년간의 관심이었던 세계적 구조로서의 제국주의 문제와 미술사에 대한 관심이 문화재 (반환) 문제라는 주제로 집약될 수 있었기 때문일 것이다.

아라이는 2011년 국회에서의 의견 진술 시에도 '조선왕조 의궤' 반환이 식민지주의 청산뿐 아니라 미래의 한일관계에 이바지하는 동시에, 글로벌화 속에서 한일 양국이 문화재의 보편 가치를 보여주는 절호의 기회라고 의미 부여했다.[62] 그때 그는 미국 예일대학이 20세기 초에 획득한 잉카제국의 비보秘宝를 협정에 기초해 페루 쿠스코대학에 반환한 사례를 들면서, 단순한 반환이 아니라 양 대학의 공동 연구와 연구자·학생 교환 유학제도 충실, 예일대학에서의 복제품 제작과 수장 등의 프로그램과 함께 전개되었다는 점을 소개했다. 그에 기초해 한국으로 반환된 문화재에

---

61 국외소재문화재재단과 한국·조선문화재반환문제연락회의 공동주최로 열린 한국어판 출판기념 포럼에서 아라이의 기념 강연은 이하를 참조. 荒井信一,「文化財返還問題と植民地主義の清算」,『韓国·朝鮮文化財返還問題連絡会議年報』第4号, 2015, 한국어판은 이태진·김은주 역,『약탈문화재는 누구의 것인가-일제의 문화재 반출과 식민주의 청산의 길』, 태학사, 2014.

62 荒井信一,「「朝鮮王室儀軌」の返還と植民地支配の清算」,『世界』第821号, 2011.9.

대해서도 보편 가치를 지니는 문화재로서 "소유권 이동과 상관없이", "공동으로 순회전시를 한다든가 (양국의) 박물관이 공동으로 관리하는" 등 공개와 자유로운 접근, 교육·보급 활동을 일체화해서 구상해야 한다고 제언했다.

또한, 이 책의 한국어판 공역자 중 한 사람이 앞에서 언급한 한국병합 논쟁에서 한국 측 주요 논객이었던 이태진이라는 점도 간과할 수 없다. 이태진이 아라이의 책이라면 번역하겠다고 자처한 것은 그동안 아라이의 한국 교류가 깊었음을 상징적으로 보여준다고 하겠다.

6. 나가며 아라이가 완수한 역할과 지적 교류의 의의

아라이의 연구 궤적은 20세기 서양현대사에 기원을 갖는 국제관계사라는 새로운 연구 분야를 전공했던 연구자가 바로 그 국제관계사라는 학문영역이 갖는 사고 틀을 어디까지 재편성했는가를 보여주는 사례라고 할 수 있다. 그것은 아라이 본인의 말로, 그의 마지막 저서 거의 끝부분에 다음과 같이 간결하게 표현되어 있다.

세계전쟁시대였던 20세기가 던진 과제는 말할 것도 없이 지속적인 평화의 확립으로, 출발점은 전쟁의 위법화違法化였다. 전쟁 뒤처리도 위법한 침략전쟁의 책임을 묻는 데서 시작했다. 그러나 세계전쟁의 전제가 제국 국가들에 의한 식민지 분할, 세계의 일체화였다는 점을 인식함에 따라, 식민지 지배 책임의 규명이 더 큰 과제가 되었다.[63]

단적으로 말하자면, 열강의 국민을 주체로 한 국제관계사로서 접근하는 전쟁책임 연구에서 식민지 지배 책임까지 시야를 확장한 제국주의/식민지주의의 해체를 목표로 하는 국제관계사 연구로 변화했다고 할 수 있다.

이러한 아라이의 연구 심화는 그 개인의 내면적인 동기만으로는 완결되지 않는다. 다만 1980년대까지의 교류 채널에서는 일본 국내의 노동조합, 혁신정당, 교회 등을 매개로 하는 한편, 아라이 등은 어디까지나 전문가로서 조언을 하는 사람이었다. 이에 대해 1990년대 이후 아라이의 연구 심화는 그때까지와는 다른 상황의 접촉으로 인한 변화의 결과였다. 국제 NGO나 아시아 각지의 시민운동과 직접적인 연대가 가능해진 이 시대에, 아라이 등은 전문가인 동시에 시민운동의 일환으로써 연구·조사 활동을 통해 세계적인 '아래로부터의 글로벌화' 운동에 참여하게 되었다.

그 과정에서 아라이는 그가 이전부터 해왔던 전쟁책임론을 중심으로 한 국제관계사 시각을 살린 검증과 제언을 함으로써 독자적인 공헌을 했다. 어떤 하나의 문제에 천착해 사료적으로 고도의 실증성을 보여주려 하기보다, 다양한 연구를 종합해 하나하나의 사건이나 운동이 동시대 국제적인 틀 속에서 어떻게 구조화된 것인가를 밝히는, 즉 세계사적인 문맥에서 자리매김하는 것이 그의 연구 스타일이었다. 그러한 스타일은 실증 연구를 진행하기 어려운 환경에 있는 고등학교 교원 사이에서 오히려 본인 연구의 장점으로 자각적으로 만들어졌다.

이와 같은 그의 관점과 연구 자세는 역사인식 문제로 교착 상태에 빠져가는 2000년대 이후 동아시아에서 독자적인 역할을 발휘했다.

---

63 荒井信一, 앞의 책, 2012, 198쪽.

첫째, 한국병합을 둘러싼 한일 간 논쟁에서 아라이의 '개입' 방식에 드러나듯이, 논쟁 자체가 각 학문영역의 견고함 때문에 빠지기 쉬운 시야의 협소함을 지적하고 해명해야 할 사실의 확장성을 보여주었다.

둘째, 아라이는 국제법 구조가 시대에 응해 발달·심화해온 정세를 바탕으로 '과거 극복'을 향한 실제 정치적 기회, 구체적으로는 피해 당사자인 개개인 민중의 명예 회복과 보상으로 긴밀히 연결되는 논의를 모색했다. 이러한 자세와 논의방식은 논쟁이 가열되면서 빠지기 쉬운 좁은 시야를 경계하고, '각국의 입장'을 대표하는 시선에서 논쟁하는 태도를 상대화하는 데 도움이 되었다.

셋째, 아라이는 조선·한국사나 중국사 혹은 일본외교사 전문가는 아니었으나 국제관계의 변동 속에서 동아시아 각국의 관계를 파악하는 시점을 견지하며, 2000년대 이후 동아시아 역사 대화를 지지하게 되었다. 언제나 동아시아 전체, 나아가 그것을 세계적인 탈식민지화 변동 속에서 자리매김함으로써, 한일·조일·중일과 같은 양국 간 논의가 되어버리기 쉬운 역사인식 '논쟁'의 구도를 상대화했다.

이상과 같은 점에서 아라이는 1990년대 이후 한일 간 지적·문화적 교류에서 중요한 역할을 했다. 즉, 한일 양국 간의 '과거 극복'에 대해서도 동아시아 혹은 세계사적 탈식민지화의 구조적 변동의 일환으로써 파악해, 논의의 틀 자체를 바꿔 '아래로부터의 글로벌화'라는 관점을 도입하기 쉽게 만들었다. 실제로도 그는 정치나 관료에게 요청하는 것 이상으로 NGO, 연구자, 교육자, 시민들이 직접 교류하는 장을 만들어 하이폴리틱스나 매스미디어가 주도하는 '여론'을 아래로부터, 그리고 수평적 연대에 의해 재구성하려고 노력했다.

게다가 그 공헌은 운동에 대해 단지 전문지식을 제공하는 역할이 아니라, 역사를 바라보는 관점의 전환을 촉구하는 데 있었다. 그렇게 관점의 전환을 촉구하는 힘은 무엇보다 아라이 자신이 시대마다 주어지는 과제와 상황 변화에 맞춰 사고의 틀을 바꾸고 변화·발전시킨 데서 얻을 수 있었다. 아라이가 전 생애를 통해 이룬 이러한 지적 달성을, 우리는 한일 또는 동아시아 역사 대화의 미래를 위해 어떠한 '유산'으로 계승해갈 수 있을까.번역 : 배관문

7

내셔널리즘 비판의 맥락에서 본
한일 지식인의 교류

심정명

1. 들어가며

이 글에서는 2000년을 전후해 활발하게 이루어졌던 한일 지식인들의
교류를 내셔널리즘 비판이라는 맥락에서 살펴본다.[1] 한국의 민족주의는
주로 1990년대에 들어서면서부터 비판을 받는데, 이 같은 비판은 1990
년대 후반부터 학계의 주목을 받으며 2000년대 학계의 핵심 쟁점 중 하
나로 부상하였다.[2] 역사학계에서는 '국사'에 대한 비판도 제기되었는데,
그것은 일본의 『새로운 역사 교과서』에 대한 비판과 함께 이루어졌다. 당
시 한국 민족주의에 대한 문제의식을 확산시키며 이러한 논의를 주도했
다고 평가되는 것이 임지현과 '비판과 연대를 위한 동아시아 역사포럼'이
하 '동아시아 역사포럼'이다. 그런데 국사의 해체와 같은 도발적인 문제를 제기해
서 화제를 부르기도 한 '동아시아 역사포럼'은 무엇보다 한일의 지식인들
이 경계를 넘어서 대화하기 위한 장으로서 설정된 것이기도 했다. 한편,
1999년에 임지현[1959~]이 편집위원으로 참가한 잡지 『당대비평』 역시 일
본에서의 논의를 적극적으로 소개하는 가운데, 실제로 한일 지식인들의
교류를 위한 지면이 수차례 마련된 바 있다. 국내에 본격적으로 일본의
이론이 소개되던 이 시기에는 역사수정주의를 비롯한 일본의 '우경화'에
대응하여 일본의 내셔널리즘을 비판하는 일본 지식인들의 저작도 쏟아
져 나왔다.

---

1   내셔널리즘은 국민주의, 국가주의, 민족주의 등으로 번역될 수 있다. 여기서 다루는 내
    셔널리즘 비판 논의들은 종종 이 모두를 아우르지만, 한국의 내셔널리즘 비판 담론에
    서는 '민족주의'라는 용어가 주로 쓰이기도 한다. 이 같은 점을 감안해 이 글에서는 일
    반적인 서술에서는 내셔널리즘을, 개별적인 논의들과 관련해서는 그 논의에서 쓰이고
    있는 표현을 그대로 썼음을 밝혀둔다.
2   전재호, 「2000년대 한국의 '탈민족주의' 논쟁 연구-주요 쟁점과 기여」, 경남대 극동문
    제연구소, 『한국과 국제정치』 102호, 2018, 34~35쪽.

임지현을 비롯한 '동아시아 역사포럼'의 활동에 대한 분석은 주로 한국에서 일련의 탈민족주의의 논의를 어떻게 평가할 것인가라는 물음을 중심으로 이루어졌다. 그런데 여기서 놓치지 말아야 할 것은 2000년대에 들어서 거의 처음으로 한국과 일본 사이에 폭발적인 교류가 일어났으며,[3] 한국과 일본의 내셔널리즘이라는 주제는 양국의 지식인들이 만날 수 있는 하나의 초점이기도 했다는 점이다. 그렇다면 한국과 일본을 더 이상 집단적인 피해자와 가해자로 보지 않으며, 내셔널한 아이덴티티에 속박되지 않고 경계를 넘어서 동등하게 교류하고자 하는 지식인들의 수많은 대화에도 불구하고, 왜 여전히 많은 한국인과 일본인들이 역사문제를 둘러싼 대립과 상호혐오에서 벗어나지 못하는 것일까? 이 글에서는 이러한 물음을 풀기 위한 실마리를 찾기 위해, 내셔널리즘을 비판하면서 이루어진 당시 지식인들의 교류 자체가 어떻게 그들 자신의 내셔널한 규정성과 관계 맺었는지를 『당대비평』과 '동아시아 역사포럼'의 주변에 초점을 맞추어 살펴보고자 한다.

2. 일본 내셔널리즘 비판에서부터

1) 교과서 문제와 '자기비판'

한국에서 내셔널리즘 비판이 본격적으로 확산된 배경으로 우선 탈냉전과 글로벌화와 같은 현상과 더불어 포스트모더니즘 이론의 영향을 들 수 있을 것이다. 천정환에 따르면, 1990년대 후반에 외국의 '포스트주의'

---

3   홍종욱, 「좌담-식민지근대성론의 역사와 현재」, 『역사비평』 136, 역사비평사, 2021, 47쪽.

이론이 본격적으로 국내에 수입되는데, 이것이 대략 2000년대 초반까지 탈민족·탈근대 담론으로서 한국의 학계에 스며든다.[4] 또 전재호는 1990년대부터 확산된 글로벌 경제와 시장의 자유화 및 본격적인 이주민의 유입, 중국과 일본의 민족주의라는 현실의 변화를 바탕으로 베네딕트 앤더슨Benedict Anderson, 1936~2015이나 에릭 홉스봄Eric Hobsbawm, 1917~2012을 위시한 민족주의에 대한 근대론적 시각과 포스트모더니즘 이론이 영향을 미치면서 국내에 내셔널리즘 비판 논의가 확산되었다고 짚는다.[5] 이 같은 현실적, 이론적 변화 가운데, 특히 한국의 역사 연구자들 사이에서 민족주의에 대한 일종의 자기반성이 본격적으로 제기된 구체적인 계기 중 하나가 일본의 '새로운 역사 교과서'가 검정 제도를 통과하면서 생긴 이른바 교과서 문제였다.

윤건차尹健次, 1944~가 지적하듯, 일본의 교과서 문제와 관련한 한국의 반성은 2000년 이후 여러 신문과 잡지에서 다루어졌는데, 이를 뒷받침한 것은 일본의 교과서 문제가 단지 '남의 이야기'만은 아니라는 인식이었다.[6] 일본의 교과서 문제에 대응하며 아시아 공동의 역사인식을 만든다는 목표로 2001년에 결성된 일본 교과서 바로잡기운동본부2003년부터 아시아평화와역사교육연대가 2003년에 도쿄에서 개최한 제2회 '역사인식과 동아시아

---

4 천정환, 「탈근대론과 한국 지식문화(1987~2016) – 전개 과정과 계기들」, 『민족문학사연구』 67호, 민족문학사연구소, 2018, 64쪽.

5 전재호, 앞의 글, 38~40쪽.

6 윤건차, 박진우 외역, 『교착된 사상의 현대사 – 1945년 이후의 한국·일본·재일조선인』, 창비, 2009, 500쪽. 이 시기 『일본비평』에서 꾸린 특집 「탈/국가·탈/민족 역사서술에 대해 듣는다」의 필진 중 하나인 박명규 일본 역사 교과서 파동을 겪으면서 역사교육 문제가 일본만의 문제가 아니며 한국의 자성도 필요하다는 인식이 점차 확산되었다고 지적하였다. 박명규, 「역사논쟁에 대한 사회학적 이해」, 역사문제연구소, 『역사비평』 2, 역사비평사, 2002, 89쪽.

평화포럼'에서 후쇼샤扶桑社 교과서사건을 계기로 한국의 국정 교과서 제도에 대한 문제의식이 본격적으로 제기되었다고 평가한 것도 이를 보여준다.[7] 즉 일본 역사 교과서의 내셔널리즘적인 관점을 비판하는 것이, 역으로 한국의 민족주의나 민족을 당연한 서술 주체로 상정하는 '국사' 교과서를 돌아보는 과정과 연동되어 있었던 셈이다. 이는 일본의 역사 교과서 문제를 다룬 당시 잡지들의 특집에서도 여실히 드러난다.

이를 확인하기 위해 우선 『역사비평』 2001년 8월호가 집중토론으로 다룬 주제 중 하나인 「일본 역사교과서 왜곡을 어떻게 볼 것인가」를 보자. 7시간 동안 이루어졌다고 하는 이 좌담에서는 우선 신자유주의, 포스트모더니즘 등의 여러 사조가 역사학의 위기의식을 심화시키고 있다는 인식 아래, 일본 교과서를 둘러싼 논쟁이 역사에 관한 여러 문제의식들을 나누는 계기 중 하나로 제시되고 있다.[8] 가령 좌담회에 참가한 윤해동[1959~]과 같은 논자는 1990년대 이후 여러 번 논란이 되었던 일본의 역사 인식 문제가 한국의 민족감정과 결합함으로써 이용되고 있다는 문제를 제기한다. 지수걸[1957~]은 이 같은 문제의식을 단적으로 "남을 비판하려면 자기 허물부터 먼저 되돌아봐야 한다"[9]는 말로 표현하였다. 반면 송상헌[1955~]은 일본의 교과서 문제가 한국의 내부적인 문제와 관련되어 있음에 동의하면서도, 논의가 한국의 잘못된 측면에 강조하는 방향으로 나아가는 것을 경계한다.

---

7   일본교과서바로잡기운동본부 상임공동운영위원장인 양미강은 일본의 교과서에 대한 문제제기가 한국 교과서에 대한 자성적 성찰을 심화시켰다고 평가한다. 양미강, 「한국사 교과서와 교육현장에 나타난 일본군 '위안부' 문제」, 일본교과서바로잡기운동본부 편, 『글로벌화와 인권·교과서』, 역사비평사, 2003, 100쪽.

8   임대식 외, 「쟁점 1 – 일본 역사교과서 왜곡 어떻게 볼 것인가」, 역사문제연구소, 『역사비평』, 역사비평사, 2001.8a, 57쪽.

9   임대식 외, 위의 글, 66쪽.

이와 같은 논의는 자연스럽게 탈민족주의에 관한 것으로 이어지고, 그 사상적 배경이라고도 할 수 있는 포스트모더니즘적 역사인식에 대한 관점 자체가 문제시되기도 한다. 먼저 좌담회 참가자들 가운데서도 김희교 1962~는 탈민족주의 담론이 유행하고 있지만 "동아시아는 여전히 민족주의적"이라고 지적했고, 서의식1956~은 일본의 교과서가 역사적 주체로서 민족을 회복하고자 하는 취지에 대해서는 "오히려 격려하고 싶"다고 하면서, 문제는 교과서의 왜곡된 서술이 근거하고 있는 포스트모더니즘적 인식이 "진정한 민족주의적 역사인식"이 아니라는 데에 있다는 논의를 전개한다.[10] 이후 참가자들 사이에 민족주의에 대한 이해 자체가 다르다는 것이 드러나며, 좌담은 '민족'이 피해 당사자로서 일본 교과서를 비판할 수 있는 근거가 되는가에 대한 물음을 거쳐 탈민족·탈국가적 역사인식의 타당성 자체를 둘러싼 토론으로 향해 간다.[11]

이 좌담에서 지수걸이 한일 역사 교과서의 공통된 코드로서 국가와 민족, 민족주의를 들면서 "주전선은 분명 이쪽 민족주의와 저쪽 민족주의 사이에 형성되어"[12] 있다고 지적하는 것은 이 시기의 한일 지식인 사이에

---

10   위의 글, 63쪽. 단, 여기에 대해서는 좌담회 참석자인 김기봉이 역사의 중심을 세우고 자 하는 『새 역사 교과서』를 포스트모더니즘 이론에 입각한 것으로 볼 수는 없으며, 포스트모더니즘은 오히려 그 같은 이데올로기의 허구성을 비판하는 무기가 된다고 반박하고 있다(위의 글, 65쪽). 한편, 조경희에 따르면 자유주의사관은 적어도 초기에는 '건전한 내셔널리즘'을 향한 대중의 욕망에 일정하게 호소하고 있었고, 구성주의적 역사관을 내셔널리즘에 차용했다는 점에서 포스트모던 담론과 친화적인 측면이 있는 것이었다. 조경희, 「일본의 역사수정주의·국가주의·백래시의 연동 – '새역모'와 '일본회의' 를 중심으로」, 새얼문화재단, 『황해문화』 105, 2019, 106쪽.

11   임대식 외, 「쟁점 2 – 탈민족·탈국가적 역사인식은 타당한가」, 위의 책, 2001, 85~130 쪽 참조. 이어진 토론 「쟁점 3 – 역사를 어떻게 가르칠 것인가」에서는 앞선 논의를 바탕으로 한국의 '국사'교과서의 문제점이나 역사교육에 대한 구체적인 토론이 전개된다. 위의 책, 131~146쪽 참조.

12   임대식 외, 앞의 글, 2001a, 68쪽.

이루어진 논의 가운데 한 축이 이 주전선을 어떻게 해체할 것인가, 혹은 한일 양국 사이에 존재한다고 여겨지는 전선을 어떻게 다른 곳에 그을 것인가를 둘러싸고 있었음을 짐작하게 해준다. 한국 측에서 일본의 역사 교과서나 역사인식을 비판하는 것의 정당성은 윤해동이 지적하듯 식민지의 '피해자'로서 '가해의 당사자'인 일본을 대상으로 하는 데에서 찾을 수 있겠지만, 이렇듯 피해와 가해라는 선 자체가 개인이 아니라 국가 혹은 민족을 단위로 설정하고 있는 것이다. "**우리가** 일본 교과서를 비판할 수 있는 근거가 어디에 있는가"강조-필자[13]라는 윤해동의 자문이 "인간의 기본권이라고 하는 보편적 인권"이라는 답으로 연결되는 것도 이 때문이다. 문제는 일본 교과서를 비판하든 그것을 거울로 스스로의 역사 교과서를 돌아보든, 이때 상정되는 '우리'에게서 민족의 개념까지 포함한 내셔널한 구분을 완전히 떼어내는 것이 대단히 어려웠다는 데에 있었다.

2) 일본 지식인의 내셔널리즘 비판

이렇듯 일종의 자기비판으로서 한국의 역사 교과서에 대한 비판이 전개되는 시기에, 내셔널리즘을 비판하는 일본 지식인들의 논의도 본격적으로 한국에 소개된다. 1999년에 윤건차는 일본 인문서나 사회과학 서적의 번역·출판이 활발히 진행되고 있음을 지적하면서, 이를 "본격적인 의미에서 일본 사상의 수용"이라고 평가한 바 있다.[14] 윤건차는 한국에서 일본의 사상을 읽는다는 것은 일본의 근대성을 규명한다는 문제의식과 이어져 있으며 이는 근대를 둘러싼 한국의 학문적 과제이기도 하다고 보았

---

13   위의 글, 71쪽.
14   윤건차, 「한국의 일본 지성 수용의 문제점 - 『사죄와 망언 사이에서』와 『국가주의를 넘어서』를 중심으로」, 역사문제연구소, 『역사비평』, 역사비평사, 1999.8, 387쪽.

는데, 여기에도 식민지를 경험한 한국에서는 그 '내부의 타자'인 일본을 논하는 것과 한국을 논하는 것이 겹쳐져 있다는 전제가 존재한다. 이때 그가 구체적으로 거론하는 일본의 인문서가 한국과 일본 양국에서 큰 논쟁을 불러일으킨 가토 노리히로加藤典洋, 1948~2019의 『사죄와 망언 사이에서敗戰後論』[15]와 고모리 요이치小森陽一, 1953~ · 다카하시 데쓰야高橋哲哉, 1956~가 편집한 『내셔널 히스토리를 넘어서ナショナル·ヒストリーを超えて』[16]이다. 이 글에서 윤건차 역시 일본의 식민주의 청산과 한국의 탈식민주의라는 과제가 표리 관계에 있음을 짚으면서, 한국의 민족주의가 재음미되어야 할 때라는 시대적 과제와 일본 사상의 번역과 수용을 함께 거론하였다.

기실 2000년을 전후한 이 시기를 기점으로 한국에서는 일본의 다양한 이론적 작업들이 소개되었는데, 그중에는 일본의 내셔널리즘을 비판하는 흐름 위에 있는 책들이 적지 않았다. 구체적으로는 다나카 히로시田中宏, 1937~ 외 『기억과 망각—독일과 일본, 그 두 개의 전후』이규수 역, 삼인, 2000, 다카하시 데쓰야의 『일본의 전후 책임을 묻는다—기억의 정치, 망각의 윤리』이규수 역, 역사비평사, 2000, 서경식1951~ · 다카하시 데쓰야의 『단절의 세기

---

15 가토 노리히로, 서은혜 역, 『사죄와 망언 사이에서—전후 일본의 해부』, 창작과비평사, 1998 참조. 이 글에서 윤건차는 한국이 가토의 논의를 수용한 방식에 우려를 표하며, 여러 필자들이 가토의 논의를 비판적으로 다루고 있는 『국가주의를 넘어서』가 번역된 것을 환영하고 있다.

16 코모리 요우이치 · 타카하시 테츠야, 이규수 역, 『국가주의를 넘어서』, 삼인, 1999 참조. 이 책은 이후 제목을 원문에 가까운 『내셔널 히스토리를 넘어서』로 바꾸어 다시 출간되었다. 필자로는 고모리 요이치, 고노 겐스케(紅野謙介), 서경식(徐京植), 이연숙, 나리타 류이치(成田龍一), 요시에 아키오(義江彰夫), 이효덕(李孝德), 오고시 아이코(大越愛子), 강상중(姜尚中), 가와모토 다카시(川本隆史), 이와사키 미노루(岩崎稔), 요시미 슌야(吉見俊哉), 다카하시 데쓰야, 요네야마 리사(米山リサ), 우카이 사토시(鵜飼哲), 후루타 모토오(古田元夫), 하세가와 히로코(長谷川博子), 사토 마나부(佐藤學)이다 (이 글에서는 일본어 인명 등을 대체로 외래어표기법에 준하여 썼으나, 서지사항을 표시하거나 인용일 경우에는 해당 원문을 따랐다).

증언의 시대-전쟁의 기억을 둘러싼 대화』김경윤 역, 삼인, 2002, 고모리 요이치의『포스트콜로니얼-식민지적 무의식과 식민주의적 무의식』송태욱 역, 삼인, 2002과『1945년 8월 15일 천황 히로히토는 이렇게 말하였다-'종전 조서 800자로 전후 일본 다시 읽기』송태욱 역, 뿌리와이파리, 2004, 사카이 나오키酒井直樹, 1946~의『사산되는 일본어·일본인-일본의 역사-지정적 배치』이득재 역, 문화과학사, 2003와『국민주의의 포이에시스』이규수 역, 창작과비평사, 2003 등 일본의 지식인이 일본의 전후를 비판적으로 다룬 책들이 여럿 국내에 출간되었음을 확인할 수 있다. 이연숙은 1999년에 쓴 글에서 당시 일본의 지식인들 사이에서 가장 격렬한 논쟁거리가 '국민'의 개념이었다고 정리하고 있는데,[17] 그가 포스트모더니즘 사상을 배경으로 국민을 '탈구축'하고자 했던 논자로 소개하고 있는 다카하시나 사카이를 비롯해 이 같은 논의가 거의 동시적으로 한국에 소개되며 한국의 국사 교과서나 내셔널리즘에 대한 비판과 연동하기 시작했던 것이다.

정다함이 정리하듯 한국 역사학계에서 민족주의적 관점과 서사에 대한 비판이 본격적으로 시작된 시기 또한 1990년대 말에서 2000년대 초반으로, 임지현의『민족주의는 반역이다』소나무, 1999가 출간된 것이 1999년, 근대 국민국가의 틀을 적용하여 고대사를 연구하는 것을 비판하여 큰 반향을 일으킨 이성시1952~의『만들어진 고대-근대 국민국가의 동아시아 이야기』박경희 역, 삼인, 2001가 번역된 것은 2001년이다.[18] 『만들어진 고대』역시 일본의 교과서 문제로 제기된 한국의 민족사에 대한 비판과 연관되

---

17 이연숙,「'전쟁'이라는 덫-현대 일본의 정신 토양」,『당대비평』제6호, 생각의나무, 1999, 410~412쪽.
18 정다함,「세종 성군 논란을 통해 본 뉴라이트 역사인식의 확산과 한국사 연구의 '탈식민' 문제」, 역사문제연구소,『역사비평』, 역사비평사, 2021.5, 231쪽.

어 읽혔다. 이 책이 교과서 문제를 넘어 한중일의 역사적 갈등의 본질을 예리하게 지적한 드문 책[19]이었다고 뒤돌아보는 김종복의 서평이 "민족주의가 가진 배타적 속성은 우리라고 해서 예외가 아닐 것"[20]이라는 말로 끝맺고 있는 것은 이를 분명히 보여준다. 다른 평자들 역시 "여전히 민족적 관점에 갇혀 있는 한국의 역사 연구자들"[21]에게 이 책이 신선한 충격이었다고 평가하거나, "민족사의 체계에 안주해 온 한국사 연구자들"[22]의 고민을 촉구한다는 점에서는 다르지 않았다.

이에 앞서 1999년에 번역된 『내셔널 히스토리를 넘어서』 또한 "부흥하는 일본 내셔널리즘에 대한 **진보적 지식인** 18인의 비판!"강조-필자이라고 소개되고 있으며, 머리글을 쓴 다카하시는 이 책이 "일본 내셔널리즘의 공세를 전면에서 비판하는 글들로 구성"되었다고 평하였다.[23] 구체적으로 보면 이 책에서는 자유주의사관과 함께 가토 노리히로의 논의가 비판의 대상이 되고 있는데, 이효덕李孝德, 1962~, 고모리 요이치, 오고시 아이코大越愛子, 1946~2021, 요네야마 리사米山りさ, 1959 등 여러 필자들이 가토를 직접적으로 언급하고 있다. 물론 이 책의 필자들 역시 앞선 좌담과 마찬가지로 정확히 무엇을 내셔널리즘으로서 비판하고 있는지와 관련해서 반드시 일치하는 관점을 취하지는 않는다.

---

19 김종복, 「근대 국가가 만든 역사를 넘어서-『만들어진 고대』」, 『내일을 여는 역사』 12월 호, 재단법인 내일을여는역사재단, 2003, 289쪽.
20 위의 글, 293쪽.
21 배성준, 「민족사를 넘어서려는 시도와 곤경-이성시, 『만들어진 고대(삼인, 2001)』」, 『역사문제연구』 제8호, 역사문제연구소, 2002, 194쪽.
22 엄기환, 「근대와 고대의 직조(織造)로서의 고대사 해체하기」, 『당대비평』 제17호, 생각의나무, 2001, 407쪽.
23 코모리 요우이치·타카하시 테츠야, 이규수 역, 『내셔널 히스토리를 넘어서』, 삼인, 2005, 6쪽.

가령 고모리는 가해와 피해의 사실 인식에서 내셔널리즘을 배제해야 한다고 보고, 일본인이 일본인으로서 역사에 관련될 수밖에 없다는 주장을 경계한다. 그렇다면 일본이라는 정치적 공동체에 귀속하는 것을 인정하되, "국가·민족·국민으로 환원시킬 수 없는 개인의 다양한 귀속 관계의 복수성"[24] 속에서 전쟁 책임과 전후 책임을 관련시켜나갈 수밖에 없다. 이 같은 논의 자체는 기본적으로는 내셔널한 아이덴티티 자체를 경계하고 있다는 점에서 한국의 민족주의를 비판하는 논거 또한 될 수 있을 것이다. 하지만 "일본인에 의한, 일본인을 위한 상기"[25]라는 생각 자체를 문제시하더라도, 1945년 베트남 기근을 연구한 후루타 모토오古田元夫, 1949~가 신중하게 접근하고 있듯 식민지의 역사를 연구하는 데에 "일본인이라는 구속성"[26]이 작동하지 않을 수는 없다. 그리하여 후루타는 가해자와 피해자의 국민 신화를 같은 수준의 대립으로 볼 수 없다는 입장을 명시한다. 홀로코스트 부정론과 자유주의사관의 역사수정주의를 관련 짓는 다카하시의 글에서는 개개의 '일본인'이 피해자의 고발을 받아들이는 것이 "'자국'과 '자국사'의 틀을 극복하는 첫걸음"[27]으로 자리매김되는데, 이때 집단적인 가해자로서 호명되는 '일본인'과 개개인들 사이의 관계를 어떻게 규정할 것인가는 여전히 공백으로 남아있다. 그런 가운데 여기서

---

24 위의 책, 42쪽.

25 요네야마 리사, 「기억의 미래화에 대해서」, 위의 책, 293쪽. 요네야마는 전후 일본에서 망각에 저항하는 움직임이 특정한 내셔널리즘을 비판하는 동시에 내셔널한 언설을 재생산해 왔음을 지적한다. 이러한 움직임이 국가에 의한 사죄와 보상을 요구함으로써 내셔널한 틀과 민주적인 공적 공간을 빈틈없이 합치시켜 일본인이라는 국민적 정체성을 한층 더 공고화할지도 모른다는 것이다.

26 후루타 모토오, 「전쟁의 기억과 역사 연구-1945년도 베트남의 기근 조사」, 위의 책, 321쪽.

27 타카하시 테츠야, 「부정론의 시대」, 위의 책, 277쪽.

는 '위안부' 피해자를 피해자로서 우선 인정하는 것이 가해자와 피해자, 민족과 민족, 성과 성 사이의 균열을 메우기 위한 전제조건이 된다.

머리말에서 다카하시가 『내셔널 히스토리를 넘어서』라는 책의 제목에 대해 필자들 사이에서도 논의가 많았다고 밝히고 있는 것은 이 같은 입장의 차이와도 관련이 있을 것이다. 하지만 이는 내셔널리즘과 밀접한 관계가 있는 '자국사', '국민사'를 비판할 때에도 "비판자의 위치나 비판의 맥락"[28]이 있을 수밖에 없다는 것으로 일단 유보된다. 그러면서 다카하시는 이른바 '저항 내셔널리즘'을 지배자 측의 내셔널리즘과 동일하게 논할 수는 없음을 분명히 한다. 여기서 '내셔널 히스토리'를 넘어서는 것과 '자국'의 가해자로서의 과거를 받아들이는 것은 모순되기보다는 함께 이루어져야 하는 일이다. 식민지 지배의 피해자라는 집단적인 정체성에 대해서 왈가왈부하기보다는, 일단 가해 책임을 축소하거나 부정하는 혹은 애초에 가해자로서의 일본인이라는 정체성 자체를 거절하면서 탈민족적인 제스처를 취하는 일본 내의 움직임에 맞서는 것이 이 같은 책에 나타나는 내셔널리즘 비판의 중심이었다. 그리고 이 책이 한국에 번역됨으로써 이러한 논의는 한국어판 서문에 쓰여 있듯 말 그대로 일본의 '내셔널 히스토리'라는 틀을 넘을 수 있는 가능성을 얻으며, 일본 지식인의 자국사에 대한 비판이 다시 한국의 역사 교육을 비추어 보는 계기가 되는 과정이 기대된다. 이렇게 자국 내셔널리즘의 비판은 자국의 지식인이 한다는 의도치 않은 일종의 역할 분담이 이루어지는 가운데, 일본의 지식인들이 한국의 내셔널리즘에 대해서는 눈을 감고 있음을 문제 삼은 것이 임지현과 '동아시아 역사포럼'이었다.[29]

---

28 타카하시 테츠야, 「머리말」, 위의 책, 7쪽.
29 반면 임지현을 비롯해 '동아시아 역사포럼'의 탈민족주의 담론에 대해 비판적인 나종

3. 『당대비평』과 한일 지식인의 대화

1) 『당대비평』에서 이루어진 내셔널리즘 비판

그런데 이 '동아시아 역사포럼'의 출발은 잡지 『당대비평』을 계기로 하며, 이러한 내셔널리즘 비판의 맥락 또한 이 잡지와 공유되고 있었다. '동아시아 역사포럼'이 어떻게 만들어져서 어떠한 논의를 이어갔는지를 살피기에 앞서, 이 절에서는 『당대비평』으로 어떠한 일본 지식인들이 국내에 번역되었는지를 확인하고, 실제로 대화라는 형식으로 이루어진 한일 지식인의 지면을 통한 교류를 검토하기로 하자.

『당대비평』은 1997년에 창간되어 2005년에 휴간하기까지 29호가 간행된 잡지이다. 천정환은 이 잡지에 대해 탈근대론과 탈민족주의 담론 등 그전까지는 가시화되지 않았던 주제들로 1990년대 후반 이후 공론장의 한 축을 주도했다는 평가를 내리기도 했다.[30] 〈표 1〉에서 볼 수 있듯, 창간호에 오다 마코토小田実, 1932~2007의 글이 실린 뒤로 이 잡지에는 서경식, 김석범金石範, 1925~, 이효덕, 강상중1950~ 등의 재일조선인과 도미야마 이치로冨山一郎, 1957~, 요시미 슌야吉見俊哉, 1957~, 우카이 사토시鵜飼哲, 1955~, 사카이 나오키, 나카노 도시오中野敏男, 1950~, 이와사키 미노루岩崎稔, 1956~, 이타가키 류타板垣竜太, 1972~, 우에노 치즈코上野千鶴子, 1948~, 와다 하루키和田春樹, 1938~ 등의 일본인 지식인들의 글이 주기적으로 실렸다. 이러한 필진은 당시에 활발히 번역되던 일본 지식인들과도 겹쳐지며, 그 점에서 윤여일이 평가하

석은 『내셔널 히스토리를 넘어서』의 "역사적 맥락과 결부되어 있는 여러 민족주의의 차이에 대한 감수성"을 긍정적으로 평가한다. 나종석, 「탈민족주의 담론에 대한 비판적 성찰」, 『인문연구』 57호, 영남대 인문과학연구소, 2009, 70~71쪽 참조.

30 천정환, 앞의 글, 77쪽.

듯 이 잡지가 일본의 지식인이나 활동가들의 목소리를 한국 지식계의 공론장으로 전달하는 매개로 기능했다고 할 수 있을 것이다.[31] 우카이 사토시와 같은 논자가 글 서두에 「한국의 독자께」를 덧붙이고 있다는 데에서도 알 수 있듯, 한국어로 번역되어 한국의 잡지 지면에 소개되는 일본인 지식인의 글은 그 자체로 한국어 독자와의 만남을 가능하게 하는 것이었다. 또 이 같은 일본의 지식인들이 특히 「위기 속의 아시아, 국가·민족을 넘어 연대는 가능한가」, 「동아시아 지성의 고뇌와 모색―지구화와 내셔널리티 사이에서」와 같은 특집에 참여하거나 아시아나 동아시아, 내셔널리즘, 국적, 국민국가, 민족주의, 경계 등이 키워드로 등장하는 글을 쓰고 있다는 점은, 이 잡지를 통해 일본의 지식인들이 당시의 한국에서 내셔널리즘을 둘러싼 논의의 한 부분을 생산하고 있었음을 보여준다.

〈표 1〉 『당대비평』에 등장한 일본 측 필자와 글 목록

필자	제목	호수	비고
오다 마코토	변화하는 아시아와 시민연대	창간호 (1997년 가을호)	특집/자유와 평등을 넘어 사회적 연대로
사사키 이치로	협력·공동의 동아시아 세계 형성 ―새로운 동아시아 공동체 형성을 위한 제언	제5호 (1998년 가을 ·겨울 합본호)	특집/위기 속의 아시아, 국가·민족을 넘어 연대는 가능한가
서경식	어머니를 모욕하지 말라	제5호	당대포럼
도미야마 이치로	평화를 만든다는 것	제7호 (1999년 여름호)	특집/잠복된 전쟁 ―야만의 시나리오에 저항하라
김석범	다시 '재일'에게 '국적'이란 무엇인가 준통일 국적의 제정을 바란다	제7호	비평
이효덕	국민 국가의 안과 밖 ―국민 국가·국적·주체	제7호	비평

---

31 윤여일에 따르면 이들 일본인 필자 중 많은 수가 이 잡지를 통해 한국어 잡지에 처음으로 글을 실었다. 윤여일, 『동아시아 담론―1990~2000년대 한국사상계의 한 단면』, 돌베개, 2016, 71~72쪽.

필자	제목	호수	비고
서경식	'히노마루'·'기미가요'의 법제화, 죽어가는 일본 민주주의	제8호 (1999년 가을호)	
강상중 ·요시미 슌야	혼성화 사회를 찾아서 −내셔널리티의 저편으로	제10호(2000년 봄 특별호)	특집/동아시아 지성의 고뇌와 모색 −지구화와 내셔널리티 사이에서
우카이 사토시	국민이란 무엇인가 −'시민 캘리번' 혹은 에르네스트 르낭의 정신의 정치학	제10호	특집/동아시아 지성의 고뇌와 모색 −지구화와 내셔널리티 사이에서
다와라 요시후미	포커스/점입가경, 『국민의 역사』 밀리언셀러 만들기	제10호	촌평
도정일·이와사 키 미노루	시장 전체주의와 대학 개혁 −'자살'에의 강요	제11호 (2000년 여름호)	대담
나카노 도시오	자발적 동원형 시민사회론의 함정	제12호 (2000년 가을호)	특집/민중, 희생자인가 공범자인가
사카이 나오키	염치 없는 내셔널리즘	제13호 (2000년 겨울호)	논단
김우창 ·고지마 기요시	'지성의 독립성'과 성찰의 근거에 대하여	제13호	대담
오쓰루 다다시	장애와 건강 −장애와의 건강한 관계는 어떻게 가능한가	제14호 (2001년 봄호)	연속기획/한국 사회의 편견과 차별의 구조1−신체 장애
후지메 유키	일본군 '위안부' 문제의 공소와 그 의의	제14호	포커스
이효덕	내셔널한 '살신'에서 개인적인 '죽음'을 탈환하기 위하여 −희생(sacrifice)이 아니라 피해자(victim)로서	제14호	동향
야스마루 요시오	'역사 교과서' 문제와 현대 일본	제16호 (2001년 가을호)	일본 '역사 교과서'를 둘러싼 한·일 지식인의 편지
고지마 기요부미	'국가를 위해 죽는다'는 것	제16호	일본 '역사 교과서'를 둘러싼 한·일 지식인의 편지
나카노 도시오	'미국이 틀렸다'고 말한다는 것 −미국 내셔널리즘에 던지는 질문	제17호 (2001년 겨울호)	특집/2001년 9월 11일 이후의 세계 −'역사의 천사'는 사라졌는가
오카 마리	오오, 아프가니스탄, 오오, 카불, 오오, 칸다하르……여! −우리는 누구의 시선으로 세계를 보는 걸까?	제17호	현장통신/우리는 누구의 시선으로 세계를 볼 것인가

필자	제목	호수	비고
오카모토 아쓰히사	'고이즈미' 군사 계획의 위험한 목표 －전장(戰場)의 히노마루를 높이 올려라	제17호	동향 신세계 질서와 아시아
오카노 야요	일본 국민 국가의 경계 안에서 어떻게 식민지를 이해할 수 있을까?	제17호	일본군 '위안부' 문제를 둘러싼 한·일 지식인의 편지
오구라 도시마루	'USA'와 '니폰', 두 개의 환호 사이에서 －월드컵과 일본 내셔널리즘의 구조	제20호 (2002년 가을호)	특집/흘러넘침과 비어 있음 －대한민국, 2002년 6월의 기억
이타가키 류타	제국의 신민 관리 시스템 －과거와 현재	제20호	쟁점
서경식	저울에 달아서는 안 된다 －조선인과 일본인에게 보내는 메시지	제21호(2002년 겨울·2003년 봄 합본호)	쟁점비평/식민주의와 폭력의 연쇄를 단절하기 위해－북·일 수교협상과 일본인 납치사건
오타 마사쿠니	흘러 넘치는 '일본 이야기'의 그늘에서 누가, 어떻게 배제되어 가는가 －'납치' 문제의 심층	제21호	쟁점비평/식민주의와 폭력의 연쇄를 단절하기 위해－북·일 수교협상과 일본인 납치사건
우카이 사토시	막다른 지경에 몰리고 있는 자는 누구인가	제21호	쟁점비평/식민주의와 폭력의 연쇄를 단절하기 위해－북·일 수교협상과 일본인 납치사건
이타가키 류타	'북일 사이의 진정한 화해와 평화를 바라는 긴급성명'의 경위와 그 반향	제21호	쟁점비평/식민주의와 폭력의 연쇄를 단절하기 위해－북·일 수교협상과 일본인 납치사건
도미야마 이치로·김철	말하지 못하는 기억, 침묵의 웅변을 듣는다 －도미야마 이치로, 『전장의 기억』	제21호	텍스트 대담
마이클 하트·나가하라 유타카	제국(帝国)을 넘어서－편재하는 반란	제22호 (2003년 여름호)	마이클 하트에게 듣는다
이타가키 유조	이라크 전쟁, 과연 역사는 어떻게 판정할까	제22호	동향비평/제국의 위기－타자의 파괴를 꿈꾸는 '자기파괴적' 욕망
사카이 나오키	제국주의적 국민주의와 파시즘	제22호	
우에노 치즈코	'적의 무기로 싸우는 것'에 대해 －우에노 치즈코의 첫 번째 편지	제23호 (2003년 가을호)	경계에서 말한다 한·일 여성학자 서신교환
미나토미치 다카시	대결 핵심유럽 선언, 아시아의 지식인은 어떻게 볼 것인가	제23호	동향비평/유럽의 혁신, 팍스 아메리카나의 대안이 될 수 있는가

필자	제목	호수	비고
이타가키 류타	역사주의에 저항하면서 역사를 응시한다 —사카이 나오키·임지현, 『오만과 편견』	제23호	
마이클 하트 ·나가하라 유타카	제국(帝国)을 넘어서—편재하는 반란	제23호	마이클 하트에게 묻는다(2)
우에노 치즈코	우에노 치즈코의 두 번째 편지 ·우에노 치즈코의 세 번째 답신	제24호 (2003년 겨울호)	경계에서 말한다 한·일 페미니스트 서신교환 2·3
우에노 치즈코	우에노 치즈코의 네 번째 편지 ·우에노 치즈코의 다섯 번째 편지 ·우에노 치즈코의 여섯 번째 편지	제25호 (2004년 봄호)	경계에서 말한다 한·일 페미니스트 서신교환 4·5·6
최덕효	'구(舊) 종주국'에 사는 조선인과 '민족'	제27호 (2004년 가을호)	민족주의를 생각한다2
다카오카 히로유키	전쟁과 건강—근대 '건강 담론'의 확립과 일본 총력전 체제	제27호	
우에노 치즈코	'그녀들'의 목소리는 무엇을 요구하고 있는가	제28호 (2004년 겨울호)	기억과 상처/일본군 위안부, 이영훈 사태, 성매매
브루스 커밍스 ·와다 하루키	김정일 체제 10년을 어떻게 볼 것인가	제28호	위기의 동아시아
야지마 츠카사	단절의 계보	제28호	

그렇다면 한국과 일본의 관계를 놓고 볼 때 『당대비평』에서는 구체적으로 어떠한 내셔널리즘 비판이 이루어졌을까? 먼저 2000년 이전에 실린 서경식, 김석범 등과 같은 재일조선인 지식인의 글들이 '위안부' 문제나 국적 문제를 구체적으로 다루고 있다.[32] 또 제8호에 실린 서경식의 글은 히노마루·기미가요의 법제화를 경계하는 것으로, 이 글에서도 언급

32 제5호에 실린 서경식의 「어머니를 모욕하지 말라!」는 '위안부'에 대한 글로 앞에서 다룬 『내셔널 히스토리를 넘어서』에 수록되었다. 김석범의 「'다시' 재일에게 '국적'이란 무엇인가」는 한국 국적 취득을 둘러싸고 이회성(李恢成)과 논쟁 중에 쓰인 「'지금' 재일조선인에게 '국적'이란 무엇인가」(이규수 역, 『실천문학』, 실천문학사, 1999. 2)에 이어지는 글이다.

되는 '신 가이드라인 관련 법안'의 성립과 함께 당시 여러 지면에서 등장
하던 일본의 '우경화' 경향에 대한 우려와 궤를 같이 한다.[33] 한편, 김석
범의 글과 함께 실린 이효덕의 「국민 국가의 안과 밖」은 '국적'이라는 개
념 자체에 초점을 맞추어 동질적이고 균질적인 국민을 상정하는 국민국
가의 배타성에 대한 비판을 전개하면서, 근대 국민국가를 탈구축하고 그
'외부'를 상상하기 위한 실마리로서 '재일在日'을 사유한다. 그에 따르면
'재일'은 "일본에서 태어나고 자라나, 국어일본어를 말하고, 일본의 생활 습
관을 공유하는 일 그 자체가 결코 균질성이나 동등성을 무전제 상태로
보증하는 것은 아니라는 것을 체현하는 과잉의 존재"이며 본국에 대해서
도 "'국민'으로서는 완전한 결격자"이자 타자다.[34] 이렇게 특정한 '국민'으
로 스스로를 동일화할 수 없는 '재일'을 통해 국경을 전제로 하지 않는 주
권의 방식과 국가에 종속되지 않는 주체성을 구성할 가능성을 보고자 하
는 이효덕의 시도는, 내셔널리즘을 넘어서고자 하는 기획이 구체적인 삶
의 모습 속에서 어떻게 상상될 수 있는지를 보여주는 것이기도 했다. 또
제14호에 실린 글에서 이효덕은 고 이수현 씨의 죽음을 내셔널한 문맥에

---

33 권혁태에 따르면 '우경화 원년'이라 불리는 1999년 이후 일본에서는 국기/국가법, 주
    변사태법, 유사법제 제정 등의 사태가 이어졌다. 권혁태, 「일본의 '우경화'와 동아시아
    의 평화」, 일본교과서바로잡기운동본부 편, 앞의 책, 232쪽. 이와 겹쳐지는 시기에 아
    시아에서는 역사문제가 불거지면서 '새로운 역사 교과서를 만드는 모임'을 둘러싼 논
    쟁도 함께 이루어진다. 이시야마 히사오(石山久男)는 이 역사 교과서에 대한 싸움의
    중요한 성과 중 하나로 아시아에서 국가 간이 아니라 민중 사이에서 역사인식의 공유
    를 지향하는 토의가 생겼음을 들었다. 그가 "각 국가의 내셔널리즘을 넘어서 서로 대화
    할 수 있는 지점"으로 평가한 것은 '역사인식과 동아시아평화포럼'의 활동과 관계된 것
    으로, 이는 역사 문제를 바탕으로 한중일의 연구자와 교사, 시민단체가 교류한 예이기
    도 하다. 이시야마 히사오, 「일본의 전쟁국가화와 교육─그것에 대항하여 동아시아의
    평화를 만드는 역사인식」, 위의 책, 228쪽.
34 이효덕, 「국민 국가의 안과 밖─국민 국가·국가·주체」, 『당대비평』 제7호, 생각의나무,
    1999, 214~215쪽.

서의 희생^{sacrifice}으로 그리는 일본 미디어와 정치계의 내셔널리즘과 식민주의를 직접 비판하기도 하였다.[35]

2000년 봄에 발행된 제10호에서는 이미 특집 등을 통해 내셔널리즘을 다룬 글들이 여럿 수록되었다. 여기서는 후에 '동아시아 역사포럼'으로 활동하는 임지현, 윤해동의 글도 포함된다. 먼저 「통념에 도전한다」라는 꼭지에 실린 '친일파 청산과 탈식민의 과제'에서 윤해동은 한국 사회에서는 탈식민의 과제가 제대로 인식되지 못하고 친일파 청산이라는 문제만을 둘러싸고 논의가 형성되어 왔다는 문제를 제기하였다. 그에 따르면 이 같은 인적 청산의 기준은 '민족' 집단을 근거로 하는 이상, '친일'을 판단하는 기준 역시 배제적이고 자의적일 수밖에 없다. 또 식민지기에 진행된 '근대화' 과정을 통해 '근대성'과 '친일'이 혼효되면서, 하층이 주도한 한국 민족주의는 근대화에 반발하는 형태로 주형된다. 그에게 "민족주의란 그 이데올로기로서의 심성의 밑바닥에 항상 혈통적·문화적 배타성을 그 속성으로 삼고"[36] 있는 것으로서, 특히 한국 민족주의는 강한 원초론적 성격을 가진다. 그리고 이렇듯 반공 이데올로기와 전근대성을 기반으로 한 하층의 강성 민족주의가 식민지기에 근대화와 친일을 주도하던 지배층에 의해 견인되는 가운데, 한국에서는 민족주의가 약해서가 아니라 오히려 강했기 때문에 인적 청산의 기회를 놓치고 말았다는 것이다. 이를 그는 "식민 지배에 대한 저항의 산물인 민족주의 역시 체제 민주화를 위한 청산의 대상을 구성하고 있다는 역설"[37]이라고 표현하며, 탈식민

---

35 이효덕, 윤경원 역, 「내셔널한 '살신(殺身)'에서 개인적인 '죽음'을 탈환하기 위하여 — 희생(sacrifice)이 아니라 피해자(victim)로서」, 『당대비평』 제14호, 생각의나무, 2001, 203~209쪽.
36 윤해동, 「친일파 청산과 탈식민의 과제」, 『당대비평』 제10호, 생각의 나무, 2000, 294쪽.
37 위의 글, 298쪽.

334   교차와 접합의 지(知) — 냉전과 탈식민의 한일 지식인 교류사

의 과제는 탈민족주의를 진전시키는 과정이어야 한다고 결론 내린다. 이 때 한국의 식민지 잔재 청산 문제와 관련되어 있는 일본의 전후 청산은 '내부 체제'의 청산에는 초점을 맞추지 않고 체제 내 민주화를 이루지 못 했다는 점에서 한국과 마찬가지로 실패한 것으로 해석된다.

같은 호의 특집 「동아시아 지성의 고뇌와 모색—지구화와 내셔널리 티 사이에서」에 묶인 「한반도 민족주의와 권력 담론—비교사적 문제 제 기」[38]에서 임지현이 제기하는 물음 또한, 한국에서는 도덕적 정언명령이 자 사회적 규범으로 받아들여진 민족주의가 가지고 있는 권력담론으로 서의 성격이다. 비교사적 관점에서의 접근을 시도하는 임지현은 식민지 기 한국의 민족주의가 인민 주권적 성격보다는 종족주의적 성격을 강하 게 가지고 있었음을 지적하면서, 민족의 실체를 문화에서 발견하고자 한 이 시기의 민족주의가 민중의 다양한 열망을 민족 담론의 틀로 전유했다 고 평가한다. 그리고 이는 민족주의를 민주화해야 한다는, 즉 민중이 "민 족 국가의 경계를 넘나들며" "다중적 주체성"[39]을 회복해야 한다는 제언 으로 이어진다.

일본에서 연재 중이던 글의 일부를 번역해서 수록한 요시미 슌야·강 상중의 「혼성화 사회를 찾아서—내셔널리티의 저편으로」[40] 역시 내셔널 리티에 의한 배제의 구조를 문제 삼는데, 여기서 '이질적 타자'를 구성요 건으로 하는 내셔널한 동질성에 균열을 일으키기 시작한 요인 중 하나로

---

38 임지현, 「한반도 민족주의와 권력 담론—비교사적 문제 제기」, 위의 책, 183~208쪽.
    이 특집에는 여기서 언급하는 임지현, 강상중·요시미 슌야의 글 외에 왕후이의 「세계
    화 속의 중국, 자기 변혁의 추구—근대 위기와 근대 비판을 위하여」와 우카이 사토시의
    「시민 캘리번' 혹은 에르네스트 르낭의 정신의 정치학」이 수록되었다.

39 위의 글, 205쪽.

40 요시미 슌야 외역, 「혼성화 사회를 찾아서—내셔널리티의 저편으로」, 『당대비평』 제10
    호, 207~228쪽.

지적되는 것이 동아시아 국가들의 교류로 지역적 공간이 지방적이고 다층적인 권역으로 바뀌고 있다는 점이다. 저자들은 강력한 개인의 인권과 국가의 만능 내셔널리즘이 결여된 상태에서 비대화되었던 '일본형 공동체주의'가 몰락하는 가운데, 국가를 재생시키려는 신우파적 내셔널리즘이 글로벌화의 흐름에 맞서 국민의 집합적 기억으로서의 역사를 발견하거나 날조하는 방향으로 움직일 수밖에 없었다고 풀이한다. 일본에서 전후의 원상이 탈식민주의라는 시점을 결여한 채로 단일한 중심적 내셔널리티에 의한 역사로서의 전후사를 이야기해 왔다는 이들의 인식은 구체적으로 어떠한 과정을 탈식민으로 보는가에 대한 차이는 있지만 앞서 살펴본 윤해동의 비판과도 상통한다. 또 여기서 한국의 민족주의='단일 민족 내셔널리즘'은 식민지 지배의 반사작용으로서 분단국가를 지배하며 "식민지 지배를 웃도는 폭력"[41]을 행사하는 것이 허용된 이데올로기이기도 하다. 그리하여 이들이 재일한국·조선인을 중심으로 한 네트워크를 통해 전망하는 것은 19세기적인 국민국가 패러다임이나 탈식민지적인 민족자결적 내셔널리즘에서 탈피할 가능성이다.

2000년 전후에 『당대비평』에서 논의되었던 내셔널리즘 비판은 이렇듯 한국과 일본 사이에 존재하는 혹은 한국과 일본이라는 영토적 경계에 포섭되지 않는 이질적이고 비균질적이며 다중적인 주체들의 가능성을 모색하는 것이었다. '재일'의 존재는 여기에서 중요하게 참조된다. 또 이러한 논의의 배경으로는 교과서 문제를 중심으로 한 일본의 역사수정주의나 소위 '우경화' 경향에 대한 우려를 읽어낼 수 있다. 이는 같은 호에 '새로운 역사 교과서를 만드는 모임'을 "네오내셔널리즘의 '국민운동'"[뿐]

41　위의 글, 225쪽.

리 파시즘 운동 "[42]으로 강하게 비판하는 다와라 요시후미倭義文, 1941~2021의 「점입가경, 『국민의 역사』 밀리언셀러 만들기」가 실려 있다는 데에서도 알수 있다. 또 한국에서 탈민족주의 담론을 주도하였다고 평가되는 윤해동, 임지현이 자국의 내셔널리즘에 대해 비판적인 태도를 취하고 있다는 것도 분명히 드러난다.

한편, 사카이 나오키의 글로서 국내에 일찌감치 소개된 것이 『당대비평』 2000년 겨울호에 실린 「염치 없는원문 그대로 - 필자 내셔널리즘」[43]이다. 이 글 자체가 원래 고려대 일본학연구소가 개최한 심포지엄에서 발표한 원고에 가필한 것으로, 번역자인 임성모1961~가 nationalism은 사카이의 용법에 따르면 국민주의이지만 한국에서는 이 단어가 생소하여 내셔널리즘으로 번역했다는 주를 달고 있다는 데에서 내셔널리즘 비판에서 가리키고자 하는 범주가 한일 사이에 미세한 차이를 가지고 있음을 짐작할 수 있다. 아시아와 유럽의 관계에서, 또 일본과 미국米合州国의 관계에서 특수주의와 보편주의가 어떻게 공모하는지를 쓰는 이 글에서 사카이는 어떤 제국주의적 내셔널리즘과 다른 내셔널리즘 사이의 '외래성·외재성'이라는 전제에 의문을 제기하며, 일본의 내셔널리즘이 미국의 제국주의적 내셔널리즘의 방편임을 지적한다. 여기서 사카이는 서양과 그 나머지 지역 혹은 유럽과 아시아 사이의 이원론에 사로잡히지 않고 '아시아인'을 호명하기 위해서는 인종적 정체성이 지닌 배타성을 극복하고 이를 타자를 초대하는 호칭으로 써야 함을 강조한다. 이 같은 결론에 이르

---

42   다와라 요시후미, 임성모 역, 「점입가경, 『국민의 역사』 밀리언셀러 만들기」, 『당대비평』 제10호, 519쪽.

43   사카이 나오키, 임성모 역, 「염치 없는 내셔널리즘－서양과 아시아라는 이항 대립의 역사적 역할에 대하여」, 『당대비평』 제13호, 생각의나무, 2000, 221~244쪽.

기 전에 그가 일본인이 "국민적 일체감을 계속 유지하는 한" 아시아 사람들과 진솔하게 교섭할 수 없으리라고 예견하는 데에 유의할 필요가 있다. "아시아 사람들은 일본의 제국주의적 내셔널리즘에 의해 직접적으로 희생당했거나 희생자와 관계가 있는 사람들이기 때문이며, 그들은 일본 국민 개개인에게 관용을 베풀 수는 있지만 일본 제국주의와 식민지주의의 죄업罪業을 결코 잊을 수는 없기 때문이다."[44] 여기서 아시아 혹은 한국이 '일본인'이라는 국민적 일체에 대해 가지고 있는 감정은 내셔널리즘적인 것으로 정리되기보다는 희생자와의 명확히 규정되지 않은 '관계'에 기인하는 것이다.

그 외에 2002년 한일 월드컵을 다룬 특집 「흘러넘침과 비어 있음-대한민국, 2002년 6월의 기억」에도 내셔널리즘에 비판적인 글들이 묶였다. 권혁범[1957~]이 「월드컵 '국민축제' 블랙홀에 빨려들어간 대한민국」에서 '붉은 악마'에서 공동체를 재발견한 언론과 지식인의 내셔널리즘에 대한 욕망을 읽어내고 '자발적인' 국민 축제를 통해 '국민'이라는 한 덩어리의 동질적인 정체성이 강화되었음을 짚었다면,[45] 오구라 도시마루小倉利丸, [1951~]의 「'USA'와 '니폰', 두 개의 환호 사이에서」는 히노마루를 흔들며 일본을 응원했던 많은 사람들은 월드컵을 통해 '일본인'으로 만들어졌으며 이 과정에서 다양한 아이덴티티들이 내셔널한 아이덴티티 속으로 해소된다고 비판한다.[46]

---

44   위의 글, 239쪽.
45   권혁범, 「월드컵 '국민 축제' 블랙홀에 빨려들어간 대한민국-독립적 지성은 어디에 있는가?」, 『당대비평』 제20호, 생각의나무, 2002, 62~89쪽.
46   오구라 토시마루, 이규수 역, 「'USA'와 '니폰', 두 개의 환호 사이에서-월드컵과 일본 내셔널리즘의 구조」, 위의 책, 111~128쪽.

2) 지면을 통한 한일 지식인의 대화

앞에서 언급했듯 『당대비평』에는 일본 지식인과 한국 지식인이 지면을 통해 대화하는 장도 수차례 마련되었다. 2001년 가을호에는 「일본 '역사 교과서'를 둘러싼 한·일 지식인의 편지」라는 기획으로 야스마루 요시오安丸良夫, 1936~2016, 도정일1941~, 고지마 기요부미小島淸文, 1919~2002의 글을 싣고 있다. 편집부는 이 기획의 의도를 다음과 같이 소개한다.

'기미가요'와 '히노마루'로 상징되는 제국적 국가 의례의 부활, '새 역사 교과서를 만드는 모임'에서 발간한 일본의 민족주의적 역사 교과서, 이시하라 도쿄도지사의 '제3국인' 발언, 고이즈미 총리의 야스쿠니 신사 참배 공언 등, 일본의 우경화는 일본이라는 국민 국가의 경계를 넘어 동아시아의 동반적 우경화의 우려를 자아 내고원문 그대로-필자 있다. (…중략…) 우선은 이 지형도를 정확하게 읽고, 국민 국가의 경계를 넘어 바람직한 동아시아의 미래상을 지향하는 실천의 지적 준거를 마련하는 것이 시급한 과제이다. 그것은 무엇보다도 자기 사회를 향한 내적 성찰로부터 출발할 것이다.[47]

이렇듯 교과서 문제로 대표되는 일본의 '우경화'와 이에 수반하는 동아시아의 변화는 한일의 지식인이 만나는 계기로서 이해되었고, 거기에는 역시 '자기 사회'를 성찰하는 것이 선결되어야 한다는 인식이 존재하고 있었다. 앞에서도 살펴보았지만 일본의 『새로운 역사 교과서』의 검정 통과와 관련한 논란은 한국과 일본 사이에 역사인식을 둘러싼 교류가 이루어지는 하나의 계기로 작동했는데, 여기서도 그 일단을 엿볼 수 있는 셈

---

47 「일본의 '역사 교과서'를 둘러싼 한·일 지식인의 편지」, 『당대비평』 제16호, 생각의나무, 2001, 131쪽.

이다. 가령 전쟁책임과 전후책임을 망각한 일본의 전후에 비판적인 『기억과 망각』과 같은 작업을 일본 지식인의 자기비판으로 환영하는 동시에 이러한 일본 비판을 한국 사회의 '배타적인 반일주의'를 반성하고 나름의 기억 방식을 모색하기 위한 문제 제기로서 적극적으로 읽어내는 것[48] 또한 한일의 만남에서는 일정하게 의식되고 있었던 것이다. 이러한 문제의식 아래 한일의 '비판적 지식인'이 주고받은 편지를 『세카이世界』와 공동 게재하는 것이 이 꼭지였지만, 일본의 역사수정주의나 교과서 문제에서 촉발된 기획이었던 만큼 필자들은 대체로 일본의 상황을 비판적으로 분석하는 데에 상대적인 무게를 두고 있었다.

우선 「'국가를 위하여 죽는다'는 것」은 필리핀 루손섬에서 전쟁을 경험한 고지마가 '국가'란 무엇인가라는 물음을 던지며 고이즈미 내각의 야스쿠니 신사 참배를 비판하는 글이다. 한편, 야스마루 요시오는 도정일 앞으로 보낸 서간문의 형식을 취한 「'역사 교과서' 문제와 현대 일본」에서 '새 역사 교과서를 만드는 모임'의 역사 교과서 비판이 역사학적 실증주의에 의거하고 있다는 점에 초점을 맞춘다. 그리고 교과서 기술의 수정을 요구한 한국과 중국에서 문제 삼고 있는 '사실' 또한 어떤 역사적 맥락 속에 존재하는 것임에 주의를 환기한다. 교과서에 기술된 하나하나의 '사실'들을 비판한다고 해서 그 핵심에 있는 '자애적 내셔널리즘'이라는 이야기敍事가 무너지지는 않는다는 것이다. 그러면서 야스마루가 도정일에게 묻는 것은 "이러한 상황이 (…중략…) 한국 지식인들의 눈에 어떻게 비치는지"[49]이다.

그에 대한 도정일의 답신이 「일본 내셔널리즘의 우울과 자학」인데, 여

---

48   허영란, 「'미래 책임'을 위한 일본 지식인의 자기 비판」, 『당대비평』 제10호, 511~512쪽.
49   야스마루 요시오, 박환무 역, 「'역사 교과서' 문제와 현대 일본」, 『당대비평』 제16호, 146쪽.

기에는 먼저 일본과 한국의 "과거, 더 정확히는 그 과거에 대한 서로 다른 집단적 기억의 형식들"[50]이 '우리' 즉 자신과 야스마루, 나아가 한일 두 나라 시민들의 발목을 잡고 있다는 인식이 등장한다. 교과서를 둘러싼 갈등에서 그가 핵심적인 문제로 짚어내는 것은 야스마루가 언급한 '자애적 내셔널리즘'이다. 그렇기에 이는 우선 일본 사회가 문제 삼아야 할 일이지만, 이러한 내셔널리즘은 국민의 역사가 가질 수밖에 없는 한계이기 때문에 경계를 넘어서는 지적 개입이 요구된다. 또 야스마루가 던진 질문에 대한 대답을 모색하며, 자신이 "일본의 비판적 지식인들이 갖고 있는 의견과는 다른",[51] 내셔널리즘의 다가성多價性과 다의미성을 인정하는 입장에 있음을 밝힌다. "'내셔널리즘 전면 배척'이라는 풍조"가 동서양 지식인들 사이에서 유행하고 있지만, 그 자신은 한국 민족주의의 기원 자체나 이른바 '열린 민족주의'를 긍정적으로 보고자 한다는 것이다. 물론 그의 관점에서 일본의 교과서 문제에서 읽어낼 수 있는 내셔널리즘은 열린 것이 아니다. 그리하여 그는 두 나라의 지식인이 집단적 기억에 개입하는 역사적 이성을 가동해야 한다고 요청하며, 일본인은 한국인의 소리를, 한국인은 일본인의 소리를 '타자의 목소리'로서 경청하는 장치를 역사와 역사 교과서에 도입하는 것을 그 방법 중 하나로 제시한다.

이 「한·일 지식인들의 편지」 기획은 제17호에도 이어지는데, 이때의 초점은 '위안부' 문제이다. 2000년 12월에는 도쿄에서 여성국제전범법정이 개최되었는데, 이 왕복 서간은 우선 김은실[1957~]이 쓴 제14호의 머리글[52]에 오카노 야요岡野八代, 1967~가 응답한 것에서 출발한다.[53] 이 꼭지에 수록된 오카노 야요와 김은실의 글은 이전 기획과 마찬가지로 일본의 잡

---

50   도정일, 「일본 내셔널리즘의 우울과 자학」, 위의 책, 147쪽.
51   위의 글, 154쪽.

지『겐다이시소現代思想』에 동시 게재되었다.[54] 오카노는 김은실 앞으로 보낸 편지에서 '위안부' 문제가 국가나 국민, 역사를 둘러싼 자신의 가치관을 다시 묻게 하는 계기였음을 밝히며, 페미니즘 연구로서 경험을 기록하는 것의 어려움을 토로한다.[55] 이 같은 오카노의 편지를 김은실은 "일본과 한국을 비롯한 국민 국가 내에서 만들어진 자아 정체성을 갖고 국민 국가의 세계관 속에서 자신의 경험들을 구축한 아시아의 활동가, 지식인들이 새로운 국제 연대를 모색하는 시대"[56]에 근본적인 문제들을 성찰하자는 제안으로 받아들인다. 그러면서 그는 자신이 한국인을 위해 쓴 글이 일본에 공개되는 것이 더 필요하다는 오카노의 말을 긍정하며, 그러한 글이 민족주의적 기반 위에서 쓰였다는 인상을 줄지도 모른다고 생각했지만, "내가 한국인으로서 한국인들에게 종군 위안부 문제를 말하는 것을 일본 페미니스트들이 듣는 행위야말로 두 집단이 갖는 사고의 경계선을 알게 하고, 일본 페미니스트와 한국 페미니스트들의 차이와 공통점, 포지션을 인식하게 한다"[57]는 데에 주목한다.

여기서 김은실이 "한국 학자들의 경우는 일본 학자들과 함께 토론을

---

52 「초국가적 경계에서 일어나는 지식/언설의 정치학을 생각하며」, 『당대비평』 제14호, 생각의나무, 2001, 3~9쪽.
53 이 법정에 대한 글로는 『당대비평』 제14호에 후지메 유키(藤目ゆき)가 쓴 「일본군 '위안부' 문제의 공소와 그 의의」, '동아시아 역사포럼'의 성과를 모아서 펴낸 2002년 『당대비평』 특별호 「기억과 역사의 투쟁」에 김부자(金富子)가 쓴 「여성국제전범법정이 뛰어넘은 것과 뛰어넘지 못한 것」이 있다.
54 金恩実, 南英恵 訳, 「国家の境界線を越えて生じる知識/言説の政治を考えながら」 및 岡野八代・金恩実, 藤井たけし訳, 「往復書簡 国家の境界線上で」, 『現代思想 2001年12月号 特集=ナショナリズムの変貌』, 青土社 참조.
55 오카노 야요, 이성순 역, 「일본 국민 국가의 경계 안에서 어떻게 식민지를 이해할 수 있을까」, 『당대비평』 제17호, 생각의나무, 2001, 288~295쪽.
56 김은실, 「국민 국가의 인식틀 밖에 위치하는 일본군 '위안부'의 역사」, 위의 책, 297쪽.
57 위의 글, 298~299쪽.

할 때 정서적으로 모두 일정 정도 한국인으로 정체화되어 버리는 포지션의 정치학"에 대해 언급하고 있다는 것은 내셔널리즘이나 민족·국민이라는 틀을 비판하는 한일 지식인의 교류가 이 같은 역사적 규정성과 어떻게 관계 맺을 것인가라는 문제와 마주하는 일이기도 했음을 잘 보여준다. 이연숙이 고모리의 『포스트콜로니얼』을 평하면서 쓰고 있듯, 순수하고 단일한 일본·일본인이라는 카테고리는 자명한 것이 아니라 역사를 통해 구축된 혼성체이지만, 이러한 혼성성과 다양성은 식민지나 전쟁의 역사에 대한 책임 주체로서의 일본·일본인을 허구의 존재로 만들어서 책임을 덮어 버릴지도 모른다.[58] 앞에서 줄곧 봐왔듯 내셔널리즘이나 내셔널한 주체의 구성을 비판적으로 바라보는 일본의 지식인들이 역사수정주의나 '우경화'와 관련한 일본의 문제를 다루면서 한국의 희생자 민족주의를 한국의 지식인들처럼 강경하게 비판하지는 않는다는 것은, 내셔널리즘을 둘러싼 한일 지식인의 교류가 경계를 넘어서 대화하는 동시에 한국에서 '일본인'을 향해 제기하는 물음은 회피하지 않는다는 어려움 속에서 이루어졌음을 의미하는 것이었다.

2003년부터 2004년에 걸쳐 이루어진 조한혜정[1957~]과 우에노 치즈코의 서신교환 기획 역시 이러한 어려움의 일단을 보여준다. 『세카이』에 공동 연재된 이 기획을 편집부는 "한·일이라는 국가적 패러다임을 넘어 탈식민지 지식인의 글쓰기와 여성의 말하기"[59]의 시도로 자리매김하고 있

---

58   이연숙, 「피지배에서 벗어나기 위해 합리화된 지배」, 『당대비평』 제21호, 생각의나무, 2003, 447쪽. 따라서 이연숙은 고모리가 일본, 일본인이라는 동일한 주체를 가정하고 있는 것처럼 보인다는 데에 의문을 제기하면서도, 이를 비판하기보다는 거기서 고모리의 "진지하고 성실한 문제의식"을 읽어낸다.

59   「경계에서 말한다─한·일 여성학자 서신교환」, 『당대비평』 제23호, 생각의나무, 2003, 6쪽.

다. 이들의 편지에서 내셔널리즘이나 내셔널한 정체성과 관련된 부분에 초점을 맞추어서 살펴보자. 먼저 우에노는 조한혜정에게 미국에서 교육받은 인류학자라는 것이 어떤 의미를 갖느냐는, 단지 개인적이지만은 않은 질문을 던진다.[60] 이에 답하며 조한혜정은 독립운동에 관여한 자신의 외가 친척에 대해 쓰다가 이런 이야기를 하면 마음이 불편해진다고 토로한다. 그러면서 "특히 나는 이런 이야기가 '피해자/가해자 구도'로 가게 마련이어서 가능한 한 '일본인'과는 일제시대 이야기를 하지 않으려 하지요"라고 덧붙인다.[61] 여기에 우에노는 한국인과 일본인 사이에 피해자/가해자의 구도를 억제하는 것이 피해자 쪽에서는 '덕'이지만 가해자 쪽이 되면 '오만'으로 간주된다는 인상적인 답변을 보낸다.[62] 그는 피해와 가해가 늘 착종되게 마련이고 내셔널리즘과 일치할 때만 여성의 피해가 문제시되는 구도가 이상하다는 것을 지적하지만, 그런 이야기를 할 때에도 피해자/가해자의 구도를 결정하는 한국인/일본인이라는 역사적인 규정을 의식하지 않을 수는 없었던 셈이다.

두 사람의 대화가 이어질수록, 이들이 한국과 일본의 페미니스트로서 경험한 운동이나 그 배경이 되는 사회에 대한 인식이 한국과 일본의 차이로서 부조되는 것을 볼 수 있다. 가령 조한혜정은 월드컵을 둘러싼 한일 문화연구자들의 심포지엄에서 일본 참가자들은 축구 이야기만 하고 한국 참가자들은 'nation'의 이야기만 하는 바람에 소통이 잘 되지 않았

---

60 우에노 치즈코, 「'적의 무기로 싸우는 것'에 대해─우에노 치즈코의 첫 번째 편지」, 『당대비평』 제23호, 생각의나무, 2003, 13쪽 15쪽.

61 조한혜정, 「지식인, 개인과 역사 그리고 만남에 대하여─조한혜정의 첫 번째 편지」, 위의 책, 24쪽.

62 우에노 치즈코, 김찬호 역, 「우에노 치즈코의 두 번째 편지」, 『당대비평』 제24호, 생각의나무, 2003 120쪽.

다며, 한국이 여전히 '민족'의 무게를 짊어지고 있다는 생각을 했다고 털어놓는다.[63] 또 그가 자신이 해온 여성운동을 돌아보다가 깨닫는 것은 자신과 우에노가 각자 국가를 다시 세우고자 하는 지적 전통과 국가를 탈신성화하는 지적 전통 속에 있고, 그들의 여성운동 역시 '국민적 주체 형성'과 '국민적 주체 해체'라는 서로 다른 역사와 관계를 맺고 있다는 점이었다.[64]

한편, 자신이 겪은 한국과 일본의 학생운동의 시차를 이야기한 조한혜정의 편지에 대해 우에노는 글로벌한 동시대성을 강조하면서, '일본의 학생운동의 세대적 경험은 한국에서는 1980년대에 대응한다'는 식의 이야기를 신뢰하지 않는다고 말한다.[65] 이에 조한혜정은 우에노 역시 한국의 여성운동을 두고 "일본도 10년 전에는 그랬다"라는 발언을 한 적이 있음을 상기시킬 뿐 아니라, "다종다기한 비동시성의 동시성"을 이야기하는 것으로 답한다.[66] 자신을 포함한 한국의 지식인들은 이제 제국주의에 '쿨'해지려고 노력하는 중이며, 그렇기에 제국의 중심성에 대해 우에노가 표하는 반감이 이해는 되지만 거기서 "주변화된 경험이 덜했던 이의 성급함, 또는 '나이브함'"[67]을 느낀다는 조한혜정의 말에 우에노는 외국에 나가면 일본은 주변국[68]이라고 답할 뿐이다. 거기서는 한국과는 달리 일본의 지식인은 이제 제국주의에 대해 조금 '뜨거워'지려 하고 있고, 그렇게 온도가 맞춰짐으로써 비로소 '대화의 장'이 열릴지도 모른다는 막연한 기

---

63   조한혜정, 「조한혜정의 두 번째 답신」, 위의 책, 131쪽.
64   조한혜정, 「조한혜정의 세 번째 편지」, 위의 책, 141쪽.
65   우에노 치즈코, 김찬호 역, 「우에노 치즈코의 네 번째 편지」, 『당대비평』 제25호, 생각의 나무, 2004, 12쪽.
66   조한혜정, 「조한혜정의 네 번째 편지」, 위의 책, 20~21쪽.
67   위의 글, 21쪽.
68   우에노 치즈코, 김찬호 역, 「우에노 치즈코의 다섯 번째 편지」, 위의 책, 33쪽.

대밖에 이야기되지 않는다. 이 같은 온도 차는 가령 우에노가 노인 문제에, 조한혜정이 청소년 문제에 더 관심을 가지고 활동하고 있는 것처럼 개인 대 개인의 차이로서가 아니라, 그들이 속해 있는 동시에 각자의 활동이 바탕하고 있는 한국과 일본의 역사적 관계에서 기인하는 것이었다. 그리고 그들이 교류를 계속해 나가는 중에도 그중 어떠한 부분은 역사적 경험을 달리 하는 한국과 일본의 차이로서 한편에 남겨지게 된다.

4. '동아시아 역사포럼'의 주변

1) '동아시아 역사포럼'의 활동

임지현이 '동아시아 역사포럼'을 통해 극복하고자 했던 것은 한일 지식인들이 끊임없이 그리로 되돌아가게 되는, 내셔널한 아이덴티티가 만들어내는 이 같은 온도 차였다고 할 수 있을 것이다. 임지현에 따르면, 1999년에 그가 편집위원으로 합류한 뒤에 『당대비평』에서 새롭게 설정한 의제 중 하나가 지배 이데올로기로서의 민족주의를 비판하는 것이었다. 그는 문부식 주간과 함께 동아시아라는 지역적 차원에서 일국적, 민족적 경계를 넘는 비판 담론을 구축한다는 프로젝트를 구상하게 된다.[69] 앞 절에서 살펴본 『당대비평』의 글들은 바로 이러한 프로젝트의 일환으로서 '국사', 국민, 내셔널리즘을 문제 삼는 것이었다.

때마침 일본에서 역사수정주의 문제가 불거지기도 하면서 민족주의에 대한 비판을 동아시아 각국에서 동시다발적으로 전개할 필요성이 대두

---

69 임지현,『역사를 어떻게 할 것인가—어느 사학자의 에고 히스토리』, 소나무, 2016, 212 ~213쪽.

되는 가운데, 임지현은 「한반도 민족주의와 권력 담론」이 『현대사상』에 번역된 것을 계기로 사카이 나오키와 공동 작업을 하게 된다.[70] 또 이를 계기로 박환무[1954~], 이성시와 만나게 되고, 거기에 이와나미쇼텐岩波書店의 고지마 기요시小島潔도 가세하면서 '동아시아 역사포럼'은 본격적으로 움직이기 시작한다. 이들은 우선 '국사' 패러다임에 대한 비판적인 작업이 필요하다는 데에 동의한다.[71] 임지현에 따르면, 처음에는 윤해동, 도면회[1960~], 배성준[1960~], 윤선태[1965~] 등과 함께 한국위원회를 구성했으나, 프로젝트에 대한 생각이나 이론적 관점은 각자 달랐다. 또 일본위원회를 구성하는 과정에서 미야지마 히로시宮嶋博史, 1948~의 위촉을 둘러싸고 갈등이 생겨 포럼이 좌초될 뻔하기도 한다. 이를 돌아보며 임지현은 자신들의 카운터파트는 더 이상 "식민주의의 죄의식 때문에 일본 민족주의는 신랄하게 비판하면서 구식민지의 민족주의에 대해서는 한없이 관대한 일본 구좌파 지식인"[72]이 아니었다고 쓰고 있다. 거기에는 한국의 민족주의도 비판의 대상으로 삼는 일본·재일 지식인이 참여하고 있었고, 그렇기에 그것은 기존의 한일 연대와는 달랐다는 것이다.

한일 지식인의 연대와 관련하여 그가 시종일관 문제 삼았던 것 중 하나는 이렇듯 일본 지식인의 내셔널리즘에 대한 비판이 한국의 민족주의에 대해서는 눈을 감거나 도덕적으로 정당화하는 방식으로 이루어진다는 것이었다. 그에 따르면 이는 결과적으로 일본의 민족주의를 강화할 수도 있고, 그리하여 동아시아 각국이 서로의 민족주의를 뒷받침하는 악순환에 빠지게 만든다. 그는 이를 전후 동아시아 민족주의의 "적대적 공범

---

70   위의 책, 214쪽.
71   위의 책, 214~216쪽.
72   위의 책, 224쪽.

관계", "양심적 신성동맹"[73]이라는 말로 표현한다. 거기에는 물론 일본의 수정주의적 역사 교과서와 관련한 한국과 중국의 반응에서 알 수 있듯, 식민지와 제국의 기억이 얽혀 있었다. 즉 한국 사회는 다양한 일본인들을 '일본인'이라는 추상적 범주로 묶어 '집합적 유죄'인 가해자 집단으로 보는 한편, 원죄의식에 가까운 식민주의적 죄의식을 가진 일본의 양심적 지식인들은 한국의 민족주의를 정면으로 비판하지 못한다는 구조가 존재한다는 것이다.[74] 이 같은 문제의식에서 출발해 2000년 1월에 결성된 '동아시아 역사포럼'은 제국과 식민지라는 역사적 경험의 비대칭성이 한국의 민족주의를 정당화하는 근거가 되어서는 안 된다는 전제 아래 한일 지식인들의 교류를 이어나갔다.

구체적인 활동을 살펴보면, 먼저 2001년에 한국에서 한중일 역사 교과서 분석을 주제로 한 제1차 워크숍이성시, 김한규(1950~), 이와사키 미노루, 지수걸이 발표이 열렸는데, 그 결과물을 출판한 것이 『당대비평』의 특별호인 『기억과 역사의 투쟁』삼인, 2000이다. 이어서 2002년에 일본에서 열린 제2차 워크숍미야지마 히로시, 도면회, 모테기 도시오(茂木敏夫), 신형기, 도노무라 마사루(外村大), 윤해동 발표, 같은 해에 한국에서 열린 제3차 워크숍이영훈, 이타가키 류타, 박환무, 다카기 히로시(高木博志) 발표과 2003년 8월 21일에 개최한 공개 토론회 '국사의 해체를 향하여'의 결과물이 『국사의 신화를 넘어서』휴머니스트, 2004로 출간되었다. 2003년에는 '동아시아라는 시공간'을 주제로 일본에서 제4차 워크숍임지현, 다나카 사토시, 허수(1967~), 황종연(1960~), 미타니 히로시(三谷博, 1950~), 고야마 사토시 발표, 한국에서 제5차 워크숍윤선태(1965~), 고지마 기요시, 조관자(1965~), 조성(1956~) 발표이 열렸다.[75] 이후 2004년

---

73   위의 책, 225쪽.
74   임지현, 「식민주의적 죄의식을 넘어서」, 도서출판 삼인 편집부 편, 『기억과 역사의 투쟁』, 삼인, 2000 12~13쪽.

5월에 일본에서 한일 양국의 '국사' 체계의 편성을 주제로 제6차 워크숍이, 같은 해에 한국에서 한일 양국의 동·서양사 체계의 편성을 주제로 제7차 워크숍이, 2005년 11월에 다시 일본에서 주변적이거나 대안적인 역사체계의 편성을 중심으로 제8차 워크숍이 진행되었다.[76] 이 6, 7, 8차 워크숍의 성과를 책으로 묶은 것이 2009년에 『역사학의 세기』로 출간되면서, '동아시아 역사포럼'의 활동은 종료된다.[77]

---

75   각 워크숍의 발표자와 발표 제목에 대해서는 임지현·이성시 편, 『국사의 신화를 넘어서』, 휴머니스트, 2004, 475~477쪽 참조. 임지현은 '동아시아 역사포럼'의 활동이 2004년에 일본에서 宮嶋博史 外編, 『植民地近代の視座』(岩波書店)를 간행함으로써 일단 마무리되었다고 정리한다. 임지현, 앞의 책, 2016, 233쪽.

76   도면회·윤해동 편, 『역사학의 세기―20세기 한국과 일본의 역사학』, 휴머니스트, 2009, 11쪽.

77   이 같은 '동아시아 역사포럼'의 활동에 대해서는 여러 비판이 제기되기도 하였다. 가령 정용욱은 '동아시아 역사포럼'의 공개 토론회 '국사의 해체를 위하여'를 다루며, 일본에서 나오는 탈민족주의나 동아시아 공동체론은 국가주의를 주장하는 매개가 될 수 있고, 이 점에서 한중일의 국가권력이 '적대적 공범관계'를 이룬다는 것은 사실 인식 차원에서 틀렸다고 지적하였다(정용욱, 「시민과 국사―'고수'와 '해체' 사이」, 『시민과 세계』 5, 참여연대 참여사회연구소, 2004, 87~113쪽). 또 임대식은 일본에서 '새로운 역사 교과서를 만드는 모임'이 출범할 당시 포스트모더니즘의 논리를 차용한 것과 유사한 결합이 한국에서도 나타난다면서, '동아시아 역사포럼'의 성과물인 『국사의 신화를 넘어서』에 뉴라이트의 교과서포럼에서 핵심적인 역할을 하고 있는 이영훈이 참여하고 있음을 짚었다. 그에 따르면 과거 청산이 제대로 이루어지지 않은 한국의 상황에서는 민족주의 비판이나 탈근대론은 '보수적 논리'로 기능할 뿐이다(임대식, 「과거사 내전을 앞두고―거대한 음모와 악한 고리 엿보기」, 『역사비평』, 역사비평사, 2005. 5, 28~29쪽). 참고로, 임지현은 '동아시아 역사포럼'이 마무리되는 과정을 이야기하며 이영훈이 뉴라이트 진영에 들어가면서 한국위원회 내에 균열이 생겼음을 밝힌 바 있다(임지현, 『역사를 어떻게 할 것인가』, 233쪽). 나종석 역시 '동아시아 역사포럼'에서 임지현이 내놓는 민족주의 비판에 대해 담론의 효과라는 측면에서 비판을 가하였다(나종석, 앞의 글, 79~80쪽). 임경석은 탈근대 역사학이 매력적인 문제의식으로 간주되고 있음을 적시하면서도, '동아시아 역사포럼'을 이러한 탈근대론의 불안정한 측면을 보여주는 대표적인 예로 꼽는다. 그에 따르면, 일본의 민족주의는 팽창주의적이고 침략적인 반면 한국의 그것은 진보적인 역할을 했다는 점에서 두 민족주의의 역사적 역할은 동의시할 수 없으며, 한국 측 참가자들 중에 뉴라이트가 있다는 것은 탈근대론과 본질적으로 모

몇 년에 걸쳐 "수백 명에 달"[78]하는 이들이 만나 "우정과 공감의 연대"[79]를 이루고자 했던 이 포럼의 과정에서 실제로 어떠한 대화가 오가고 어떠한 논의가 전개되었는지를 사후적으로 확인하는 데에는 한계가 있지만, '동아시아 역사포럼'의 성과를 모은 책을 통해 그 일면을 엿볼 수는 있을 것이다. 여기서는 그중에서도 임지현이 중심이 되어 내셔널리즘이나 '국사'에 대한 문제의식을 정면에 내건 『기억과 역사의 투쟁』과 『국사의 신화를 넘어서』를 검토해 보고자 한다. 먼저, 임지현이 2년 남짓의 시간 동안 "한국과 일본 지식인들이 꾸준히 만나 토론한 산물"[80]로서 자리매김하고 있는 『기억과 역사의 투쟁』에는 임지현과 사카이가 참여한 「한·일 지식인의 대화―죄의식과 부끄러움 사이에서」와 특집 「'역사 교과서' 비판―내셔널 히스토리의 해체를 향하여」를 비롯해 「좌담」, 「상상의 정치학―민족과 반민족의 경계에서」, 「텍스트비평」과 같은 꼭지들이 마련되었다.[81] 당시 미국에 있었던 사카이는 포럼에는 참가하지 못했지

순된다. 그는 단적으로 "일본의 역사 연구자들이 자국 민족주의를 비판적으로 대하는 것은 자기 성찰적이고 진보적인 의의를 갖는다고 평가할 수 있다. 하지만 한국인 역사 연구자들의 경우는 (…중략…) 넌센스"라는 평가를 내리기도 하였다(임경석,「백화제방의 화원, 복류하는 이질성」, 역사학회, 『역사학보』 247, 2020, 12~13쪽). 이 같은 평가는 대체로 '동아시아 역사포럼'에서 내걸었던 한국의 내셔널리즘에 대한 비판에 초점을 맞춘 것이다. 단, 이 글은 서론에서 썼듯 내셔널리즘 자체나 한국의 민족주의에 대한 가치판단을 하기보다, 한일 양국의 지식인들 사이에서 내셔널리즘 비판을 매개로 이루어진 교류의 양상을 살펴보는 데에 초점을 둔다.

78 도면회·윤해동 편, 앞의 책, 13쪽.
79 임지현,「머리글―전유된 기억의 복원을 위하여」, 도서출판 삼인 편집부 편, 『기억과 역사 투쟁』, 삼인, 2000, 7쪽.
80 위의 책, 7쪽.
81 구체적으로는 「한·일 지식인의 대화―죄의식과 부끄러움 사이에서」에 임지현, 사카이 나오키, 윤해동의 글이,「특집 '역사 교과서' 비판―내셔널 히스토리의 해체를 향하여」에 지수걸, 야스다 히로시(安田浩), 김한규, 이성시, 이와사키 미노루, 스테판 버거(Stefan Berger)의 글이 실렸고, 윤해동·도면회·박환무·임상범·임지현이 참여한 「기

만, 여기서는 그가 "한·일 지식인의 대화"로서 위치 지어진 교류의 일본 측 지식인으로서 호명되고 있음을 분명히 볼 수 있다. 뒤에서 다시 살펴 볼 『오만과 편견』과도 이어지는 임지현과 사카이의 대화는, 사카이가 제 국주의를 깊이 반성하는 일본의 지식인들이 한국의 민족주의를 적극적 으로 지원하는 듯한 사태에 대한 문제의식을 공유하면서, "민족적 혹은 국민적 동일성 대비로서의 한국 대 일본인이라는 관계로부터 친구 관계 로"[82] 나아갈 필요성을 분명히 한다.

임지현이 쓴 이 책의 「머리글」은 역사학이 국가 권력이 시민사회의 기 억을 전유하기 위한 학문적 지렛대가 되어 왔다는 비판에서 출발해, 『새 역사 교과서』의 '왜곡'을 개정하기 위해 한국 정부를 통해 일본의 국가권 력에 압력을 행사하고자 하는 움직임을 경계한다. 그에게 한국의 '국사' 교과서나 『새 역사 교과서』는 '국민 만들기'라는 동일한 역사관을 공유하 며 인식론적 차원에서 민족주의에 뿌리를 두고 있다는 점에서는 다르지 않다.[83] 윤해동 또한 20세기 한국의 '극단적 민족 감정'을 비판적으로 바 라본다. 그에 따르면 『새 역사 교과서』가 2001년 4월 3일에 문부과학성 의 검정을 통과하고 일본의 시민사회는 교과서 채택 반대운동에 주력하 고 있는 상황에서 교과서 문제는 수정주의적 역사 해석을 지원하는 국가 와 사회의 대립이라는 성격을 띠는 '일본의 문제'인데, 이것이 한국을 비 롯한 동아시아에 의해 매개됨으로써 국가 간 문제로 증폭되었다.[84] 지수

획 좌담」 외에 미즈노 히로코(水野博子), 문부식, 조관자, 박유하, 김부자 등의 글도 수록되었다.
82   사카이 나오키, 박환무 역, 「제국주의의 부끄러움에 대하여」, 도서출판 삼인 편집부 편, 『기억과 역사의 투쟁』, 삼인, 2000, 29쪽.
83   임지현. 「머리글-전유된 기억의 복원을 위하여」, 위의 책, 5~6쪽.
84   윤해동, 「억압된 '주체'와 '맹목'의 권력-'동아시아 역사 논쟁'과 국민 국가」, 위의 책, 33~36쪽.

결은 일본의 역사 교과서 비판 과정에서 촉발된 자기 반성적 문제 제기가 논쟁의 생산성을 높일 수 있었음을 평가하며 한국의『국사』교과서의 코드를 비판적으로 분석하였다.[85]

이러한 논의 자체는 앞에서 살펴본 역사수정주의를 계기로 한 '국사' 비판이라는 흐름에 놓여 있겠고, 이는 이 책에 실린 역사 교과서를 비판적으로 다룬 글에서도 드러난다. 가령 이성시는 일본의『새로운 역사 교과서』와 한국의 국사 교과서의 고대사 서술을 동일한 기준으로 검토하여, 두 교과서가 시대를 초월한 민족적 동일성이나 문화적 정체성을 고대에서 발견하려는 경향을 보인다는 큰 틀에서 유사형을 이루고 있음을 지적하였다.[86] 한편, 좌담회에서는 임지현·윤해동을 비롯해 한국사, 일본사, 중국사, 서양사를 전공하는 한국의 역사학자들이 모여,『새 역사 교과서』와 한국의 국사 교과서의 논리 구조가 유사하다는 점을 다시 한 번 확인하고,[87] 역사 교과서를 둘러싼 논쟁이 전반적으로는 한국의 민족주의적 역사관으로 일본의 민족주의적 역사관을 비판하는 것이었음을 비판적으로 언급하기도 하였다.[88] 이 같은 작업은 국내 언론에 「"우리 역사 교과서도 문제"－국내 사학자 자성의 목소리」『동아일보』, 2002.04.18, 「"국사, 日 교과서와 마찬가지"〈당대비평〉」『연합뉴스』, 2002.04.19와 같은 목소리로 소개되어, 이 책이나 '동아시아 역사포럼'의 활동이 한국의 탈민족주의 담론으로 이해되었음을 짐작하게 해준다.

이어지는『국사의 신화를 넘어서』역시 내셔널리즘에 대한 같은 문제

---

85 지수걸, 「'민족'과 '근대'의 이중주」, 위의 책, 56~80쪽.
86 이성시, 「한·일 역사 교과서의 고대사 서술을 둘러싸고－『새 역사 교과서』와『국사』교과서를 중심으로」, 위의 책, 126~146쪽.
87 윤해동 외, 「동아시아 역사학의 반성－국민 국가의 담 밖에서」, 위의 책, 223쪽
88 위의 글, 224~225쪽.

의식의 연장선 위에 있었다. 여기서도 임지현은 동아시아의 민족주의에 대해 '적대적 공범관계'라는 인식을 분명히 하면서, 자신이 포럼의 제4차 워크숍에서 발표했던 내용을 바탕으로 식민지의 역사적 경험이 '집합적 유죄'와 '세습적 희생자의식'을 정당화하고 있음을 문제 삼았다.[89] 그리하여 그는 '동아시아 역사포럼'이 시도하는 동시다발적인 '국사'의 해체 작업이 이 같은 공범관계를 깨는 첫걸음이 될 수 있으리라고 자리매김한다.[90] 이 같은 커다란 목표 아래, 이 책에는 이영훈, 미야지마 히로시, 모테기 도시오茂木敏夫, 1959~, 다카기 히로시高木博志, 1959~, 도면회, 윤해동, 이성시, 이타가키 류타, 신형기1955~, 도노무라 마사루外村大, 1966~ 등의 논문과 이에 대해 '국사의 해체를 향하여' 공개 토론회에서 패널들이 발표한 외부 논평 5편이 수록되었다.

논평에서는 가령 박지향1953~이 민족주의 사학을 비판하면서 "식민사관의 극복을 극복"하는 일의 중요성을 강조하며 아일랜드의 수정주의 역사학자들의 역할을 함께 평가한 반면,[91] 이영호1955~는 국사를 대신해서 문명사를 이야기하는 논문에 대해 국사에도 역할과 기능이 있으며 그 병폐는 국사의 해체가 아니라 층위를 달리하는 공동체의 역사들을 국사의 지위로 끌어올리는 작업을 통해 이루어져야 한다고 지적하기도 했다.[92] 그런데 여기서 이영호는 국사의 해체가 "그것을 만들어낸 제국주의의 역사관에 대한 비판에서가 아니라 제국주의의 반영으로 규정된 식민지 한국으로부터 제기되어야 하는가?"라는 의문을 제기하며, 동시다발적으로

---

89   임지현, 「국사의 안과 밖-헤게모니와 '국사'의 대연쇄(連鎖)」, 임지현·이성시 편, 『국사의 신화를 넘어서』, 휴머니스트, 2004, 26~27쪽.

90   위의 글, 30쪽.

91   박지향, 「역사에서 벗겨내야 할 '신화들'」, 위의 책, 391~406쪽.

92   이영호, 「한국에서 '국사' 형성의 과정과 그 대안」, 위의 책, 462~463쪽.

이루어져야 할 국사 해체의 실제 작업이 "한국에서의 국사 해체로부터 시작되고 있다"[93]는 점을 문제 삼기도 하였다. 이 같은 물음은 국사나 내셔널리즘적인 역사 서술에 대한 문제의식을 어느 정도 공유한 가운데 각 연구자의 전문적이고 구체적인 연구의 성과를 담고 있는 이 책의 다양한 시도들 속에서 국사를 해체하는 작업이 학술의 측면에서 수행적으로 이루어졌을 가능성과는 별개로, 이를 통해 '동아시아 역사포럼'의 기본적인 문제의식과 관련한 논의를 한국과 일본의 상호관계 속에서 살펴보기는 어려운 것과도 무관하지 않을 것이다. 가령 일본 측에서 참가한 나미키 마사토並木眞人, 1967~는 일본 지식인들의 민족주의에 대한 '이중 기준'을 지적하면서, 이것이 "한국사 연구에 뜻을 둔 일본인에게는 최초의 자기변혁의 과제"였다고 표현하기도 한다.[94] 하지만 그는 몇 편의 논문에 대해 논평한 뒤, "국민국가의 기억과 욕망의 전유를 비판하지만 일본이라는 국민국가의 일원으로 엮여 있는 나 자신의 존재를 되돌아보면, '국사의 해체' 작업에서 한국의 작업에 어디까지 참여할 수 있을 것인가/참여하는가에 대해 약간의 주저를 느끼게"[95] 됨을 토로하였다. 앞에서도 보았듯 경계를 넘어 내셔널리즘을 비판하는 과정에서 지식인들은 한편으로 스스로의 내셔널한 귀속에 대한 물음과 마주할 수밖에 없었지만, 그에 대한 직접적인 고민을 개별적이고 구체적인 각각의 학술적 논의에서 읽어내기는 어려운 것이었다.

'동아시아 역사포럼'은 내셔널한 경계를 넘어서서 연대하는 대화를 목

---

93 위의 글, 458쪽.
94 나미키 마사히토(원문 그대로), 「예리한 연구 성과를 시민사회로 환원하는 방법은?」, 위의 책, 411쪽.
95 위의 글, 415쪽.

표로 했는데, 이렇듯 실제 논의 과정에서 한국과 일본의 지식인들을 규정하는 입장의 차이를 넘어서기가 쉽지 않았을 터이다. 이는 임지현의 회고에서도 드러난다.

막상 공동작업을 진행하면서 예기치 않게 맞닥뜨린 크고 작은 어려움에 많은 진통을 겪어야 했다. 제국과 식민지라는 역사적 경험의 차이가 만들어내는 비대칭성과 그에 따른 입장의 차이가 큰 부담이었다. 한국 측은 한국 측대로 민족주의를 정면으로 비판한다는 작업이 주는 부담감이 컸고, 일본 측은 일본 측대로 제국주의의 원죄의식 때문에 부담스러워했다. 부담은 일본 측이 더 컸을지도 모르겠다. 그러나 권력 담론으로서의 일본 민족주의뿐만 아니라, 한국 민족주의와의 정면 대결은 피할 수 없는 과제였다.[96]

그렇다면 이 같은 비대칭성과 부담감 속에서 구체적인 대화는 어떻게 진행되었으며, 희생자 민족주의나 제국주의의 원죄의식을 극복할 수 있는 어떠한 책임 주체가 모색되었을까? 아래에서는 포럼과 거의 동시적으로 이루어졌던 임지현과 사카이 나오키의 대화를 구체적으로 검토함으로써, 실제 지식인의 대화 속에서 이 같은 문제의식이 어떻게 공유되었는지를 살펴보고자 한다.[97]

---

96 임지현, 「엮은이의 말」, 임지현·이성시 편, 『국사의 신화를 넘어서』, 휴머니스트, 2004, 6쪽.

97 1946년에 가나가와(神奈川)현에서 태어난 사카이 나오키는 도쿄대학을 졸업하고 1983년에 시카고대학에서 박사학위를 받은 다음 코넬대학 교수로 재직 중이다. 이 같은 이력을 생각할 때 사카이를 '일본 지식인'으로서 분류할 수 있느냐는 물음이 제기될 수 있지만, 앞서 살펴봤듯 『기억과 역사의 투쟁』에서 그는 「한·일 지식인의 대화」의 일본 측 파트너로서 호명되고 있고, 만일 지리적으로 먼 거리에 있지 않았더라면 '동아시아 역사포럼'을 함께 할 수 있었으리라는 임지현의 말에서도 알 수 있듯 미국에서 활동

2) 임지현과 사카이 나오키의 경계를 넘어선 교류

우선 『기억과 역사의 투쟁』에 「한·일 지식인의 대화」로 묶인 두 사람의 서신을 읽어보면, 이 같은 표제에도 불구하고 이들에게 '한·일'의 지식인이라는 수식어는 오히려 처음부터 극복해야 할 무언가였음을 알 수 있다. 임지현은 처음부터 두 사람이 "집단의 무게"에서 벗어나고자 했다면서, "일본과 한국이란 어느 하나의 실재로 존재하지 않는다는 것, 그저 다양한 복수의 입장들만이 있을 뿐이라는 것"[98]이 그들 대화에서 공유된 전제였다고 밝힌다. 이는 『오만과 편견』에서 임지현이 "월드컵처럼 국가대표가 만나 이야기를 나누는 식의, 지금까지의 한일 양국 지식인들의 대화 방식을 넘어서, 민족의 집합적 규정을 인식하면서도 그것에 갇히지 않고 넘어서려는 문제의식을 공유하는 두 지식인"[99]이라는 말로 표현한 것이기도 하다. 물론 이러한 전제는 『기억과 역사의 투쟁』의 「머리글」에서 임지현이 강조하기도 했듯, 그와 사카이뿐만이 아니라 '동아시아 역사포럼'에 참가한 한일 지식인들 모두에게 요구되는 것이기도 했다. 2001년부터 2003년까지 약 27개월 동안 이어져 온 이들의 대화를 담은 『오

하고 있는 '일본' 지식인으로서 교류에 참여하기도 하였다. 또 그가 우선은 '일본인'이라는 점은 임지현과의 대화에서도 의식되고 있다. 『오만과 편견』 또한 사카이를 "가라타니 고진과 함께 일본의 대표적인 지성"으로 소개하고 있다. 임지현·사카이 나오키, 『오만과 편견』, 휴머니스트, 86쪽. 그렇다는 점에서 그의 내셔널한 아이덴티티를 어디에 위치시키느냐와 관련한 문제 역시 내셔널리즘을 둘러싼 논의의 일부를 이루고 있었다고 볼 수 있을 것이다. 동시에 이는 '한국의', '일본의'처럼 지식인 앞에 붙는 소유격들은 어디에 근거를 두고 있는가라는 조금 더 근원적인 물음 또한 가능하게 한다. 이와 관련한 논의는 따로 더 이루어져야겠지만, 이 글에서는 이들이 일단 '한일의' 지식인으로서 만나서 교류와 대화를 시작했다는 사실 자체에 착목한다.

98   임지현, 「식민주의적 죄의식을 넘어서」, 도서출판 삼인 편집부 편, 『기억과 역사의 투쟁』, 삼인, 9쪽.
99   임지현·사카이 나오키, 앞의 책, 28쪽.

만과 편견』은 이렇게 분명히 존재하는 '집합적 규정'을 넘어서려는 시도가 실제로 이루어지는 장이었다고 하겠다.

먼저, 사카이를 향해 쓴 「식민주의적 죄의식을 넘어서」에서 임지현은 일본의 민족주의적 교과서에 대한 일본이나 한국, 중국 역사학계의 대처가 실망스러웠다고 쓴다. 과거의 '객관적' 사실에 대한 실증주의적 확신에 근거한 '양심적' 일본 역사학계의 접근방식은, 사실을 바로잡는다 해도 각 민족 국가들 사이의 '정사'들이 충돌하는 것을 막을 수는 없기 때문에 분명한 한계를 가지고 있다는 것이다. 그에 따르면, 한국의 저항 민족주의 역시 민중의 기억을 전유하려는 국가권력의 담론전략에 포섭되어 있다는 점에서는 예외가 아니다. 그렇기에 우선 '민족'이나 '국민' 같은 단일한 정체성을 해체하지 않으면 안 되지만, '제국의 양심적 지식인'들은 구식민지인 한국에 "일종의 원죄의식", 식민주의적 죄의식을 가지고 있어 제대로 비판하지 못하고 있다는 문제의식을 그는 거듭 강조한다.[100]

여기에 대한 사카이의 대답은 조금 더 온건해 보인다. 그는 태도를 바꾸는 것만으로 국민이나 민족, 인종과 같은 동일성에서 자유로워지기란 어려움을 먼저 이야기한다. 그리고 임지현이 지적하는 것처럼 "일본 제국주의에 대해 깊이 반성하는 마음을 가진 일본의 진보적 지식인이 한국 국민주의를 단지 허용할 뿐만 아니라 적극적으로 지원하는 사태"를 경계하며, 어떤 막연한 제국주의나 식민지주의 같은 범죄를 '일본'인이라는 집단 일반'이 저질렀다고 보는 도식을 재검토할 필요가 있다고 답한다. 그에 따르면 한국과 일본 사이에 존재하는 제국주의적 유제를 제도하기 위한 첫걸음은 '일본인을 깨는' 것이다.[101] 이러한 온건함은 이후의 대담에

---

100 「식민주의적 죄의식을 넘어서」, 위의 책, 10~16쪽.
101 「제국주의의 부끄러움에 대하여」, 위의 책, 20~26쪽.

서 한국의 민족주의나 집단적 피해자의식을 강하게 비판하는 임지현이 한국의 민족 개념이 'Volk'를 넘어서 나치의 피와 땅Blut und Boden을 상기시킬 때가 많다고 지적하는 데 대해 사카이가 오히려 인공적인 국민nation과 자연적인 민족Volk은 어느 국민국가에나 공존하고 있다고 대답하는 데에서도 드러난다.[102]

그런데 두 사람의 대화를 읽어나가다 보면, 여기서 '식민주의적 죄의식'도 '제국주의의 부끄러움'도 결국 식민종주국이자 제국주의 국가였던 일본의 지식인이 가지는 것으로서 상정되고 있음을 알 수 있다. 임지현은 사카이나 일본 지식인에게 그러한 죄의식을 넘어서라고 말하고, 사카이는 그럼에도 남아있는 부끄러움에 대해 이야기하는데, 이때 죄의식은 부끄러움이라는 다른 가능성을 지닌 감정으로 바뀌었지만 누가 그러한 감정을 가지는가라는 구도 자체는 달라지지 않는 것이다. 가령 일본의 지식인에 대하여 임지현은 애초부터 죄의식을 가지지 않아도 되는 위치에 있으며, 대신 상대방에게 그러한 죄의식이 한국과 일본의 관계라는 점에서 얼마나 성가신 결과를 가져오는지를 말하게 된다. 이는 임지현이 사카이와의 대담에 대해 제국-식민지의 역사적 경험으로부터 완전히 자유로울 수는 없는 가운데 "서로가 느끼는 역사의 무게감"13~14쪽이 달랐다고 회상하는 것에서도 알 수 있다.

이렇듯 처음부터 임지현은 그들이 한국과 일본을 대표하려 하지 않더라도 제국과 식민지라는 역사적 경험에 속박되어 있음을 인식하고 있으며, '집합적 유무죄'와 관련된 문제는 사카이에게 더 큰 부담이었으리라고도 짐작하기도 한다32쪽. 하지만 그에게 중요한 것은 역시 일본의 좌파

---

102 임지현·사카이 나오키, 앞의 책, 111~112쪽. 이하, 이 책의 내용을 인용하거나 언급할 때는 해당 부분 말미에 쪽수로 표기.

나 진보적 지식인들이 구식민지인 한국에 대한 제국주의적 콤플렉스에서 벗어나는 것이었고, 그것이 대화가 이루어지기 위한 전제이기도 했다. 그에 따르면 지금까지의 한일 지식인의 연대는 대개 일본의 좌파와 한국의 우파가 일방적으로 일본 내셔널리즘을 비판하는 데에 그쳤는데, 거기에는 한반도의 이른바 저항 민족주의에 대한 동정적인 태도가 일본 사회에서 '양심적 지식인'의 포즈를 취하는 데에 더 유리하다는 혐의도 있었다[55~56쪽]. 사카이 역시 이에 답하면서 식민지주의적 죄의식이란 이를 상상 속에서 용서해주는 구식민지 주민을 필요로 하며[56쪽], 구식민지의 지식인들이 오히려 그러한 죄의식을 부정하거나 속죄해주는 역할을 하고 만다는 시나리오를 읽어낸다[61쪽].

하지만 사카이의 경우 이러한 죄의식 자체를 나쁘기만 하다고 생각하지는 않는데, 이는 부끄러움과 죄의식의 구분에서 내면적 반성과 분석적 반성이라는 차이를 도출해내는 임지현의 해석과는 달리, "개인으로서" 어떻게 죄책감을 짊어질 것인가를 사고할 수 있기 때문이다[71쪽]. 그는 "정치적인 죄는 집단이 져야 할 필요가 있지만, 과거에 대한 죄책감은 집단이 아니라 개인이 져야" 한다면서, 이러한 과정에서 식민주의적 죄의식이 긍정적 역할을 할 가능성을 끄집어낸다. 이러한 논리의 바탕이 되는 것은 사카이가 애초에 '일본인'이나 '한국인'이라는 동일성이 배제와 포섭을 계속해서 반복하여 가까스로 만들어지는[45쪽] 것으로서 생각하고, 거기서 그러한 '일본인'을 나눈/깬 것으로서의 개인으로 자신을 위치시키고 있다는 사실일 것이다.

이 책을 평가한 이타가키가 주목하는 것도 책임을 둘러싼 이러한 관점이다. 이타가키는 이 같은 논의가 단순히 일본의 식민주의적 죄의식과 한국의 민족주의를 비판하는 것에 그친다면 "옛 '제국'의 지식인이 죄의식에서 '해방'되어 '미래 지향'의 완벽한 주체"로 걸어갈 것이며, 그러한 태도가 피해자의식이 없는 한국 젊은이들을 높이 평가하는 일본 지식인의 논의 등에서 이미 등장하고 있음을 지적한다.[103] 반면, 개개인이 자신에게 주어진 죄책감에 계속해서 구애된다는 것은 그것이 내셔널한 집합성으로 회수되지 않는 만큼 한 명의 책임 주체로서 더 무거운 과제와 마주해야만 할지도 모른다는 것을 의미하는 것이었다. 이는 임지현이 전후 독일의 예를 들며 한 사람, 한 사람이 제도적 청산의 장막에 숨지 않고 "자율적으로 사고하고 실천하는 주체로서"[75쪽] 과거를 성찰하고 반성했느냐는 질문을 던지는 것에서도 드러난다. 즉 두 사람의 대화에서는 내셔널한 주체를 해체하는 것이 각자가 짊어져야 할 역사적 책임의 무게를 덜어주는 것은 아니었던 것이다.

하지만 여기서 개개인에게 그 같은 죄책감을 부여하는 근거는 무엇일까? 사카이는 "민족 개념을 역사화하고 싶다고 생각하는 것은 민족 개념을 단지 지워버리는 것이 아니라 그것 자체가 말하자면 상흔으로, 역사적 상흔으로 존재한다는 사실을 확인하고 싶기 때문"[244쪽]이라고 말한다. '한국인', '일본인'을 깨어 나가도 남아있을 이 같은 역사적 상흔이 없다면, 애초에 개개인이 왜 책임을 묻는 물음에 응답해야 하는지도 알 수 없는 것이다. 다른 곳에서 사카이는 "식민지주의자라는 성격은 일본인이라는 동일성에 때마침 우연히 더해진 부수적인 사태가 아니라 본질적인 사태"라고 규정하며, "(나는) 당신과의 관계에서 당신과 대조적으로 한정된 동일성에서 벗어날 수는 없다. 왜냐하면 나와 당신의 관계에는 역사가 있기 때문이고, 현존하는 차별은 역사에 뿌리를 두고 있기 때문이다"[104]라

103 이타가키 류타, 송태욱 역, 「역사주의에 저항하면서 역사를 응시한다」, 『당대비평』 제23호, 생각의나무, 2003, 300~301쪽.

고 쓴 적이 있다. 그에 따르면 자신의 주체적 입장은 타자와의 관계에 따라 한정되기 때문에, 스스로는 단지 역사가로서 대화하고 있다고 생각했던 상대방에게 "너는 역사가이기 이전에 일본인이잖아"라는 호명을 당하는 일은 언제든지 일어날 수 있다.[105] 사카이는 민족, 인종으로 사람들을 구분하는 인종주의와 국민국가의 성립 사이에는 연관성이 있고[103쪽] 이때 차이는 본질적이기보다 부호와 같다고 지적하는데[105쪽], 식민주의나 차별에 대한 역사적 책임은 이러한 부호와는 달리 분명히 존재하는 구속성이었다.

한편, 두 사람의 대화에서는 내셔널리즘이나 민족에 대해 어떠한 태도를 취하느냐와 관련해서 미묘한 차이가 나타나기도 한다. 가령 사카이는 억압당한 사람들이 연대를 만들어가기 위해 민족이라는 개념을 쓸 때는 그것이 유효하고 의미가 있음을 말하고[356쪽], 그에 대해 임지현은 한국의 저항 민족주의의 정통성이 그러한 연대에 근거하고 있음에도 불구하고 그것이 동원 이데올로기로 변질되어갔음을 지적한다[357쪽]. 또 일본의 역사 교과서 논란에 대한 일본의 '양심적' 역사학자들이나 한국의 역사학자들의 반응을 문제 삼는 임지현이 한일 양국의 지식사회를 비판하면서 제국의 마이너리티로서의 재일 지식인들이 이에 대한 날카로운 비판의식을 가질 수 있는 거의 유일한 집단임에도 남·북한의 내셔널리즘에 동원되고 있음을 지적한 데에 대한 사카이의 응답도 마찬가지다. 그는 "잊지 말아야 할 것은 각국의 마이너리티라는 사람들은 어떤 의미에서는 깊이, 그리고 끊임없이 상처받고 있다는 점"[372쪽]임을 상기시키며, 국민사가 사

---

104 酒井直樹, 「日本史と国民的責任」, 酒井直樹 編, 『ナショナル・ヒストリーを学び捨てる』, 東京大学出版会, 2006, 177쪽.
105 위의 책, 181쪽.

람들에게 힘을 주는 방향 또한 가지고 있음을 짚는다. 그가 우려하는 것은 국민사의 폭력성을 비판하다가 마이너리티의 처지에 놓인 사람들에게 임파워먼트 수단을 앗아갈 수도 있다는 점이다.

물론 이 같은 입장의 차이를 그들이 '한일의' 지식인으로서 대화하고 있다는 것으로 전부 환원해서 이해할 수는 없을 것이다. 실제로 두 사람은 책의 마지막 부분에서 이러한 대담이나 대화를 함으로써 가능한 "새로운 형태의 연대"430쪽를 모색하고자 했다고 밝히는데, 이는 궁극적으로는 '한일 지식인의 대화'라는 최초의 틀 자체를 벗겨내는 과정이다. 사카이는 이 대화가 한일이라는 이항대립의 형태로 이루어졌다고 느끼지는 못했다면서, 그렇게 생각할 만한 이유가 있다면 한국어와 일본어를 번역하는 방식으로 대담이 이루어졌기 때문임을 분명히 한다462쪽. 임지현 역시 "국가대표의 명예로부터 벗어나서 나눈, 이런 방식의 한일 지식인 대담은 거의 처음"463쪽이라고 화답한다. 하지만 앞선 사카이의 논의에서도 알 수 있듯, 여기서는 역시 집합적인 희생자의식에서 벗어나고자 하는 임지현이 그를 "구식민주의자의 동일성으로부터 끊임없이 해방될 수 있도록"464쪽 해주었다는 점 또한 중요하다. 반대로 임지현은 자신이 식민지 출신 지식인이었기에 "제국과의 관계에서 자연스레 부여받는 역사적 면죄부"를 누리기도 했음을 인정한다. 구제국과 구식민지라는 역사적 기억은 두 사람의 한일 지식인의 한국과 일본이라는 경계를 넘어선, 그리고 한일이라는 관계로는 회수되지 않는 대화에서도 분명히 존재하고 있던 것이다. 하지만 이렇게 경계를 넘음으로써 거기에 어쨌든 선이 존재하고 있음을 다시금 확인하는 일은, 이들의 대화가 과거의 책임과 어떻게 마주할 것인가라는 물음을 건너뛰지 않게 해주기도 했다.

'동아시아 역사포럼'에서 대안으로 제시한 것은 민족주의를 이용해서 민중을 동원하는 한일 국가권력의 담합구조를 깨고 "참으로 동등한 파트너십에 근거한" "밑으로부터의 연대"였다. 한국과 일본의 지식인들 사이에 상정되는 이 같은 동등함은 물론, 서로의 내셔널리즘을 더 앞서나갔다고 여겨지는 누군가가 '동정'하거나 한 수 접어두지 않고 비판할 수 있을 때에 가능하다. 임지현이 제기한 민족주의 비판이 바로 한일의 인적 교류가 폭발적으로 증가하기 시작한 이 시기에 '일본인'과 개인 대 개인으로서 만나고자 했던 젊은 연구자들을 매료했던 것은 이 때문이기도 할 것이다. 단, 이렇게 교류할 수 있었던 한일의 지식인들은 한일의 '밑으로부터'의 연대를 이야기하기에는 어쩌면 그렇게 '밑'에 있지 않았을지도 모른다. 사카이와 임지현과 같은 지식인들의 '새로운 연대'가 민족주의에 기꺼이 동원되는 사람들, '한국인'이나 '일본인'이라는 집합성을 깬 '복수의 입장들'이라는 전제를 공유하지 않는 사람들과 어떻게 관계 맺을 것인지는 아직 모색되지 않았던 것이다.

5. 나가며

이 글에서는 2000년을 전후한 시기에 내셔널리즘 비판을 계기로 한국과 일본 사이에 어떠한 지적인 교류가 일어났는지를 구체적으로 살펴보았다. 먼저 일본의 역사수정주의에 대응하는 가운데 한국에서는 자기비판으로서 '국사'에 대한 문제가 제기되는 한편, 일본의 전후사나 내셔널리즘을 비판하는 수많은 서적들이 번역되어 읽혔다. 『당대비평』과 같은 잡지는 일본의 논의를 한국에 소개하는 매개로서 기능하는 동시에, 한국과 일본의 지식인들이 지면을 통해 만나는 장을 마련하기도 하였다. 이러한 종류의 한일 지식인들의 상호 교류를 전부 살펴보는 것은 불가능하지만, 특히 『당대포럼』과 '동아시아 역사포럼', 임지현과 사카이 나오키를 중심으로 이렇듯 내셔널한 경계를 넘어서고자 한 대화가 어떻게 한국과 일본, 우리와 그들이라는 선과 다시금 맞서게 되는지를 확인할 수 있었다.

이러한 지식인들은 그럼에도 불구하고 아마 '우리'로서 대화할 수 있었을지도 모른다. 거기에서 그어지는 선은 아마 반드시 한국과 일본 사이에 있지도 않을 것이고, 앞에서 보았듯 스스로가 속한 것으로 되어 있는 내셔널한 아이덴티티를 벗어나서 대화하는 것 또한 어느 정도 가능했을 것이다. 하지만 이들의 교류에서 볼 수 있었던 것은, 그럼에도 불구하고 제국주의 국가와 식민지라는 역사적 경험의 차이가 이러한 대화에 계속해서 영향을 미친다는 사실이었다. 일본 지식인이 그러한 과거의 무게를 쉽게 지나쳐 버린다면, 그것은 우에노가 말했듯 '오만'으로 비칠 것이다. 가해자로서의 일본인, 피해자로서의 한국인이라는 동일성은 허구이지만, 임지현이 말하듯 제도로서의 과거청산이 아니라 개개인이 실존적으로 그러한 과거를 성찰해야 한다면, 여기서 기댈 것은 또다시 그 개인의 양심이나 타자에 대한 성실함일 수밖에 없다. 그런데 여기서의 '타자'란 것도 결국 내셔널한 경계에서 생겨나는 것 아닌가? 그렇다면 지식인이 아닌 개개인은 어떤 위치에서 상대방을 향해 말을 걸 수 있을까? 내셔널리즘에 대한 문제의식을 공유한 한일 지식인의 교류는 이러한 물음에 완전히 답하지는 못한 듯하다.

오늘날 한국과 일본의 젊은 세대가 경험하고 있는 갈등을 생각해 보면, '동아시아 역사포럼'이나 탈민족주의론에 대한 비판에서 제기되는 담론의 효과에 대해 고민하지 않을 수 없다. 대립하는 관계에서 한쪽의 자기비판은 언제든지 타자비판의 무기가 될 수 있고, 일본에서 한국이 지독히 민족주의적인 사회로 인식되는 데에는 경험적인 차원뿐 아니라 이론적인 차원의 근거 역시 충분해진다. 그런 가운데 우리에게는 '우리'의 역사가 주는 무게를 벗어나서 어디까지나 개인 대 개인으로 교류하고 싶다는 욕망 또한 존재한다. 임지현이나 '동아시아 역사포럼'에 대한 역사학적인 평가와는 무관하게, 돌아보면 그것이 아마 이들의 교류가 누군가에게는 주었던 해방감의 이유 중 하나이기도 할 것이다.

이 글에서는 논의하지 못했지만, 마지막으로 사상이 어떻게 번역되어 읽히는가라는 추상적인 차원과는 별개로, 실제로 사상과 사상의 만남이 수행적으로 이루어지는 장이자 노동으로 존재하는 번역의 문제가 있음을 상기하고자 한다. 우에노는 조한혜정에게 보낸 한 편지에서 그들의 대화가 영어로 이루어지지 않았음을 강조한다. "자기에게 육체화된 모어母語를 사용해 표현하고, 숙달된 번역자에게 부탁하기로 우리는 합의"했다는 것이다.[106] 임지현과 사카이의 대화 또한 통역이나 번역을 개재하여 이루어졌다. 여기서 살펴본 지식인들의 교류들 중에는 번역자가 없이는 아예 성립하지 않는 것도 많았다. 여기서 살펴본 글들의 번역자로도 박환무, 이규수, 임성모, 후지이 다케시藤井たけし, 1972~와 같은 이름들이 거듭해서 등장하고 있는데, 이들 번역자들을 중심으로 지식의 교류를 읽어내는 작업 또한 필요할 것이다.

---

106 우에노 치즈코, 「'적의 무기로 싸우는 것'에 대해—우에노 치즈코의 첫 번째 편지」, 『당대비평』 제23호, 13쪽.

참고문헌

제1장 월경하는 재한 피폭자와 일본의 연대운동
손귀달의 '밀항'과 엄분련·임복순의 도일 치료 시도를 둘러싸고 | 오타 오사무

『朝日新聞』,『中國新聞』,『京郷新聞』,『東亜日報』

外務省アジア大洋州局北東アジア課,『在韓韓国人被爆者問題』1, 2022.5.31 開示.

_____,『在韓韓国人被爆者問題』2, 2022.5.31 開示.

『第六十一回国会衆議院社会労働委員会義』第16号, 1969.5.8.

安部一成論文選集刊行委員会 編,『安部一成論文選集5巻原水爆禁止運動』, 東洋図書出版, 1987.

飯沼二郎,『わたしの歩んだ現代』, 日本基督教団出版局, 1983.

李順玉,「韓国被爆者の手記〈I〉"私を原爆の故郷なる広島にかえらせて下さい"」,『底点』I, 1969.10.

市場淳子,「第一部/第二章 立ちあがった在韓被爆者(1967~1978年)」,『新装増補版 ヒロシマを持ちかえった人々「韓国の広島」はなぜ生まれたか』, 凱風社, 2005.

井上修,「NDU日本ドキュメンタリストユニオンとはいったいなんなのだ?」, 小野沢稔彦 ほか編,『燃ゆる海峡—NDUと布川徹郎の映画/運動に向けて』, インパクト出版会, 2013.

太田修,『[新装新版]日韓交渉—請求権問題の研究』, クレイン, 2015.

_____,「二重の被害をめぐる政治—日韓国交樹立と在韓被爆者」,『歴史評論』No.788, 2015.12.

大野光明·小杉亮子·松井隆志,「越境と連帯の運動史—日本の「戦後」をとらえかえす」,『越境と連帯 社会運動史研究』4, 新曜社, 2022.

小熊英二,『1968〈下〉—叛乱の終焉とその遺産』, 新曜社, 2009.

梶村秀樹,「定住外国人としての在日朝鮮人」,『思想』, 1985.8.

核兵器禁止平和建設国民会議,『在韓被爆者』, 1978.

北田みのる,「密入国者·孫貴達の孤独」,『思想の科学』, 1969.3.

木村聖哉,『竹中労·無頼の哀しみ』, 現代書館, 1999.

辛亨根,「韓国原爆被害者問題の実態と意義についての研究ー特に韓日間草の根協力に注目して」, 広島大学大学院国際協力研究科博士学位論文, 2014.9.

孫貴達,「原爆症治療に密航した兄と私」,『婦人公論』, 1971.9.

_____,「被爆者密航一家」;「在韓朝鮮人被爆者の証言ー非日本化の道を歩まされた二十七年」;「特別企画 隠れて生きる被爆者と人種差別ー大量虐殺から生き残った朝鮮人と日本人100人の証言」,『潮』, 1972.7.

高谷幸,「第3章 呼び覚まされる帝国の記憶と〈戦後日本〉」,『追放と抵抗のポリティクスー戦後日本の境界と非正規移民』, ナカニシヤ出版, 2017.

滝川洋,「在韓被爆者をめぐって」,『コリア評論』, 1970.8.

竹中労 編著,『見捨てられた在韓被爆者ー日・韓両政府は彼らを見殺しにするのか』, 日新報道, 1970.

中島竜美,「孫さんの密入国」,『朝日ジャーナル』, 1968.11.3.

_____,「もう一つの"ヒロシマ"は訴えるー朝鮮人被爆者二四年の怨嗟」,『現代の眼』, 1969.9.

_____,「序文」,『底点』I, 1969.10.

中村葉子,「第4章 軍歌にみられる差異『倭奴へ 在韓被爆者無告の二十六年』」;「日本ドキュメンタリストユニオンの映画論ー非同期による差異の表出について」, 大阪府立大学博士論文, 2017.

朴正功,「朝鮮人密航者の歴史と現実」,『現代の眼』, 1969.5.

平岡敬,「韓国の原爆被災者を訪ねて」,『世界』, 1966.4.

_____,「被爆朝鮮人の怒りと悲しみ」,『ドキュメント日本人8 アンチヒューマン』, 学藝書林, 1969.

藤崎康夫,「韓国被爆者25年の怨念」,『現代の眼』, 1970.9.

松田政男,「在韓被爆者ー無告の二十六年ー倭奴へ」,『キネマ旬報』, 1972.1.

梁厚,「朝鮮の被爆者」,『思想の科学』, 1969.8.

吉岡攻,「韓国の被爆者は訴える」,『世界』, 1969.2.

_____,「韓国の被爆者」,『世界』, 1969.6.

외무부동북아세과722.1JA,『한국인 원폭피해자 구호, 1968~71』, 1971.

김경애,『원폭 피해 한국 여성들』, 푸른사상, 2019.

김승은,「재한(在韓)원폭피해자 문제에 대한 한일양국의 인식과 교섭태도(1965~1980)」,『아세아연구』제55권 2호, 2012.

김원,「밀항, 국경 그리고 국적-손진두 사건을 중심으로)」,『한국민족문화』62, 2017.2.

金再根,「韓国原爆被害者의 現実」,『新東亜』, 1968.3.

_____,「一九四五年八月 廣島의 韓國人」,『新東亜』, 1968.8.

오은정,「'제국의 신민'에서 '재한피폭자'로-한국 원폭피해자 운동에서 한일 시민연대의 사
회문화적 토대와 그 변화」,『기억과전망』39호, 2018.

AGOTA DURO, *THE HISTORICAL SIGNIFICANCE OF JAPANESE GRASSROOTS
COOPERATION FOR THE SUPPORT OF KOREAN ATOMIC BOMB SURVI-
VOR*, Dissertation Submitted for the degree of Doctor of Peace Studies in International
Studies in the Graduate School of Hiroshima City University, 2017.

제2장 1970년대 '조선반도 연구자'의 한국론
다나카 아키라(田中明)를 중심으로 | 박삼헌

다나카 아키라(田中明) 논저

「空白のなかの不安-「日韓」強行採決をみるソウルの目」,『朝日ジャーナル』7-49,
1965.11.28.

「新時代を迎える韓国人の心情-「限られた政治条件」下に交錯するもの」,『朝日ジャーナ
ル』7-52, 1965.12.19.

「ヤンバン政治の行方-曲りかどの韓国〈1〉」,『朝日ジャーナル』8-3, 1966.1.16.

「主体性へのあこがれ-曲りかどの韓国〈2〉」,『朝日ジャーナル』8-4, 1966.1.23.

「土に帰れ-曲りかどの韓国〈3〉」,『朝日ジャーナル』8-5, 1966.1.30.

「自由・反共・統一-曲りかどの韓国〈4(完)〉」,『朝日ジャーナル』8-6, 1966.2.6.

「ソウルで聞いた金嬉老事件-ライフル男が提起した朝鮮人差別」,『朝日ジャーナル』10-
10, 1968.3.10.

「緊張のなかの韓国-複雑な怒りと反発(現地報告)」,『朝日ジャーナル』10-13, 1968.3.31.

『ソウル実感録』, 北洋社, 1975.

『常識的朝鮮論のすすめ』, 朝日新聞社, 1981.

『朝鮮断想』, 草風館, 1984.

「한 일본인이 본 전후 한일관계」,『일본평론』제4호, 사회과학연구소, 1991년 가을・겨울호(일
본어 번역 田中明,「一日本人の見た戦後日韓関係」,『現代コリア』327, 1992. 12).

『韓国政治を透視する』, 亜紀書店, 1992(윤학준 역, 『韓國政治를 透視한다』, 吉安社, 1995).

『遠ざかる韓国－冬扇房独語』, 晩聲社, 2010(「冬扇房閑話」(36回連載), 『現代コリア』 440~476号, 2004.04~2007.11[종간]).

연구논문

金聲翰 外, 『日韓ソウルの友情－理解への道.part2, 日韓座談会』, 読売新聞社, 1985, 14쪽.

다카야나기 도시오, 「도일(渡日) 초기의 윤학준(尹學準)－밀항(密航), 법정대학, 귀국사업」, 『한일민족문제연구』 제6호, 2004.

박삼헌, 「1970년대 일본의 보수주의 언론과 한국 인식－『쇼쿤(諸君)!』의 한국 관련 기사를 중심으로」, 『일본역사연구』 제51집, 2020.

_____, 「1980년대 한일 지식인 교류와 역사인식－요미우리신문사 주최 '일한좌담회'를 중심으로」, 『한일민족문제연구』 제40집, 2021.

이용희, 「한국민족주의의 제문제」, 『한국정치논총』 제6집, 1967.

장문석, 「1960~1970년대 일본의 한국문학 연구와 '조선문학의 회(朝鮮文學の會)'－오무라 마스오(大村益夫) 교수에게 질문하다」, 『한국학연구』 제40집, 2016.

_____, 「연대의 이념에서 주체성의 세계로－냉전기 일본의 조선문학 연구와 조선어」, 『일본비평』 제27호, 2022.

최태원, 「전후 일본에서의 조선근대문학연구의 성립과 전개－〈조선문학의 회〉를 중심으로」, 『한국학연구』 제61집, 2021.

柏崎正憲, 「反差別から差別への同軸反転－現代コリア研究所の捩れと日本の歴史修正主義」, 『クァドランテ』 第10号, 2008.

연구서

기미야 다다시, 이원덕 역, 『한일관계사』, AK, 2022(원저 『日韓関係史』, 岩波新書, 2021).

김건우, 『대한민국의 설계자들－학병 세대와 한국 우익의 기원』, 느티나무책방, 2017.

김윤식, 『한일문학의 관련양상』, 일지사, 1974(大村益夫 訳, 『傷痕と克服－韓国の文学者と日本』, 朝日新聞社, 1975).

_____, 『비도 눈도 내리지 않는 시나가와역』, 솔출판사, 2005.

_____, 『내가 읽고 만난 일본－원로 국문학자 김윤식의 지적 여정』, 그린비, 2012.

류상영·와다 하루키·이토 나리히코 편, 『김대중과 한일관계－민주주의와 평화의 한일연대사』, 연세대 대학출판문화원, 2012.

오무라 마스오, 심원섭 외역, 『오무라 마스오 저작집』 전6권, 소명출판, 2016~2018.

이상록, 『한국의 자유민주주의와『사상계』』, 고려대 민족문화연구원, 2020.

정경모, 『정경모 자서전 시대의 불침번』, 한겨레출판, 2010(鄭剛憲 訳, 『歴史の不寝番 亡命 韓国人の回想録』, 藤原書店, 2011).

한상일, 『지식인의 오만과 편견-〈세카이世界〉와 한반도』, 기파랑, 2008.

青地晨・和田春樹 編, 『日韓連帯の思想と行動』, 現代評論社, 1977.

太田修, 「9 金大中拉致事件から始まった日韓連帯運動-植民地支配の歴史の問い直し」, 太田修 編, 『植民地主義, 冷戦から考える日韓関係』, 同志社コリア研究センター, 2021.

小熊英二, 『1968(下)-叛乱の終焉とその遺産』, 新曜社, 2009.

李美淑, 『『日韓連帯運動』の時代-1970~80年代のトランスナショナルな公共圏とメディア』, 東京大学出版会, 2018.

歴史研究会 編, 『日朝関係史を考える』, 青木書店, 1989.

和田春樹・高崎宗司 編, 『北朝鮮本をどう読むか』, 明石書店, 2003

_____, 『検証 日朝関係60年史』, 明石書店, 2005.

安藤彦太郎 他, 『日・韓・中三国人民連帯の歴史と理論』, 日本朝鮮研究所, 1964.

제3장 아시아 냉전학술의 자장과 1970~1980년대 한일 지식인 교류 ────| 김인수

The Rockefeller Archive Center(RAC) Materials.

「韓日関係 이대로 좋은가-(5) 關係再定立의 方向」, 『동아일보』, 1977.05.13.

「現代日本의 解剖」, 『경향신문』, 1978.10.20.

「'現代日本(현대일본) 연구회' 발족」, 『조선일보』, 1980.02.12.

고려대 아세아문제연구소, 『아연 60년사-역사편』, 2017a.

_____, 『아연 60년사-인물편』, 2017b.

_____, 『亞研60年史-1. 역사편』, 아연출판부, 2017c.

김인수, 「한국의 초기 사회학과 '아연회의'(1965)」, 『사이/間/SAI』 제22호, 2017.

____, 「1960~70년대 한국학의 토대와 네트워크-아시아학술기관교류위원회(CEAI), 아세아문제연구소(ARC), 한국학공동위원회(JCKS)의 활동을 중심으로」, 『인문논총』 제77권 제3호, 서울대 인문학연구원, 2020.

이봉범, 「냉전과 원조, 원조시대 냉전문화 구축의 역동성-1950~60년대 미국 민간재단의 원조와 한국문화」, 『한국학연구』 39, 인하대 한국학연구소, 2015.

차재영, 「1950년대 미국무성의 미국 언론 전문가 파견 사업 연구-한국 언론에 미친 영향을 중심으로」, 『한국언론정보학보』 87(1), 한국언론정보학회, 2018.

한배호, 『민주정치라야 정치학이 산다』, 오름, 2013.

한승주, 『외교의 길』, 올림, 2017.

허은, 「냉전시대 동아시아지역의 미국학(American Studies) 확산과 '知的네트워크' 구축-한국의 사례를 중심으로」, 『아세아연구』 60(1), 고려대 아세아문제연구소, 2017.

楠綾子, 「冷戦と日米知的交流-下田会議(1967)の一考察」, 『国際学研究』 3(1), 関西学院大学国際学部研究会, 2014.

藤田文子, 『アメリカ文化外交と日本』, 東京大学出版会, 2015.

土屋由香, 『文化冷戦と科学技術-アメリカの対外情報プログラムとアジア』, 京都大学学術出版会, 2021.

Berman, Edward H., *The Influence of the Carnegie, Ford, and Rockefeller Foundations on American Foreign Policy*, Albany : State University of New York Press, 1983.

Hahn Bae-ho and Yamamoto Tadashi ed., *Korea and Japan : A New Dialogue Across the Channel*, The Asiatic Research Center, 1978(* 1977년 제1차 KJIE(하코네) 출판물).

Hahn Bae-ho ed., *Korea-Japan Relations in Transition : Challenges and Opportunities* The Asiatic Research Center, 1982(* 1981년 제4차 KJIE(서울) 출판물).

Hahn Bae-ho, "Japan's International Role : Asia and Non-Asian Views", Hahn Bae-ho ed., *Korea-Japan Relations in Transition : Challenges and Opportunities*, Asiatic Research Center, Korea University, 1982.

Han Sung-Joo ed., *The Present and Future of Korea-Japan Cooperation*, The Asiatic Research Center, 1990.

Iokibe Makoto, "U.S.-Japan Intellectual Exchange : The Relationship between Government and Private Foundation" in Yamamoto Tadashi, Irie Akira, and Iokibe Makoto ed., *Philanthropy and Reconciliation : Rebuilding Postwar U.S.-Japan Relations*, Tokyo and New York : Japan Center for International Exchange(JCIE), 2006.

Kim Wan-soon, "Korea-Japan Economic Relations in the 1980's", Hahn Bae-ho ed., *Korea-Japan Relations in Transition : Challenges and Opportunities*, The Asiatic Research Center, 1982.

Kimberly Gould Ashizawa, "Understanding the 'Other' : Foundation Support for Japanese Studies in the U.S.", in Yamamoto Tadashi, Irie Akira, and Iokibe Makoto ed., *Philan-*

thropy and Reconciliation : Rebuilding Postwar U.S.-Japan Relations, Tokyo and New York : Japan Center for International Exchange(JCIE), 2006.

Menju Toshihiro, "The Development of Grassroots International Exchange in Japan and the Impact of American Philanthropy", in Yamamoto Tadashi, Irie Akira, and Iokibe Makoto ed., *Philanthropy and Reconciliation : Rebuilding Postwar U.S.-Japan Relations*, Tokyo and New York : Japan Center for International Exchange(JCIE), 2006.

Nakazawa Kazuo, "Search for a New International Order in Asia", in Asiatic Research Center, *Korea-Japan Relations : Issues and Future Prospects*, Asiatic Research Center, Korea University, 1980.

Sasaki, Yutaka, "SSRC's Committee on Coparative Politics and the struggle to construct a general theory of political modernization using the Japanese model : Scholarly endeavors of Robert E. Ward", in Hiroo Nakajima ed., *International Society in the Early Twentieth Century Asia-Pacific : Imperial Rivalries, International Organization, and Experts*, London and New York : Routledge, 2021.

The Asiatic Research Center of Korea University and the Japan Center for International Exchange, *Korea-Japan Relations : Issues and Future Prospects*, The Asiatic Research Center, 1980(* Seoul and Tokyo, 1979(제2, 3차) KJIE의 출판물)

Yamamoto Tadashi, "Changing Patterns of International Exchange", *Japan Quarterly* 41(4), 1994.

Yamamoto Tadashi, "The Role of Philanthropy in Postwar U.S.-Japan Relations, 1945~1975 : An Overview", in Yamamoto Tadashi, Irie Akira, and Iokibe Makoto ed., *Philanthropy and Reconciliation : Rebuilding Postwar U.S.-Japan Relations*, Tokyo and New York : Japan Center for International Exchange(JCIE), 2006.

_____, Iriye Akira, and Iokibe Makoto ed., *Philanthropy and Reconciliation : Rebuilding Postwar U.S.-Japan Relations*, Tokyo and New York : Japan Center for International Exchange(JCIE), 2006.

제4장 재일(在日) 지식인이 구축한 연대의 공론장『계간 삼천리』———— | 조수일

자료

『季刊三千里』 전50호, 三千里社, 1975.2~1987.5

연구서

강만길, 『韓國民族運動史論』, 한길사, 1985.

김윤식, 『韓日 文學의 關係樣相』, 一志社, 1974.

_____, 『내가 읽고 만난 일본』, 그린비, 2012.

위르겐 하버마스, 한승완 역, 『공론장의 구조변동−부르주아 사회와 한 범주에 관한 연구』, 나남출판, 2004.

윤구병·임헌영 외, 『김지하−그의 문학과 사상』, 世界, 1985.

이진희·강재언, 김익한·김동명 역, 『한일교류사−새로운 이웃나라 관계를 구축하기 위하여』, 학고재, 1998.

전성곤, 『Doing '자이니치'』, 한국학술정보, 2021.

지명관, 김경희 역, 『한국으로부터의 통신−세계로 발신한 민주화운동』, 창비, 2008.

한림대 일본학연구소 편, 『계간 삼천리 해제집』 전8권, 학고방, 2019~2021.

_____, 『내파하는 국민국가, 가교하는 동아시아 『계간 삼천리』 1981』, 학고방, 2022.

한상일, 『지식인의 오만과 편견−《세카이世界》와 한반도』, 기파랑, 2008.

岩崎稔·上野千鶴子 ほか編, 『戦後日本スタディーズ②……60·70年代』, 紀伊国屋書店, 2009.

池明観, 『T·K生の時代と「いま」−東アジアの平和と共存への道』, 一葉社, 2004.

前田康博, 『ソウルからの報告−ドキュメント韓国 1976~1980』, ダイヤモンド社, 1981.

_____, 『朝鮮半島10年の軌跡−1974~1984』, ほるぷ出版, 1985.

연구논문

강성우, 「『계간 삼천리』로 보는 1970년대 한·일 시민연대운동」, 『인문사회21』 10(4), 인문사회21, 2019.8.

김웅기, 「인물사적 관점에서 바라본 재일 역사학자 강재언」, 『韓日民族問題硏究』 36, 한일민족문제학회, 2019.6.

_____, 「『계간 삼천리』에 나타난 재일코리안 교육에 대한 일본인 교사의 인식과 실천」, 『일본학보』 127, 한국일본학회, 2021.5.

도노무라 마사루, 「역사로서의 『계간 삼천리』−시대의 규정성과 현상 변혁의 모색」, 한림대 일본학연구소 편, 『내파하는 국민국가, 가교하는 동아시아 『계간 삼천리』 1981』, 학고방, 2022.

박삼헌, 「1970년대 일본의 보수주의 언론과 한국 인식－『쇼쿤(諸君)!』의 한국 관련 기사를 중심으로」, 『일본역사연구』51, 일본사학회, 2020.4.

박정의, 「『季刊三千里』と韓国民主化－日本人に知らさせる」, 『日本文化學報』54, 한국일본문화학회, 2012.8.

박형규·백낙청, 「韓國基督教와 民族現実」, 『創作과批評』13(1), 1978.3.

백낙청, 「分斷時代 文學의 思想」, 『씨올의소리』, 1976.6.

사쿠라이 스미레, 「지역 속의『계간 삼천리』－'서클 소개'를 통해서 본 일본시민의 활동」, 한림대 일본학연구소 편, 『내파하는 국민국가, 가교하는 동아시아『계간 삼천리』 1981』, 학고방, 2022.

이영호·이용규, 「디아스포라 네트워크의 형성과 구축 및 자료관리－재일코리안 잡지『계간 삼천리(季刊三千里)』를 중심으로」, 『日本學(일본학)』57, 동국대 일본학연구소, 2022.8.

조관자, 「1990년대 이후 한국에 소개된 재일조선인 지식인의 민족담론－서경식의 '식민주의 저항' 담론에 관한 비판적 고찰」, 『일본비평』8(1), 서울대 일본연구소, 2016.2.

채광석, 「중간 결산에서 새로운 전환점으로」, 『마당』, 월간마당, 1983.12.

천관우, 「民族統一을 위한 나의 提言」, 『創造』26(9), 創造雜誌社, 1972.9.

천관우·길현모, 「4·19革命의 現代史的 評價」, 『創造』26(4), 創造雜誌社, 1972.4.

최범순, 「『계간 삼천리』(季刊三千里)의 민족정체성과 이산적 상상력」, 『日本語文學』1(41), 한국일본어문학회, 2009.6.

최옥자, 「韓國女性 運動史」, 『기독교사상』22(5), 대한기독교서회, 1978.5.

한길사, 「『한국사회연구』제1집을 내면서」, 『한국사회연구』제1집, 한길사, 1983.6.

함석헌, 「五千萬동포 앞에 눈물로 부르짖는 말」, 『씨올의소리』, 1972.9.

Kaneko Ruriko, 「『季刊三千里』における日本進歩的知識人の「在日朝鮮人観」－1975~1977年を中心に」, 『일본어문학』79, 일본어문학회, 2017.11.

中井毬栄, 「私にとってのキム・ジハ」, 『人間として』第10号, 筑摩書房, 1972.6.

松本一明, 「NPO法成立以前の市民活動の特性－1970年代～80年代初期に設立された環境系および福祉系市民活動団体の文献比較を通じて」, 『成蹊大学文学部紀要』第48号, 成蹊大学文学部学会, 2013.3.

신문기사

이현희, 「日교과서歷史歪曲을고발한다 검정필「新編 日本史」긴급입수 분석〈上〉征韓論으로 侵略을 정당화」, 『동아일보』, 1986.7.14.

_____,「日교과서歷史歪曲을고발한다 검정필「新編 日本史」 긴급입수 분석〈下〉「任那日
本府」 터무니없는 주장」,『동아일보』, 1986.7.16.
「前田本社特派員に退去令 韓国政府 "国是に違反" を理由に」,『毎日新聞』, 1979.1.9.

제5장 탈식민적 식민지 연구의 원점 ──────────────
1980년대 후반 한국 근대경제사 한일 공동 연구 | 홍종욱

사료

「"소유근대화" – "수탈합법화" 攻防」,『조선일보』, 1992.3.1.
「조선총독부 土地조사 韓國발전 기여」「식민통치 近代化」論 日서 다시 고개」,『경향신문』,
    1992.8.15.
『トヨタ財団レポート』42, 財団法人トヨタ財団, 1987.10.31.
『1987(昭和62)年度年次報告』, 財団法人トヨタ財団, 1988.7.31(도요타 재단 웹사이트
    https://www.toyotafound.or.jp/).
『1988(昭和63)年度年次報告』, 財団法人トヨタ財団, 1989.8.20(도요타 재단 웹사이트
    https://www.toyotafound.or.jp/).

연구서

강원봉 외,『가지무라 히데키의 내재적 발전론을 다시 읽는다』, 아연출판부, 2014.
安秉直 外編,『近代朝鮮의 經濟構造』, 比峰出版社, 1989.
安秉直・中村哲 편,『近代朝鮮 工業化의 研究－1930~1945年』, 一潮閣, 1993.
안병직・이영훈,『대한민국, 歷史의 岐路에 서다』, 기파랑, 2008.
李榮薫 外,『近代朝鮮水利組合研究』, 一潮閣, 1992.
中村哲, 安秉直 역,『世界資本主義와 移行의 理論－東아시아를 中心으로』, 비봉출판사,
    1991.
_____,『노예제・농노제의 이론－마르크스・엥겔스 역사이론의 재구성』, 지식산업사, 2000.
지명관, 김경희 역,『한국으로부터의 통신－세계로 발신한 민주화운동』, 창비, 2008.
V. I. 레닌, 남상일 역,『제국주의론』, 백산서당, 1988.
中村哲 外編,『朝鮮近代の歴史像』, 日本評論社, 1988.
_____・梶村秀樹・安秉直・李大根 編,『朝鮮近代の経済構造』, 日本評論社, 1990.

_____・安秉直 編, 『〈「日韓共同研究」植民地期の朝鮮経済 ②〉近代朝鮮工業化の研究』, 日本評論社, 1993.

宮嶋博史, 『朝鮮土地調査事業史研究』, 汲古書院, 1991.

宮嶋博史・松本武祝・李榮薰・張矢遠, 『〈「日韓共同研究」植民地期の朝鮮経済 ①〉近代朝鮮水利組合の研究』, 日本評論社, 1992.

연구논문

梶村秀樹, 정재정 역, 「〈강연 유고〉한국의 사회과학은 지금」, 『창작과비평』 66, 1989.12.

김낙년, 「〈서평〉(안병직・중촌철 共編著) 근대 조선 공업화의 연구 -1930~45年」, 『경제사학』 17, 1993.12.

류동민, 「마음의 행로-한국 좌파 민족주의 경제학의 아포리아」, 『마르크스주의 연구』 17-4, 2020.11.

朴玄埰, 「현대 한국 사회의 성격과 발전 단계에 관한 연구(I)」, 『창작과비평』 57, 1985.10.

박현채・정민, 「〈대담〉민족경제론-민족민주운동의 경제적 기초를 해명한다」 (1987), 박현채 저, 『민족경제와 민중운동』, 창작과비평사, 1988.

백낙청 외, 「〈좌담〉현단계 한국사회의 성격과 민족운동의 과제」, 『창작과비평』 15-4, 1987.6.

安秉直, 「書評-韓㓐劤 著, 韓國開港期의 商業構造, 서울, 一潮閣, 1970, pp.373」, 『歷史學報』 48, 1970.12.

_____, 「回顧와 展望-國史(近代)」, 『歷史學報』 49, 1971.3.

_____, 「日帝獨占資本 進出史」, 高麗大學校民族文化研究所, 『韓國現代文化史大系Ⅳ 政治・經濟史』, 高麗大學校民族文化研究所 出版部, 1977.

_____, 「朝鮮에 있어서 (半)植民地・半封建社會의 形成과 日本帝國主義」, 韓國史研究會 編, 『韓國近代社會와 帝國主義』, 三知院, 1985.

_____, 「제국주의와 식민지 지주제-김준보 교수의 농업이론에 대한 비판을 중심으로」, 『경제사학』 10, 1986.12.

_____, 「한국 현대 사회구성체 논쟁에 부쳐서-시리즈를 보고 나서」, 『대학신문』 1989.4.10.

_____, 「중진자본주의로서의 한국경제」, 『사상문예운동』 2, 1989.11.

안병직 외, 「〈월례발표회 토론정리〉식민지 반봉건사회론의 쟁점」, 『산업사회연구』 1, 1986.3.

안병직・정재정, 「〈나의 학문 나의 인생〉 안병직-민족주의에서 경제 성장주의로」, 『역사비평』 59, 2002.5.

李大根,「한국 자본주의의 성격에 관하여-국가독점자본주의론에 붙여」,『창작과비평』57, 1985.10.

이병천,「「식민지반봉건사회구성체론」의 이론적 제 문제-小谷汪之·梶村秀樹의 이론을 중심으로」,『산업사회연구』2, 1987.12.

_____,「〈서평〉安秉直·李大根·中村哲·梶村秀樹 編, 근대조선의 경제구조」,『경제사학』 14, 1990.12.

이병천 외,「〈서평〉中村哲 著, 安秉直 譯,『世界資本主義와 移行의 理論-東아시아를 中心 으로』, 比峰出版社, 1991년, 355면」,『경제사학』15, 1991.12.

이영훈,「조선시기 토지소유 관계 연구 현황」, 近代史研究會 編,『韓國中世社會 解體期의 諸問題(下)-朝鮮後期史 연구의 현황과 과제』, 한울아카데미, 1987.

_____,「19세기 朝鮮王朝 經濟體制의 危機」,『조선시대사학보』43, 2007.12.

이타가키 류타,「동아시아의 근대를 둘러싼 모색의 기록-『나의 한국사 공부』,『일본의 역사 관을 비판한다』를 읽고」,『역사비평』105, 2013.11.

장문석,「연대의 이념에서 주체성의 세계로-냉전기 일본의 조선문학 연구와 조선어」,『일 본비평』27, 2022.8.

전강수,「〈서평〉(李榮薫·張矢遠·宮嶋博史·松本武祝), 근대조선 수리조합연구」,『경제사 학』17, 1993.12.

조희연,「80년대 사회운동과 사회구성체논쟁」, 박현채·조희연 편,『한국 사회구성체논쟁』I, 한울, 1989.

_____,「〈지성의 창〉중진자본주의론의 안병직 교수-"혁명은 버렸지만 휴머니즘은 나의 생명"」,『월간 사회평론 길』, 1993.11.

칼 마르크스,「정치 경제학의 비판을 위하여」, 김세균 감수,『칼 맑스/프리드리히 엥겔스 저 작 선집』2, 박종철출판사, 1992.

本多健吉,「종속이론과 국가자본주의론-생산양식의 이론을 중심으로」, 本多健吉·조용범, 『제3세계 국가자본주의론-마르크스·국가자본주의·남북문제』, 한울, 1985.

홍종욱,「주변부의 근대-남북한의 식민지 반봉건론을 다시 생각한다」,『사이/間/SAI』17, 2014.11.

_____,「〈좌담〉민주주의 이념과 민족민주운동의 성격」,『창작과비평』66, 1989.12.

_____,「〈토론〉식민지 사회론의 제문제」,『역사와 현실』12, 1994.6.

梶村秀樹,『朝鮮における資本主義の形成と展開』, 龍渓書舎, 1977.

_____,「旧植民地社会構成体論」, 冨岡倍雄·梶村秀樹,『発展途上経済の研究』, 世界書 院, 1981.

_____,「梶村秀樹報告」討論要旨」(奧村哲 정리),『歷史評論』432, 1986.4.

梶村秀樹,「やぶにらみの周辺文明論」(1985),『梶村秀樹著作集 第2卷 朝鮮史の方法』, 明石書店, 1993.

_____,「60~70年代NICs現象再検討のためにーおもに韓国の事例から」(1986),『梶村秀樹著作集 第5卷 現代朝鮮への視座』, 明石書店, 1993.

_____,「朝鮮近代史研究における内在的発展の視角」(1986),『梶村秀樹著作集 第2卷 朝鮮史の方法』, 明石書店, 1993.

_____,「朝鮮近代史研究における内在的発展の視角」(1986),『梶村秀樹著作集 第2卷 朝鮮史の方法』, 明石書店, 1993.

_____,「1920~30年代の民衆運動」(1987),『梶村秀樹著作集 第4卷 朝鮮近代の民衆運動』, 明石書店, 1993.

金泳鎬,「脱植民地化と第四世代資本主義」, 大江志乃夫 ほか編,『岩波講座 近代日本と植民地 8ーアジアの冷戦と脱植民地化』, 岩波書店, 1993.

小林英夫,「『朝鮮近代の経済構造』中村哲・梶村秀樹・安秉直・李大根 編」,『アジア経済』32-3, 1991.3.

小峰和夫,「『近代朝鮮水利組合の研究』宮嶋博史, 松本武祝, 李栄薫, 張矢遠」,『日本史研究』381, 1994.5.

桜井浩,「『近代朝鮮水利組合の研究』宮嶋博史, 松本武祝, 李栄薫, 張矢遠(日韓共同研究・植民地期の朝鮮経済 1)」,『アジア研究』40-4, 1994.7.

宣在源,「『近代朝鮮工業化の研究』中村哲・安秉直 編」,『歷史学研究』661, 1994.8.

滝沢秀樹,「『内在的発展論』と'内在的視角'」,『歴史としての国民経済』, 御茶の水書房, 1996.

中村哲,「近代世界史像の再検討」,『歷史評論』404, 1983.12.

_____,「梶村さんとの出会い」, 梶村秀樹著作集編集委員会 編,『梶村著作集に寄せて』3(第3巻「朝鮮近代社会経済論」付録), 1993.3.

藤森一清(가지무라 히데키),「朴政権の価値体系と韓国の民衆」,『情況』78, 1975.2.

朴ソブ,「『朝鮮近代の経済構造』中村哲・梶村秀樹・安秉直・李大根 編著」,『日本史研究』356, 1992.4.

宮嶋博史,「朝鮮史研究と所有論ー時代区分についての一提言」,『人文学報』167, 東京都立大, 1984.3.

_____,「方法としての東アジアー東アジア三国における近代への移行をめぐって」,『歷史評論』412, 1984.8.

_____,「朝鮮社会と儒教」,『思想』750, 1986.12.

村上勝彦,「中村哲・堀和生・安秉直・金泳鎬 編,『朝鮮近代の歴史像』, 日本評論社, 一九八八年八月, 二三四頁, 三〇〇〇円」,『社会経済史学』57-5, 1992.1.

李圭洙,「宮嶋博史・松本武祝・李榮薫・張矢遠 著,『近代朝鮮水利組合の研究』, 日本評論社, 一九九二年一〇月, 三四九頁, 六〇〇〇円」,『社会経済史学』59-4, 1993.11.

제6장 아라이 신이치의 '식민지 책임'에 이르는 길

1990년대 이후 동아시아 지적 교류 속에서 | 도베 히데아키

아라시 신이치 저서

「危機意識としての現代史」,『講座・現代の発見』6, 春秋社, 1960(荒井信一,『現代史におけるアジアー帝国主義と日本の戦争責任』, 青木書店, 1977에 수록).

「朝鮮人学校の問題に関するノート」,『歴史学研究』314, 1966.7.

「戦後東アジア史の起点ー「連合国」と東アジア」,『歴史学研究』316, 1966.9.

「戦争責任について」, 歴史学研究会 編『現代歴史学と教科書裁判』, 青木書店, 1973(앞의 책, 荒井信一,『現代史におけるアジア』에 수록).

「ゲルニカー歴史と象徴」, アンソニー・ブラント, 荒井信一 訳,『ピカソ〈ゲルニカ〉の誕生』, みすず書房, 1981.

『原爆投下への道』, 東京大学出版会, 1985.

『ゲルニカ物語ーピカソと現代史』, 岩波書店(岩波新書), 1991.

『世紀史を伝える』, 同時代社, 1991.

「江口さんと現代史研究」, 江口朴郎先生追悼集編集委員会,『思索する歴史家・江口朴郎ー人と学問』, 青木書店, 1991.

「開会あいさつ」, 国際公聴会実行委員会 編,『世界に問われる日本の戦後処理①ー「従軍慰安婦」等国際公聴会の記録』, 東方出版, 1993a.

「戦後補償国際公聴会の報告」, 日本弁護士連合会 編『世界に問われる日本の戦後処理②ー戦争と人権, その法的検討』, 東方出版, 1993b.

(談話)「なぜいま「日本の戦争責任資料センター」ですか」,『朝日新聞』, 1993.6.5.

「創刊の辞」,『戦争責任研究』第1号, 日本の戦争責任資料センター, 1993.9.

「韓国の人々の心の痛み」,『キャリア ガイダンス』, 1993.12.

「戦争責任問題と人道・人権の問題」,『軍縮問題資料』164, 1994a.

「解説」,『ファン・ボーベン国連最終報告書』, 日本の戦争責任資料センター, 1994b.

『戦争責任論－現代史からの問い』, 岩波書店, 1995.

「「従軍慰安婦問題－リンダ・チャベス氏報告」,『戦争責任研究』10, 1995.12(荒井信一 翻訳・解説).

「解説」,『R.クマラスワミ国連報告書』, 日本の戦争責任資料センター, 1996.

「「従軍慰安婦」問題と国連」,『東京経大学会誌』201, 1997.

「歴史における合法論, 不法論を考える－日韓対話の試み」,『世界』681, 2000.11.

「併合条約から日韓条約まで」,『2000 韓日文化SYMPOSIUM「過去清算」と21 世紀の日韓関係』, 韓日文化交流政策諮問委員会, 2000.

「日韓歴史学会合同シンポジウムによせて」, 歴史学研究会 編,『歴史教科書をめぐる日韓対話－日韓合同歴史研究シンポジウム』, 大月書店, 2004.

「学徒兵の戦争体験と「近代の歪み」」,『歴史評論』661, 2005.5.

「戦後60年－歴史問題と北東アジアの平和」,『戦争責任研究』49, 2005.9.

『歴史和解は可能か－東アジアでの対話を求めて』, 岩波書店, 2006.

「「歴史認識と東アジアの平和」フォーラムの5年間」,『戦後60年の歴史認識の総括と展望－「歴史認識と東アジアの平和」フォーラム・北京会議』, 北京フォーラムに連帯する日本委員会, 2006.

「日韓条約のころ」,『歴史学研究月報』562, 2006.10.

『空爆の歴史－終わらない大量虐殺』, 岩波書店(岩波新書), 2008(한국어판, 2015).

「韓国「保護国」化過程における軍事と外交」, 笹川紀勝・李泰鎮 編著,『国際共同研究 韓国併合と現代－歴史と国際法からの検討』, 明石書店, 2008.

「日本の対韓外交と国際法実践」,『国際共同研究 韓国併合と現代－歴史と国際法からの検討』, 明石書店, 2008.

「韓国強制併合史をめぐる私の軌跡」, 歴史学研究会 編,『「韓国併合」100年と日本の歴史学－「植民地責任」論の視座から』, 青木書店, 2011.

「「朝鮮王室儀軌」の返還と植民地支配の清算」,『世界』821, 2011.9.

『コロニアリズムと文化財－近代日本と朝鮮から考える』, 岩波書店(岩波新書), 2012(한국어판,『약탈 문화재는 누구의 것인가－일제의 문화재 반출과 식민주의 청산의 길』, 태학사, 2014).

「文化財返還問題と植民地主義の清算」,『韓国・朝鮮文化財返還問題連絡会議年報』4, 2015.

「朝鮮王朝儀軌「一〇〇年ぶりの帰郷」と文化財返還運動」, 鄭求宗, 『日韓2000年あたらしい未来にむけて』, 晩聲社, 2016.

그외 저서

五十嵐彰, 『文化財返還問題を考える-負の遺産を清算するために』, 岩波書店(岩波ブックレット), 2019.

江口朴郎先生追悼集編集委員会, 『思索する歴史家・江口朴郎-人と学問』, 青木書店, 1991.

戦争と空爆問題研究会 編, 『重慶爆撃とは何だったのか-もうひとつの日中戦争』, 高文研, 2009.

田中利幸, 『空の戦争史』, 講談社(講談社現代新書), 2008.

俵義文, 「荒井信一さんのご遺志を受け継いで」, 『子どもと教科書全国ネット21ニュース』 117, 2017.12.

戸邉秀明, 「昭和史が生まれる-1950年代における史学史的文脈の再定位」, 大門正克 編, 『昭和史論争を問う』, 日本経済評論社, 2006.

_____, 「日本「戦後歴史学」の展開と未完の梶村史学-国家と民衆はいかに(再)発見されたか」, 『社会科学』第97号, 同志社大学人文科学研究所, 2013.2.

_____, 「マルクス主義と戦後日本史学」, 『岩波講座 日本歴史』 22, 岩波書店, 2016.

_____ 編, 「荒井信一著作目録」, 『人文・自然科学論集』 143, 東京経済大学, 2018.12.

日中韓3国共通歴史教材委員会 編著, 『未来をひらく歴史-東アジア三国の近現代史 日本・中国・韓国共同編集』, 高文研, 2005.

朴博史, 『戦後平和主義を問い直す-戦犯裁判, 憲法九条, 東アジア関係をめぐって』, かもがわ出版, 2008.

吉田裕, 『日本人の戦争観-戦後史のなかの変容』, 岩波書店, 1995.

「「日韓条約に反対する歴史家の集い」開かる」(歴史学研究会委員会会告), 『歴史学研究』 305, 1965.10.

하종문, 「세계・일본・한국을 잇는 역사화해-아라이 신이치」, 서종진 편, 『근현대 지식인과 한일 역사화해』, 동북아역사재단, 2021

연구서

도면회·윤해동 편, 『역사학의 세기─20세기 한국과 일본의 역사학』, 휴머니스트, 2009.

도서출판 삼인 편집부 편, 『기억과 역사의 투쟁』, 삼인, 2000.

윤건차, 박진우 외역, 『교착된 사상의 현대사─1945년 이후의 한국·일본·재일조선인』, 창비, 2009.

윤여일, 『동아시아 담론─1990~2000년대 한국사상계의 한 단면』, 돌베개, 2016.

임지현, 『역사를 어떻게 할 것인가─어느 사학자의 에고 히스토리』, 소나무, 2016.

임지현·사카이 나오키, 『오만과 편견』, 휴머니스트, 2003.

임지현·이성시 편, 『국사의 신화를 넘어서』, 휴머니스트, 2004.

코모리 요우이치·타카하시 테츠야, 이규수 역, 『내셔널 히스토리를 넘어서』, 삼인, 2005.

연구논문

권혁범, 「월드컵 '국민 축제' 블랙홀에 빨려들어간 대한민국─독립적 지성은 어디에 있는가?」, 『당대비평』 제20호, 생각의나무, 2002.

권혁태, 「일본의 '우경화'와 동아시아의 평화」, 일본교과서바로잡기운동본부 편, 『글로벌화와 인권·교과서』, 역사비평사, 2003.

김은실, 「국민 국가의 인식틀 밖에 위치하는 일본군 '위안부'의 역사」, 『당대비평』 제17호, 생각의 나무, 2001.

김종복, 「근대 국가가 만든 역사를 넘어서─『만들어진 고대』」, 『내일을 여는 역사』 12월호, 재단법인 내일을여는역사재단, 2003.

나종석, 「탈민족주의 담론에 대한 비판적 성찰」, 『인문연구』 57호, 영남대 인문과학연구소, 2009.

다와라 요시후미, 임성모 역, 「점입가경, 『국민의 역사』 밀리언셀러 만들기」, 『당대비평』 제10호, 생각의 나무, 2000.

도정일, 「일본 내셔널리즘의 우울과 자학」, 『당대비평』 제16호, 생각의나무, 2000.

박명규, 「역사논쟁에 대한 사회학적 이해」, 역사문제연구소, 『역사비평』 2, 역사비평사, 2002.

배성준, 「민족사를 넘어서려는 시도와 곤경─이성시. 『만들어진 고대(삼인, 2001)』」, 『역사문제연구』 제8호, 역사문제연구소, 2002.

사카이 나오키, 임성모 역, 「염치 없는 내셔널리즘─서양과 아시아라는 이항 대립의 역사적 역할에 대하여」, 『당대비평』 제13호, 생각의나무, 2000.

야스마루 요시오, 박환무 역, 「'역사 교과서' 문제와 현대 일본」, 『당대비평』 제16호, 생각의 나무, 2000.

양미강, 「한국사교과서와 교육현장에 나타난 일본군 '위안부' 문제」, 일본교과서바로잡기운동본부 편, 『글로벌화와 인권·교과서』, 역사비평사, 2003.

엄기환, 「근대와 고대의 직조(織造)로서의 고대사 해체하기」, 『당대비평』 제17호, 생각의나무, 2001.

오구라 토시마루, 이규수 역, 「'USA'와 '니폰', 두 개의 환호 사이에서 - 월드컵과 일본 내셔널리즘의 구조」, 『당대비평』 제20호, 생각의나무, 2002.

오카노 야요, 이성순 역, 「일본 국민 국가의 경계 안에서 어떻게 식민지를 이해할 수 있을까」, 『당대비평』 제17호, 생각의 나무, 2001.

요시미 슌야 외역, 「혼성화 사회를 찾아서 - 내셔널리티의 저편으로」, 『당대비평』 제10호, 생각의 나무, 2000.

우에노 치즈코, 「'적의 무기로 싸우는 것'에 대해 - 우에노 치즈코의 첫 번째 편지」, 『당대비평』 제23호, 생각의나무, 2003.

_____, 김찬호 역, 「우에노 치즈코의 두 번째 편지」, 『당대비평』 제24호, 생각의나무, 2003.

_____, 「우에노 치즈코의 네 번째 편지」, 『당대비평』 제25호, 생각의나무, 2004.

_____, 「우에노 치즈코의 다섯 번째 편지」, 『당대비평』 제25호, 생각의나무, 2004.

윤건차, 「한국의 일본 지성 수용의 문제점 - 『사죄와 망언 사이에서』와 『국가주의를 넘어서』를 중심으로」, 역사문제연구소, 『역사비평』, 역사비평사, 1999.8.

윤해동, 「친일파 청산과 탈식민의 과제」, 『당대비평』 제10호, 생각의 나무, 2000.

이기훈 외, 「좌담 식민지근대성론의 역사와 현재」, 『역사비평』 136, 역사비평사, 2021.

이시야마 히사오, 「일본의 전쟁국가화와 교육 - 그것에 대항하여 동아시아의 평화를 만드는 역사인식」, 일본교과서바로잡기운동본부 편, 『글로벌화와 인권·교과서』, 역사비평사, 2003.

이연숙, 「'전쟁'이라는 덫 - 현대 일본의 정신 토양」, 『당대비평』 제6호, 생각의나무, 1999.

_____, 「피지배에서 벗어나기 위해 합리화된 지배」, 『당대비평』 제21호, 생각의나무, 2003.

이타가키 류타, 「역사주의에 저항하면서 역사를 응시한다」, 『당대비평』 제23호, 생각의나무, 2003.

이효덕, 「국민 국가의 안과 밖」, 『당대비평』 제7호, 생각의나무, 1999.

_____, 윤경원 역, 「내셔널한 '살신(殺身)'에서 개인적인 '죽음'을 탈환하기 위하여 — 희생(sacrifice)이 아니라 피해자(victim)로서」, 『당대비평』 제14호, 생각의나무, 2001.

임경석, 「백화제방의 화원, 복류하는 이질성」, 역사학회, 『역사학보』 247, 2020.

임대식, 「과거사 내전을 앞두고 — 거대한 음모와 악한 고리 엿보기」, 『역사비평』, 역사비평사, 2005.5.

임대식 외, 「쟁점 1 — 일본 역사교과서 왜곡 어떻게 볼 것인가」, 역사문제연구소, 『역사비평』, 역사비평사, 2001.8a.

_____, 「쟁점 2 — 탈민족·탈국가적 역사인식은 타당한가」, 역사문제연구소, 『역사비평』, 역사비평사, 2001.8.

_____, 「쟁점 3 — 역사를 어떻게 가르칠 것인가」, 역사문제연구소, 『역사비평』 역사비평사, 2001.8.

임지현, 「한반도 민족주의와 권력 담론 — 비교사적 문제 제기」, 『당대비평』 제10호, 생각의나무, 2000c.

전재호, 「2000년대 한국의 '탈민족주의' 논쟁 연구 — 주요 쟁점과 기여」, 경남대 극동문제연구소, 『한국과 국제정치』 102호, 2018.

정다함, 「세종 성군 논란을 통해 본 뉴라이트 역사인식의 확산과 한국사 연구의 '탈식민' 문제」, 역사문제연구소, 『역사비평』, 역사비평사, 2021.5.

조경희, 「일본의 역사수정주의·국가주의·백래시의 연동 — '새역모'와 '일본회의'를 중심으로」, 새얼문화재단, 『황해문화』 105, 2019.

조한혜정, 「지식인, 개인과 역사 그리고 만남에 대하여 — 조한혜정의 첫 번째 편지」, 『당대비평』 제23호, 생각의나무, 2003.

_____, 「조한혜정의 두 번째 답신」, 『당대비평』 제24호, 생각의나무, 2003.

_____, 「조한혜정의 세 번째 편지」, 『당대비평』 제24호, 생각의나무, 2003.

_____, 「조한혜정의 네 번째 편지」, 『당대비평』 제25호, 생각의나무, 2004.

천정환, 「탈근대론과 한국 지식문화(1987~2016) — 전개 과정과 계기들」, 『민족문학사연구』 67호, 민족문학사연구소, 2018.

허영란, 「'미래 책임'을 위한 일본 지식인의 자기 비판」, 『당대비평』 제10호, 생각의나무, 2000.

酒井直樹, 「日本史と国民的責任」, 酒井直樹 編, 『ナショナル·ヒストリーを学び捨てる』, 東京大学出版会, 2006.

오타 오사무 太田修, Ota Osamu

1963년생. 도시샤대학 대학원 글로벌스타디즈연구과 교수. 고려대학교 한국사학과 대학원에서 공부했다. 1951년부터 1965년까지 진행된 한일회담, 1945년 이후 한국사회와 문화 등에 관한 논문과 책을 써왔다. 저서로『[新装新版]日韓交渉－請求権問題の研究』(クレイン, 2015),『朝鮮近現代史を歩く－京都からソウルへ』(思文閣出版, 2009), 편저로『동아시아 냉전의 문화』(소명출판, 2017),『植民地主義, 冷戦から考える日韓関係』(同志社コリア研究センター, 2021) 등이 있다.

박삼헌 朴三憲, Park Sam-hun

1971년생. 건국대학교 일어교육과 교수 겸 아시아콘텐츠연구소 소장. 고려대학교 일어일문학과를 졸업하고, 고베대학 대학원에서 박사학위를 받았다. 근대일본 국가체제 형성을 비롯하여 근대도시 형성사 등에 관심이 많다. 저서로『근대 일본 형성기의 국가체제－지방관회의・태정관・천황』(소명출판, 2012),『천황 그리고 국민과 신민 사이－근대일본의 심상지리』(RHK, 2016) 등이 있다.

김인수 金仁洙, Kim In-soo

1974년생. 대구교육대학교 사회과교육과 조교수. 서울대학교 사회학과 대학원에서 공부했다. 한국의 근현대 사회과학 지식체계의 역사를 사회공학과 지식국가의 관점에서 조명하는 작업을 해왔다. 저서로는『서울대학교 사회발전연구소 50년사』(한울아카데미, 2015), 논문으로는 "Tacit Knowledge and the Sociological Turn in Population Studies in Korea in the 1960s and 1970s"(*Korea Journal* 63-2, 2023), "Enumerated Society : Political Implications of Tenancy Statistics in Colonial Korea in the 1930s"(*Korea Journal* 61-2, 2021), 「냉전과 지식정치－박진환의 Farm Management Analysis(1966)의 성립사정을 중심으로」(『동북아역사논총』 61, 2018), 「植民地の知識國家論－1930年代の朝鮮における社會性格論爭再考」(『思想』 1067, 2013) 등이 있다.

조수일 趙秀一, Cho Su-il

1982년생. 한림대학교 일본학연구소 HK교수. 건국대학교 사범대학 일어교육과, 도쿄대학 총합문화연구과 언어정보과학전공에서 공부했다. 김석범문학을 비롯한 재일조선인문학을 중심으로 연구하고 있으며, 저서로는『金石範の文学－死者と生者の声を紡ぐ』(岩波書店, 2022), 역서로는 김석범 소설집『만덕유령기담』(보고사, 2022, 공역) 등이 있다.

홍종욱 洪宗郁, Hong Jong-wook

1970년생. 서울대학교 인문학연구원 부교수. 서울대학교와 도쿄대학 대학원에서 공부했다. 식민지 시기 사회주의 사상과 전향, 내재적 발전론의 형성과 전개, 북한의 역사학 등에 관해 공부하고 있다. 저서로는 『戰時期朝鮮の転向者たち－帝国/植民地の統合と亀裂』(有志舎, 2011), 『가지무라 히데키의 내재적 발전론을 다시 읽는다』(아연출판부, 2014, 공저), 논문으로 「주체사관에서 인민과 민족의 자리(2012)」 등이 있다.

도베 히데아키 戸邉秀明, Tobe Hideaki

1974년생. 도쿄경제대학 전학공통교육센터 교수. 와세다대학 대학원에서 일본사를 전공했다. 전후 오키나와 복귀운동사의 사회사, 전후 일본의 사학사 등을 연구하고 있다. 주요 논문으로는 「「戦後」沖縄における復帰運動の出発－教員層からみる戦場後」(『日本史研究』 547, 2008), 「「沖縄戦」認識の再検討－いま, 本当に問われていること」(『日本歴史学協会年報』 24, 2009) 등이 있다.

심정명 沈正明, Sim Jeong-myoung

1980년생. 조선대학교 인문학연구원 HK교수. 일본 오사카대학 대학원에서 내셔널리즘과 일본 현대문학에 대한 논문으로 박사학위를 받았다. 동일본대지진 등의 재난과 관련된 문학을 비롯해 원폭, 오키나와전투 등 전쟁과 폭력의 기억과 표상에 대해 연구하고 있다. 최근 논문으로 「하야시 교코의 『기야망 비드로』와 피폭 경험의 경계」(2023), 「'오키나와 문학'의 모색－오시로 사다토시 「마부이와카시 기담」을 중심으로」(2023), 역서로 『처음 만난 오키나와』(한뼘책방, 2019), 『시작의 앎』(문학과지성사, 2020) 등이 있다.